省社会科学院（山西省人民政府发展研究中心）
学科建设专项项目

汉语语汇学研究

（五）

安志伟　马建东　姚勤智 主编
马启红 副主编

上海辞书出版社

目　　录

关于《语海》编纂的几个问题

温　端　政

一、《语海》编纂的回顾

《语海》编纂的设想，可以追溯到1996年。这一年，上海辞书出版社出版了我主编的《汉语常用语词典》。这是一本接近中型的语典，共收约11000条，其中成语约5000条，谚语约3000条，歇后语、惯用语和格言各约1000条。我们想在此基础上，扩大收条数量，改进释义，增加例证，编成一部大型语典，暂名为《中华大语典》。这个设想得到上海辞书出版社的支持，并列入出版计划。后来因为忙于别的事情被搁置起来。直至2005年，上海辞书出版社为了与《辞海》配套，提出编纂《语海》的计划，并约我们承担这个任务。这年10月，我们起草了"大型辞书《语海》编纂计划"，内容包括：目的意义、收条规模、编纂体例，试编样稿等，后经多次修订。

2011年，上海辞书出版社召开了"《语海》编纂专题研讨会"，对《语海》的收条对象、收条规模、编排顺序等进行了研讨，提出了许多宝贵的意见。我们吸收了这些意见，再次修订了《语海》的编纂计划。

在起草和修订编纂计划的过程中，我们多次召开了座谈会，对《语海》编纂中涉及的问题进行了反复讨论。在这过程中，我曾经撰写了题为《〈语海〉编纂若干问题的思考和初步意见》的长文。其中涉及全局性的问题有：

1. 在收条立目上要处理好古与今、雅与俗的关系。

大家认为，认为根据《语海》的性质，应当坚持古今兼收、雅俗兼容的原则。

古今兼收，并不是古的一概都收，要作具体分析。古代的语，现在还在用的，如见于《左传·僖公五年》的“辅车相依，唇亡齿寒”、见于《荀子·大略》的“流丸止于瓯臾，流言止于智者”、见于《韩非子》的“远水不救近火”“长袖善舞，多钱善贾”等，一直流传至今，一定要收。对现在不用的，如果确已过时可以不收，如《礼记·文王世子》里有：“语曰：‘乐正司业，父师司成。’”（意思是：乐正掌管学业，大师掌管学成。）有的看似过时，但比喻义仍有借鉴作用，则可酌收。如“自媒之女，丑而不信”，字面意义是自己择配的女子不光彩，不可信。看似过时，但在《管子·形势解》里用来比喻自我吹嘘、自我举荐的人不会得到别人的信任，仍有借鉴意义，可以收录。

雅俗兼容，主要是指收条不避俗。

语有雅俗之分。雅语主要是指雅成语，俗语包括谚语、惯用语、歇后语和俗成语。俗语流传在历代人民群众的口语上，并大量地吸收到古今文献里，经过作家的加工提炼，许多俗语具有雅俗共赏的品质，像“瓜田李下”“万事开头难”“打铁还需本身硬”“巧妇难为无米之炊”“前人栽树，后人乘凉”“种瓜得瓜，种豆得豆”“三十年河东，三十年河西”等都具有深刻的思想性和哲理性；像“苍蝇不钻无缝的鸡蛋”“蚍蜉撼大树，可笑不自量”“尿泡虽大无斤两，秤砣虽小压千斤”等都来自社会实践和生活经验，具有丰富的想象力，可谓“俗中有雅”。它们构成了本书的主体。

在俗语中，最有争议的是歇后语。曾经有人认为歇后语不具有“文学语言”的品质，应当予以摈弃。其实不然，多数歇后语内容健康，语言风格幽默风趣，为群众所喜闻乐见。《金瓶梅》《西游记》《红楼梦》《儒林外史》等古典名著，以及老舍、赵树理、丁玲等现代作家的作品都运用了大量的歇后语。我们本着“取其精华，弃其糟粕”的原则对其进行筛选，过于庸俗的不收。如《三宝太监西洋记通俗演义》三二回连用了“枯树盘根，动不得了”“推车上岭，走不得了”“隔山取火，讨不得了”“倒浇蜡烛，由不得了”四个歇后语，不仅显得重复累赘，而且都隐含一种性行为，有些俗不可耐，《语海》不予收录。

2. 注意语的变体，处理好主条和副条的关系。

语的变体来自语的传承性和口语性。许多语是历史上产生、形成的，经过长期的演变流传至今，在这过程中产生了变体。如“尺有所短，寸有所长”始见于战国楚·屈原《卜居》，《史记·白起王翦传论》引作“鄙语”，即今谚语；南朝梁·钟嵘《诗品》省作“尺有所短”，唐·刘知幾《史通·书志》省作“寸有所长”；宋·余靖《谢充集贤学士表》则紧缩为“尺短寸长”；明·郑仲夔《玉麈新谭·耳新卷三》、钱锺书《围城》六仍引作“尺有所短，寸有所长”。这种流变，应当在《语海》中得到体现。

许多语是通过口耳相传流行开来的，这也是语的变体形成的重要原因。如“三个臭皮匠，合成一个诸葛亮”，也说“三个臭皮匠，顶个诸葛亮”“三个臭皮匠，抵个诸葛亮”“三个臭皮匠，赛过一个诸葛亮”，还说“三个缝鞋匠，顶个诸葛亮”。这些变体，各有其常用性，《语海》也应当予以体现。

于是就产生了一组组“异形语”，产生了在异形语中如何确定主条和副条，以及副条如果不止一条，如何安排副条顺序的问题。

确定主条，一般有两个标准：一看出现的时代是否最早，一看是否最常用。如果出现时代最早，又最常用，确定为主条，当然没有问题。如“不识时务”也作“不知时务”“不达时务”。其中“不识时务”最早见于《汉书·张霸传》，现在又最常用，以它为主条，就顺理成章，不会有分歧。如果最早出现的不常用，后起的常用，就有了矛盾，我们的做法是采取常用的为主条，而把最早的作为“语源”。如《汉·刘向《说苑·政理》有“耳闻之不如目见之”，《魏书·崔浩传》作“耳闻不如目见”。后者较为常用，以后者为主条，说明前者为语源。有的异形语都是同一时代的，选择主条难免带有主观性。如“三个姑娘一台戏”，“姑娘”也作“闺女”“女子”“妇女”，都见于现当代作品，选用哪个为主条，就难免有随意性。

副条不止一个，如何编排也是比较麻烦的问题。我们的一般做法，先按出现的时代前后排列，出现的时代相同的，则按语形上与主条相似度排列，相似度较大的在前。

首字不同的异形语，为了便于检索，都出条，分别释义，各领首字相同的异形语。如“吃了人家的口软，使了人家的手软”和“拿人家的手短，吃人家的嘴软”都出条，分别释义，前者统领“吃着人的嘴软，拿着人的手软”“吃了人家的嘴短，花了人家的手短”等副条；后者统领“拿人家手软，吃人家嘴短”“拿了人家的手短，吃了人家的嘴短”等副条。

3. **确定条目编排顺序。**

语汇类辞书，一般有两种排序法，一种是按语目的音序排列，一种是按语目的意义分类排列。有的学者认为，跟词典相比，语典的释疑解惑需求相对较弱，而甄选功能却比词典需求更加迫切，所以，按意义编排更为实用。这有一定的道理，语确实是可以按意义进行分类的。分类成语辞典，出版过多部。谚语、歇后语、惯用语的分类辞典，我们也编写过。但是，由于语义的复杂性，语的分类界限往往具有模糊性，如何分类各有千秋，相当程度上具有主观性，查检起来颇有难度。而音序排列法具有客观的科学性，尤其是对查检已知语目的语义更为快捷实用。相衡之下，我们赞同先出音序本，以后视情况再考虑是否出分类本。

编写体例的确定，为本书编纂的顺利进行创造了条件，于是签订出版合同提到了议事日程。经过反复协商，2012 年 4 月，时任上海辞书出版社社长的彭卫国带领副总编辑陈崎、语词室主任孙毕等来山西省社会科学院，与院领导商议《语海》出版合同，并取得一致意见。合同确定成立《语海》工作委员会和编辑委员会，由山西省社会科学院院长李中元和彭卫国担任工作委员会主任，由温端政担任编辑委员会主编。合同确定《语海》的篇幅约 1250 万字，于 2016 年 12 月 30 日前完成初稿。

出版合同签字之后，《语海》编纂在原有基础上加快进度：

1. 加快修订 2011 年 3 月出版的《中国谚语大辞典》《中国歇后语大辞典》和《中国惯用语大辞典》，按《语海》编纂要求统一体例，增删条目，调整主副条，改进释义，充实例证，为《语海・谚语卷》《语海・歇后语卷》《语海・惯用语卷》打下基础。

2. 加快《语海・成语卷》的编写，力求与《语海・谚语卷》《语海・歇后语卷》《语海・惯用语卷》的编写能同步进行。

3. 多次召开了《语海》编纂工作会议。不断回顾总结《语海》的编纂情况和基本经验，安排了今后的主要工作，使《语海》编纂工作更加有序地进行。

二、《语海》编纂的学术支撑

任何一部具有原创性的辞书，都离不开正确的理论指导。《语海》作为一部首创的大型语汇类辞书，更要有强有力的学术支撑。

第一，《语海》的收条立目，要接受汉语语汇学关于语的性质和语汇范围的论述的指导。

汉语语汇学认为，语有狭义的定义和广义的定义。广义的定义是：大于词、结构固定或相对固定的叙述性语言或言语单位；狭义的定义是：大于词的结构相对固定的叙述性语言单位。

《语海》采用狭义定义。根据这个定义，应当划清语与复合词、专名词（也称“专名语”）、专门用词（也称“专门用语”）的界限，划清语与自由词组的界限，还要划清语与言语单位的界限。语汇应当包括成语、谚语、歇后语和惯用语，而不包括复合词、专名词、专用词，以及格言和名言。

复合词，如“绊脚石”“落水狗”“马蜂窝”“对台戏”等，过去也常有人主张归入语，由于《现代汉语词典》等标注词类的辞书注明是名词，现在持这种主张的人已经不多了。“北京大学”“中国人民解放军”“奥林匹克运动会”等专名词，“绿色食品”“电子计算机”“唯物辩证法”等专用词，虽然在结构形式上大于词，但在意义上具有明显的概念性，归入词也被越来越多的人所认可。争议较大的是格言和名言。

格言和名言都具有引用价值，经常被引用的如“吾日三省吾身”“人皆可以为尧舜”等格言和“春蚕到死丝方尽”“春风又绿江南岸”等名言，与语确有相同之处：在形式上都是由词和词组合而成的，在意义上都具有叙述性：格言具有表述性，而名言则具有描述性。但它们和语也有不同的一面，最主要的是，它们是作家个人的言语作品，有明确的作者，因此不属于语言单位，而是言语单位，故而不作为《语海》的收条对象。

第二，《语海》的语类标注，要接受汉语语汇学关于语的分类理论的指导。

汉语语汇学根据语的性质，采用形式与意义相结合的方法，先把语分为表述语、描述语和引述语三类。表述语的特点是知识性，其内容包括人们对客观事物的认识和在社会实践中形成的经验；描述语的特点是描述人或事物的形象和状态，描述行为动作的形状，因此缺乏知识性；引述语的特点是由引子和注释性叙述两部分组成，引、注之间存在多种多样的复杂关系。

表述语包括谚语和部分成语，描述语包括惯用语和部分成语，引述语习惯上称作歇后语。成语在形式上的特点是"二二相承"，包括语法结构上的二二相承（如：安居乐业、和风细雨）和语音结构上的二二相承（如：坐以待毙、一衣带水）。因此，谚语可以定义为"非二二相承的表述语"，惯用语可以定义为"非二二相承"的描述语，成语可以定义为"二二相承的表述语和描述语"。这样分类，标准明确，语类之间界限也比较清楚，分类结果基本上符合传统习惯和人们的语感。但是，语汇的领域十分宽阔，可谓包罗万象，再好的分类办法也不可能不会遇到一些问题：主要是谚语与表述语成语、谚语与惯用语的划界问题。

应当说，把谚语定义为"非二二相承的表述语"，基本上能把谚语与表述性成语区分开来，但有少数处于"两可"之间：形式上是"二二相承"，可相关文献却标明是"谚""常言""俗语"或"俗语"。如："天不可违""水到鱼行""白头种桃""人是苦虫"，唐·元稹《代谕淮西书》、宋·苏辙《龙川别志》卷上、宋·陆佃《埤雅》卷一三“释木”、明·戚继光《练兵实纪·练将篇》分别标明是“谚”;“财动人心”“事不过三”“知足不辱”“百艺防身”,元·石君宝《秋胡戏妻》三折、明吴承恩《西游记》二七回、明·冯梦龙《警世通言》卷三一、明·无名氏《贤达妇龙门隐秀》二折分别标明是“常言”。“事无必取”,元·罗贯中《三国演义》一〇一回标明是俗语,“财不露白”,清·李绿园《歧路灯》七二回标明是俗话。根据“谚、常言、俗语、俗话”等标志,它们应当归属谚语,但从形式上看,都是“二二相承”应当归属成语。经过反复讨论,大家认为还是以形式为重,把它们归入成语较妥。

把谚语和惯用语分别定义为“非二二相承的表述语”和“非二二相承”的描述语,一般来说,能有效地把谚语和惯用语区别开来,但也有少数存在“两可”情况。如“井水不犯河水”就可以有两种理解:一种是:比喻彼此不相干;一种是:比喻彼此不相干,也就应当互不干涉,互不侵犯。按前一种理解就是惯用语;按后一种理解就成了谚语。这说明语也可能有“兼类”的情况。这种情况可视为例外,所占比例不到0.5%,然而也不能不慎重处理。我们参考一般词典的做法:释义时分为两个义项,一个标注惯用语,一个标注谚语。

第三,《语海》的释义,要接受汉语语汇学关于语义理论的指导。

语义的特点是叙述性,具体表现为使用该语言的人群对客观事物的种种表述和描述。因此,语释义不能像词的释义那样采用“互训法”或“定义法”,而要采用表述法和描述法。

表述法,主要是表述对社会和自然现象的认识,释义要具有知识性，谚语和表述性成语的释义要采用这种方法；描述法，主要是描绘某种现象和状态，不具有知识性，惯用语和描述性成语的释义要采用这种方法。

歇后语的释义比较特殊。歇后语的语义是由前一部分“引子”所表示的附加意义和后一部分“注释”所表示的基本意义有机地构成的。因此，歇后语的释义，重点在于解释歇后语后一部分所表示的基本意义，但又不能不联系前一部分所表示的附加意义。歇后语前后两个部分的意义，往往是通过“双关”联系在一起的，因此，解释“双关”现象，是歇后语释义的重点。

不论是成语、谚语、惯用语的释义，还是歇后语的释义，都要基于语义分析。语义分析包括语素分析、层次分析和语源分析。

语素分析，特别是重点语素的分析，对于确保释义的正确性具有重要意义。如惯用语“摇头不算点头算”，过去许多语类辞书都误释为“摇头表示不同意，点头表示同意”，就是因为没有很好分析重点语素“算”的含义。“算”是指“算数”，这个惯用语的意思是：摇头（表示不同意）不算数，点头（表示同意）才算数，核心意义是：只能同意，不能不同意。

层次分析，最主要的是要理清本义、引申义、比喻义。本义是由语素直接组合而成的意义，即所谓“字面意义”。引申义是从本义派生出来的，是本义的延伸。比喻义则是语的比喻用法逐渐固定下来所形成的意义。有的语只有本义，有的则除了本义之外还有引申义或比喻义；有的语本义不起作用，引申义或比喻义才是真正的意义。释义时，要区别不同情况，分别对待。

语源分析，是指对有源头的语，要穷源溯流，进行历史性的分析。如解释成语“草木皆兵”要引用《晋书·苻坚载记下》的有关记载；解释谚语"百万买宅，千万买邻"要引用《南史·吕僧珍传》的有关记载；解释惯用语"一蟹不如一蟹"要引用宋·苏轼《艾子杂说》的有关记载；解释歇后语"韩信将兵——多多益善"要引用《史记·淮阴侯列传》的有关记载，以弄清来龙去脉，疏通源流演变，这才有助于对语义的透彻理解。

有时为了弄清语形相同或相似的语的不同意义，也须要进行语源分析。如"难兄难弟"，难，一读 nán，一读 nàn。前者见于南朝宋·刘义庆《世说新语·德行》的相关记载，后形容兄弟同样优秀，难分高下；后者见于元·张可久《折桂令·湖上饮别》曲，指彼此共过患难或同处于困境的人。又如"入室操戈"出自《后汉书·郑玄传》，意思是进入我的屋子，拿起我的武器来攻击我，引申义指用对方的论点来反驳对方；"同室操戈"出自《左传·昭公元年》，后指兄弟相争、相残。

第四，《语海》的例证，得益于汉语语汇学关于语料库建设的理论。语料库建设，特别是现代化的语料库建设，是辞书编纂的基础。早在 20 世纪 80 年代，我们就初建了以俗语为主体的第一代语料库。2002 年，我们承担了国家社科基金项目"汉语俗语语料的计算机处理及相关的语言学问题研究"，创建了第二代由计算机操作的内容更加丰富的语料库。此后又不断充实，增收成语语料，使语料库覆盖全部语汇。

语料库为《语海》编纂提供了语料基础，然而如何做到语料丰富而又无堆砌之嫌则要花费大量功夫。这就是要配合释义，对语料进行筛选。同时，要给副条选择具有代表性和典型性的例证。在这方面，我们确实作了很大的努力，但由于编写人各自掌握的尺寸不同，难免存在一些问题。

三、《语海》编纂的意义

开头，我们对编纂《语海》的意义想得比较简单，认为《语海》主要是汇集汉语语汇，为查检提供方便。随着编纂工作的开展，逐步认识到《语海》具有多方面的意义。

首先，《语海》具有多种实用功能。

实用性是辞书的共同属性。《语海》的实用性体现在功能的多样性，主要的有查检功能、阅读鉴赏功能和教育功能。

《语海》收条宏富，这就为查检提供了相对充足的空间。

汉语语汇具有很强的表现力，例证又大都采自历代名家名篇，因此具有可读性和鉴赏性。通过阅读和鉴赏，可以丰富自己的语汇，提高运用语汇的能力。

语，特别是表述性成语和谚语是有思想内容的，如“和而不同”“和气致祥”“和衷共济”“家和万事兴”等所蕴含的“和为贵”思想，“众志成城”“众口铄金”“众擎易举”“众人是圣人”“众人拾柴火焰高”等所蕴含的群众观点，以及“唇亡齿寒”“前车之鉴”“户枢不蠹”“吃一堑，长一智”“打铁还需自身硬”等所蕴含的哲理，都有一定的教育意义。描述性的语，像“走后门”“戴高帽”“前怕狼，后怕虎”“拆东墙，补西墙”“以小人之心度君子之腹”等，都是对社会上消极现象的描绘，具有一定的反面教育意义；像“乌鸦趴在猪身上——只看见别人身上黑，看不见自己身上黑”“豁嘴骡子卖个驴价钱——倒霉吃亏全在嘴上”“望远镜倒着拿——光看鼻子尖”“老鼠过街——人人喊打”等，也有某种警示作用。

其次，语是中华民族传统文化的载体，语义的形成与民族的传统思想、道德观念、宗教信仰、民风习俗等有密切联系。《语海》把语按照一定的规则汇集在一起，加以诠释，起着传承民族文化的重要作用。

语汇所蕴含传统思想，最重要的是和谐思想。试以谚语“不痴不聋，不作阿家翁”为例。这个谚语最初见于《慎子·君人》，作“不聪不明不能王，不瞽不聋不能公”。《太平御览》卷四九六引作“不聪不明，不能为王；不瞽不聋，不能为公”，标明是“谚”。汉·刘熙《释名》卷四作“不瘖不聋，不成姑公”，标明是“里语”；《北史·长孙平传》作“不痴不聋，不做大家翁”，唐·赵璘《因话录》卷一作“不痴不聋，不作阿家阿翁”，也都标明是“谚”。《隋书·长孙平传》作“不痴不聋，未堪作大家翁”，《资治通鉴·唐代宗大历二年》作“不痴不聋，不作家翁”分别标明是“鄙语”和“鄙谚”。

这个被称为“谚”“里语”或“鄙语”“鄙谚”的谚语，含有如何处理人际关系的和谐思想。《北史·长孙平传》和《隋书·长孙平传》讲的处理君臣关系：

> 时有人告大都督邴绍非毁朝廷为愦愦者，上怒将斩之。平进谏曰：“谚云：‘不痴不聋，不做大家翁。’此言虽小，可以喻大。”
>
> ——《北史·长孙平传》
>
> 有人告大都督邴绍非毁朝廷为愦愦者，上怒将斩之。平进谏曰：“川泽纳污所以成其深，山岳藏疾所以就其大。臣不胜至愿，愿陛下弘山海之量，茂宽裕之德。鄙谚曰：‘不痴不聋，未堪作大家翁。’此言虽小，可以喻大。邴绍之言不应闻奏，陛下又复诛之，臣恐百代之后有亏圣德。”上于是赦绍。
>
> ——《隋书·长孙平传》

《因话录》和《资治通鉴》讲的是处理长辈和子媳之间的关系：

> 郭暧尝与昇平公主琴瑟不调。暧骂公主“倚乃父为天子

耶，我父嫌天子不作”。公主恚，啼奔车奏之。上曰：“汝不知他父实嫌天子不作，使不嫌社稷岂汝家有也。”因泣下，但命公主还。尚父拘暧，自诣朝堂待罪。上召而慰之曰：“谚云：‘不痴不聋，不作阿家阿翁。’小儿女子闺帏之言，大臣安用听。”

——唐·赵璘《因话录》卷一

仪闻之，囚暧，入待罪。上曰：“鄙谚有之：‘不痴不聋，不作家翁。’儿女子闺房之言，何足听也。”

——《资治通鉴·唐代宗大历二年》

郭暧与昇平公主的故事，在民间一直传为佳话。戏剧方面有晋剧《打金枝》等。

在传承传统道德方面，语典的作用更为明显。这方面语汇不仅数量多，而且多具有深刻的内涵。《后汉书·宋弘传》记载：汉光武帝刘秀的姐姐湖阳公主新寡，看中大臣宋弘。刘秀以天子之尊，用“贵易交，富易妻”这个谚语来说服大臣宋弘抛弃糟糠之妻，改娶公主。宋弘则用“贫贱之交不可忘，糟糠之妻不下堂”这个谚语来反驳，结果说服了刘秀，说明传统美德的感化力。

语义的形成往往具有一定历史文化背景，《语海》通过语义的诠释和语源的探究，深刻地揭示语的文化内涵，发挥其弘扬传统文化的特殊作用。这里不妨以“见兔而顾犬，未为晚也；亡羊而补牢，未为迟也”为例。故事出自《战国策·楚策四》：楚襄王不听大臣庄辛的劝谏，被秦占领“鄢、郢、巫、上蔡、陈之地”，襄王流掩于城阳。庄辛引用“见兔而顾犬，未为晚也；亡羊而补牢，未为迟也”这个“鄙语”说服了他，使他感到震惊，“颜色变作，身体战栗”。从这里可以看到，适当运用谚语所收到的效果。这个谚语也因此而流传至今，而且衍生出“见兔顾犬”和“亡羊补牢”两个成语。在《语海》里，像这类有历史文化背景的语可谓不可胜数，它们是中华民族“智慧的结晶的结晶”，这使《语海》在文化传承上起着不可的估量的作用。

再其次，《语海》具有深远的学术意义。

如前所说，《语海》是在汉语语汇学的理论指导下编写的。但《语海》并非消极地接受指导，它反过来又为语汇研究提供大量的翔实的资料，促进汉语语汇学的发展。

第一，《语海》所收录的数以万计的语汇，表明语在性质上有明显不同于词的一面，“语词分立”是汉语不争的事实。

第二，《语海》表明，汉语语汇不仅数量多，而且自成系统，表明汉语语汇学有明确研究对象，有广阔的研究领域，完全可以成为与词汇学并列的语言学分支学科。

第三，《语海》编纂过程，也是综合性语典编纂的研究过程。不仅参编人员进行研究，关心《语海》编纂的语言学界学者也进行研究。研究范围之广，程度之深，前所未见。其中研究最多的是立目、分类和释义。

这些问题的研究，不仅有助于提高《语海》编纂的质量，而且有助于综合性语典编纂的理论建设，促进汉语语典学的建立。

（作者单位：山西省社会科学院语言研究所，山西太原，030032）

《语海》评介

刘欣格　李树新

汉语语汇学理论认为,"语"包括谚语、歇后语、成语和惯用语,是区别于"词"和"字"的一种语言单位,"语"在构成要素、意义、结构和语法功能上具有独特的性质和作用。上海辞书出版社近期出版的《语海》历时 12 年编纂完成,以辞书形式从整体上全面反映了汉语语汇学研究的成果,表明汉语语汇学学术理论建设的成熟,并为汉语语汇学研究提供了大量丰富的语料资源。《语海》在编纂方面具有如下三方面的特点。

一、以汉语语汇学理论为指导

正确的理论指导是任何一部原创性辞书编纂的基础。《语海》作为一部首创的大型语汇类辞书,以汉语语汇学理论作为强有力的学术支撑。这种支撑作用体现在语目分类、收条立目、释义和例证上,凸显了《语海》编纂的科学性。

汉语语汇学理论根据语的特点,创立并运用了以语义叙述内容和结构形式相结合的分类方法,把语分为成语、谚语、惯用语和歇后语四大语类,统称为"语"。然后再根据不同的语义内容和结构形式进行下一步的划分。第一步,把语的叙述性特征分为表述性语类、描述性语类和引注性语类。第二步,从语的结构形式特征对语进行第二次划分，这一次的划分目的在于区分成语和谚语及惯用语，二二相承的表述语和描述语是成语，成语结构比较固定；非二二相承的表述语是谚语，结构相对固定；非二二相承的描述语是惯用语，引述语是歇后语，结构比较灵活。一个清晰、适用于语典编纂的语类划分标准产生了。

《语海》在收条立目上，严格遵循汉语语汇学关于“语”的定义，明确收条对象为成语、谚语、惯用语和歇后语。并且遵循语的雅俗色彩分类，收录雅语包括来自书面系统的雅成语，俗语包括来自口语系统的俗成语和谚语、惯用语、歇后语。其中，俗成语有“酒囊饭袋”“打草惊蛇”“乱七八糟”“三长两短”“一穷二白”“千秋万代”等，口语性都很强。雅成语有来源于书面系统的“暴虎冯河”“呆若木鸡”“退避三舍”“草木皆兵”“风声鹤唳”等，包含文言成分的“不胫而走”“一丘之貉”“管窥蠡测”“文恬武嬉”等，多为知识分子所使用的“开卷有益”“海底捞针”“海枯石烂”“花枝招展”“华而不实”等。

语是叙述性的语言单位，语典的释文也必须体现叙述性，且各语类体现与“语性”相一致的叙述方式。《语海》中的成语“满城风雨”，指整个城市都在刮风下雨，又比喻某事迅速传播，到处议论纷纷。这条成语属于描述语，描述了事物的形象和状态。又如谚语“满天星斗光乱摇，或风或雨欲连朝”，指满天繁星闪耀不定，预示风或雨将连日不断。这条谚语属于表述语，采用直陈的手法，表述了由经验得来的感性知识。歇后语“漫天野地里一棵柳树——不在行”，指对某件事不了解，做起来没有经验。歇后语中，“引子”里描述了一种现象，“注释”里说明它的结果。上述三条语目都体现了释义的叙述性原则以及释文内容与“语性”相统一的原则。

对语目的释义还要充分尊重语言事实，坚持“从语料中来，到语料中去”的原则。这一点与例证有关，以“芒寒色正”为例，有的辞书(《汉语成语词典》)解释为：“光芒清冷，光色严正。比喻人品行高洁，丰姿端正。”例证是：唐·刘禹锡《河东先生集序》中的“灿焉如繁星丽天，而芒寒色正，人望而敬者，五行而已”。而这条例证中体现语目的意义与词典的释义并不相符。刘禹锡诗句中的“芒寒色正”仅有“比喻人品高洁端正”而并不表示“光芒清冷，颜色纯正”。《语海》中对“芒寒色正”的例句充分体现了语目的双层含义，不仅包含上述例句，还有体现“光芒清冷，颜色纯正”意义的例句，如宋·李纲《夜坐观斗》：“七星错落挂北户，芒寒色正方照临。”和宋·王柏《用易岩韵寿易岩》：“明朝西现长庚星，芒寒色正占千龄。”可见，《语海》中对语目的释义是与语言事实紧密贴合的。

《语海》中运用大量例证，一个语目的例证往往不止一条。丰富的例证不仅能够全面、准确的释义，还能给读者更为丰富的阅读体验。如成语“骇浪惊涛”，《语海》中分别列出语源和语义所对应的三个例证。(语本出自汉·王粲《浮淮赋》：“凌惊波以高骛，驰骇浪而赴质。”例一，出自元·马致远《岳阳楼》二折“如今便岳阳楼来了两番，空听的骇浪惊涛”。例二，出自清·洪繻《七言今体台湾哀词四首》之四“骇浪惊涛号泣痛，残霞斜照血痕殷”。例三，出自《镜花缘》六回“年未及笄，遍历海外，走蛮烟瘴雨之乡，受骇浪惊涛之险”。)例一中的“骇浪惊涛”体现本义，释义为使人震惊害怕的大波浪，例二例三中的“骇浪惊涛”体现比喻义，比喻险恶的境遇或尖锐激烈的斗争。《语海》中语目的每个释义都有相应的例证作为语义支撑，不仅保证了释义的准确，还为语汇研究提供大量翔实的资料。

二、内容：古今兼收、源流并重

《语海》是迄今首部规模、体量最大的综合性大型语典，所收录条目约 12 万条，总规模达 1170 多万字。《语海》的编撰纵横开阖，横贯古今，既涉及经史子集、古今文献，又俯身乡谈俚言、民间口语，收录语目全面，体量宏大。

《语海》雅俗兼收。所收语目从来源上由三部分构成，一是见于古今文献的语汇约 8 万条，二是以民族共同语的形式流传在口语中的语汇约 9 万条，三是流传在全国各地、具有方言性的语汇约 3 万条。可见，《语海》所收条目既有口语中的俗语条目，又有来自书面文献中的雅语条目，还有雅俗兼容的条目，也就是一些俗语流传在历代人民群众的口语中，并大量地吸收到古今文献里，经过作家的加工提炼，许多俗语便具有雅俗共赏的性质。如“瓜田李下”“万事开头难”“打铁还需本身硬”“巧妇难为无米之炊”“前人栽树，后人乘凉”“种瓜得瓜，种豆得豆”“三十年河东，三十年河西”等都具有深刻的思想性和哲理性，可谓“俗中有雅”。

《语海》遵循“古今兼收、源流并重”的原则，其语目和例证纵贯古今。温端政先生早在 1983 年，编纂《中国俗语大辞典》和《古今俗语集成》的初期，组织编纂团队阅读古今图书近两千种，摘录书证十万多句，对古今书籍中的俗语进行了细致全面的考究。在《古今俗语集成》的六卷本中，六卷内容分别涉及经史古籍中的俗语、子集古籍中的俗语、近代小说和戏曲中的俗语、建国初期小说中的俗语、现当代名家文集中的俗语，这里的俗语包含谚语、歇后语、惯用语、口头上常用的成语。这一基础性的资料为后期的语典编纂起到了强有力的支撑作用。

《语海》所遵循的“古今兼收”，并非古今的语汇一概都收，而是根据具体语目具体分析，强调语目的实用性。《语海》收录古代出现但现今仍在用的语，如见于《荀子・大略》的谚语“流丸止于瓯舆，流言止于智者”、见于《左传·僖公五年》的谚语“辅车相依，唇亡齿寒”、见于《韩非子》的谚语“远水不救近火”、见于《论衡·恢国》的谚语“龙不见双，芝生无二”等。古代的语在现今不用的，已过时的，《语海》则不予收录。

三、汉语语汇语料库建立的实用性

语料是语典编纂的基础，语言资料收集方法各异，从卡片摘抄到语料库的建设，存储语料的规模逐渐增大。现今，语料库已经成为辞书编纂的重要支撑。《语海》运用现代信息传播技术，以网络为依托，建立开放式动态查询和补充系统，形成了储量丰富、检索方便的现代化汉语语汇语料库。温端政先生率领研究团队建立了汉语语汇语料库。这一语料库目前已经历经两代。第一代语料库形成于大量的卡片资料，编成了《中国俗语大辞典》(上海辞书出版社，1989)和《古今俗语集成》六卷本(山西人民出版社，1989)，还有1999年上海辞书出版社出版的一系列专语性小语典。2002年，温端政先生获批国家社科基金项目“汉语俗语语料的计算机处理及相关的语言学问题研究”，借助计算机和数据库技术，创建了“汉语俗语语料数据库”，形成了第二代语料库。王海静(2005)讲到“在充分利用手头现有的近千万字俗语资料的基础上，我们课题组成员还通过民间采风，借助网络下载、光盘复制、书刊扫描等先进手段，搜集、补充了更多的新的语汇资料，目前拥有各类俗语总计1200万字，已全部输入电脑。”第二代语料库的成果主要见于2004年、2011年上海辞书出版社出版的一系列专语性大型语典。第二代语料库涉及六个分库，包含经史子集俗语数据库，近现代名作俗语数据库、谚语数据库、歇后语数据库和惯用语数据库。语料库的建立不仅为了存储大量的汉语语汇语料，还为了满足读者方便快捷的检索和语汇资料的输出。《汉语俗语语料数据库》拥有五种检索手段，分别是专书检索、词目音序检索、词目笔画顺序检索、词目分类检索（谚语、歇后语、惯用语）和任意字检索。不同的检索手段满足读者多样化的检索需求，实现了语汇资料的集成共享。

四

《语海》具有理论指导的科学性、收录内容的全面性和语料库建立的实用性方面的特点，可谓是一部厚重的语汇学辞书的力作，其编撰思路值得为后来的语典编撰者提供借鉴和参考。中国社会科学院语言研究所原副所长、辞书学家晁继周研究员说："在温端政先生去世两年半后，他和他率领的团队熬尽心血编写的集汉语熟语大成之作《语海》问世，这是辞书界、学术界乃至文化界的一件大事。"陕西省社会科学院孙立新研究员认为《语海》是："经过总结经验、集思广益、细心打磨所取得的重要标志性成果。"上海辞书出版社社长、《语海》编纂工作委员会主任之一秦志华则指出："八年准备，七年编纂，感念温端政先生及其学术团队的艰辛付出，以及几任社领导的接续推动。此距 2012 年《语海》项目正式启动恰十年。'十年磨一剑'，诚非虚言。七八年前启动《字海》项目亦已基本定稿。上海辞书出版社的语词类集成性工具书由《辞海》延展至《语海》《字海》的设想，克成在望。"

（作者单位：内蒙古大学文学与新闻传播学院/
内蒙古大学人文科学学部，内蒙古呼和浩特，01002）

一套在科学性上颇见功力的大型工具书

——《语海》简评

孙 立 新

大家知道,20 世纪末到 21 世纪初是我国辞书编纂最为活跃且成果最为丰硕的时期,而最近由上海辞书出版社出版的温端政先生主编的近 1200 万字的《语海》,则是一套在科学性上颇见功力的大型工具书。认真拜读这套大型工具书,对于温端政先生所领导的《语海》团队肃然起敬的同时,深切地感受到,这是在辞书编纂工作降温以后,经过总结经验、集思广益、细心打磨所取得的重要标志性成果。

一、《语海》是在温端政先生语汇学以及语典编纂学术思想指导下完成的学术巨著

如 21 世纪以来,温端政先生由商务印书馆出版的这方面的理论专著《汉语语汇学》(2005)、《汉语语汇学教程》(2006)、《汉语语汇研究史》(2009,合作者温朔彬)、《语典编纂的理论与实践》(2014,合作者温朔彬)、《语词学基础》(2019),还有上海辞书出版社 2005 年出版的论文集《俗语研究与探索》等,都是彰显温端政先生语汇学以及语典编纂学术思想的重要著作。我们通过拜读温端政先生于 2012 年 5 月完成的《〈语海〉编纂若干问题的思考和初步意见》(征求意见稿),知道了酝酿于 2005 年的《语海》的许多前期准备工作。如2009年12月，温端政先生撰写了《〈语海〉凡例和编写说明》（征求意见稿），内容包括：一、意义；二、基础；三、条目；四、注释；五、注音；六、例证；七、准备工作；八、进度。其中三至六部分是这一征求意见稿最实质的内容。在编纂过程中，温端政先生所领导的这个团队及时根据实际情况总结编纂过程中的经验和教训，以达到做好一系列工作的目的。比如王海静（2013）《试论成语与谚语、惯用语、歇后语的交叉变化》、《从结构变化和细微差异辨析"语"的类型》，范瑞婷（2011）《试析惯用语与自由词组的形似义异》等文章，无疑对整个编纂工作具有重要的指导和垂范意义。例如"星火燎原"是成语，"星星之火，可以燎原"是谚语；成语"粗枝大叶"作为歇后语"百年松树，五月芭蕉——粗枝大叶"的后一部分，起注释作用（王海静2013）。"白日做梦"既是成语的主条，又是惯用语"白日里做梦"的副条；"饱病难医"既是成语的主条，又是谚语"饱病最难医"的副条；谚语"百尺竿头，进取一步"原为佛家语，比喻道行造诣虽深，仍需修炼提高；多比喻不满足已有成就，还要进一步努力，争取更大成功。而惯用语"百尺竿头，更进一步"则指学问、事业取得了很高成就后，仍不懈努力，继续进步。同样道理，"好事多磨/号令如山"既是成语的主条，又分别是谚语"好事便多磨/号令如山倒"的副条；谚语"好鞋不踏臭屎/好鞋不踏臭狗屎/好人必有好报/好心必有好报"等具有警示启迪等作用，而惯用语"好鞋踏臭屎/好心不得好报"等则是从某种现象来看问题的。老舍《赵子曰》二"店主东，黄骠马的'马'字，不该耍花腔儿呀！谭叫天活着的时候——"里的"耍花腔"只体现字面意思，是指有意把歌曲或戏曲的基本腔调复杂化、曲折化，属于自由词组，不是惯用语。而梁斌《烽烟图》三二"刘二卯有一搭无一搭地耍着花腔说：'走着瞧吧，那还用说?’”里的“耍花腔”原来的意思完全消失，语义有了新变化，比喻用花言巧语哄骗人，是惯用语。（范瑞婷 2011）基于这些科学理念，我们从《语海》J 字母语条里看到惯用语“嚼别人嚼过的馍”以及谚语“嚼别人嚼过的馍没味道”，还有成语“蛟龙失水”以及谚语“蛟龙失水，反为蝼蚁所食”、惯用语“蛟龙失云雨/蛟龙在污泥”等等。再如《〈语海〉惯用语立目问题琐议》一文，强调了不能把词、自由词组等当作语收进《语海》的一系列理由。如二字词语“吃醋”“吹牛”“合拍”“装蒜”等不收，具有比喻义的三字名词“安乐窝”“地头蛇”“电老虎”“烟幕弹”“直肠子”“乌纱帽”“死胡同”“落水狗”“宽心丸”等也不收。有些动宾结构如“结不解之缘”的宾语部分“不解之缘”本身就是成语，就只收“不解之缘”而不收“结不解之缘”；“精诚不至，金石不开”是“精诚所至，金石为开”的仿用，因为仿用属于修辞范畴，假如连仿用等修辞范畴都收进《语海》，那么，这样收语的范围过宽就势必造成不必要的膨胀。关于《语海》里各种语的概念，温端政先生在前言里有这样一段话很重要，充分体现了温端政先生语汇学思想的科学性：表述语包括谚语和部分成语，描述语包括惯用语和部分成语，引述语习惯上称作歇后语。成语在形式上的特点是“二二相承”，包括语法结构上的二二相承（如：安居乐业、和风细雨）和语音结构上的二二相承（如：坐以待毙、一衣带水）。因此，谚语可以定义为“非二二相承的表述语”，惯用语可以定义为“非二二相承”的描述语，成语可以定义为“二二相承的表述语和描述语”。这样分类，标准明确，语类之间界限也比较清楚，分类结果基本上符合传统习惯和人们的语感。但是，语汇的领域十分宽阔，可谓包罗万象，再好的分类办法也不可能不会遇到一些问题：主要是谚语与表述语成语、谚语与惯用语的划界问题。温端政先生这段话实质上在强调要尽量用一个标准来处理《语海》编纂的一般或普遍问题，但是，有时候的实践环节难免牵涉一些其他问题；这些问题需要从两个或多个角度来考量，来把握。也就是说，辞书编纂工作的一些环节，可能比写论文、写专著还要煞费苦心，是万万马虎不得的。

二、《语海》不但每一个语条都有古今语料的出处和支撑，而且以最严谨的态度对待每一个语条的诠释和解读

比如以“好汉”作为第一词语的谚语多达 99 条，其中“好汉爱好汉，惺惺惜惺惺”又有 5 条变体，“好汉报仇，三年不晚”也作“好汉报仇，十年不晚/好汉子报仇，十年不晚”。“好汉不吃哑巴亏”跟“好汉不吃眼前亏”在语义上有明显不同，前者偏于宁愿明处吃亏、不愿受人暗算，后者偏于避开眼前暂时的不利境况、以免当面吃亏受辱；前者的语料出于现代作家雷特的《特殊使命》三卷一一，后者的语料出于近代汉语时期的小说《官场现形记》一七回，现代作家茅盾的《子夜》一六、张恨水的《啼笑因缘》一二回等用到了这条谚语。还有“好汉不打抄手人/好汉不打当村人/好汉不打告饶人/好汉不打上门客/好汉不断人家财路/好汉不提当年勇/好汉不减当年勇/好汉不挣有数钱”等等，都是彰显中华民族传统美德、具有正能量的条目。再如编者告诉我们，成语“兢兢业业”最早的出处是《尚书·皋陶谟》：“兢兢业业，一日二日万几。”后代的用例如近代汉语时期的《警世恒言》卷一八：“科贡官兢兢业业，捧了卵子过河，上司还要寻趁他。”现代作家张平的《抉择》四：“多年来，对他们我们要求的也是兢兢业业，忠于职守，干一行爱一行，甘做一颗螺丝钉。”再如“井井有法/井井有理/井井有条”的语义比较接近，其中“法、理、条”是区别字眼，“法”指法则、条理。其具体释义如：“井井有法”形容有条理，有章法；“井井有理”形容条理分明，秩序井然；“井井有条”形容有条理，丝毫不乱。而以“井井有条”使用频率为最高。“井井有法”来源于宋·王十朋的《贾府君行状》，“井井有理”来源于宋·陈亮的《与周参政》，“井井有条”来源于《荀子·儒效》。“井井有条”也作“井然有条”，“井然有条”来源于宋·周密的《修史法》。还有，成语“见义必为”也作“见义当为”，跟常用的“见义勇为”的主要语义区别在于，前者可从“必、当”的“一定、应当”来看，后者可从“勇”的“勇敢、勇于、有勇力”来看。“见义必为”来源于唐·李德裕的《授李丕汾州刺史制》，“见义当为”来源于元·马致远的《荐福碑》四折，“见义勇为”来源于《论语·为政》。还有，成语“皓齿蛾眉/皓齿明眸/皓齿星眸/皓齿朱唇（也作‘皓齿红唇’）”，都是以年青女性的“皓齿”作为第一词语的，都是从五官上形容年青女性的漂亮雍容的，但是，“蛾眉/明眸/星眸/朱唇（也作‘红唇’）”则是各自区别于其他成语的特征或侧重点；不认真、懒于思考、学养不够的学者，可能会把这几条当作同义成语来处理的。同样，成语“乐善好施/乐善不倦/乐善好义”分别侧重于“喜欢施舍/不知疲倦/坚持正义”；成语“乐不可及/乐不可言/乐不可支”以及“乐不思蜀”也是各自有其区别特征的，如“及/言/支”就各有侧重点，《语海》对这几个语条的释义都很准确得体。再如以 hǎi 为第一音节又以“海水”为第一词语的谚语“海水不可斗量”，也作“海水斗难量/海水如何着斗量/海水不可斗量，能人不可貌相/海水不可斗量，凡人不可貌相/海不可斗量，人不可貌相”，意思是，海水不可能用斗测量，比喻人的才干学识，仅凭外表是无法估量的。而谚语“海水不可量，人心不可测”的意思是，人心的好与坏，是不可推测的；谚语“海水可量，人不可量”的意思是，即使海水可以测量，人的未来也是不可估量的。劝人不要以相貌、穿着来判断其身份、前途。关于“人不可貌相，海水不可斗量”等语条，温端政先生《汉语语汇学》189页也有比较和讨论，请参阅。《汉语语汇学》186—188页还讨论了“好事不出门，恶事行千里”自北宋以来在近现代著名作家作品里的使用情况以及相对固定性特点，讨论了“世上无难事，只怕有心人—天下无难事，只怕有心人/心急吃不得热粥—心急吃不上热馒头—心急吃不了热豆腐/丑媳妇少不得见公婆—丑媳妇少不得见公姑—丑媳妇少不得见翁姑/强龙不压地头蛇—强龙难斗地头蛇—强龙不压地头蛇—强龙难压地头蛇—恶龙不斗地头蛇—来龙斗不过地头蛇”等同义谚语的一系列特点。温端政先生这些学术思想，都在《语海》编纂过程中有着充分的体现。

三、《语海》的实用性是对科学性最好的诠释，其中包括注意整套书的详略等问题

温端政先生组织了省内外一批精兵强将，为了这套大型工具书的编纂，几十年如一日，做了许多扎实认真细致入微的工作；特别包括了大量的第一手古今资料工作。在《语海》编纂的整个过程中，温端政先生的团队取精用宏，力臻完善，使得整套书尽可能成为上乘之作。比如我们在上文所论及的，对于有关语条的变体的处理方法等问题。关于语的变体问题，温端政先生在《语海》前言里有这样一段话很重要：许多语是通过口耳相传流行开来的，这也是语的变体形成的重要原因。如“三个臭皮匠，合成一个诸葛亮”，也说“三个臭皮匠，顶个诸葛亮”“三个臭皮匠，抵个诸葛亮”“三个臭皮匠，赛过一个诸葛亮”，还说“三个缝鞋匠，顶个诸葛亮”。这些变体，各有其常用性，《语海》也应当予以体现。《语海》的编纂群体的确是下了许多功夫来处理整套工具书的许多问题的。如谚语

“好男不吃婚时饭，好女不穿嫁时衣”的变体达 10 条之多，“好手不敌双拳，双拳不敌四手”的变体达 14 条之多，“好事不出门，恶事行千里”的变体达 16 条之多。关于同义成语，温端政先生在《语词学基础》231 页举出诸如“千山万水—万水千山/鳌头独占—独占鳌头/背井离乡—离乡背井”等语素相同而排列次序不同的例子，还举出诸如“剪草除根—斩草除根/抽梁换柱—偷梁换柱/开聋启聩—振聋发聩”等某个语素不同的例子。《语海》在处理语素相同而排列次序不同的成语时，比如“好施乐善—乐善好施/活剥生吞—生吞活剥/济困扶危—扶危济困/乐道安贫—安贫乐道/乐业安居—安居乐业/力壮身强—身强力壮”等等，分别以第一个语素所在的音序来排列，如“好施乐善”在 H 字母的 hào 音序之内，其同义成语“乐善好施”在 L 字母的 lè 音序之内。就《语海》的详略来看，编者对许多语条的处理都是很科学得当的。我们可以随便举一组例子，如最常用的成语“汗马功劳”就处理得最详尽：一是出处见于《韩非子・五蠹》，二是两个义项的近现代汉语时期的用例；次常用的成语“汗马之劳”就处理得较详尽：一是出处见于《史记・萧相国世家》，二是近现代汉语时期的用例；而不太常用的“汗马之功（源于宋・王谠的《唐语林・补遗》）/汗马之勋（源于明・无名氏的《精忠记》二五出）/汗马勋劳（源于清・吴梅的《风洞山・庆祝》）”就处理得比较简略。

最近几年，笔者就谚语的事理等问题一直有所思考，读了温端政先生给老《语海》的“序言”以后，认为自己的思考是一定有道理的。温端政先生在老《语海》的“序言”里特别指出了其在语的分类上的不足：问题在于如何看待下面这种在形式上与谚语相似而内容上有别于谚语的语言单位，如：临时抱佛脚/不费吹灰之力/好了疮疤忘了疼/捡了芝麻，丢了西瓜/有理三扁担，无理扁担三。这类语言单位在形式上与谚语没有什么区别，但在内容上既不说“事理”，也不存在“规戒”，缺乏一般谚语所具有的知识性。如阿良编著的《谚语精选 6000》262 页的“色色都会，件件不精/杀鸡给猴看/杀人不见血，吃人不吐骨”应当都是惯用语，王育龙、张松叶主编的《谚语常用词词典》90－91 页的“放着鹅毛不知轻，顶着磨盘不知重/放龙入海，纵虎归山/飞蛾扑火，自取焚身/飞得越高，跌得越重/逢山开路，遇水叠桥/风大随风，雨大随雨”，张文清主编的《谚语大全》220—221 页的“肥了骡子瘦了马/看不起驴子买不起马/得着毛驴当马骑/懒驴嫌驮子重/马王爷不管驴事”，陈君慧主编的《谚语大全》328 页的“得罪十个君子，不得罪一个小人”、404 页的“眼睛长到头顶上/羊上狼不上，马跳猴不跳”，孙立新、柏雪梅《西安方言俗谈》140—141 页的“钱是人身上的垢圿（污垢）/瘦猪也哼哼，肥猪也哼哼”等等，也应当都是惯用语。如“放着鹅毛不知轻，顶着磨盘不知重/风大随风，雨大随雨/懒驴嫌驮子重/马王爷不管驴事/得罪十个君子，不得罪一个小人/钱是人身上的垢圿”等，说的是社会上一些人的观念；“飞蛾扑火，自取焚身/眼睛长到头顶上/瘦猪也哼哼，肥猪也哼哼/天下衙门朝南开，有理没钱莫进来”等说的是某些社会现象；这些都应当归于惯用语。还有，“嗔拳不打笑面/有理不打笑脸人/爱钱钻钱眼（孔方兄）去/人不为己，天诛地灭/鹬蚌相争，渔翁得利/项庄舞剑，意在沛公/公说公有理，婆说婆有理”等等，也都应当归于惯用语。“拉住状元喊姐夫”这一语条，《语海》归于惯用语显然是正确的，而《谚语精选 6000》195 页归于谚语显然是不正确的。

非常执着勤奋的著名语言学家温端政先生一生的学术研究，

其改革开放以来的方言学成就本身就相当卓荦不群，而 20 世纪 80 年代以来的语汇学成就则更加卓异丰厚。温端政先生此前的语汇学专著、论文集或工具书等标志性成果如《谚语》(1985)、《歇后语》(1985)、《忻州俗语志》(1986，合作者张书祥)、《中国俗语大辞典》(1989)、《二十世纪的汉语俗语研究》(2000，合作者周荐)、《忻州方言俗语大辞典》(2002，合作者张光明)、《方言与俗语研究》(2003)、《新华谚语词典》(2005)、《新华惯用语词典》(2007)、《新华歇后语词典》(2008)、《现代汉语小语典》(2008)、《中国谚语大辞典》(2011)、《中国惯用语大辞典》(2011，合作者吴建生)、《新华语典》(2014)、《中国歇后语大辞典》(2015)以及主编的论文集《汉语语汇学研究》(2009，合作者吴建生)、《汉语语汇学研究(二)》(2011，合作者吴建生、马贝加)、《汉语语汇学研究(三)》(2015，合作者吴建生、徐颂列)等等。显而易见，温端政先生的认真严谨和没有门户之见足可以从其一生的一系列成果看到，如《汉语语汇学》《语词学基础》的参考文献均达一二百条之多。温端政先生在论述自己观点的时候，总是摆出许多学者的观点，包括这些学者之间争论的焦点问题，然后对自己为什么支持某些学者的观点而不支持其他学者的观点，娓娓道来，以非常平和的语言，申明自己的观点，断然没有丝毫的学阀作风，委实令人肃然起敬。现在读杨蓉蓉的《一门新兴的有待完善的学科——读〈汉语语汇学〉〈汉语语汇学教程〉》一文，结合温端政先生《汉语语汇学》《汉语语汇学教程》出版以后的其他类似成果，使我们有着这样的深切体会：作为晚辈的同事认为长辈学者的重要成果“有待完善”且温端政先生将此文编入自己主编的论文集里，允许争论的同时，提请自己作更深入的思考，经过思考，进行必要的符合科学性的修订；事实上，认真拜读温端政先生的后续成果，深切地体会到，温端政先生都是在不断寻求最科学的方法和结论的。温端政先生断然不是那种故步自封、抱残守缺的学者！2019 年 8 月，笔者到忻州师范学院参加温端政先生等学者主持的汉语语汇学暨《语海》编纂学术讨论会，期间，参加了《语词学基础》首发式座谈沙龙，温端政先生一再请与会的晚辈学者就此书“多提宝贵意见”，委实令人感佩！

温端政先生主编的《语海》的科学性可能还可以从其他角度来看，可以肯定地说，这套大型工具书的优点还有许多。但是，笔者在浏览《语海》的过程中也发现了一些问题，比如“好善乐施/乐善好施”同源的处理理念有问题：都是源于《史记·乐书二》“闻徵音，使人乐善而好施；闻羽音，使人整齐而好礼”，实质上“好善乐施”跟《史记·乐书二》里的“乐善而好施”不搭界，不符合《语海》以语条的第一音节为标准的原则，如“好善乐施”的第一音节为 hào，而“乐善而好施/乐善好施”的第一音节为 lè。应当以“好施乐善”源于宋·范祖禹《赠崇信军节度使谯国公墓志铭》为正确。因为是众手成书，《语海》的篇幅又特别大，每一位编纂者未必没有千虑一失的可能。但愿以上所指出的两个问题，在行家和广大读者看来，不算什么问题，也许是笔者的苛求吧。

参考文献：

[1] 阿良.谚语精选 6000[Z].武汉：长江文艺出版社，2005.

[2] 陈君慧.谚语大全[Z].哈尔滨：北方文艺出版社，2013.

[3] 范瑞婷.试析惯用语与自由词组的形似义异[A].//温端政，吴建生，马贝加主编.汉语语汇学研究(二)[C]，北京：商务印书馆，2011.

[4] 李淑珍.《语海》惯用语立目问题琐议[J].辞书研究，2018(3).

[5] 孙立新，柏雪梅.西安方言俗谈[M].西安：三秦出版社，2016.

[6] 王海静.试论成语与谚语、惯用语、歇后语的交叉变化[J].语文教学通讯，2013(4).
[7] 王海静.从结构变化和细微差异辨析“语”的类型[A]//汉语语汇学研究(二)[C].北京：商务印书馆，2011.
[8] 王育龙，张松叶.谚语常用词词典[Z].西安：三秦出版社，2004.
[9] 温端政.谚语[M].北京：商务印书馆，1985.
[10] 温端政.歇后语[M].北京：商务印书馆，1985.
[11] 温端政，张书祥.忻州俗语志[Z].北京：语文出版社，1986.
[12] 温端政.中国俗语大辞典[Z].上海：上海文艺出版社，2000.
[13] 温端政，周荐.二十世纪的汉语俗语研究[M].太原：书海出版社，2000.
[14] 温端政.《语海》(即老《语海》)序言[A].上海：上海文艺出版社，2000.
[15] 温端政，张光明.忻州方言俗语大辞典[Z].上海：上海辞书出版社，2002.
[16] 温端政.方言与俗语研究[C].上海：上海辞书出版社，2003.
[17] 温端政.汉语语汇学[M].北京：商务印书馆，2005.
[18] 温端政.新华谚语词典[Z].北京：商务印书馆，2005.
[19] 温端政.俗语研究与探索[C].上海：上海辞书出版社，2005.
[20] 温端政.汉语语汇学教程[M].北京：商务印书馆，2006.
[21] 温端政.新华惯用语词典[Z].北京：商务印书馆，2007.
[22] 温端政.新华歇后语词典[Z].北京：商务印书馆，2008.
[23] 温端政.现代汉语小语典[Z].北京：商务印书馆，2008.
[24] 温端政，吴建生主编.汉语语汇学研究[C].北京：商务印书馆，2008.
[25] 温端政.中国谚语大辞典[Z].上海：上海辞书出版社，2011.
[26] 温端政，吴建生.中国惯用语大辞典[Z].上海：上海辞书出版社，2011.
[27] 温端政，吴建生，马贝加.汉语语汇学研究(二)[C].北京：商务印书馆，2011.
[28] 温朔彬，温端政.汉语语汇研究史[M].北京：商务印书馆，2009.
[29] 温端政.新华语典[Z].北京：商务印书馆，2014.
[30] 温端政，温朔彬.语典编纂的理论与实践[M].北京：商务印书馆，2014.
[31] 温端政.中国歇后语大辞典[Z].上海：上海辞书出版社，2015.
[32] 温端政，吴建生，徐颂列.汉语语汇学研究(三)[C].北京：商务印书馆，2015.
[33] 温端政.语词学基础[M].北京：商务印书馆，2019.

[34] 杨蓉蓉.关于语汇学的几点思考[A]//吴建生,李树新,史素芬主编.汉语语汇学研究(四)[C],北京:商务印书馆,2017.
[35] 张文清.谚语大全[Z].哈尔滨:黑龙江美术出版社,2017.

(作者单位:陕西省社会科学院文学艺术研究所,
陕西西安,710065)

《语海》编纂的若干问题

李 淑 珍

2005 年，上海辞书出版社提出了委托山西省社会科学院语言所编纂《语海》的计划。从那时起，我们就开始了整理资料、草拟编写方案、试编样条等相关准备工作。其间由于其他工作的干扰，曾一度搁置。后来又经过多次切磋协商，直到 2011 年召开了首次"《语海》编纂专题研讨会"(上海)，集中编写的任务才真正提上了议事日程。2012 年，我们和上海辞书出版社签订了出版协议，后来又召开了多次会议，对《语海》的收录对象、收条规模、编纂体例等问题逐一进行深入研讨，最终形成了一套比较成熟的编纂方案。经过编写团队和上海辞书出版社十余年共同不懈的努力和多次修改，2021 年终于完成了《语海》全稿。该书为大型综合性语类工具书，总计近 1200 万字，集中了几代研究者的心血和劳动成果。

"板凳甘坐十年冷，文章不写半句空"，笔者全程参与了《语海》的资料收集、正式编写及后期统稿工作，其中的酸甜苦辣自不必细说。下面就《语海》编纂过程中在收语、立目、释义等方面遇到的问题，谈几点个人的体会。

一、收语

所谓收语，指的是本辞书收什么和不收什么。根据编写方案，

《语海》收录成语、谚语、歇后语和惯用语四大类。以往我们曾经编纂出版过多种俗语类工具书，其中的谚语、歇后语和惯用语条目，经过重新筛选、甄别以及大量增补，成为《语海》的首批收录对象。根据《语海》的性质和特点，经过多次讨论，大家一致同意，将成语也纳入《语海》的收录范围之内。

本着“收语宁缺毋滥，资料宁多勿少”的原则，《语海》在收语上坚持以汉语语汇学理论为指导，该收的收，不该收的不收。

（一）不该收的条目大体分为以下几类：

1. 不收词。

以前，具有比喻或引申义及一些紧缩的二字词语，如“吃醋”“吹牛”“合拍”“装蒜”“耍滑”等，有时会被收录到一些俗语辞书中，此次编写《语海》，我们统一了意见，凡是二字组的一律不收。一些具有比喻义的三字名词也不收，如“安乐窝”“地头蛇”“电老虎”“烟幕弹”“直肠子”“乌纱帽”“死胡同”“落水狗”“宽心丸”等。还有一些曾经被我们误收过的三字和四字格式，此次编写的时候也都剔除了，如三字的“拿不准”“扛不住”“玩不转”、四字的“疯疯癫癫”“口口声声”“弯弯曲曲”“磕磕绊绊”“万万千千”“傻里傻气”“傻里巴几”“歪歪扭扭”“歪歪斜斜”等。

2. 不收自由词组。

以往的语类辞书中，被误收的自由词组五花八门。有些因为字面似乎具有一定的经验性，就被误收为谚语，如“十个细心的男人，也摸不透一个粗心女人的心事”，但大部分被误收的自由词组，都是因为具有一定的迷惑性，编者没有仔细辨别从而误收的。大概可以分为以下几种情况：

（1）有些自由词组的形式看起来像结构对称的惯用语或谚

语，但仔细辨别就能发现，那些不是语，只是自由词组在语言交流中的一种偶尔运用，并不具有结构的定型性和语义的凝练性。下面两条就是编者在初稿中把自由词组当作谚语错收的例子：

【忘人大恩，记人小过】〔例〕呼延灼道："兄长尊意，莫非教呼延灼往东京告请招安，到山赦罪？"宋江道："将军如何去得！高太尉那厮，是个心地匾窄之徒，忘人大恩，记人小过。将军折了许多军马钱粮，他如何不见你罪责？"（《水浒传》五八回）

【杀猴而猴不惊，打虎而虎不惧】〔例〕近年来，国家对腐败问题的态度不可谓不坚决，措施不可谓不得力，可腐败之风总是治而不止，"杀猴而猴不惊，打虎而虎不惧"。之所以如此，就是因为那"蒲鞭"轻飘飘，软绵绵，高高扬起，轻轻落下，一不伤皮，二不损骨，这又有何惧之？（欧阳玉雄《"蒲鞭"当换"龙头铡"》）

类似这样的条目，我们在统稿时都予以删除。

(2) 有些词组中因为某个词具有比喻义或者引申义，常常被误收作惯用语，特别是一些具有比喻义的"动＋宾"形式，更容易与惯用语混淆。但仔细观察，就会发现，这一类自由词组结构松散，缺乏定型性，还没有凝固为惯用语。语言中这种类型的词组还有很多，如果都收作惯用语，那惯用语的收录范围就会无限扩大。如下面的例子：

【折栋梁】〔例〕此事若有泄漏，给鞑子们先下手为强，伊璜先生和吴将军固是灭族之祸，而反清的大业更是折了一条栋梁。（金庸《鹿鼎记》一回）

【挤到死胡同里】〔例〕郭祥被挤到死胡同里去了，只好又堆下笑来："营长呵，这么多年，你还不知道我的毛病，我是有

点儿游击习气！”（魏巍《东方》二部五章）

【问底细】〔例〕却说戴大理向巡捕问过底细，晓得他的这个缺是断送在周老爷手里，因此将周老爷恨入骨髓。（《官场现形记》一二回）

也有些动宾结构的宾语本身就是成语，动宾结构只是对成语的一种运用，也不宜再收。如：

【结不解之缘】〔例〕躲在哨房门里的守门士兵，忽然看见刚才被小头目扔到百步之外城根下的那个老头，绿蓑包裹着身子，像一捆青柴，被雨水漂过来，白日见鬼一般惊叫。“老棺材瓤子又回来了！”“大雨漂起了死尸。”“跟咱们结下了不解之缘。”（刘绍棠《敬柳亭说书》五章四）

【解除后顾之忧】〔例〕闯王，你看，是不是可以趁今天夜间，冷不防给敌人一个回马枪，先把曹变蛟整一个稀里哗啦，解除后顾之忧，明天好全力北进，冲破官军的堵截？（姚雪垠《李自成》一卷六章）

【尽绵薄之力】〔例〕人命关天的事也不好随便乱猜，邵大侠想了想，言道：“我邵某在商言商，武清伯若有生意上的事情打点，鄙人倒可尽绵薄之力。”（熊召政《张居正》三卷一六回）

还有些误收条目的结构稍微复杂一些，如：

【谁心里不暗藏两张牌】〔例〕很多事情是只能做，不能讲的，或者是只能讲手心，不能讲手背的。况且，商场如战场，同行是冤家，谁心里不暗藏两张牌？（孙春平《乱季》一）

【孙行者爬出了五行山】〔例〕“什么解放日，怎么个解放日？”“造纸厂把我解雇了，好比从拘留所里把我放出来，又好像孙行者爬出了五行山！”郓兰渚快活得大笑着答道，“如此大

快人心，你该向我贺喜。”（刘绍棠《十步香草》一七）

【收了锣鼓落了幕】〔例〕你瞧那个快当劲儿吧：顶多也没有半秒钟，屋子里就演了一场杨白劳卖闺女。马立本把那六张崭新的人民币朝马连福兜里一塞；同一时间里，马凤兰拿着马连福一个手指头，在印油盒里一滚，又在表上一按，稀里哗啦完事了。等外边喊叫马会计那个人掀门帘子进来的时候，这边已经收了锣鼓落了幕，连演员的影子都没瞧见。（浩然《艳阳天》一二章）

上面几例中，因为出现了“牌”“孙行者、五行山”“锣鼓”“幕”等具有比喻或一些标志意义的词而被误收，后期我们都作了删除。

(3) 有些词组是因上下文的具体语境而形成了双层义，脱离了具体上下文，词组内部成分结合并不紧密，有些甚至意思都不明确。这种情况也不能收入。如：

【几个脑袋，几只手】〔例〕我也要会会这凤奶奶去，看他是几个脑袋，几只手。（《红楼梦》六五回）

【撒花椒面添盐酱】〔例〕杨天成笑道：“哪里话，小两口耍耍性子生点气，是给过日子撒花椒面添盐酱的事，当什么真！”（孙春平《古辘吱嘎》七）

【扔下窝头吃饺子】〔例〕我儿子当了大官了，有出息了，想再找个媳妇侍候我，听说还是个小护士，又年轻又漂亮，天仙儿似的，你比不了啦。我的能耐儿子不呆不傻的，还不知道扔下窝头吃饺子？（孙春平《岳母大人》五）

(4) 有些条目是对常用语的一种随意化的使用，属于语在语用中的自由变体，不宜收录。如：

【送人鲜花之手，历久犹香】实际上是【赠人玫瑰，手有余香】的变异。〔例〕王兰田当即表态,说,“好嘛,这是好事。送人鲜花之手,历久犹香。我们两个可以当月下老人。”(徐贵祥《历史的天空》一七章五)

【看见仇人就眼红】实际上是【仇人相见,分外眼红】的变异。〔例〕只要是讲到他们心里了,他们就会伤心,一难受,看见仇人就眼红了,你说这不好?(丁玲《太阳照在桑干河上》三一章)

【三个人里头有诸葛亮】实际上是【三个臭皮匠,顶个诸葛亮】的变异。〔例〕李江国喊:“老虎。说话呀!三个人里头有诸葛亮,大伙一讨论,就把这理弄明白了,说话呀,老虎!”(杜鹏程《保卫延安》三)

这些随意化的自由变体都被我们在统稿时删除。

(5) 有些条目看似有哲理或比喻义,类似谚语或惯用语,但因为缺乏结构的定型性和习用性,也不能收入。如:

【事情是两面的】〔例〕冼仲文:大嫂,大嫂,事情是两面的,听她说说,到底是怎回事。(老舍《残雾》三幕)

【宽容从来都不是软弱】〔例〕恺撒并不是傻瓜,也不是武大郎,他是一个有着很强的权力欲望的人,他之所以能够不理会自己妻子的背叛行为,是因为他对自己的地位和威望有着极强的自信,他胸怀天下,相信属于他的东西始终是他的。是的,从历史中我们可以知道,宽容从来都不是软弱。(当年明月《明朝那些事儿》一部三一章)

【见到影子飘,伸手抓不着】〔例〕三个人听着马之悦讲的在理,又觉着挺玄乎,像是只吹过来一层烟雾,见到影子飘,伸手抓不着。(浩然《艳阳天》五五章)

3. 不收流行语、顺口溜。如：

【事看谁办的，法看谁犯的】〔例〕那时候，穷百姓饿不过，夺了财主的半袋米，就押进了狱牢。王家少爷抢了民间少女，谁也不敢撞人家一下。这才真真是人说的："事看谁办的，法看谁犯的！"（张原盛《一个真实的故事》）

【炕上没有撒尿的，死了没有穿孝的；炕上没有拉屎的，死了没有烧纸的】〔例〕"炕上没有撒尿的，死了没有穿孝的；炕上没有拉屎的，死了没有烧纸的！"啭儿动之以情，"人留后世草留根，你不能害得刘家绝户。"（刘绍棠《荆钗》二七）

4. 有些条目是因语用需要而对某条语进行的临时仿用，意思大多相反，形式上还未定型，也不宜收。如：

(1) 孺子不可教→仿用【孺子可教】。〔例〕拿"太调皮"说事劝退刚入学的孩子，而不愿对其"长善救失"，无疑是一种非教育甚至反教育的做法，其背后真正暴露折射的，其实并非孩子的"调皮""孺子不可教"，而是相关教育机构的"教育不自信"和"教育无能"，以及严重缺乏真正的教育担当负责精神。（楚一民《劝退调皮学生，学校之举太荒唐》）

(2) 见上黄河也不死心→仿用【不到黄河心不死】。〔例〕占富我说你呀，有的人是不见黄河心不死，你怕是见上一万回黄河也不死心！（康濯《东方红》一四章四）

(3) 精诚不至，金石不开→仿用【精诚所至，金石为开】。〔例〕钱度从后头跟上来，知道他心里忧愁，没敢言语，刘统勋许久才道："精诚不至，金石不开啊……看来我这孔孟之徒真要去庙里进一炷香，乞个梦什么的了。"（二月河《乾隆皇帝·风华初露》四三回）

5. 有些俗语格调低俗或言语太粗俗，也不宜收录。

【女婿看丈母——馋唾吞落肚】〔例〕韦小宝说得高兴，又道："常言道得好，丈母看女婿，馋唾滴滴涕。我瞧你哪，丈母娘这么美貌，这句话要反过来说了。女婿看丈母，馋唾吞落肚。哈哈，哈哈。"（金庸《鹿鼎记》三一回）

【三年不见长头发，能把母猪当貂蝉】〔例〕好，有你这番话我也就死心啦。三年不见长头发，能把母猪当貂蝉？我算认识你了。（黎静《彭大将军》上二三）

【谁的裤裆破了，露出你来】〔例〕庆儿咧起大嘴说："我那天爷！谁的裤裆破了，露出你来。你说！你说！我为什么碰死他？当上乌龟还怕脊梁上长不上八卦纹儿？"（梁斌《烽烟图》七）

（二）除了一些不该收录的条目外，还有一些该收而以往被疏漏的语，在编写中，我们作了大量的补充。大体有以下几个方面：

1. 有些近年来出现的新语，结构已经相对固定，且对社会生活有积极的影响，我们就及时吸收进语的队伍里来。如：

【反腐倡廉】（成）〔例〕严打刑事犯罪，不能宽容；立法执法，不能宽容；反腐倡廉，不能宽容。（王蒙《我的人生哲学》六四）|他觉得这正是上面要抓的反腐倡廉题材，文坛上也正跑着火，就签给主编定夺。（陈世旭《救灾》三）

【金奖银奖，不如百姓的夸奖；金杯银杯，不如老百姓的口碑】（谚）〔例〕民心是杆秤。金奖银奖，不如百姓的夸奖；金杯银杯，不如老百姓的口碑。这些关东大地父老乡亲饱含热泪的滚烫话语，不正是对汪洋湖最高的褒奖吗？（单向前《群众眼中的汪洋湖》）

【金山、银山，自己是靠山】（谚）〔例〕常言说，金山、银山，自己是靠山。良好的心境，高兴的心态，使人永远朝气蓬勃，成为动员人积极投入行动的巨大的动力。（张丽琴《渴望无限，不如高兴就好》）

2. 有些是由名人的话语逐渐进入大众的语言生活中，结构定型，习用性也强，我们也及时做了收录。例如：

【弹钢琴】（惯）〔例〕党委要抓紧中心工作，又要围绕中心工作而同时开展其他方面的工作。……党委的同志必须学好“弹钢琴”。（毛泽东《党委会的工作方法》）｜正确执行这个方针，掌握这个领导方法和领导艺术，要求我们在工作中既善于抓住主要矛盾，又善于“弹钢琴”，防止片面性、绝对化和形而上学。（翟伟等《从“两手抓两手都要硬”到“三个文明”协调发展》）

【不管白猫黑猫，抓住老鼠就是好猫】（谚）〔例〕有一句名言：“不管白猫黑猫，抓住老鼠就是好猫。”至于这个“猫”抓老鼠的本领是从学校里学来的，还是靠自学所获，则无关紧要。（刘彦林《三月潮》七章一）也作〔不管黑猫白猫，抓住耗子就是好猫〕。〔例〕一副笑脸，奉迎他说：“不犯向，不犯向！现在是火烧眉毛顾眼前，不管黑猫白猫，你能抓住耗子，就是好猫！”（赵乃夫《初春》一五）

【两手抓，两手都得硬】（谚）〔例〕项林舌头难打弯，乱乱地说，大大的……大大的。黑白两道，真真假假，两、两手抓，两手都得硬。谷秉芳笑，说你就别卖关子啦，捞干的说吧。（孙春平《乱季》七）

3. 某些特殊领域的用语，在使用过程中逐渐发展出了新的语义，运用场景扩大，我们也及时补充了进来。如：

【我不下地狱，谁下地狱】（惯）〔例〕周水朋的责任感和正义感仿佛已经上来了，他说："风险我不怕，我反复考虑过了。为了揭露不法行为，维护农民工的利益，我不下地狱谁下地狱！"（刘庆邦《卧底》一）

这条语原为佛教用语，指佛为了拯救众生而自我牺牲，现在则用来指为了大家不惜牺牲自己。语义范围增加，已经成为日常生活用语，可以收录进来。

4. 随着社会的发展，一些与民众日常生活紧密相关的语逐渐产生、定型，这部分也是我们补录的对象。如：

【千军万马过独木桥】（惯）〔例〕过去一千多年以来，仕的途径只有一条，就是科举。"千军万马过独木桥"，所有的读书人都拥挤在这一条路上，从秀才——举人向上爬，爬到进士参加殿试，僧多粥少，极少数极幸运者可以爬完全程。（季羡林《老年十忌》）

【血本无归】（成）〔例〕为了挣这笔钱，她舍弃了多少尊严和脸面，她吞咽了多少委屈和耻辱。她把自己的身心都放贱了，结果，她这样拼了一场，却是血本无归。（方方《奔跑的火光》一六）

【先上车后买票】（惯）〔例〕有关专家认为，先上车后买票，先干起来再审批，是时下一些地方发展地方经济冠冕堂皇的理由。（牛纪伟等《江苏铁本："钢铁怪兽"为何能一路狂奔》）

还有"上有政策，下有对策""找不着北""拿肉麻当有趣""只带耳朵不带嘴""心动不如行动"等等，不再举例。

二、立目

立目，指的是选取哪些语作为语目。收录什么的问题解决了，以什么样的形式立目，也是需要仔细考虑的。以前我们习惯于把语的收语和立目放在一块儿来讨论，统一叫作"立目"问题，这里分开来说，是为了能更详细、更方便地把这两个问题讨论清楚。

好的立目，体现的是编者正确运用理论指导辞书编纂的能力。《语海》是成语、谚语、歇后语和惯用语的集大成，各类语形式多样，而且四类语常常会有交叉或重叠，怎样立目的问题就显得更为重要。

1. 语目要简洁，不拖沓，去掉语用过程中的冗余成分。如：

【见缝插针】(成)〔例〕如今要俯瞰这城市，屋顶是要错乱并且残破许多的，层上加层，见缝插针。(王安忆《长恨歌》三部四章)

【见缝就插针】(惯)〔例〕这园子常常是一年收四季。这还不算，他见缝就插针，没有一个地方不被利用。(浩然《艳阳天》一章)

初稿成语部分收了【见缝插针】，惯用语部分收了【见缝就插针】，惯用语条目中的"就"不属于核心语素，去掉不影响语的意思，因此统稿时我们保留了成语，删掉了惯用语。

【手拉手跳火坑】(惯)〔例〕老龙套子大叫大嚷，满嘴飞唾沫星子："他逼迫我帮他把鸡毛小店改成楼房客栈，我不见兔子不撒鹰，不想跟他手拉手跳火坑。"(刘绍棠《这个年月》九)

【为人交了背时运，哪处黄土不埋人】(惯)〔例〕这时候，一个三十多岁的妇人，很伤感地吁了一口气，说："唉，为人交了

背时运，哪处黄土不埋人？”（张行《武陵山下》八章）

【为虎作伥，万人唾弃】（惯）〔例〕于进道：“两兵相搏，伤害无辜。为虎作伥，万人唾弃。若是归降，俞大将军得奏一官半职也有个正果。”（陈雄《生死离别》）

以上三例中，“手拉手”“为人交了背时运”“万人唾弃”都是在原语“跳火坑（惯）”“哪处黄土不埋人（谚）”和“为虎作伥（成）”的基础上临时加上的，并不是构成语义的必要成分，因此统稿时在保留原语的基础上删去了这几个条目。

语目需要简洁，但也不能因简害意。

【说句话掉到地下砸个坑】（惯）〔例〕范老四忙说：“我知道你陈掌柜说句话，掉到地下砸个坑。不过，最好能当面看看……”（李凖《黄河东流去》三一章二）

初稿中我们曾以“掉到地上砸个坑”出条，但是这样出条，语义就是不明确、不完整的，脱离了具体例句，读者就不明白这条语是什么意思。因此我们选择以该惯用语的完整形式为语目。

再看下例：

【比×的脚指头也比不的】（惯）〔例〕他是真材实料，正经夫妻。你我都是趁来的露水儿，能有多大汤水儿，比他的脚指头儿也比不的。（《金瓶梅》七六回）

此条初稿的语目是【脚指头也比不的】，单从这个语目来看，读者根本无法理解这条惯用语究竟要说什么。我们把语目改成【比×的脚指头也比不的】，语义一下子就明朗了。

2. 出副条要谨慎。

《语海》确立主条与副条的原则是：如果两条语的核心物象（意象）、动作、情境是一致的，那么就以主副条的形式出条，如果不一致的话，哪怕意义完全相同，也要分立条目。这一原则看似比较简单，但在具体编纂统稿过程中，还是会碰到不少不易操作和把握的问题。

副条在具体语境中出现的形式跟主条仅有少数副词、助词、语气词等差异，并没有体现出语形的灵活多样性，不应出条。如：

【身不入官为贵】(谚)也作①〔身不属官为贵〕。②〔身不入官也为贵〕。

上例中，副条①用动词“属”代替了“入”，体现了词语选择的灵活性；而副条②跟主条仅差一个副词“也”，去掉以后跟主条完全一样，不应再出副条。

【外甥打灯笼——照舅】(歇)也作①〔外甥点灯——照舅〕。②〔外甥打灯笼——找舅〕。③〔外甥提灯笼——照舅〕。④〔外甥给打灯笼——照舅〕。

上例中，副条①②③跟主条出现的主要意象相同，副条①③是将该歇后语“引语(前语)”中的动词“打”换成了“点”和“提”；副条②是将该歇后语“注语(后语)”中的动词“照”换成了“找”；副条①还将“引语”中的“灯笼”换成了“灯”。这些变换都体现了歇后语语形的丰富多样性和灵活性，都是必要的。而副条④跟主条相比，仅仅多了一个介词“给”，去掉“给”以后跟主条完全一致，没有必要再立为副条。再比如：

【未归三尺土，难保百年身】(谚)也作〔未归三尺土，果然难保百年身〕。

【无三不成理】(谚)也作〔无三就不成理〕。

上两例中，副条跟主条仅有一个虚词之差，也不宜再列出。

副条中有一些是根据语境而临时增加的成分，也应当去掉。如：

【无利不早起】（谚）〔例〕小老儿虽则浅薄，倒也知道“无利不早起”这个道理。他们外国人，要不想得点儿好处，几万里路跑到咱们中国来干什么？（吴越《括苍山恩仇记》三四回）

初稿中这条谚语有一个副条〔无利谁也不起早〕，其中的“谁也”是在语用中临时加上的，去掉它，该副条的结构更加简洁。

需要注意的是，如果两条语的核心物象（意象）一样，但动作、情境不一样，那么就不能以主副条的形式出条，要分立条目。例如：

【屎壳郎落在盘子里——算道什么菜】〔例〕那些人虽朝着他吹胡子瞪眼，吆三喝四，只不过巴狗子看门，冒充大狗；屎壳郎落在盘子里，算道什么菜？懒汉，青皮，土蛋，都成“人物”了，这些事情叫人难以捉摸。（王本善《王士道》五）

【屎壳郎爬扫帚——做什么茧】〔例〕这小毛子本就泼皮无赖，哪里吃这个，回过神来高声叫道：“屎蚝螂（屎壳郎）爬扫帚，你在这里做什么茧！你没瞧瞧这是你的地盘么？不过瞧着鳌中堂，叫你一声‘大爷’，你就来臭摆架子！你滚蛋，爷要出去了！”（二月河《康熙大帝·夺宫初政》三〇章）

这两条歇后语都是讽刺小人物冒充大人物，初稿中曾为主副条的关系，但仔细分析，这里虽然核心意象都有屎壳郎，但动作和情境完全不同，按照编写原则，我们将其分立为两个主条。

三、释义

释义是辞书的灵魂，正确而精准的释义有助于读者准确理解语目的意思，从而正确运用该语。温端政先生曾经说过：“大家有过怀疑，同类辞书已经编得那么多，释义还有改进的空间吗？可事实表明，释义是个‘无底洞’，不仅还有改进的空间，而且这个空间还相当大。”（温端政 2011）这次编写《语海》，我们又一次遭遇了这个“无底洞”。为了对付这个“无底洞”，我们对每一条语都仔细地作了斟酌推敲，争取做到释义准确，语言简明扼要。

1. 释义要准确，必须正确把握关键语素，全面理解例中的上下文意。

> 【十年之口，一朝难变】（谚）〔例〕春娘陪笑道：“不是道俗语说的，十年之口，一朝难变。春云从少儿，一桌儿同食，一榻同寝。今虽贵为公主娘娘，春云之心，尚以小姐知之。一时失语了。”兰阳笑道：“春娘子，这张伶牙俐齿，真要把死老鹤说下树来呢。”（《九云记》二四回）

这条谚语初稿释为“指长期习惯了的饮食方式，一下子难以改变”。但如果补全例句：“秦氏道：‘春娘使不得。英阳娘娘今为太后娘娘宠女，异乎旧日司徒府之姐姐。爵位已崇，春娘那里这般没道理称“小姐”呢？’”春娘陪笑道：“不是道俗语说的，十年之口，一朝难变。春云从少儿，一桌儿同食，一榻同寝。今虽贵为公主娘娘，春云之心，尚以小姐知之。一时失语了。”这样一来就会发现，这里的“口”指的并不是口味，而是指人所说的话语，在文中指称呼惯了“小姐”，一时难以改口。因此我们将释义改为：“指长期说惯了嘴或习惯了某种称呼，一下子很难改过来。”

> 【人勤三分巧】（谚）〔例〕林老头，人虽上了几岁年纪，可是他朝天每日，拾柴拉火，起早睡晚，是个大勤快人。“人勤三分巧”——林老头到张老庄不到一年，一个庄的穷爷们没一人不喜欢他的。（谭继安《老乐拒捕》）

此条初稿释为“指人做事勤快，就会熟能生巧”，把其中的“巧”理解为“巧妙、精妙”。但仔细品读例句文本就会推断出，林老头并不是因做事勤快而使某项技艺精进，而是因为勤快得到了大家的喜爱，因此这里的“巧”是“讨巧”的意思，而不是“巧妙、精妙”。据此，我们将释义改为：“指人做事勤快，就能讨巧成事。”

【买把韭菜不摘——抖搂啥】（歇）〔例〕“那就命家人打……打开棺材！”敢说，这马夫人说话咋买把韭菜不摘——抖搂啥哩？刚才不是说啦，棺材里有秘密。（赵元修等《秦琼打擂》一〇回）

“抖搂”意思是把韭菜上的泥土等抖落下来，初稿曾把“抖搂”的意思误认为指人得意的样子，因此把此条歇后语释为：“摘菜要把黄叶等摘除，光抖搂是不行的。讥讽人故作镇静或得意。”但仔细察看原文，这里的“抖搂”应该指的是“声音颤抖”，因此释义应该修改为“指人因心虚而声音颤抖”。

2. 要释出隐藏在表层义之下的引申义和比喻义。

【将是将才，帅是帅才】（谚）〔例〕按选劳模的标准选车间主任是不够的，有人能当个挺好的劳模，不一定能当个得力的好干部。“将是将才，帅是帅才”，对不对？（张洁《沉重的翅膀》六）

此条初稿释为：“指将才和帅才是两个不同的才能。”这个释义只是释出了语的本义，而此条语真正要表达的是它的引申义，即该用将才就要用将才，该用帅才就要用帅才。因此我们将释义修改为“指要根据不同的岗位需求选贤任能”。

【酒醉的旁边有醒人】（谚）〔例〕病老倌子这才晓得是他把会打断了，连声笑着说：“酒醉的旁边有醒人。我今天是喜饱了，笑醉了，多亏你来提醒我。好，好，我听，我听。”（柯蓝《浏

河十八湾》七）

此条初稿释为“指醉酒人的身旁，还有没喝醉的清醒人”，这样的释义是无效释义，没有解释出此语应该表达的意思。后来我们抓住“醉”和“醒”的特点，结合例句，再经过语义引申，将释义改为“指醉酒的人言行难以自控，需要有人来规劝和提醒”，释出了这条语要表达的真正含义。

【快马难追鲜鱼价，宰相管不了水产行】（谚）〔例〕姓纪的，你以为做买卖像带兵似的，靠一纸命令就行了？错喽，俗话说：快马难追鲜鱼价，宰相管不了水产行。你发动群众盖房子，搞的挺气势，可汛期总不能发动群众经商吧？（姜树茂《渔港之春》五）

此条初稿释义为“指鲜鱼等鲜活水产品市场价格变化很快，根据鱼的鲜活程度鱼价上下浮动，权力再大的人也无法控制”。这个释义，涵盖范围太窄，只包括了一个水产品市场。根据例句下文可以知道，它的适用范围已经由一个水产领域投射到了其他的生活领域，因此释义也应该跟着改变，除了释出本义以外，还应该释出它的比喻义“比喻客观形式随时会发生变化，不能不顾实际胡乱干预”。

要特别注意，释义时一定要尊重语言事实，以语义和实例为基础，不能想当然过度引申或将语的使用领域任意扩大。例如：

【湿柴无潮饭，干柴无干水】（谚）〔例〕刘师傅说：“好，这个季节，阴阴云云，一直十几天不开天，百物回潮，真该做饭的作难了。”警察们开玩笑说：“湿柴无潮饭，干柴无干水。”（梁斌《播火记》二二）

【水沟不通四处流】（谚）〔例〕常言说：“水沟不通四处流。”

人家明明是顺着正道流淌，咱偏要把它堵住，那结果只会是冲坏堤岸。（肖鸣《临河的村庄》七）

上面这两条谚语，前者的意思是“柴再湿，煮的饭也不会发潮；柴再干，烧的水也不会凝固”，后者的意思是“水沟不通，水必然会四处溢出”。目前我们在具体语言生活中只发现了本义用法，还没有看到比喻义的用法，因此不应该根据字面意思想当然来释义。初稿中前者有引申释义“比喻外部条件再变化，事物本身的规律也不会改变”，后者有引申释义“比喻解决问题要靠疏而不能靠堵”，因没有实例运用作为支撑，均为过度引申，后期作了删除。

3. 正确运用释义提示词。

不管编写什么类型的辞书，提示词的运用必不可少，它可以揭示词语的语义形成途径和语义产生的方式。《语海》中最常用的提示词有“指”“比喻”“形容”，分别用在通过引申、隐喻、夸张的手段形成的条目中。在后期统稿中我们也发现了一些问题，并及时进行了修改。

【井里没水四处讨】〔例〕一句话提醒了梦中人，自古道：“井里没水四处讨”，活人不能叫尿憋死。（王兆田《“半枝牡丹”招赘》）

这条语的语义是通过比喻的手段实现的，因此释义应该用“比喻”，而不是“指”。初稿释义为“指自家没有时只好到处向人求借”。统稿时我们修改为“比喻遇到困难要积极想办法解决”，同时将语类从惯用语调整为谚语。

【上门的买卖好做】（谚）〔例〕老妖道：“不要出去，把前门关了。他两个化斋来，一定寻师父吃；寻不着，一定寻着我门上。常言道：‘上门的买卖好做。’且等慢慢的捉他。”（《西游

记》二八回）

这里的“买卖”，已经由商业领域投射到了日常生活领域，并不是真正的做买卖，因此应该用“比喻”来释义。初稿释义为“指对方主动找上门来的生意容易做成。也指对方送上门来的便宜，不要轻易放过”，统稿时修改为“比喻对方主动送上门来，事情就好办”。

【疾雷不及掩耳】（惯）〔例〕我等四人，各分带数十兵役，分头到这十二个人家，连为首的孔黄两个，一共十四个人家，趁此天色尚早，他们或者未必起身，给他们个疾雷不及掩耳，拿了就走，必不使一名漏网。（《文明小史》七回）

此条惯用语原释义为“比喻动作或事情发生得突然或快速，使人来不及防备”，但仔细分析就会发现，此语的语义是通过夸张而形成的，因此我们将提示词改为“形容”。

【寂静无声】（成）〔例〕正午的时分，只有蝉在叫，一街的门洞开着，里面却寂静无声。（王安忆《小城之恋》）

此条成语原释义为“指非常安静，没有一点声音”。提示词用“指”，没有释出该成语的夸张义来，统稿时改为“形容”。

4. 切忌过分依赖例句，随文释义。

语目的语义都是在具体语境中体现的，但释义时一定要从语境中抽离出来，体现其概括性，而不能陷到具体的例句中。例如：

【旺火没湿柴】（谚）〔例〕这号病猪，要是买的人留一点心就能看出来，所以我才和你放在一起卖，为的是“旺火没湿柴”。（草章《卖小猪的故事》二）｜小时候，父亲经常告诫我“众人架旺火，旺火没湿柴”的道理。群众的运动，发起难，一旦发起，让它熄灭也难。东方不亮西方亮，领跑人的阵地，你不占领，总有人占领。（黎明脚步《众人架旺火，火大没湿柴》）

原释义为："比喻某项运动或思潮一旦壮大会带动各色人等。有时也比喻一些不利或不良因素会在大趋势中被遮掩过去。"这一释义由于过于依赖例句而导致太琐碎和具体化，后期我们改为"比喻多数的能带动或掩盖少数的"，概括性就强了。

【五黄六月】（成）①指天气炎热的时候。〔例〕（略）②指农活正忙的时候。〔例〕（略）③形容态度热情。〔例〕猴儿崽子们，看见咱就是五黄六月，不见着咱就是十冬腊月，背地里净骂我。（《雍正剑侠图》二回）

释义③是成语在具体语境中的比喻用法，是语境义，因此应该删除。

【家有敝帚，享之千金】（谚）〔例〕文人相轻，自古而然。……夫人善于自见，而文非一体，鲜能备善，是以各以所长，相轻所短。里语曰："家有敝帚，享之千金"，斯不自见之患也。（魏·曹丕《典论·论文》）

这条谚语的原释义为："比喻文人对自己的作品看得特别珍贵。"此释义仅从例句出发来解释，不具有概括性，统稿改为："比喻自己的东西，即使不好，也特别珍惜。"

四、结语

《语海》编写终于告一段落，但因为其规模大，种类全，收条多，语言现象复杂多样，加上编纂时间较长，编纂过程曲折，编写人员众多等等原因，其中的不妥和错误之处肯定还有很多。文中所提到的几个问题，也仅仅是个人在编写统稿过程中遇到的一些主要问题，免不了以偏概全，挂一漏万。辞书编写是一个没有完美的工作，我们深知目前做得还远远不够，再打磨十年都不过分。但正如现在流行的一句话“完成胜于完美”所说，《语海》的完成标志着语汇学研究和语类工具书编写的一个新的开端。我们怀着忐忑的心情接受读者的检验，期待读者的批评指正。

任何一门学问的研究都是逐渐深入的，我们希望能吸收更新的研究成果，不断跟进语言的变化，继续努力，争取把《语海》打造成真正的文化精品，并能更精准地为人民群众的语言生活服务。

参考文献：

[1] 范瑞婷.试析惯用语与自由词组的形似义异[A]//温端政，吴建生，马贝加主编.汉语语汇学研究(二)[C].北京：商务印书馆，2011.

[2] 韩敬体.词语的混同、分立与辞书编纂问题[A]//温端政，吴建生主编.汉语语汇学研究[C].北京：商务印书馆，2009.

[3] 冷玉龙，杨超，韦一心主编.成语辞海[Z].上海：上海辞书出版社，2014.

[4] 李淑珍.《语海》惯用语立目问题琐议[J].辞书研究，2018(3).

[5] 李淑珍.惯用语释义中的前置提示词[A]//俗语研究与探索[C].上海：上海辞书出版社，2005.

[6] 汪化云.说“准语汇”[A]//温端政，吴建生，马贝加主编.汉语语汇学研究(二)[C].北京：商务印书馆，2011.

[7] 温端政.《新华语典》立目和释义的思考[A]//温端政，吴建生，马贝加主编.汉语语汇学研究(二)[C].北京：商务印书馆，2011.

[8] 吴建生.惯用语的界定及惯用语词典的收目[J].语文研究，2007(4).

[9] 吴建生.再论惯用语的界定及惯用语类工具书的立目——以《新华语典》惯用语选条为例[J].山西大学学报(哲学社会科学版).2010(2).

[10] 杨蓉蓉.关于语汇学的几点思考[A]//吴建生，李树新，史素芬主编.汉语语汇学研究(四)[C].北京：商务印书馆，2017.

[11] 中国社会科学院语言研究所词典编辑室.现代汉语词典(第7版)[Z].北京：商务印书馆，2016.

(作者单位：山西省社会科学院语言研究所，山西太原，030032)

大型辞书《语海》对文化强国建设的贡献

温 朔 彬

建设社会主义文化强国，则离不开辞书事业的辉煌发展，因为辞书"是民族思想、科学、文化和语言的结晶，是国运兴盛的标志"。辞书事业，功在当代，利在千秋。

我国辞书历史悠久，从先秦到清末，出版的各类辞书就有600多种，其中具有代表性的有《尔雅》《广雅》《说文解字》《康熙字典》《广韵》《四库全书总目》《永乐大典》《册府元龟》等。从民国到20世纪末，出版的辞书数不胜数，其中具有代表性的有《词诠》《辞通》《诗词曲语辞汇释》《中华大字典》《辞源》《辞海》《国语辞典》《新华字典》《现代汉语词典》《新华词典》《汉语大字典》《汉语大词典》《中国大百科全书》等。进入21世纪，随着辞书理论的不断创新，原创性辞书如雨后春笋般涌现，其中，最令人瞩目的是与著名品牌辞书《辞海》相配合的大型语文辞书——《语海》，它是由山西省社会科学院与上海辞书出版社联合打造的一项大型文化工程，2012年签约正式启动，2013年入选"国家'十三五'重点辞书规划项目"。经过山西省社会科学院语言所科研人员"十年磨一剑"的苦心编纂和打磨，由上海辞书出版社于2021年12月出版。《语海》鸿篇巨制，集中华民族独具魅力的语言文化精华中的成语、谚语、惯用语、歇后语为一体，为文化强国建设贡献绵薄之力。

一、突出的辞书理论价值

辞书理论，是辞书原创的第一要素。“只有不断创新的辞书理论，才能增加辞书科学的知识总量。”《语海》作为新世纪的一部大型原创辞书，必然有强大的辞书理论进行指导。

1. “语词分立”的学术理论

《语海》立项的基础理论是“语词分立”学说。创立“语词分立”学说的目的是为了破除“语”是“词的等价物”的传统学术观点。

“语”是“词的等价物”这一学术观点最早来自苏联语言学者，认为“熟语是词的等价物”，“它在意义上是词，在形式上是词组”。在国内的学者中，张永言先生在《词汇学简论》(1982)一书的第六章“熟语”里写道：

> 语言里的这一类现成的固定词组或句子(主要是固定词组)就叫做熟语。研究熟语的语言学学科叫做熟语学。因为熟语跟词一样是现成的语言材料，而作为熟语的主要部分的固定词组则是词的等价物(equivalent)，所以一般都把熟语学当作词汇学的一个分科。

这一学术观点得到众多学者的支持，其中刘叔新先生是代表，他在《汉语描写词汇学》(2005)一书中写道：

> 这里所说的“语”，就是词的固定组合体。它是词的等价物：在作为语言建筑材料来构造句子的作用上相当于词。比如“他们聚精会神地听着”同“他们专心地听着”相当，“这个人居心叵测”同“这个人阴险”相当。

“语”是“词的等价物”这一学术观点不仅写进了许多词汇学专著，也写进了多种版本的现代汉语教材，似乎成为定论。但科学研究的前提是尊重语言事实，语言事实果真如此吗？答案是否定的。

① 从数量上讲，上海辞书出版社2004年出版的《中国谚语大全》收谚语113000条、《中国歇后语大全》收歇后语90000条、《中国惯用语大全》收惯用语62000条。上海辞书出版社2014年出版的《成语辞海》共收成语61000余条。当然，这并不是穷尽性的收集，如果加上各地方言谚语、歇后语、惯用语和俗成语，"语"的数量可谓浩如烟海。

② 从组成成分上来看，"语"是由词和词组合成的，是大于词的语言单位。即使最短小的"语"，也是由两个词构成的，比如惯用语"碰钉子""打招呼""走后门"等。

③ 从意义特征来讲，除了部分虚词只表示语法意义以外，所有实词都是概念性的语言单位，而"语"是叙述性的语言单位。概念性和叙述性是二者的根本区别。比如成语"开卷有益"、谚语"远水不解近渴"、惯用语"稳坐钓鱼台"、歇后语"骑着骆驼赶着鸡——高的高来低的低"，它们都不表达概念，而是表述一种认识或描述一种状态。

④ 从结构形式上来讲，"词"的结构是固定的，具有凝固性，而"语"的结构是相对固定的。比如成语"评头论足"，可以说成"评头品足"或"品头论足"；谚语"名师出高徒"，可以说成"名师手下出高徒"或"师高弟子强"；惯用语"打开天窗说亮话"，可以说成"打开板壁讲亮话""打穿板壁说亮话""打破鼻子说亮话""推开窗户说亮话""揭开天窗说亮话""打开鼻子说亮话"等；歇后语"十五个吊桶打水——七上八下"，可以说成"十五个吊桶打水——七上八落""十五六个吊桶打水——七上八落""十五个吊桶——七上八落""十五个提桶汲水——七上八下""十五个柳罐斗打水——七上八

下”“十五只水桶打水——七上八下”等。

⑤ 从语法功能上讲，“语”除了像“词”一样充当各种句子成分外，还可以独立成句(不像独词句只能在一定的语境中存在)或充当复句里的分句(具有被引用的功能)。比如：

春暖花开，命中贵陪内阁儒臣宴赏。(明·朱国祯《涌幢小品·南内》)

虎瘦雄心自在，龙困灵气不消。壮士意气，那肯在寥落不显？(《隋史遗文》一二回)

“锅里没搅的，碗里没舀的”，已经到了这份儿上，去就去吧！(鲍昌《庚子风云》一部六章)

“黄鼠狼给鸡拜年，没安什么好心眼”，你得注意他。(王忠瑜等《惊雷》)

⑥ 从分类标准来讲，“语”和“词”有相同的地方，也有不同的地方。相同的是，都可以用形式和意义相结合的原则进行分类，不同的是分类的标准和结果。“词”可以按照词汇意义和语法意义的相互关系分为实词和虚词；按照语法特点划分词类(名词、动词、形容词等)；按照形态结构分为单纯词、派生词、复合词和复合—派生词，等等。但这些分类标准和结果都不适用于“语”，如“语”不存在虚实问题，“语”都是实的，“语”也不能按名词、动词、形容词或单纯词、派生词、复合词等进行分类。“语”的分类必须另辟蹊径。

⑦ 从系统上来讲，“语”和“词”是两个不同的系统。首先，“语”是在历史上形成并不断发展的语言文化现象。其次，“语”可以按照形式和意义相结合的原则进行分类，表明“语”不是一盘散沙，而是一个系统，这个系统拥有为数难以估计的成员，相互之间纵横交错，是一个庞大而又复杂的系统。

这些毋庸置疑的语言事实，证明“语”不是“词的等价物”，急需新的学术理论进行破解。2002 年，温端政先生发表了《论语词分立》(《辞书研究》2002 年第 6 期)一文，率先提出了“语词分立”的学术新理论，这一理论的核心思想是：

① 汉语不仅“字”“词”丰富，而且“语”也非常丰富，从数量上讲可以说浩如烟海；从内容上讲可以说是汉语百花园中的奇葩，是千百年来人民群众智慧的结晶。

② “语”和“词”是两种性质不同的语言单位，如果把“词”定义为“最小的、能够独立运用的、有意义的语言单位”(见北京大学中文系现代汉语教研室编《现代汉语》，商务印书馆，2003 年，第 195 页)，那么“语”则应当定义为：由词和词组合成的、结构相对固定的、具有多种功能的叙述性语言单位。

③ “语”不是“词”的“等价物”，应该把“语”从“词汇”里分立出来，把“词”从“语汇”里分立出来。

④ “语”与“词”一样，都具有相对独立的系统性。

这一新理论得到许多学者的响应和支持，比如，李红印(2005)认为：“21 世纪汉语词汇学引人注目的新动向就是‘语词分立’主张的提出”，“‘语词分立’的新主张加深了我们对‘语’的认识，也加深了我们对‘词’的认识，其提出本身就具有重要的理论意义和广阔的应用前景。”李行杰(2009)认为：“必须承认，语词分立，在客观上是不争的事实。”“语词分立势在必行。”

2. “语”的范围理论

《语海》的收条范围是根据《汉语语汇学》(商务印书馆，2005)中关于“语”的范围理论而定的。《汉语语汇学》认为，“语”是由词和词组合成的、结构相对固定的、具有多种功能的叙述性语言单位。根据这个定义，“语”应当包括成语、谚语、歇后语和惯用语，而不包括复合词、专名词、专用词，以及格言和名言。

复合词，如“擦边球”“西洋镜”“连裆裤”“夹生饭”等，目前已被《现代汉语词典》(第7版)标注为名词，属于“词”的范围。

专名词，如“清华大学”“中华人民共和国”“安全理事会”等；专用词，如“豆腐渣工程”“第一次世界大战”“空想社会主义”等，虽然在结构形式上是由词和词组合而成，但在意义上具有明显的概念性，应归入“词”的范围。

格言和名言都具有引用价值，经常被引用的如“吾日三省吾身”“人皆可以为尧舜”等格言和“春宵一刻值千金”“清明时节雨纷纷”等名言，与“语”确有相同之处：在形式上都是由词和词组合而成的，在意义上都具有叙述性：格言具有表述性，而名言则具有描述性。但它们和“语”也有不同的一面，最主要的是，它们是作家个人的言语作品，有明确的作者，因此不属于语言单位，而是言语单位，不应归入“语”的范围。

根据这一理论，《语海》的收条范围是成语、谚语、惯用语、歇后语。

3. “语”的分类理论

《语海》的收条范围是成语、谚语、惯用语、歇后语，各语类的分类标准是什么？也是采用《汉语语汇学》关于“语”的分类标准的理论而操作的。《汉语语汇学》认为对“语”进行分类，应按照科学性、可操作性、通行性的原则进行。具体做法是：从两个层面对“语”进行分类。

第一个层面，根据“语”的“叙述性”特征，把“语”分为表述语、描述语和引述语。

表述语的特点是具有知识性，内容十分广泛，既包括对客观事物的认识，也包括在社会实践中积累的经验。谚语属于表述语，一部分成语也属于表述语。

描述语的特点是运用多种手法描述人或事物的形象、状态，或描述行为动作的性状。惯用语属于描述语，大多数成语也属于描述语。

引述语的特点是由“引子”和描述性“注释”两个部分组成。前一部分是“引子”，从中引出后一部分；后一部分描述某种形象、性质或状态。歇后语属于引述语。

第二个层面，以“二二相承”的结构特征为标识，把成语从表述语中分离出来，剩下的才是谚语；同样，以“二二相承”的结构特征为标识，把成语从描述语中分离出来，剩下的才是惯用语；而歇后语全部是引述语。因此，可以把成语定义为：“二二相承”的表述语和描述语；把谚语定义为：非“二二相承”的表述语；把惯用语定义为：非“二二相承”的描述语；歇后语定义为：由“引子”和描述性“注释”组合成的引述语。

这种分类方法较好地反映了汉语语汇系统的特点，基本上符合分类的原则和要求，做到了分类标准明确、语类之间的界限明确、分类结果符合传统习惯和人们的语感，也使《语海》编纂者在标明所收条目的“语性”时有了理论依据，具有可操作性。

另外，对“语”的释义也受到《汉语语汇学》关于“语义”理论的指导，主要是坚持释义的叙述性原则、释义内容与“语性”相一致的原则、“从语料中来、到语料中去的原则”，同时注意对重点语素的注释、注意语义的融合性、注意“提示词”的正确运用，因而，《语海》的释义达到了新的高度，保证了《语海》的高质量。

二、浓郁的民族文化特色

“语”是中华民族优秀传统文化的重要载体，著名学者季羡林先生指出：“‘语’是中华民族智慧的结晶，它们涉及人们如何处理人与大自然（天人）的关系，人与人的关系（社会关系）以及每个人的个人修养等问题，并且都有精辟的意见，对指导我们的人生有重要意义。这些‘语’，在全世界所有的民族和国家中，都罕有其匹，是我们中华民族的珍贵的文化遗产。”“语”的丰富文化内涵，必然要反映在《语海》里，使《语海》散发着浓浓的民族文化气息。

1. 善用形象思维表达语义

中华民族的语言文化独具特色，语义的表达方式和民族心理、思维方式有着密切联系。汉民族思维方式的一个重要特点就是形象思维发达。语义表达方式的形象性，体现了汉语语义的民族性。试看《语海》里的一组例子：

① 四个人在炕几两边坐着，面面相觑（成语），一筹莫展。（欧阳山《三家巷》一九一）

② 第三发炮弹又没打出来，何石头这下子可有点扎手了。它瞅瞅王大葫芦，王大葫芦瞅瞅他，大眼瞪小眼（惯用语）了。（张国庆《亲仇》一九）

③ 众人一看，这才愣了神。你瞅瞅我，我瞧瞧你，都说不出半句话来。一个个张飞穿针，大眼瞪小眼（歇后语）。（张浚彪《山鬼》六）

这组例子具有典型性。“面面相觑”“大眼瞪小眼”“张飞穿针，大眼瞪小眼”，都是形容在场人对着看时的惊恐、惶惑、无奈的神情，都采用具体描绘的手法，使语义的表达具有可视性和可感性。

三者相比,形象化的程度越来越高,特别是例③里,在“大眼瞪小眼”之前,又加上“张飞穿针”,在形象描绘的基础上,增加了奇特的想象,独具语言魅力。

2. 探究民族历史文化背景

中华民族文化有其独特的历史文化背景,这是由民族发展过程中所积淀的历史故事、神话传说、文学作品形成的。在《语海》中,有历史文化背景的“语”可谓不可胜数,它们是中华民族“智慧的结晶的结晶”,比如成语“亡羊补牢”,意思是羊被偷了以后再修补羊圈,也不算迟。比喻局势已经十分紧迫或事情已经出现差错,只要及时采取补救措施,仍然管用。这个故事出自《战国策·楚策四》:

> 庄辛谓楚襄王曰:“君王左州侯,右夏侯,辇从鄢陵君与寿陵君,专淫逸侈靡,不顾国政,郢都必危矣!”襄王曰:“先生老悖乎?将以为楚国袄祥乎?”庄辛曰:“臣诚见其必然者也,非敢以为国袄祥也。君王卒幸四子者不衰,楚国必亡矣!臣请辟于赵,淹留以观之。”庄辛去之赵,留五月,秦果举鄢、郢、巫、上蔡、陈之地。襄王流揜于城阳,于是使人发驺征庄辛于赵。庄辛曰:“诺。”庄辛至,襄王曰:“寡人不能用先生之言,今事至于此,为之奈何?”庄辛对曰:“臣闻鄙语曰:‘见兔而顾犬,未为晚也;亡羊而补牢,未为迟也。’……”襄王闻之,颜色变作,身体战栗。于是乃以执珪而授之为阳陵君,与淮北之地也。

由此可见,“见兔而顾犬,未为晚也;亡羊而补牢,未为迟也”,是庄辛引用的“鄙语”,即现在所说的谚语。庄辛以这个谚语作论据,并列举了许多实例,结果说服了襄王,使他感到震惊,“颜色变作,身体战栗”。从这里可以看到,适当运用谚语所收到的效果。

这个谚语也因此而流传至今，而且衍生出“见兔顾犬”和“亡羊补牢”两个成语。

3. 弘扬民族优秀传统文化

“语”具有综合性，每一条“语”都是语音、词汇、语法和语义的综合体。语义的形成与民族的传统思想、道德观念、宗教信仰、民风习俗等有密切联系。《语海》把“语”按照一定的规则汇集在一起，加以诠释，把中华民族的优秀传统文化系统地、完整地呈现在读者面前。比如：

“语”所蕴含的传统思想，最重要的是和谐思想。和谐思想深深扎根于中华文化的土壤中，承载着自古以来人们对美好生活的向往，并逐渐发展成为绵延千年、一以贯之的思维方式和价值追求。用成语来表达的有：“和气生财”“和气致祥”“和而不同”“和平共处”“和衷共济”等，用谚语来表达的有：“为人处事两件宝，和为贵来忍为高”“和气不蚀本”“和颜悦色买人心”等。最常挂在嘴边的是“家和万事兴”，这一谚语通俗易懂，却包含着深刻的内涵：

① 家庭作为社会中的一个最小的单位，家庭内部的和谐又影响着社会整体的和谐，正所谓“家和国才和”。

② 要重视“人和”。儒家强调人际关系“以和为美”，提出的仁、义、礼、智、信等一系列伦理道德规范，目的就在于实现人与人之间的普遍和谐，并把这种普遍的“人和”原则作为一种价值尺度规范每一个社会成员。

③ 最重要的是“心和”。心和就是要做到从容淡定，心平气和。

④ 要和而不争，学会包容。多一些包容，少一些争斗，我们的生活就会轻松些，交往就会简单些，身心就会健康些。

⑤ 要和而不同，矢志创新。要做到“和而不同”，我们就要有自己独立的思想、独立的人格、独立的批判精神。

在《语海》里，还有许多像“放下屠刀，立地成佛”“善有善报，恶有恶报”等来自佛教的谚语，有“千里不同风，百里不同俗”“入国问禁，入乡随俗”等广泛流传的民谚，它们或者劝诫人改恶从善，或提醒人到了一个新的地方和不同的国度，要尊重当地的民风习俗和法律法规，这些思想都有利于和谐社会的建设。

4. 彰显中华民族文化自信

《语海》是民族文化的海洋，包罗万象，异彩纷呈。从宏观的方面看，有物质文化、精神文化、行为文化、心态文化等，从微观的方面看，有儒家文化、道教文化、佛教文化、经济文化、科举文化、文学艺术、军事文化、中医文化、饮食文化、棋文化、节俗文化、民俗文化、戏曲文化、茶文化、服饰文化、建筑文化等等。这些文化不仅是中华民族的宝贵精神财富，而且是世界文明发展的重要成果，比如在《语海》中反映民本思想的成语有：“与民同乐”“民安国泰”“民安物阜”“民胞物与”“民丰国富”“民惟邦本”等；谚语有：“民乱则国破，国破君主亡”“民是衣食父母，官是管家奴仆”“民惟邦本，本固邦宁”“民心不可违”“民心不可侮”“民心丢失，源竭根枯”“民之所欲，天必从之”等等。

张志毅先生指出：“辞书，是文化大厦的顶梁柱之一，是文化的晴雨表。”《语海》集五千年中华民族优秀传统文化于一体，既雅俗共赏，又平“语”近人，这不仅是我们民族文化魅力的见证，更是我们民族文化自信的彰显！

三、深远的学科开创意义

《语海》的出版，不仅是《汉语语汇学》理论指导的又一成功案例，而且为汉语语典学的创立提供了详实的资料和事实依据。正如汉语词典学以“词典”为研究对象一样，汉语语典学将以“语典”为研究对象。虽说权威的《现代汉语词典》（第7版）中还未收“语典”一词，但“语典”一词最早可能见于梁启超《论中国学术思想变迁之大势》第三章第四节“中国语言文字的分离，向无文典语典”。

“语典”是以“语”为收集对象的语文类辞书，“语”作为一种语言单位早就存在于汉语里，先秦文献中有许多记载，如：

语曰：“流丸止于瓯臾，流言止于智者。”（《荀子·大略》）

东晋·范宁《春秋穀梁传集解》：“语，谚言也。”《左传》多作谚，如：

谚有之曰：“心则不竞，何惮于病。”（《左传·僖公七年》）

与字典、词典相比，语典出现要晚得多。虽然东汉末年崔寔的《农家谚》，唐代李商隐的《义山杂纂》，宋代周守忠的《古今谚》，明代杨慎的《古今谚》，清代翟灏的《通俗编》、钱大昕的《恒言录》、钱大昭的《迩言》、杜文澜的《古谣谚》，20世纪前期胡朴安等的《俗语典》、孙锦标的《通俗常言疏证》等，都带有一定的辞书性质，但都不是严格意义上的语典。严格意义上的语典并具有较大影响的，较早的当推北京大学中文系1955级语言班编的《汉语成语小词典》（商务印书馆，1959）。改革开放以来，不仅成语类辞书大量出版，谚语、歇后语、惯用语辞书，以及综合性语类辞书也陆续出版，形成了类型多样化、规模大型化、品种系列化的趋势，语典编纂空前繁荣。据《汉语语文辞书的状况与发展研究》（商务印书馆，2015）一书提供的资料：1978年至2000年，共出版语文辞书3658部，其中字典875部，词典1595部，语典727部。2001年至2010年，共出版语文辞书2641部，其中字典572部，词典680部，语典761部。

虽然语典在语文辞书中所占的比重越来越大，但受到"'语'是'词的等价物'"学术观点的影响，长期以来仍被称为"词典"或"辞典"。例如商务印书馆出版的《新华成语词典》《新华成语大词典》《新华谚语词典》《新华惯用语词典》《新华歇后语词典》《俗语大词典》等；语文出版社出版的《通用成语词典》《通用谚语词典》《通用惯用语词典》《通用歇后语词典》《通用格言词典》等；上海辞书出版社出版的《中国成语大辞典》《中国谚语大辞典》《中国惯用语大辞典》《中国歇后语大辞典》《中国俗语大辞典》等。

最早以"语典"命名的辞书是《汉语语典》（汉语大词典出版社，2003），收条范围包括成语、谚语、惯用语、歇后语，共约 9000 条。该书主编在"前言"中认为：

> 语典，顾名思义，是对汉语中的"语"加以收集并做出解释的书。所谓语，就是熟语，包括成语、惯用语、谚语等，它们是大于词的语言单位，但又不同于一般的词组和句子，其结构是定型的，一般不能随意改变结构模式或增减、变化组成成分；意义也是完整的、不可分割的。

之后又出版了《中华传统语典》（海潮出版社，2005）、《现代汉语语典》（崇文书局，2008）、《现代汉语小语典》（人民教育出版社，2008），目前，最令人瞩目的是 2014 年商务印书馆出版的《新华语典》，它是一本与《新华字典》《新华词典》相配合的辞书，集科学性与实用性为一体，以收成语、谚语、惯用语、歇后语为主，兼收格言和名言，约 25600 条。该书"出版说明"中称：

> 《新华语典》是一部中型语典，意在同《新华字典》《新华词典》配合，从字、词、语不同的角度，全方位展示现代汉语的面貌。

可以说语典类辞书的空前繁荣，必然催生着汉语语典学，建立汉语语典学的意义主要表现在两个方面：

一是丰富和发展辞书学。把语典从词典中分立出来，作为相对独立的研究对象，建立起语典学的理论体系，使辞书学增加了新的研究对象，内容更加丰富。

二是通过语典学的研究，有助于加强对语典编纂的指导作用，提高语典编纂的质量和水平。

创立汉语语典学并非易事，但有了《语海》等语典作为事实依据，其成功的可能性将大大增加。

参考文献：

[1] 张志毅.辞书强国——辞书人任重道远的追求[J].辞书研究，2012(1).

[2] 温端政.论《新华语典》的学术意义[A]//汉语语汇学研究(四)[C].北京：商务印书馆，2017.

[3] 温朔彬.论大型工具书《语海》的编纂特点[A].//语文辞书论集(11)[C].北京：人民教育出版社，2019.

（作者单位：山西省社会科学院语言研究所，山西太原，030032）

《语海》俗成语研究浅论

张　子　扬

一、俗成语与雅成语

成语是人们长期习用的具有特定含义和定型结构的固定短语，是汉语词汇系统的重要组成部分，同时也是语汇学与语义学研究的一个重点。对于成语的定义，经历了一个漫长的历史发展过程，“成语”一词始见于唐·姚思廉《陈书·陈縡传》：“言为心使，心受言铨；和合根尘，鼓动风气，故成语也。”元·刘祁在《归潜志》卷十二里，用“成语”指称习用的古语：“古文不宜蹈袭前人成语，当以奇异自强；四六宜用前人成语，复不宜生涩求异。”最早对成语的研究可以追溯到宋代无名氏的《释常谈》，书中收录了“鹬蚌相争”“胶柱鼓瑟”等200多条成语，解释了这些成语的含义，并且还标注了来源，可以说，这是对成语最早的研究。

温端政先生曾指出，在对成语的理解上经历了由广义到狭义的过程，在成语的界定方面，也经历了由模糊到清晰的过程。《辞源》(1915年版)中对成语的定义为：“谓古语也，凡流行于社会，可证引表示己意者皆是。”《辞海》(1936年版)中对成语的定义为：“古语常为今人所引用者曰成语。或出自经传，或来自谣谚，大抵为社会间口习耳闻，为众所熟知者。”黄伯荣、廖序东版的《现代汉语》(第 2 版)认为:“成语是一种相沿习用的特殊固定词组。”王勤和武占坤合著的《现代汉语词汇概要》(1959 年版)中指出:“成语,也有人叫作‘现成语’,是人们在口头上,特别是在书面上习用的定了型的词组,它大都是从古代书面语里,作为一个意义完整的单位而被继承下来,沿用已久的具有文言词语性质的东西。它在结构上虽然是词组,可是它在语言实际中是相当于一个词,被作为一个完整的单位加以运用,充当句子里的某种成分。”王希杰在他的《修辞学导论》中指出:“汉语成语基本上都是四字格,但是并不是所有的四字格都是成语,同谚语、歇后语、惯用语等比较,成语的形式最为固定,不能随意变。”姚锡远在《熟语学纲要》中对于成语的看法是:“成语是以古典的书面文化为基础,以四言格式为典型形式,定型性和典故性极强,风格文雅,语构简古,语义融合雅驯,往往不宜按字面理解的现成习用的修辞性炼语和简句。”综上可以看到,对于成语,不同的学者有不同的定义,这说明对于成语的认识是一个较为漫长的过程,成语本身就是一个历史形成的具有多属性、多层次的开放系统。

温端政在《汉语语汇学》一书中提到:“所谓成语,实际上是四字结构的描述语加上四字结构的表述语。”“由四字(即四个音节)构成的成语,有一条重要的规律,就是在结构上‘二二相承’。多数表现在语法或语义结构上,有的表现在语音结构上。”“由此,我们可以进一步把成语定义为‘二二相承的描述语和表述语’。”描述性成语例如“爱不释手”,指喜爱得不肯放手,形容十分喜爱。表述性成语例如“众志成城”,比喻大家团结一心,形成无比强大的力量。

语有雅俗之分,学界中对成语的雅俗问题有着不同的看法,有的人主张在语汇系统中,唯一称得上雅语的是成语,成语都是雅言，不存在俗成语；有的人主张成语具有雅俗之别，既存在雅成语，也存在俗成语。温端政明确提出汉语成语有雅俗之分，“成语内部并不那么单纯，并非都是雅语，还有所谓‘俗成语’”。“成语中有俗成语，而且随着新成语的出现，俗成语越来越多。”俗成语与雅成语是相对而言的，语体风格较为通俗，主要来源于人们日常生活中的口语系统，口语化色彩比较浓，可以说是口语系统中的产物。[①]

雷汉卿把俗成语定义为：“主要来源于民间口语系统或虽见于书面语系统但仍来源于某一时期特定的方言、口语的结构固定、语义完整的四字词语。”[②]他的主要观点也是认为俗成语是来源于民间口语的成语。

雅成语与俗成语除了在来源上有所不同之外，在使用范围方面也有所差异。雅成语多被文人和知识分子所使用，而俗成语多被普通民众所使用，使用范围就决定了雅成语与俗成语的通行范围，俗成语相对于雅成语的通行范围就更高，存在于多种文体和材料中，例如白话小说、禅宗文集、戏曲语录等等，雅成语则存在于古代书面文化典籍当中。

二、《语海》中俗成语的结构

《语海》中的俗成语与雅成语一样，也是采用“二二相承”的格式[③]，构成方式主要可以分为复合式、重叠式和嵌入式。

复合式的俗成语主要包括主谓型、述宾型、述补型、偏正型、并列型、联动型，这与一般成语的结构划分是相同的，《语海》中所收录的具有特色的一部分俗成语是重叠式的，重叠式中多以“ABAC”式为主。例如半吞半吐（形容说话吞吞吐吐、欲言又止的样子）、笨手笨脚（形容手脚笨拙，动作不灵活）、笨头笨脑（形容言行举止和物品样式笨拙）、不茶不饭（不思饮食，指生病或有心事）、不哼不哈（不吭声，不说话，多指该说而不说）、不冷不热（指温度适中，也形容不冷也不热）、不酸不凉（比喻态度淡漠，不冷淡也不热情）、不伦不类（不像这一类，也不像那一类，形容不规范不贴切，不成样子）、不明不暗（形容光线若明若暗）、不明不白（不清白，不明白，形容糊里糊涂）、不破不立（不破除旧的东西，就不能建立新的东西）、不清不白（不清楚，不明白，形容关系暧昧）、不声不响（不发出声音，形容静默做事）、不咸不淡（形容平淡无味，或看似平常而别有含意）、扯天扯地（形容漫无边际的样子）、彻里彻外（形容从里到外，完完全全）、成日成夜（指整日整夜）、成双成对（指结为夫妻，也形容夫妻或情侣相处，关系亲密融洽）、粗声粗气（形容说话声音粗壮，口气急促）、大手大脚（形容花钱、消耗东西无节制，不节约）、大摇大摆（走路时身子大幅度地左右摇摆，形容满不在乎、无所顾忌或非常得意的样子）、大红大绿（形容色彩浓丽鲜艳）、大操大办（指极其铺张地操办，多指大肆宴请宾客等）、大吵大闹（大声地叫喊、吵闹。形容吵闹得很厉害）、呆头呆脑（形容傻里傻气、痴呆迟钝的样子）。这些成语中，AB 与 AC 是并列关系，B 与 C 有的是意义相近的关系，例如“不哼不哈”“成双成对”“大摇大摆”“大吵大闹”；有的是意义相反的关系，例如“不明不暗”“不破不立”“不冷不热”“不咸不淡”。不论是意义相近还是相反，都可以使得成语的语义更加完整丰富，加强语义。

《语海》中所收录的嵌入式俗成语主要是在名词或者形容词之间嵌入数词，例如挨一挨二（指接二连三，一个接一个）、三长两短（比喻意外事故或闲话等）、三茶六饭（指足够的茶水和丰盛的饭食，形容茶饭招待周到）、三病四痛（形容病痛很多）、三般两样（指各种各样)、三番五次(指屡次,多次)、三脚两步(形容走得很快)、三江五湖(泛指江河湖泊)、四面八方(泛指各个方向、各个地方或各个方面)、四邻八舍(指周围的邻居)、四停八当(形容十分妥帖、稳当)、四仰八叉(形容伸开四肢、仰面躺着的样子)、五亲六眷(泛指各种亲戚)、五男二女(形容子孙繁衍,家族兴旺)、五零四散(形容七零八落,到处分散)、七言八语(有的这样说,有的那样说,形容人多)、七嘴八舌(有的这样说,有的那样说,形容人多嘴杂,议论纷纷)、八节四时(泛指一年中的各个节气)、八街九陌(形容街道众多)、八万四千(本为佛教表示事物众多的数字,后形容数量极多)、十言九中(指说的话多数都符合对方的心意)、十亲九故(泛指众多亲戚朋友),有些成语通常在原来是有特指的数目,例如成语"四面八方"中,四面指的是东、南、西、北四个方位,八方指东、西、南、北四方和东南、东北、西南、西北四隅。但是发展到后来,大多就都是泛指了。

三、《语海》中俗成语的特点

从1996年《语海》编纂设想的出现,经过温端政先生还有许多专家学者的共同付出和努力,《语海》作为一部首创的大型语汇类辞书,不光汇集了许许多多的汉语语汇,为语汇研究提供了丰富的资料,更是为汉语语汇学的进一步的发展研究奠定了坚实基础。《语海》中对于成语的收录,温端政先生曾指出:"坚持古今兼收,雅俗兼收的原则,在收条立目上要处理好古与今、雅与俗的关系。"成语是一个历史形成的具有一定开放性和层次性的语类,有新旧之分,更有雅俗之别,在结构的定型性和意义的完整性方面,不同成语也有不同程度的表现。

俗成语在《语海》中的成语部分是很多的，本文在借鉴和学习相关研究成果的基础上，主要讨论收录在《语海》中的俗成语具有什么样的特点，以及我们应该怎样认识俗成语与雅成语之间的关系。

（一）语体风格通俗

《语海》中所收录的俗成语，主要都是来源于民间口语系统，成语风格浅近通俗，具有通俗的口语色彩。例如：

阿家阿翁、阿猫阿狗、安家立业、安家落户、鼻塌嘴歪、膘满肉肥、冰锅冷灶、播土扬尘、不茶不饭、粗茶淡饭、淡妆素服、不成气候、不哼不哈、不冷不热、不凉不酸、不明不暗、不明不白、不破不立、不清不白、不三不四、不僧不俗、不声不响、不识好歹、不识抬举、不咸不淡、不知高低、不识好歹、不知深浅、不做不休、布袜青鞋、擦脂抹粉、擦眼抹泪、财多气粗、参天拜地、苍天有眼、长街短巷、车前马后、扯破脸皮、撑腰打气、成家立业、成日成夜、大街小巷

这些俗成语都是在群众的日常生活中经常会用到的，具有通俗的口语色彩。成语中多包含有日常生活中的名词，例如“猫”“狗”“鼻”“嘴”“锅”“灶”“土”“尘”“茶”“饭”“妆”“服”“天”“地”“车”“马”“街”“巷”等。也有日常生活中的形容词，例如“冰”“冷”“凉”“酸”“明”“白”“咸”“淡”“高”“低”“深”“浅”等。这些成语读起来仿佛是在聊天聊家常，是典型的白话口语风格，简洁明快，生动活泼。

（二）来源于民间口语系统

成语一方面主要来源于历史典籍和古典作品，一方面来源于人民群众的口语，张永言曾指出：“成语的来源很多，多数成语是从民间来的”，俗成语主要来源于民间口语系统。从古至今，人们在口头流传的口语会发生很大的变化，甚至有些成语在我们今天看

来是带有文言文的感觉的，例如“唇亡齿寒”“亡羊补牢”，这些俗成语的产生时间很早，后来，在唐宋语录、元代戏曲和明清小说等大量的白话语料中，广泛记录了民间口语中的大量俗成语，使得成语宝库得以丰富和发展。

例如：(1) 使才子佳人，成双成对。这才是最妙的官府。(明·佚名《萤窗清玩》卷四)

(2) 老父惊恐。宋江做了不孝之子，负累了父亲吃惊受怕。(《水浒传》四二回)

(3) 师父，我受了菩萨戒行，断了五荤三厌，在我丈人家持斋把素，更不曾动荤。(《西游记》一九回)

(4) 今日喜得朝廷招安，重见天日之面。(《水浒传》八二回)

(5) 军师吴用在城中传下将令，一面出榜安民，一面救灭了火。(《水浒传》六六回)

(6) 姊妹二人闲中徐步，到西书院花亭上，见百花盛开，莺啼燕语，触景伤情。(《金瓶梅》一〇〇回)

(7) 只听见邢夫人那边的人一直声的嚷进来说：“老太太，太太！不、不好了！多多少少的穿靴戴帽的强、强盗来了！翻箱倒笼的来拿东西！”(《红楼梦》一〇五回)

(8) 因今宵传言送语，看明日携云握雨。(元·王实甫《西厢记》三本四折)

(9) 这婆子能言快语，况且日逐串街走巷，那一家不认得，须是与他商议，定有道理。(《喻世明言》卷一)

(10) 自此，春朝秋夕，夫妇相携，小酌微吟，此唱彼和，真如比翼之鸟，并头之花，欢爱不尽。(《初刻拍案惊奇》卷二五)

(11) 门口站了一个十五六岁的小伙子，一见那壮士，便粗声

粗气的问道:“来了吗?”(《续济公传》一六三回)

(12)今儿我听了他的短儿,一时人急造反,狗急跳墙,不但生事,而且我还没趣。(《红楼梦》二七回)

例子中的“成双成对”“吃惊受怕”“持斋把素”“重见天日”“出榜安民”“触景伤情”“穿靴戴帽”“传言送语”“串街走巷”“此唱彼和”“粗声粗气”“狗急跳墙”,都是来自白话语料中的俗成语,通俗易懂,贴近生活。

还有的俗成语是直接来源于明清白话小说的,例如“大闹天宫”,《西游记》中记载:为了让孙悟空不在下界捣乱,玉帝采纳太白金星的建议,骗猴王上天,封他为“齐天大圣”,在天宫里管理蟠桃园。当得知王母娘娘设蟠桃宴请天上众仙而没有自己时,猴王一怒之下大闹天宫,将天宫搞得一塌糊涂。比喻造反作乱。也形容大吵大闹,秩序或场面混乱。《西游记》中第二十五回写到:“孙行者,真是一个好猴王!曾闻他大闹天宫,布地网天罗,拿他不住,果有此理。”

还有些俗成语是从惯用语转化而来的。例如“不做不休”,就是“一不做,二不休”的缩略语,指一件事既然做了就不停止,干脆做到底。“大旱云霓”就是“大旱之望云霓”的缩略语,指人们在大旱的时候渴望下雨,比喻非常急切地期盼。“登山小鲁”是“登东山而小鲁”的缩略语,登上东山,极目远望,觉得鲁国很小,指学识达到一定程度就能融会贯通,目光远大。“翻云覆雨”是“翻手为云,覆手为雨”的缩略语,指手心向上是云,向下是雨;比喻反复无常,惯于玩权术,耍手腕;也可以形容技艺高超,本领强大。“风虎云龙”是“风从虎,云从龙”的缩略语,风随虎啸而生,云随龙飞而起;原指事物相互感应,相伴相生;后也比喻明君与贤臣名将相得相合。成语“高岸深谷”就是“高岸为谷，深谷为陵”的缩略语，高山变深谷，深谷变高山，比喻事物发生巨大变化，也可以指幽静深邃的隐居之所。成语“狗尾续貂”是“貂不足，狗尾续”的缩略语，用来比喻用不好的东西补接在好的东西后面，好坏不相称。成语“过关斩将”是“过五关，斩六将”的缩略语。《三国演义》二十七回载：东汉末年，关羽与刘备在徐州失散，留在曹营。后来他得知刘备下落，就带领二位皇嫂去投奔，连续闯过东岭、洛阳、沂水、荥阳等五关，斩杀孔秀等六位战将。这个成语用来比喻克服重重困难或不断战胜对手。成语“毫厘千里”是“失之毫厘，差之千里”的缩略语，指一点微小的差错就会造成很严重的后果。从以上俗成语中，更可以窥见俗成语的口语化程度是很高的。

（三）形体灵活可变

语言是人类最重要的交际工具，是人们进行沟通交流的主要表达方式。雅成语一般产生于古代文言典籍，形体变化相对较小。而俗成语主要来源于民间口语系统，也是在民间广泛使用的鲜活的语言，所以往往在人们交际的使用过程中，形体结构上会发生一些变化。例如“拔刀相助”，也可以看到它“拔刀相济”“拔刀相救”的变体。雷汉卿也曾指出：“雅成语结构相对凝固，不能随意变动语序或替换其中的成分，而俗成语的结构相对灵活，可以变换结构、替换成分。”所以俗成语在形体上灵活可变，《语海》中收录了许多形体富于变化的俗成语：

(1)【百万雄师】(成)师：军队。指人多将广、威武雄壮的军队。〔例〕扶持社稷似齐桓，百万雄师贵可观。(唐·贯休《大蜀皇帝潜龙日述圣德诗五首》其二)|秦关百二天下壮，百万雄师未能傍。(金·赵秉文《过阌乡》诗)|百万雄师何在，君

休笑、留待蜗争。(清·陈家庆《扬州慢·过上海闸北》)

也作①〔百万王师〕。王师:国家的军队。〔例〕百万王师下日边,将军雄略可图全。(唐·殷尧藩《李节度平虏诗》)②〔百万雄兵〕。〔例〕束发领西藩。百万雄兵掌握间。(宋·赵葵《南乡子》)

(2)【百无是处】(成)是:对;正确。指一点儿对的地方也没有,或一点儿长处也没有。〔例〕一似旧时春意思,百无是处老形骸,也曾头上戴花来。(宋·辛弃疾《浣溪沙·漫兴作》)|每日价茶不茶,饭不饭,百无是处。教我那里告诉?(元·王氏《粉蝶儿·寄情人》)

也作①〔百无一是〕。〔例〕至于百无一是,且朝夕以此相临,极为难处。(宋·袁采《袁氏世范》卷上)②〔百无一当〕。当:恰当;妥当。〔例〕今之诸集解,义多浮诞,了无所执,各尚异端,百无一当。(金·刘谔《道德真经四子古道集解后序》)

(3)【败俗伤风】(成)败、伤:败坏。指败坏良好的社会风气和习俗。〔例〕苟务作异以求名,诈静以惑众,则败俗伤风。(汉·王符《潜夫论·实贡》)|贪荣冒宠,僭滥无厌,败俗伤风,贤愚共鄙。其罪三也。(唐·李晔《诛崔昭纬诏》)|败俗伤风,坏伦乱法,却是该他死罪。(《西游记》七一回)

也作①〔败俗伤化〕。化:教化。〔例〕侯服玉食,败俗伤化。(《汉书·叙传下》)②〔败化伤风〕。〔例〕笑你个齐人太妄,可正是败化伤风轻薄郎。(明·孙仁儒《东郭记》一一出)

(4)【败叶枯枝】(成)❶败落的叶子,干枯的枝条。比喻衰败的事物或荒凉的景象。〔例〕那佛殿门窗脱落,满地鸽翎蝠粪,败叶枯枝。(《儿女英雄传》五回)|千竿万竿玉亭亭,败叶枯枝也觉好。(清·王季珠《题郑板桥墨竹》诗)|杂沓风声

万树，骤疑作、关山金鼓。败叶枯枝尽轩举。（陈永正《夜游宫·拟其年》其二）❷也比喻遭受过蹂躏的女子。你成了一世羞，百事损，恰便似败叶枯枝，缺月蔫花，剩雨残云。（《诚斋杂剧·宣平巷刘金儿复落娼》）

也作①〔败叶残枝〕。〔例〕他是松筠操似蕙兰质，休猜做败叶残枝。（明·王錂《春芜记》一二出）②〔败叶朽枝〕。〔例〕每当隆冬时，穷乡妇稚蓬首垢面，日于林疃闻搜爬败叶朽枝，负而卖之于市。（清·茹敦和《重修南乐县神武庙碑记》）

（5）【搬唇弄舌】（成）指说长道短，搬弄是非。〔例〕搬唇弄舌，口是心非，到底有失，不可轻信。（宋·无名氏《杀狗记》一七出）|平白地送暖偷寒，猛可的搬唇弄舌。水晶丸不住撇，蘸钢锹一味撅。（《金瓶梅》三四回）|你们念书底能干，只会在女人面前搬唇弄舌罢。（许地山《海角的孤星》）

也作①〔搬唇递舌〕。〔例〕不似你这个两头白面，搬唇递舌的歹弟子孩儿。（元·杨文奎《儿女团圆》三折）②〔搬口弄舌〕。〔例〕我两日不回，必有人搬口弄舌，想是疑心，不做买卖。（《水浒传》四四回）

（6）【鼻青眼肿】（成）鼻子变青，眼皮肿起。形容面部伤势严重。也形容遭受打击或挫折后的狼狈样子。〔例〕众人齐上，把一个德行之儒做下了个胯下之客，打得鼻青眼肿。（《醒世姻缘传》三五回）|那大王爬起身来，得了性命，不顾鼻青眼肿，跨上了马，也不去别处抹谷，带了喽啰飞跑的回山去了。（《飞龙全传》二四回）|两张鼻青眼肿的脸，就这么泪眼婆娑地相对着，傻笑着。（王安忆《小鲍庄》二六）

也作①〔鼻青脸肿〕。〔例〕这恶贼原想着是个暗算，趁着军官作下揖去，不能防备，这一脚定然鼻青脸肿。（《三侠五义》四四回）②〔鼻青眼紫〕。〔例〕果然，没隔几天，场里打麦子的时候，四黑牛找个碴儿，劈头盖脑地把甜苣儿打个鼻青眼紫。（张石山《甜苣儿》）

（7）【不拘小节】（成）指不注重生活小事或礼仪细节。〔例〕（延）性敦朴，不拘小节，又无乡曲之誉。（《后汉书·虞延传》）|秀才真宰相器量！能如此不拘小节，决非凡品。（《二刻拍案惊奇》卷二七）|大老王为人粗率，不拘小节，却粗中有细，能说能讲。（李佩甫《无边无际的早晨》六）

也作①〔不修小节〕。〔例〕逵才学该通，其所著论，为学者所宗。性佚，不修小节，当世以此讥焉，故不至大官。（《后汉纪·章帝纪》）②〔不尚小节〕。尚：注重。〔例〕初闻明公克举大体，不尚小节，竭智附贤，贯道选数，亦已确镇外物，翕然有归。（唐·王昌龄《上李侍郎书》）

成语“百万雄师”可以变化为“百万王师”“百万雄兵”，“百无是处”可以变化为“百无一是”“百无一当”，“败俗伤风”可以变化为“败俗伤化”“败化伤风”，“败叶枯枝”可以变化为“败叶残枝”“败叶朽枝”，“搬唇弄舌”可以变化为“搬唇递舌”“搬口弄舌”，“鼻青眼肿”可以变化为“鼻青脸肿”“鼻青眼紫”，“不拘小节”可以变化为“不修小节”“不尚小节”，这些灵活多变的形体是俗成语的一个重要特点。《语海》中所收录的类似的成语有很多，在释义的过程中，均用“也作”标注，让人对该成语的形体变化一目了然。在不同的话语语境中，人们会选择更适合当下的情境的俗成语进行使用。

（四）可以窥见人们日常生活的风貌

俗成语来源于民间的口语系统，通过俗成语，我们可以从中窥见不同历史时期社会生活的风貌。例如成语“刀耕火种”，指一种原始的耕种方法，将草木烧成灰作肥料，就地挖坑播种，通过这个成语，我们可以看到古人生产的方式。成语“丹书铁券”，丹是指朱砂，券指的是契据和凭证，这个成语指把帝王诏书阴铸于铁板上、在笔画凹陷处填上朱砂的文书，是古代帝王赐给功臣世代享受俸禄或特权的证书。例如在《后汉书·祭遵传》中就有相应的记载：“死则畴其爵邑，世无绝嗣，丹书铁券，传于无穷。”成语“葛巾野服”用来形容穿着的朴素与简陋，葛是一种多年生草本植物，茎皮中的纤维可以织布。野服是指乡村平民服装。戴着用葛布制作的头巾，穿着用粗布制作的长袍。通过这个成语，我们可以看到古代人们穿衣服的材质与穿衣风貌。成语“三茶六礼”指遵守议婚结婚等各种礼节而结婚，明媒正娶。成语中的“三茶”指的是三茶礼，是古代婚姻礼节之一，即订婚时的“下茶”、结婚时的“定茶”、同房时的“合茶”；一说举行婚礼时上三道茶。“六礼”指的是古代从提亲到举行婚礼间的六种礼仪，即纳采、问名、纳吉、纳征、请期、亲迎。成语“三班六房”代指明清时州县官署各机构的总称，“三班”是指州县官署内分掌缉捕罪犯、看守牢狱、站堂行刑等职务的快班、皂班和壮班，“六房”是指州县官署所设与中央六部对口的吏、户、礼、兵、刑、工六个机构。成语“六街三市”指繁华热闹的大街小巷。“六街”指的是唐代的长安和北宋的汴京城中有六条大街，后通称都城闹市。“三市”是指古代称早、中、晚为三时之集市。再例如成语“猜拳行令”，“猜拳”就是划拳的意思，是一种饮酒时助兴的游戏，两人同时伸出手指，并各说一个数，数目跟双方所出手指总数相合的为赢，输的一方喝酒。“行令”就是行酒令。划拳行酒令，形容酒席上气氛热烈。这个成语为我们展现了酒桌上的一种游戏风貌。

成语“锅碗瓢勺”用日常生活中的餐具锅具指生活中琐碎的事情。

由此可见，俗成语用最简洁凝练的方式，为我们展现出了各式各样的生活风貌。

四、雅成语与俗成语的辩证关系

成语相较于惯用语、歇后语和谚语，结构相对固定，定型性也相对比较强，它是相沿已久、约定俗成的具有完整性的语汇。《语海》中所收录的雅成语，多出自古代典籍，例如《诗经》《三国志》《史记》《论语》《汉书》《尚书》等。后起的成语中，虽然仍与口语的通俗平易风格有区别，但我们仍然可以感受到“简雅”的意味，不过相较于古汉语书面的条件下形成的成语，程度有所淡化。并且，现在有些认为是俗成语的，实际上最早出现在古代的书面语，经过不断的变化，通行于群众的口语之中。但成语是一个历史范畴，有些过于典雅的古代汉语的成语，由于各种原因，现代已经完全不使用了。它们虽然是历史成语，但是已经退出了现代汉语成语的行列，如“拔本塞源”“椿萱并茂”“措置乖方”“贯朽粟腐”“孤雏腐鼠”“神龙失势”“室迩人远”等。

成语本身的意义，在一定的历史时期内，是在不断发展变化的，这种发展变化，与人的认知水平变化也息息相关。成语在反映现实时是经历了抽象和概括的，语言是思维的工具，思维是人类对于现实世界进行比较、综合、概括的过程，而古人与今人对事物观察分析的深浅和角度不同，因而对事物的理解、概括也就不一样。所以，对于雅和俗的界定，雅成语与俗成语的划分，具有一定的模糊性和相对性。

在语典实际的编纂过程中，雅与俗的界限往往难以划分，诸如

"味同嚼蜡""吹毛求疵""因噎废食"等究竟应该是雅成语,还是俗成语,是很难断定的,尤其是一些由俗语转化而来的成语,例如"亡羊补牢""穷家富路""吉人天相"等更是难以辨别。成语的雅俗是具有相对性的,并且雅与俗的层次区别也是不同的,有的成语是大雅大俗的,有的成语处于相对中立的状态,不雅也不俗,有的成语可能有点雅,有的成语则有点俗,所以,雅成语与俗成语是辩证存在的。

《语海》是在汉语语汇学的理论指导下编写的,它反过来又为汉语语汇的研究提供大量的资料,促进了汉语语汇学的发展。《语海》的问世,表明汉语语汇不仅数量多,而且自成系统,语和词在性质上具有明显不同的一面;汉语语汇学有着很明确的研究对象,有广阔的研究领域,完全可以成为与词汇学并列的语言学分支学科。如果说汉语语汇是我们中华民族几千年文化的皇冠,那么成语便是皇冠上的明珠,它字字珠玑,寓意深刻,具有高度的浓缩性与概括性,有着很强的表现力。对《语海》中俗成语的系统研究,能够突破以往"碎片化、藩篱式"研究语言的局限性,使得成语的研究更加科学全面与时俱进。

附注:

① 付建荣.唐宋禅籍俗成语研究[M].商务印书馆,2022.

② 雷汉卿.禅籍俗成语浅论[J].语文研究,2012(1):6.

③ 温端政.汉语语汇学[M].商务印书馆,2005.

参考文献:

[1] 陈汝法.成语引源问题说略[J].辞书研究,1981(4).

[2] 葛本仪.汉语词汇学[M].济南:山东大学出版社,2003.

[3] 乔永.成语鉴别与成语词典收词标准的量化定性研究[J].语文研究,2006(4):30—34.
[4] 施春宏.关于成语用变和演变的思考——从几则成语的现实使用谈起[J].汉语学习,2006(6):7.
[5] 孙雪敏.成语语义褒贬转化试析[J].语文建设,1999(4):4.
[6] 刘振前,邢梅萍.汉语四字格成语语义结构的对称性与认知[J].世界汉语教学,2000(1):5.
[7] 卢卓群.成语研究和成语词典的编纂[J].辞书研究,1996(2):12.
[8] 刘洁修.成语[M].北京:商务印书馆,1985.
[9] 刘洁修.汉语成语源流大辞典[M].北京:开明出版社,2009.
[10] 毛学河.成语是古汉语特点的缩影[J].汉语学习,1994(1):4.
[11] 马国凡.成语[M].呼和浩特:内蒙古人民出版社,1973.
[12] 向光忠.成语概说[M].长沙:湖南人民出版社,1985.
[13] 徐耀民.成语的划界、定型和释义问题[J].中国语文,1997(1):7.

(作者单位:山西省社会科学院语言研究所,山西太原,030032)

谈词典收“语”问题

晁 继 周

“语典”和“词典”是既互相对立又互相联系的两个概念。从字面上看，语典收录的对象应该是语，而词典收录的对象应该是词。实际上，收“语”的辞书多命名为“词典”，如“成语词典”“谚语词典”“惯用语词典”“歇后语词典”“俗语词典”等等。而几乎所有以“词典”命名的语文辞书，又都无一例外地收录了一定数量的“语”。

词典收录一部分熟语既符合学理，也是读者使用词典的需要。词典收“语”在范围、数量和释义、例证的要求上与语典都有区别。收入词典的熟语一般具有形式短小、能直接嵌入语句这样两个条件，符合这两个条件的主要是成语、惯用语和一部分短小精辟的谚语。收录熟语必须注意思想内容，违反科学和正义、粗俗不雅、含有对某些人群歧视内容的熟语不宜收录。

一、词典收“语”的学理依据

词典收录熟语，有学理上的依据。现代汉语的词，是在古代汉语词的基础上产生的。古代汉语的词以单音节为主，一个字就是一个词。在现代汉语中，有些单音节词保存下来，更多的单音节词不再独立运用，成为构成词的语素。不成词的语素，不独在双音节（或多音节）的词中保存下来，也同时在一部分从古代沿用下来的熟语中保存下来。语词分立是建立在语由词组成这一观点的基础上，实际上，很多成语和相当一部分源于古代汉语的谚语，其组成成分中都含有不成词语素。成语“兵不血刃”中的“兵”，“刻舟求剑”中的“舟”，“揠苗助长”中的“揠”；谚语“长袖善舞，多财善贾”中的“贾”，“归师勿掩，穷寇莫追”中的“掩”，“水至清无鱼，人至察无徒”中的“察”和“徒”，在现代汉语中都是不成词语素。这些熟语都在现代汉语中存在和使用着，它们是“语”而不是词，而它们又不能看成完全是由一个个现代汉语的词组成的。词典中理应为它们留有一席之地。有的成语跟词有渊源关系，不收成语，词就没有着落，如“画蛇添足”与“蛇足”，“守株待兔”与“株守”。词典怎能舍其根而只求其末呢？

二、词典收“语”的读者需求

词典收录熟语更是使用者的需要。把字典、词典、语典分得清清楚楚，这实际上是做不到的。语典（包括“成语词典”之类以“词典”命名而只收语的辞书）只收语而不收字和词，这是可以做到的。字典以收字为主，也兼收词和语。以《新华字典》（第11版）为例，在“壁”字下就收了“坚壁清野、铜墙铁壁、作壁上观”三条成语，其中“作壁上观”做了解释。词典以收词为主，也兼收字和语。《现代汉语词典》（第7版）收单字11000余个，不少于任何一本常用的字典；收成语和其他熟语数量未做过精确统计，但应该说常用的成语和惯用语都收录了。读者要求词典收词尽量完备，他们不关注词和语的区别，只要求常用的词语都能查到。词典收“语”，成为汉语词典的传统，读者已经习焉不察。熟语属于不属于词汇的范畴，学术界历来有不同的认识。《现代汉语词典》说词汇是“一种语言里所使用的词和固定词组的总称”，根据这个定义，我们可以理解为词汇包括词和成语，以及一部分形式短小的惯用语和谚语。目前通行的现代汉语教材，大都把熟语当作词汇的一部分，有的明确说：“词汇是词语的总和，不仅包括词，也包括熟语（成语、谚语、歇后语、惯用语等）。”（北京大学中文系《现代汉语》）有的虽然不做这样明确的阐释，但也都把熟语问题放在词汇一章来讲。主张语词分立的也有，近些年语汇学说提出后，这种看法就更加明确了。但是，不管对熟语归属问题怎样看，汉语词典几乎无一例外地都不把熟语排除在外，这是不争的事实。

三、词典收“语”与语典收“语”的区别

熟语进入词典是不容置疑的。但词典收“语”与语典收“语”要求是不一样的。一是数量，语典要大于词典。二是释义，语典要详于词典。三是例句，语典多用书证，词典多用自编。

语典收“语”求全，条目多少由语典规模而定。词典收“语”注重实用，主要收习见常用的，酌收少量备查考的。人们说词汇是语言的建筑材料，这是形象而贴切的。我们再做更形象一些的比喻，砖和瓦是建筑材料，水泥预制板和其他特型构件是不是建筑材料？回答应该是肯定的。人们把某些熟语说成是词的等价物，是说这些“语”在语言中起着跟词一样的作用。收入词典的熟语，一般具有两个条件，一个是形式短小，一个是能直接嵌入语句，起相当于一个词的作用。哪些熟语具备这样的条件？主要是成语、惯用语和一部分短小精辟的谚语。成语为四字格，形式偏于短小；习见常用的成语大多能嵌入语句，像一个词那样发挥作用。如“培养孩子要循序渐进，不能揠苗助长”，“贫困地区需要的是雪中送炭，而不

是锦上添花”。这里的“循序渐进、揠苗助长、雪中送炭、锦上添花”等成语在句子中就像一个词一样发挥作用。惯用语也有这个特点，如“谁犯的错误谁负责，不能让别人背黑锅”，“有什么事别藏着掖着，咱们当面锣对面鼓说清楚”。这里的惯用语“背黑锅、当面锣对面鼓”以其完整的引申义被人们理解和使用，像一个词一样不留痕迹。《现代汉语词典》收的最长的惯用语是12个字的“只许州官放火，不许百姓点灯”，它在使用时也是嵌在句子里，表达一个完整的意义。《红楼梦》第77回，贾宝玉叹息晴雯身染重病被驱逐不知还能不能“见他一面两面了”，袭人认为此语不吉利，说宝玉：“可是你只许州官放火，不许百姓点灯。我们偶尔说一句略妨碍些的话，就说是不利之谈，你如今好好的咒他，是该的了！”这个惯用语虽长，但是嵌入句中，天衣无缝。谚语和歇后语情况有些不同。谚语一般作引用语使用，前面冠以“俗话说”等语。有些较短的谚语，使用时前面不加“俗话说”一类提示语，独立成句，启示下面要说的事理，像“三个臭皮匠，赛过诸葛亮”，“只要功夫深，铁杵磨成针”等，具有收入词典的资格。歇后语本身由引语（谜面）和注语（谜底）两部分组成，是不可能嵌入语句当一个词使用的。在相声表演中，引语和注语之间，常有另一个人插话，就更谈不上是“词的等价物”了。这就是为什么《现代汉语词典》这类词典中谚语收的数量较少，而歇后语仅收的几条还是把谜面和谜底合为一体，相当于惯用语来收的，如“老鼠过街人人喊打”，“打破砂锅问到底”，“打开天窗说亮话”。

熟语的收录，我们常说的一个原则是“习见常用”。“习见常用”依据什么？依据的是科学的语频统计。山西省社科院语言所研制的《现代汉语常用语表》（稿）为我们提供了很有参考价值的数据。这个《语表》向我们说明:成语使用的频次最高,高频成语的数量远比其他三种熟语高得多。其次是惯用语。谚语由于出现的时代跨度大,使用的地域差别大,真正高频的谚语并不多。歇后语的情况更具特殊性。歇后语口语性强,地域性强,能产性强,绝对数量很大,但在全民范围流行的高频歇后语数量极少。我们看一下《现代汉语常用语表》(稿)所提供的数据。进入有效基础语目的歇后语达到35926条,但其中频次在10以上的只有35条,35399条频次竟然为0。词典或语典中收录歇后语不能与成语、惯用语、谚语一样看待,如果勉强按一定比例收歇后语,那就犯了“矮子里面拔将军”的错误。

四、语的思想性与词典收“语”问题

语有一点不同于词,那就是语有思想性。因此,词典也好,语典也好,收录熟语必须考虑到所收熟语的思想内容,违反科学和正义的、粗俗不雅的、含有对某些人群歧视内容的都要慎重对待:哪些能收,哪些不能收,哪些即使收也要在释义中体现编者的主观倾向性。像“有钱能使鬼推磨”“人不为己,天诛地灭”等等,或者不收,或者注解时加以必要的批判。这方面问题最突出的是歇后语。歇后语多来自群众口语,有生动、风趣的优点,也有不少词典或语典收录时需要注意规避的内容。一条“蒙古大夫——恶治”的歇后语,就曾引起轩然大波,造成严重后果。这个教训我们一定要记取。新华社公布了第一批禁用词,第一条就是“对身体伤疾的人士不使用‘残废人’‘独眼龙’‘瞎子’‘聋子’‘傻子’‘呆子’‘弱智’等蔑称”,而歇后语中这类蔑称比比皆是。我们认为,出现这些对残障人士蔑称的歇后语,尽管有的使用频率很高(如“瞎子点灯——白费蜡”“聋子的耳朵——摆设”“哑巴吃黄连——有苦说不出”)，一律不要收；已经收了这些歇后语的词典或语典修订时一律删去。

总之，词典收录熟语既符合学理，也是读者使用的需要。词典收录熟语无论在数量和范围上，还是在释义要求上都有别于语典。由于熟语具有思想性，词典对某些熟语在收录或释义上都应取慎重态度。

(作者单位：中国社会科学院语言研究所，北京，100732)

论熟语类工具书的问题和对策

朱 俊 玄

熟语，一般指的是形式相对固定、不可随意拆分替换，意义有整体性、非组成成分意义的简单相加的固定短语（区别于自由短语），包括成语、惯用语、歇后语、谚语、格言等。熟语多以鲜活的语言面貌呈现，且一般都承载了丰富多彩的民间文化和古老深邃的群众智慧，是传承中华优秀传统文化的重要载体。目前以熟语为收录对象的工具书，有分别收录成语、惯用语、歇后语、谚语等的专项型工具书，也有各类都收录的大全型工具书，内容丰富、品类多样、对象多元，基本满足了读者对熟语查阅、研究、学习的需求，但是其中也存在不少短板。本文以后者为主要研究对象，调查其出版现状，分析其存在的问题，并尝试给出对策和建议。尤其主张“学术导航”，在廓清熟语的内涵和外延的基础上增收习用语，以增加熟语类工具书的丰富性和科学性。

一、熟语类工具书的市场现状

笔者考察目前已出版的熟语类工具书，涉及辞书、手册、课外读物等，共收集到 31 种。这些工具书种类丰富，内容多样，功能多元，不仅反映了熟语较高的社会普及度及读者对熟语的喜爱度，有力地促进了普通话的推广、方言和少数民族语言的整理，更推动了我国工具书编纂水平的提升和中华优秀传统文化的传承。

1. 读者对象多元

已出版的熟语类工具书有分别面向小学生、中学生、留学生及普通大众等的，基本上满足了不同教育文化程度读者的需求，如《小学生成语熟语大辞典》(开明出版社 2012 年版)、《中学成语熟语用法学练大全》(开明出版社 2011 年版)、《外国人说熟语》(北京语言大学出版社 2002 年版)等。针对不同的使用对象，工具书的篇幅也都分别做了考量。收录条目数量从 300 到 50000 条不等，涵盖了小型、中型、大型等不同的规格和规模。因与普通词典相比，熟语类工具书中的条目一般较长，再加上释义和示例(部分工具书还会增补典故来源等内容)，单个词条的字数一般较多。此类工具书的篇幅不会太大，体量适中的中型本较多。

2. 编纂文种多样

已出版的熟语类工具书有汉语的和外语的，汉语中包含现代汉语普通话、方言(及中国少数民族语言)，外语中包括英语、德语、日语、马来语等。所调查的 31 种工具书中，以普通话单语种的工具书为主，还有汉语—外语对照类的双语工具书，其中汉英双语类最多。此外，收录我国境内方言、少数民族语言的熟语的工具书也有多种，一般用少数民族语言编纂并有普通话译文，具体统计数据见表 1。

表 1　不同文种的熟语类工具书统计表

类别	普通话单语	汉—外双语	汉语方言	少数民族语言
数量	15	6	7	3

注：其中《福建方言熟语歌谣丛书》中包括 10 余种方言工具书，统计过程中按照丛书将其计为 1 种。

3. 内容深浅有别

我们调查到的有追根溯源的考证类工具书，如《常用熟语由来》(李鹏、张茗馨著，金盾出版社 2013 年版)、《熟语溯源》(马金江编著，中国民航出版社 2004 年版)；也有以故事、趣谈形式呈现的闲适读物类工具书，如《中国熟语故事海》(盖壤编著，辽宁少年儿童出版社 2016 年版)、《熟语趣话》(杨广恩著，哈尔滨出版社 2008 年版)，这有利于不同文化层次读者的选择和使用。

二、熟语类工具书存在的问题

已出版的熟语类工具书虽然种类丰富，但因缺少统一规划、市场引导和学术指导等，存在不少问题。

1. 重复出版、跟风出版，存在同质化现象

如专门面向学生群体的、挖掘熟语典故来源的、围绕熟语讲故事的，不同出版社都分别推出了自己的产品，其编纂水平、编校质量、装帧设计、产品形态等方面都存在良莠不齐的现象，后出版的工具书并未做到“人无我有，人有我优”，也无明显的特色和优势，在收词、释义等方面都未体现出应有的差别。这种为了迎合市场需求、纯粹追求经济效益的行为造成了出版资源的极大浪费。

2. 门类体系尚不完整，存在空白领域

少数民族语言、汉语方言类熟语类工具书品种稀少。我们调查中只发现了 3 种反映民族地区熟语的工具书，方言区的熟语类工具书的出版也并不均衡。很多方言区和民族地区，尤其是经济、文化欠发达的地区，不仅面临着该方言或语言的濒危和消亡，而且保存该方言或语言的典籍几乎为零。当地不仅没有本土的通用类工具书，也未编纂出版熟语类工具书。除了这些内向型工具书，面

向留学生的外向型熟语类工具书的出版数量也不多，且产品形式单一，系统性不强。

3. 以传统纸质出版为主，存在转型需求

据我们调查所得，已经出版的品种都是传统纸质出版物，尚未收集到以光盘、网络等新型介质出版的。检索到的几部大部头工具书，出版时间都较早，距今有20余年的时间。其一直未出修订版本，这恐与纸质图书较高的修订和出版成本有关联。如果以新型媒介出版，不仅顺应时代发展潮流，降低生产成本，促进此类工具书的多元化发展，同时也能方便读者的查阅和学习等。

4. 编纂者对熟语认识不一，存在不科学理解

首先，过度收录非熟语条目。除了成语、惯用语、谚语、歇后语，以及格言、警句等公认的典型熟语，部分工具书还收录了俚语、口头禅、禁忌语、隐语、称谓语、绕口令和流行语等，甚至还收录了大量的两字词语，如“八婆、抱瓮、鼻祖、吃醋、吃香、大夫、大亨、倒霉、导游、点卯、东床、东西、斗胆、杜撰、方寸、夫人、斧正”等，还有的误将熟语和成语、歌谣等并列。这些过度收录或交叉混淆现象不仅说明了编纂者对熟语的定义未与学术界看齐，也反映出了词汇学界“词、语”不分、词典和熟语类工具书不分的传统。这些工具书中过度收录的条目已严重超出学界对熟语内涵和外延的界定，与学术背道而驰，对读者也有误导之害。

其次，未收录应归入熟语范围的习用语。除了上述传统公认的典型熟语，语言现实中还有一类语言单位，我们暂称其为“习用语”。它们不仅符合熟语的特征，而且常见常用，完全应该收入熟语类工具书，但目前未见有收录的。例如：

我说、话说、很是、那/这个、那什么、吗呢、差点没、(你可)

真行、难不成、不/没成想、我说呢、都X了、大X的、还X呢、有完没完、没完没了、非X(不Y)、连X都Y、你这个X、X就是Y一个、我说什么来着……

常玉钟在《口语习用语略析》一文中提出了"口语习用语",代指诸如"我说呢、又来了、有完没完"等"定形式、定语境、定语意"的短语或句子。作为一个整体,它们能够表达完整的意义。常文认为这一类单位异于成语、惯用语等,建议将其作为成语等的平行单位,归入熟语研究范畴。本文在常文研究的基础上,将研究对象扩大至包括口语、书面语在内的全部现代汉语,并归入语汇范围,与成语、惯用语等平行。

如果我们将"字、词、语、句"等不同层级的语言单位接续起来,可以组构成"字—词—语—句"的连续统。首先,字与词、词与语、语和句都分别有一定的交叉重叠,虽然典型的字、词、语、句有明显区别,但是我们不能在其间进行一刀切的划分,做出非此即彼的分割。其次,语汇中的成语和惯用语的体量相对短小,向词靠拢;歇后语、谚语、格言、名言等体量较大,向句子靠拢。也就是说,"语"可长可短,但至少要长于"词"。习用语在"字—词—语—句"的连续统中居于词和句子之间,体量一般小于句子(个别可直接成句),但又大于词。它们由词构成,形式上凝固性强,结构上固定性高,语意上有一定的双层性或非透明性(整体语意非组成成分语意的简单相加,且不可从组成成分推测),语用上有丰富的"弦外之音"。它们为传统的词典所不容,也未能收入语典,它们作为语言建筑材料却在辞书系统中难以找到合适的位置。如果词、句之间由"语"作为过渡带,习用语便需纳入语汇学研究范围,并收入语汇类辞书。

虽然习用语与成语、惯用语等典型的语汇成员地位平行,但其明显的个性却不容忽视。一般来说,成语、惯用语等是由实词或者实词性成分构成的,内含的虚词或虚词性成分极少。但习用语中却普遍可见名动形之外的,尤其是虚词性成分,包括代词、量词、副词、连词、助词、语气词等,其中的实词性成分也多出现了虚化(如“说X就X”中的“说”,见下文);而且作为整体,习用语本身也具有较明显的语法语用甚至语篇功能,可以充当代词、副词,以及(话题)提示词(见下文)等语法语用单位。因此,习用语进入语汇类辞书后,除了一般的注音释义举例,我们还需介绍其凝固化的过程,注重揭示其虚灵、抽象的语法语用功能,以便读者完整理解。

三、熟语类工具书的发展建议和对策

针对熟语类工具书存在的上述问题,笔者提出如下建议和对策。

1. 科学规划选题,系统多元

首先,加强国家相关机构及出版社的主管、主办单位的出版规划,统一部署,全盘筹措。尤其是中国辞书学会及下属各个专业委员会要协同谋划,提前介入,从宏观上调配指导选题规划,不仅要避免重复选题的大量出现,更要鼓励选题体系化、多元化,科学合理地利用宝贵的出版资源。同时,国家相关部门也需要给予政策扶持、技术帮助和资金支持等,尤其是社会效益较明显的选题,以消除出版社的后顾之忧,努力推动民族语言和传统文化的继承和发扬。

其次,出版社尤其是专业的辞书出版社,要下大力气进行选题开发,认真研判图书市场,分析已有相关出版物。发挥本社的出版优势,实施品牌策略,延请学界知名编者,推出超越已有产品的质量高、规范性强的熟语类工具书。比如,方言地区和民族地区的出版社要积极发展自身在地域和语言等方面独特的先天优势，集聚优势语言资源，积极出版用各方言和民族语言编纂的熟语类工具书，推出体系完整的方言/民族语言熟语工具书，全面抢救和保护濒危方言和民族语言。另如面向留学生的工具书，具有国际汉语推广优势的出版社也需根据留学生的不同阅读能力，分别出版针对初级、中级、高级汉语水平学生的成体系的熟语类工具书等。

2. 加快转型升级，全面推进

首先，国家和出版社都需重视传统出版转型升级的顶层设计。国家层面要积极引导并给予必要的扶持和资助；出版社层面更要转变出版理念，深入思考自身的战略出版规划，积极投身融合出版的改革大潮中。

其次，传统出版的转型升级需要全方位推进。选题开发上，可借助大数据、云计算等统计与分析技术全面掌握熟语类工具书的市场行情与出版动态，开发有特色的熟语类工具书，从而避免重复选题。工具书编纂上，需加大投入，搭建熟语类的数字平台，构建专业的数据库，不仅要涵盖已有的熟语类工具书以及媒体语料中的熟语，还需要多角度地搜集整理民间口语中鲜活的熟语及其释义等信息。出版物介质上，积极利用 VR、点读笔、手机 App 等数字化技术手段与呈现方式，大力发展熟语类工具书的光盘版、电子版、网络版等新型产品，以方便读者的携带和查阅。产品营销上，通过网店、微博、微信等网络渠道，打造线上线下有机融合的营销网络，实现卖场内外、线上线下读者与产品以及读者之间的互动式体验，为读者提供精准化、个性化服务。熟语类工具书中熟语背后蕴含的典故知识等尤为适合与读者的互动，也能加深读者对熟语的理解。

再次，传统出版的转型升级，需要有一支新时代的复合型人才队伍。他们不仅要具备词汇学、熟语学方面深厚的知识底蕴，更需要拥有计算机、互联网、程序开发与运行等方面的专业思维与技能，并能将两方面无缝连接、有效结合。因此，出版社需要对已有员工加大词汇学和数字出版方面的培训力度，积极引进新员工，为出版社的转型升级注入新鲜活力。

3. 跟进学界动态，学术导航

编纂者和出版机构要秉持“学术导航”的理念，工具书要在科学、前沿的学术轨道上编纂和出版。编者和编辑都要积极参与学术讨论活动，尤其是词汇学、词典学方面的国际、国内学术会议，向学界名家请教学习，及时关注学术动态，时刻跟进学界发展，全面搜集与熟语相关的各类学术研讨文章并吸收其学术观点，以最新的知识和信息引导工具书的编纂和出版，使出版物合乎学术规划和行业标准。务必避免混淆概念，误导读者，扰乱学术和图书市场的有序发展。

4. 扩充收录对象，科学界定

针对熟语类工具书过度收录非熟语条目的现象，要重新审视“词、语不分”的弊端，其实学界早有规范和革新的学术倡议和实际行动，在我们的调查中也发现了多种认真吸收学术研究成果、规范收录各类熟语的工具书。值得一提的是《新华语典》(商务印书馆2014年版)，该书主编温端政先生大胆提出了“词、语分立”的学术主张，提倡建立与“词汇”平行的“语汇”的概念，并倡导进行语汇学研究。以此学术主张为基础，温先生主编了《新华语典》，以成语、惯用语、歇后语，以及谚语、格言、名言等为收录对象，共收录约25600条语汇。《新华语典》是商务印书馆继《新华字典》《新华词典》出版之后，推出的“新华系列”配套工具书。相关工具书不仅形成了“字典—词典—语典”的完整工具书系统，从“字、词、语”多角度、全方位地反映了现代汉语的语言面貌，而且大致廓清了对语汇（熟语）的内涵和外延的界定，既有利于提升读者的语言能力，也有力地推动了学术的发展。

然而，美中不足的是，《新华语典》等工具书的收录对象仍囿于传统上对典型熟语的界定。我们认为，在成语、谚语、惯用语、歇后语，以及格言、名言等之外，熟语类工具书还应收录习用语。这些语言单位由词构成，从形式上看有较强的凝固性和固定性，从语意上看有一定的非透明性，还有相当高的使用频率，完全符合熟语的各项特征，应该纳入熟语的研究范围，并收入熟语类工具书中。

习用语是一个开放类，其成员数量不限，且新成员层出不穷。从不同角度划分，习用语有不同类别：既有一个个独立的个例，又有代表一类的类例，如能产性较强的框式结构（见下文）；有实词性的，也有虚词性的；整体结构有合乎语法的，也有不合乎语法的，如“难不成、X 了去了、去你的、没 X 之前”（表面上看不合语法规则，其实多是通过省缩等方式形成的，还是能用语法规则解释的）；等等。我们只重点讨论几类有代表性的习用语，并举例详细解释（本文的解释并非辞书中的正式释义），建议酌情收入熟语类工具书：

1）句内成分

可出现于单独的命题或语句之内。又分为：

第一，框式结构。一般的汉语词典都会收录诸如“半……半……”“一……就……”等框式结构，我们认为这些重复式、连词式的结构若勉强纳入词汇范围的话，诸如“X 了个去”等下面这些单位就较难纳入词典了，而建议归入语汇范围。另如：

【X 了去了】形容 X 的程度很高。“去”义虚化，并无具体的来去动作。例如：远了去了、多了去了。

【说X就X】形容X所代表的性质或者动作很快就呈现出来或者实施起来。X多为形容词或动词，“说”义虚化，言者可能并未说过或者提过X。例如：（雨）说下就下、（地面）说干（gān）就干、说生气就生气。

【非X不Y】指一定要X才能Y，表达了言者极强的主观意志。例如：非肉不吃。“非X不Y”有几个变式：“非X不可/行”“非X”（语气极强）。例如：非买不可、非去不行、非买、非去。

框式结构的固定性稍弱，为半固定单位，但有较高的能产性。

第二，非框式结构。与框式结构的高能产性不同，非框式结构的成员多作为独立的个例，组成成分的可替换性较低。如“不成想/没成想”等，另如：

【很是】表示程度极高的确认和肯定，兼有程度副词和语气副词的功能，同时表明了言者对命题明显的主观态度和立场。“是”有虚化、轻读的倾向。例如：很是风光、很是享受、很是痛苦。“很是”的凝固化较高，类似的有“煞是、极是、更是、甚是、最是”等，但凝固程度不一。

【吗呢】表示对对方的行为等有疑（或不满）而问。是“干吗呢”的省缩，带有一定的方言色彩。注意：“吗”为阳平，不要误作轻声的“嘛”。

2）句际成分

一般出现于对话中的句首。又分为：

第一，提示性成分。出现在对话的发话部分，起转换话轮、引发新话题、提醒听者注意等功能，有学者称之为“提示词”。例如：

【我说】表达言者对后续话题的评价或整个话轮的控制，

常用于引入新话题。“说”虚化，言说的动作义无须显现。

【那(nèi)个/那(nèi)什么】可用于因暂时忘记或不便说等而出现思维停延、凸显后续信息、提醒听者注意、转换话题等语境。并无指代，更无疑问，整体虚化。

第二，回应性成分。出现在对话的答话部分，起维持对话等功能。例如：

【X你个头(X)】表示对发话部分中提及的X的强烈否定。后一个X可以省略，若出现一般非重读。

【我说呢】表示对发话部分中出现的信息消疑后的恍然大悟，主要有话轮转换、维持对话连贯等功能。“说”语义虚化。

四、结语

总体来说，目前我国在熟语类工具书出版领域取得了一定的成就，但是我们必须正视存在的短板，高度重视其中的问题，并在出版规划、选题策划、出版转型等方面加大变革调整的力度，尤其需要在内容上“苦练内功”，坚持学术引航出版。首先从根本上廓清熟语的内涵和外延，其次在传统的熟语对象的基础上，适当扩大收录对象，收录多类习用语，增强该类工具书的丰富性和科学性，以更好适应读者日益增长的多元化需求。

参考文献：

[1] 常玉钟.口语习用语略析[J].语言教学与研究，1989(2).

[2] 温端政.汉语语汇学[M].北京：商务印书馆，2005.

[3] 温朔彬.论《新华语典》的原创性[J].辞书研究，2013(4).

（作者单位：商务印书馆汉语编辑中心，北京，100710）

成语字面义在辞书释义中的呈现与隐含

王　霞

引言

字面义，顾名思义就是文字表面上的意义（不是含蓄在内的意义）。这是人们对字面义通常的一般的理解。在辞书释义中，对成语的意义从字面上进行解释，主要的处理方式如下：

A1. 直接解释字面义，字面义就是成语的实际义。如：

【难能可贵】 难做的事居然能做到，值得珍视。（《现代汉语词典（第7版）》）

【承上启下】 承接上面的，引起下面的。（《现代汉语学习词典》）

A2. 对成语的构成成分——语素或词语分别进行解释，再解释成语的整体的意义。如：

【陈力就列】 陈：献出。就：担任，充任。列：职位。根据自己的才能，担任相应的官职。（《汉语成语学习词典》）

【安身立命】 安身：指得以在世上存身。立命：保存性命。指在世上求得容身而保存性命。（《新华成语词典》）

B1. 将构成成语的各个语素的意义连缀起来进行解释。如：

【前仆后继】 前面的人倒下了，后面的人继续跟上去，形容英

勇奋斗，不怕牺牲。(《现代汉语词典(第7版)》)

【川流不息】 像河水那样流个不停。比喻人群、车辆、船只来往连续不断。(《现代汉语学习词典》)

B2. 先对成语中需要解释的语素或词语进行解释，再将成语各个语素的意义连缀起来进行解释。如：

【束手待毙】 束手：捆住双手。待：等待。毙：死。捆起手来等死。比喻遇到困难危难，不积极想办法解决，却坐等失败或死亡。(《汉语成语学习词典》)

A类的字面义就是成语的实际意义，字面义直接构成了成语的意义。B类是先根据各构成成分的意义形成完整的字面义，然后再解释成语的实际义。A2B2是在解释完整的字面义之先，对其某个或某几个构成成分从字面上提供解释。A1B1之所以没有对构成成分从字面上进行解释，是因为这些是收录在综合性语文词典中的成语，构成成分已经在词典的字头或词目下进行了注解，因而无需再在释义中对成语的构成成分分别提供解释。除非某个构成成分没有出条或者非常有必要进行解释。

众所周知，成语的字面义不是各构成成分意义的简单加合，是在各构成成分意义的基础上，加义扩充或引申形成的。人们在对成语尤其是不认识的成语进行识解时，往往先逐一识解各构成成分(或语素)的意义，并在头脑中形成一个完整的意义，再在此基础上借助具体语境推演成语的实际的意义。单独对构成成分的意义进行注解，确实能够扫除人们在识解成语过程中的一些障碍。学习型成语词典非常注重成语字面义的注解，从一个方面证明了字面义在成语认知和理解中的作用。

汉语中的成语绝大部分具有意义的双层性，在字面意义之外，还有含蓄在内的意义，即一般所说的成语在语言交际中实际的意义(实际义)。对于意义有双层性的成语，在辞书释义中，有的先给出字面义，然后再解释实际义，如 B1B2；有的则直接解释实际义，如：

【木已成舟】 比喻事情已成定局，不能改变。(《现代汉语词典(第 7 版)》)

【排山倒海】 形容力量强，声势大。

那么，对于意义有双层性的成语，在辞书释义时，何时该给出字面义，何时不必给出字面义？以前还没有人进行专门的研究，本文在对《现代汉语词典(第 7 版)》中收录的成语进行全面考察的基础上，拟对这一问题进行探讨。

一、学界对成语字面义的认识

成语(idiom)是人们长期以来习用的、简洁精辟的定型词组或短句。成语是在语言的发展过程中历史地形成的，在其形成演化过程中，除了在结构上更为凝固，最终成为一个定型性的语言单位之外，在意义上也更加凝练，最终成为现代汉语语言交际中所使用的意义。另外，在长期的历史发展中，又难免被赋予特定的民族的和文化的内涵。这使得成语在意义上跟其他一般词汇相比，具有更为复杂的一面。孙维张(1989)指出："成语语意形成过程中有三种不同意义在起作用，形成复杂的语义结构。"这三种意义是语表意义、语源意义和语位意义。它们是成语在历时的发展过程中出现的，对成语的共时意义都有影响和作用。孙维张所说的"语表意义"是指通常所说的成语字面上的意义，"语位意义"是指通常所说的成语约定俗成的、在言语交际中使用的实际的意义，字面义和实际义构成了成语意义的双层性。刘叔新(1990)认为“是否具有这意义的双层性,可以把成语同固定语中其他的单位有效地区分开来”。意义的双层性是否是成语的区别性特征,可能词汇学界还存在争议,但是,大多数成语具有意义的双层性特征,这在词汇学界早已达成共识。对于具有意义双层性的成语而言,字面义虽然有时并不直接构成成语的意义,却是成语意义的重要构成部分,也是形成和理解成语意义形成重要方面。

我国以往关于成语意义的研究,着眼于成语是否具有“词”的资格,非常注重成语意义的整体性,认为成语是以整体表示一定的意义。结构的定型性和意义的整体性是成语之所以为“词”的两个重要而不可分割的依据。因而,从字面(或构成成分)出发分析成语的意义,或者从字面上解释成语的意义很难得到认同。马国凡(1973)认为“不管构成成语的各成分单独存在的时候表示什么意义,在成语中所表示的意义是整体的。换句话说,成语的意义不是构成成语各成分意义的简单相加”。史式(1979)在解释什么是成语时明确指出:“凡在语言中长期沿用,约定俗成,有其特定含义,不能望文生义,在句子中的功能相当于一个词的定型词组或短句,谓之成语。”“‘所谓有特定含义,不能望文生义’,也就是说,成语不能简单地从字面上解释。要想不学而会,希望从字面上就把它的特定含义推求出来,那是办不到的。”过去,很多学者认为从字面上去理解成语的意义,难免望文生义,产生似是而非甚至错误的解释。由此看来,字面义在成语的意义研究中并没有得到足够的重视,从字面义出发推求或理解成语的意义也被认为是错误的,是不被提倡的。

20 世纪七八十年代,西方很多语言学家开始从语言使用者的理解机制上对习语(idiom)进行研究。Cacciari 等(1988, 1991)提出组构假说,把组成习语的单词叫作节点(node),习语在心理词典中以节点形式储存,理解习语时,节点的意义首先被加工,同时,各个节点联合起来作为一个整体的单位比喻意义被激活。而 Gibbs 和 Nsyak 等(1989, 1990, 1992)则提出可分解假说,认为习语在心理词典中并非只有一个单一的语义表征,习语的组成成分的意义对习语意义的理解有重要作用,习语句法加工能力不同是由习语成分意义对习语比喻意义贡献的不同引起的,组成成分意义对习语比喻意义的作用越强,习语就越能进行句法加工。Cacciari 和 Gibbs 等人在对习语理解机制上的具体观点虽然并不完全相同,但是,他们的研究却对人们重新认识字面义在成语意义中的作用具有非常重要的意义:对大多数成语而言,其构成成分的意义在成语的意义组成中起着非常重要的支撑作用;成语字面义在成语意义的理解过程中有着不容忽视的作用。

虽然语言学界对成语字面义在成语意义中的作用看法不一,但是,在辞书编纂实践中,字面义在成语释义中是不容忽视的一个方面。这从一个方面佐证了成语字面义的重要性。

二、成语字面义在辞书释义中呈现的必要性

汉语的成语大多来自古代的文献、故事或传说。来自古代文献的成语一般是选取原句中最能概括全句或全段意义的成分形成的。如"出类拔萃"出自《孟子·公孙丑上》:出于其类,拔乎其萃。分别选取"出""类""拔""萃"四个音节代表整个句子的意思。来自典故、传说的成语一般选择能够概括故事、传说内容或主旨的字词形成的。如"守株待兔"出自《韩非子·五蠹》:宋有人耕田者,田

中有株，兔走触株，折颈而死，因释其耒而守株，冀复得兔，兔不可复得，而身为宋国笑。用“守”“株”“待”“兔”四个音节来表达整个故事的意义。可以说，成语的各个构成成分概括了成语最初要表达的完整的意义，字面义是成语实际义形成的基础。成语的实际义是在成语字面义的基础上，通过比喻、借代等修辞方式，产生的一种抽象、概括的意义；抽象化、概括化使成语所表达的意义适应更大的范围，也使成语意义丰富而复杂，单纯用寥寥数字来解释成语实际义很难承载成语意义的丰富内涵。成语的实际义虽然不能完全从字面义推导出来，但是，字面义却可以显示成语构成成分的意义与实际义之间的语义关联，为人们理解成语实际义提供线索。正如刘叔新(1990)所说：字面意义是真实意义的一种具体的，往往带有夸张性的表现，真实意义则是字面意义的某种实质的升华。字面意义以及它同真实意义间的相互关系，可以成为帮助人们记住真实意义的工具。

同时，字面义还可以为人们理解成语的意义提供心理背景。认知语言学认为，词汇理解分为意义建构和意义整合两个连续的阶段：语言使用者首先激活词语及与其相关的概念知识，并将其以命题和概念的形式表征出来，形成各自的心理网络，各心理网络再相互连接，整合成为在意义上紧密结合的网络体系。Langacker(1987)指出，习语的语义构成了一个复杂场境：字面场境和目标场境，这一复杂场境与双重概念化相对应，在双重概念化中，由字面概念化所支撑的概念框架背景下，目标概念被人们识解。Langlotz(2006)也认为在这个复杂场境中，字面义场境作为概念支架为比喻义提供了一个更加具体的认知模式。

辞书是帮助读者释疑解惑的工具书，辞书在为成语释义时给出字面义，可以让读者知其然知其所以然，并在字面义提供的认知背景下，更好地理解成语的意义。

《现汉》中收录的成语（不包括作为副条的成语变体）有四千多条，其中，在给出实际义的同时，给出字面义的成语有近千条，约占收录成语总数的四分之一。《现汉》的成语释义中一般需要给出字面义的成语，大致可以分为以下几类情形。

1. 构成成分含有文言或生僻语素的成语。如：

【比肩继踵】 肩挨着肩，脚挨着脚，形容人多拥挤。也说比肩接踵。

【畸轻畸重】 偏轻偏重，形容事物发展不平衡或对人对事的态度偏向一个方面。

成语的构成成分中保留很多古代汉语的词汇成分，读者如果不了解这些词语的意义就很难从字面上去理解整个成语的字面义。“比肩继踵”中的“踵”，如果读者不知道“踵”是“脚后跟”的意思，就很难自行将构成成分的意义连缀起来。“畸轻畸重”中的“畸”，大多人只知道“畸”的“畸形”义，并不知道“畸”在书面上还当“偏”讲。在释义时直接给出字面义，不仅疏通了读者理解的障碍，也让读者了解了成语构成成分的意义。

2. 构成成分的意义古今不同的成语。如：

【如汤沃雪】 像热水浇在雪上，比喻事情极容易解决。

【麻木不仁】 肢体麻痹，没有感觉，比喻对外界的事物反应迟钝或漠不关心。

【高歌猛进】 放声歌唱，勇猛前进，形容行进中情绪高涨，斗志昂扬。

从字面上理解成语的意义，一般是按照构成成分的基本义或常用义来理解。然而，有些成语构成成分的意义是古代的意义，或者意义和用法在现代汉语中已经发生了变化。在古代汉语中“汤”是“热水”的意思，“沃”是“浇灌”的意思，这与现代汉语“汤”和“沃”的常用义或基本义完全不同；“麻木不仁”的“仁”是“没有感觉到”的意思，并不是现代汉语的“仁爱”义；“高歌猛进”的“歌”在现代汉语中一般当“歌曲”讲，用作名词，而这里的“歌”是动词，当“歌唱”讲。如果事先不在字面义中给予提示，不了解这一情况的读者很容易从现代汉语层面上去理解，望文生义，产生错误的理解。

3. 语法结构上残留古代汉语语法特征的成语。如：

【未雨绸缪】 趁着天没下雨，先修缮房屋门窗，比喻事先做好准备。

【太阿倒持】 倒拿着太阿（宝剑名），比喻把权柄给人家，自己反而受到威胁或祸害。

【木雕泥塑】 用木头雕刻或泥土塑造的偶像，形容人呆板或静止不动。也说泥塑木雕。

【竭泽而渔】 排尽湖中或池中的水捉鱼，比喻取之不留余地，只顾眼前利益，不顾长远利益。

【厚此薄彼】 重视或优待一方，轻视或慢待另一方，指对人或事不同等看待。

现代汉语中的成语大多形成于古代，是从古代汉语中沿袭继承而来的，很多成语中不可避免地保留着古代汉语的一些特殊的语法特征：词类活用、成分倒置、使动用法、意动用法等。“未雨绸缪”中的“雨”属于词类活用，名词用作动词，是“下雨”的意思；“太阿倒持”实际上是“倒持太阿”，是宾语前置；“木雕泥塑”并不是现代汉语双音节词“木雕”和“泥塑”组合而成的，而是名词用作状语，

“用木雕，用泥塑”的意思；“竭泽而渔”中的“竭”并不是“干涸”的意思，而是形容词的使动用法，“使干涸”的意思；“厚此薄彼”则是形容词的意动用法“以此为厚，以彼为薄”。如果不了解古代汉语的这些特殊的用法，是很难了解这些成语的字面义的。

4. 字面义和实际义之间语义联系模糊或疏离的成语。如：

【不可收拾】 原指事物无法归类整顿，后借指事情坏到无法挽回的地步。

【大放厥词】 原指极力铺陈辞藻，现在多指夸夸其谈，大发议论（含贬义）。

成语的意义具有定型性，但是并不意味着成语的意义不会发生变化。有些成语的意义在发展演变过程中，字面义与实际义发生偏离。如“不可收拾”原指“事物无法归类整顿”，而现在指“事情坏到无法挽回的地步”；“大放厥词”原指“极力铺陈辞藻”，并没有褒贬的意思，而现在则指“夸夸其谈，大发议论”，含有贬义色彩。通过释文中的字面义可以看出字面义和实际义的语义关联，加深对成语现在使用的意义的理解。

5. 字面义作为独立的意义单位使用的成语。如：

【百川归海】 条条江河流入大海。比喻大势所趋或众望所归，也比喻许多分散的事物汇集到一个地方。

【暴风骤雨】 来势急遽而猛烈的风雨，比喻声势浩大、发展迅猛的群众运动。

【翻来覆去】 ❶来回翻身：躺在床上～，怎么也睡不着。❷一次又一次；多次重复：这话已经～说过不知多少遍了。

有些成语的字面义（一般为本义），也经常出现在实际的语言生活中，如“长江流经九江水域境内，与鄱阳湖和赣、鄂、皖三省毗连的河流汇集，百川归海，水势浩淼，江面壮阔。”“暴风骤雨过后，天气一下凉爽了许多”。“百川归海”“暴风骤雨”在例句中使用的都是字面义。字面义在这里不单单对实际义起烘托作用，也作为一个独立的意义单位在语言交际中使用。如果字面义使用频率很高，甚至都可以像“翻来覆去”一样，单独设立一个义项。

6. 构成成分省略或语义要素缺失的成语。

【车水马龙】 车（像）流水，马（像）游龙，形容车马或车辆很多，来往不绝。

【过目成诵】 看了一遍（就）能背诵出来，形容记忆力强。

【束之高阁】 把东西捆起来，放（在）高高的架子上面，比喻扔在一边，不去用它或管它。

【目不转睛】 不转眼珠地（看），形容注意力集中。

汉语的成语绝大部分是四个音节的，四音节是汉民族喜爱的语音段落。成语在形成之初，除了尽量选取四个音节之外，还省略原句中的某些成分，使之成为四字格式的。不表示实在意义的虚词很容易成为被省略的对象。“车水马龙”原本是“车如流水马如龙”，“过目成诵”原本是“过目即成诵”；“束之高阁”原本是“束之于高阁”，分别省略了虚词“如”“即”“于”，虚词的省略，改变了原来词句的语法结构，使人们很难从构成成分形成字面义。还有的成语单纯将构成成分连缀起来，并不能表达完整的意义（如“目不转睛”），需要适当补充某些语义要素，使字面义完足。

《〈现代汉语词典〉编写细则（修订稿）》总则中在谈到释义时指出：“凡能帮助读者了解词义和用法的各项格式要充分运用，不要怕麻烦。”在解释成语实际意义之前，先对字面义进行注解，就是在编写实践中践行这一原则的体现。在释义时给出字面义不仅可以疏通读者字面理解上的障碍，还可以避免望文生义，合理建立字面义与实际义之间的语义关联，帮助读者了解成语的意义建构，正确理解成语的意义。

三、辞书中影响字面义呈现的因素

《现汉》中有些成语直接对实际义进行注解，如："剑拔弩张"直接释为"形容形势紧张，一触即发"。"狼心狗肺"直接释为"比喻心肠狠毒或忘恩负义"。这些成语之所以没有给出字面义，不是因为这些成语没有字面义，而是因为这些成语在辞书释义中不必或不需给出字面义，字面义藏而不露，隐含在词目的字面之中。在对成语意义进行理解时，西方的研究者，对于字面义与实际义在提取或理解过程中，孰先孰后争论不休，实际上成语的理解受认知主体、语境、成语本身等多个因素的影响。在辞书释义中，成语的字面义是否给出也受多方面因素的影响。综合考虑读者、词汇学、辞书学等多方面的因素，如无必要则不用释出字面义。

1. 读者的因素

李运华(2012)在对小学儿童有字面义与无字面义的隐喻理解进行调查研究时发现：整个小学阶段儿童隐喻理解水平较低，无字面义隐喻理解水平更低，中年级儿童有字面义隐喻理解水平明显高于无字面义隐喻理解水平，高年级儿童有无字面义隐喻理解水平几乎一样；小学儿童有字面义和无字面义隐喻理解水平都在迅速提高，无字面义隐喻理解水平提高更快。这说明：在认知主体头脑中的概念知识不完善，或者说当认知主体的心理词库建构不完全时，字面义在成语意义的建构和加工过程中确实起着非常重要的作用，但是随着年龄的增长，认知主体的概念知识日益完善，认知主体会根据各方面的知识在头脑中自主完成意义的建构和加工，对字面义的依赖会逐渐降低。《现代汉语词典》是一部供中等以上文化程度的读者使用。中等文化程度的读者已经有了一定的知识储备，有一定的联想系联和逻辑推理的思维能力，根据成语字面提供的信息，基本可以在自己头脑中形成对字面义的初步认识，就不必给出字面义。

2. 辞书学因素

辞书释义讲究精炼，如果辞书对各构成成分的意义进行了注解，读者很容易根据各构成成分的意义和各方面的知识推知字面义，则不必给出字面义。如“青云直上”释为“形容官职升得很快”，“青云”也出条，释为“比喻高的地位”。“青云直上”虽然可以先从字面义开始理解，但是从“青云”的比喻义可以直达“青云直上”的意义。

有的虽然未出条，但是通过括注等形式对构成成分的意义进行了注解，也无需再从字面上解释。如“哀鸿遍野”释为“比喻到处都是呻吟呼号、流离失所的灾民（哀鸿：哀鸣的大雁）”，“汗牛充栋”释为“形容书籍极多（汗牛：用牛运输，牛累得出汗；充栋：堆满了屋子）”。“哀鸿遍野”中的“哀鸿”用括注的形式进行解释，“遍野”出条解释；“汗牛充栋”中的“汉牛”“充栋”也用括注的形式进行注解，字面义已呼之欲出。

3. 词汇学因素

成语是否给出字面义还取决于成语自身的意义特点。有些成语构成成分的意义就是字面义或者构成成分展开来就是字面义，如“对牛弹琴”字面义就是“对着牛弹琴”，“见缝插针”字面义就是“见到缝隙就把针插进去”，只要对词目略加扩展就是字面意义，根本没必要就再对字面义进行解释。

成语在漫长的历史发展中，词义不断发展、演化，逐渐定型为现代汉语使用的意义。在这个过程中，有些成语的意义字面义已经隐藏起来，或者已经极度弱化，实际义在成语意义表达中起着绝对主导作用。一提到这个成语，首先想到的是实际义，根本无需经过字面义的推导就可以理解成语的意义。如“横七竖八”释为“形容纵横杂乱”，构成成分的意义本身就已经虚化，不能根据字面实指的意义理解成语的意义。

字面义和实际义之间的语义关联也是影响字面义是否给出的一个因素。有些成语的实际义只是在字面义的基础上略加引申形成的，如“多愁善感”释为“形容人感情脆弱，容易发愁或感伤”，“截长补短”释为“比喻用长处补短处”，字面义和实际义之间并无多大联想的空间，读者很容易理解成语的意义，不需对字面义进行解释。

四、结语

关于成语字面义何时呈现何时隐含，目前并没有学者进行专门的研究，《〈现代汉语词典〉编写细则（修订稿）》中也没有就成语的释义进行详细说明，只在第115条中指出：成语可以从字面上理解的，只要简单注释，或说明比喻的意义，不必注出来源，如“一成不变”“一箭双雕”。如不说明来源不易理解的，简单说明来源。如成语中有僻字僻义，应附带解释，如“破釜沉舟”。并没有规定字面义何时该出，何时不出。笔者在对《现汉》（第6版）中所有的成语（不包括副条）以及含有字面义的基础上，对这一问题进行了思考，以期在《现汉》修订时，对增补的成语进行释义，以及修订成语释义时，是否给出字面义提供借鉴。另外，《现汉》是满足一般读者需要、主要供中等文化水平读者使用的一部工具书，基于《现汉》中成语释义的字面义进行研究更具有代表性，也希望对同类辞书成语意义的注解提供一定的参考。

参考文献：

[1] 董秀芳.词语隐喻义的释义问题[J].辞书研究，2005(4).

[2] 李运华.小学儿童对有字面义与无字面义的隐喻理解发展研究[J].西华大学学报，2012(2).

[3] 刘叔新.汉语描写词汇学[M].北京：商务印书馆，1990.

[4] 卢卓群.成语的特点及其变式[J].语文建设，1987(3).

[5] 施春宏.比喻义的生成基础及理解策略[J].语文研究(4).

[6] 孙维张.汉语熟语学[M].长春：吉林教育出版社，1989.

[7] 王吉辉.固定语研究[M].天津：南开大学出版社，2009.

[8] 王耀楠.汉语成语学习词典[Z].北京：外语教学与研究出版社，2006.

[9] 徐景亮.习语图式的理解机制及模式建构[J].苏州大学学报，2010(2).

[10] 张辉，季锋.对熟语语义结构解释模式的探讨[M].外语与外语教学，2008(9).

[11] 张世挺.成语释义略议[J].辞书研究，1982(3).

[12] 中国社会科学院语言研究所词典编辑室.现代汉语词典(第7版)[Z].北京：商务印书馆，2016.

[13] 商务印书馆辞书研究中心.现代汉语学习词典[Z].北京：商务印书馆，2010.

（作者单位：中国社会科学院语言研究所，北京，100732）

《新华语典》词语释义商榷

王 小 郴

《新华语典》(以下简称《语典》)由著名语汇学家温端政先生主编,商务印书馆 2014 年出版。《语典·出版说明》指出:"《语典》是'新华'辞书家族的又一新成员,是一部中型语典。意在同《新华字典》《新华词典》相配合,从字、词、语的不同角度,全方位展示现代汉语的面貌。"《新华字典》是我国第一部现代汉语字典,承载了几代人的记忆,而温端政先生主编《新华语典》作为其语汇学研究的成果,是对《新华字典》和《新华词典》的有效补充,由此可知其起点之高、立意之远、地位之重要。

释义在辞书中的重要性不言而喻。释义是辞书的重要环节,释义质量的高低直接决定辞书质量的高低(温端政、温朔彬 2014)。笔者曾全面考察《语典》,指出其用字、收条、释义、例证、体例和标点 6 个方面存在的问题(王小郴、常俊之 2016),最近再次翻阅《语典》,发现其释义还有一些可商榷之处[①],大致有三种情况:

一、有的词语释义不够准确贴切

《词典学概论》(胡明扬等 1982)关于释义的基本要求,第一条就是准确,要求释文能准确地揭示词所指内容。要对语言材料进行认真、客观的分析,以科学的观点揭示词语所表达的概念或意义。释义不正确，不符合语言实际，就背离了词典供人查考以释疑解难的宗旨（韩敬体 1996）。《语典》释义一般含“分注”和“通释”两项，分注解释语目中的疑难字、词，通释解释语目的整体意义。通过考察，我们发现《语典》对条目的释义存在不够准确贴切之处。

（一）分注不够准确贴切

（1）二大妈的针线篮——杂七杂八　二大妈：老年妇女的通称。[②]

《现代汉语词典》第 7 版（以下简称《现汉》）对“通称”的释义为：①通常叫作。②通常的名称。《语典》释“二大妈”是老年妇女的通称，换句话说，老年妇女通常叫作“二大妈”，似不妥当。国人习惯把陌生人纳入亲属系统进行称呼，以显得亲切礼貌，对年纪大于母亲的女性通常尊称为“大妈”“大娘”或“奶奶”等。而北方方言中“二”有傻气、糊涂的意思，《汉语方言大词典》“二”：⑥莽撞。该条目“二大妈”的释义还需要做进一步调查，但是“二大妈”释为“老年妇女的通称”肯定是不准确的。

（2）风吹连檐瓦，雨打出头椽　椽：放在梁上架屋顶的木条。

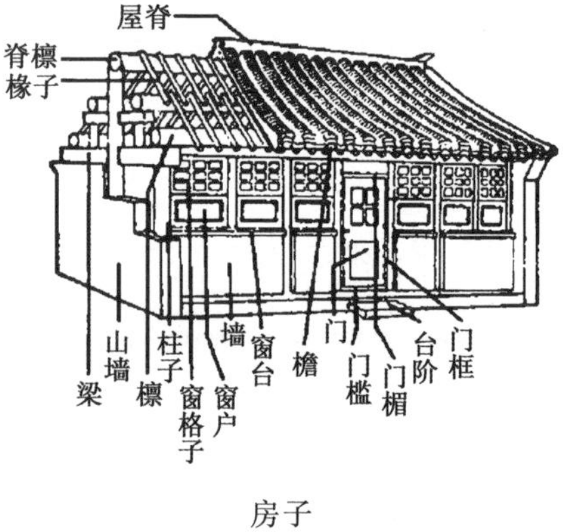

房子

图 1

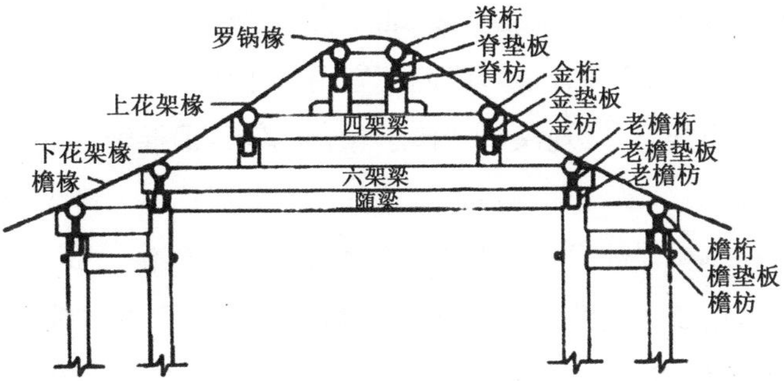

卷棚顶木构架横剖面图

图 2

椽是放在梁上架屋顶的木条吗？《现汉》对“椽子”的释义为：放在檩上架着屋面板和瓦的木条。又，檩：架在屋架或山墙上面用来支持椽子或屋面板的长条形的构件。也叫桁或檩条。梁：水平方向的长条形承重构件。木结构屋架中专指顺着前后方向架在柱子上的长木。《古建清代木构造》（白丽娟，王景福 2007）指出，椽子是钉在檩（桁）木上的圆木或方木。椽子是以檩（桁）为支座，在两檩（桁）之间铺装椽子。椽子的名称以其所在檩（桁）上的位置确定。从《现汉》“房子”（图 1）和《古建清代木构造》“卷棚顶木构架横剖面图”（图 2）的插图可以看出，檩（桁）和梁不是一回事，椽子是放在檩（桁）上而不是梁上。《辞海》、《汉语大词典》释义也都指出椽子放在檩上。《语典》“出头椽儿先朽烂，离群骡马先挨鞭”“枪打出头鸟，雨淋出檐椽”“三年椽，六年柱，九年长成栋梁材”3 条目释“椽”也都说椽放在檩上而非梁上。因此，此条对“椽”的释义不准确。

(3) 石头棒槌——没心眼儿　棒槌：洗衣时用来捶打衣服的棒子。

“棒子”是多义词，方言义为玉米，且通行面很广（据《汉语方言大词典》，该词通行于东北官话、北京官话、冀鲁官话、中原官话、胶辽官话、江淮官话和晋语)，因此不宜用来作释义元语言，否则会引起词典用户误解。《现汉》中“棒子”的释义为：①棍子(多指粗而短的)。②〈方〉玉米。《语典》相关条目可作旁证：“东一榔头，西一棒子”“直一榔头，横一棒子”“偷人挨棒子，抢人挨炮子”3 个条目中“棒子”为棍子；“老狗熊掰棒子——掰一个扔一个”的“棒子”为玉米，“老母猪钻进玉茭地——找的吃棒子”的“棒子”本指玉米，转指棍子，后两条《语典》都有分注。

(4) 露出狐狸尾巴　狐狸尾巴：古时传说狐狸能够变成人形来迷惑人，但它的尾巴却始终变不了，成为妖的标志。比喻暴露居心不良的言行举止。

“狐狸尾巴”是名词性的，释义却是动词性的。其实这个释义针对的是整个条目，而不是“狐狸尾巴”，因此该释文可改为：“古时传说狐狸能够变成人形来迷惑人，但它的尾巴却始终变不了，露出狐狸尾巴就意味着暴露真实身份。比喻暴露居心不良的言行举止。”由暴露真实身份引申指暴露居心不良的言行举止，这样就前后协调了。

(5) 斗筲之人　斗筲：容量不大的器具。指心胸狭窄、目光短浅的人。

《语典》将“斗筲”释作“容量不大的器具”，容易使词典用户误以为“斗筲”是一个物件的名称。斗、筲都为容器，斗多为方形或桶形，筲为桶形，它们多用木头或竹子制成，一般用于量粮食，旧时也作容量单位。十升为一斗，一筲为一斗二升(一说容一斗，一说容五升)。斗和筲都是容量不大的器具，由此引申指人的才识短浅，气量狭窄。

(6) 怀娃娃婆姨赶集——人里边看不出人　婆姨：方言，中年妇女。孕妇赶集时，别人看不出她怀了孩子。

“婆姨”指“中年妇女”，如此一来，“怀娃娃婆姨”岂不是“怀孕的中年妇女”？《现汉》对“婆姨”的释义是：〈方〉①泛指已婚妇女。②妻子（qī・zi）。《汉语方言大词典》“婆姨”：①妻子。②泛指已婚青年妇女。由此可知，“婆姨”适用于已婚女子，但不限于中年。“怀娃娃婆姨赶集”是指“孕妇赶集”，“怀娃娃婆姨”应是“孕妇”的方言说法，可见“婆姨”是妇女，但不一定是中年妇女，《语典》释为“已婚妇女”即可，“中年”属于画蛇添足，弄巧成拙。

(7) 若使人人祷辄遂，造物应须日千变　辄：承接连词，犹则。要是每个人都能如愿，造物者的主张每天必须千万次地变换。

“辄”释为连词，实误。“辄”虽有连词用法，但此处“辄”并未连接词、短语或者分句。上例是“若使”引导的假设复句，前一分句提出一种假设——“人人祷辄遂”，即“每个人（祈祷）都能如愿”，后一分句说明结果，“辄”是副词放在动词前面作状语，释为“总是”较好。《古汉语常用字字典》对“辄”的释义即为：①总是。

(8) 拙老婆切面——全闹些片儿汤　片儿汤：不会和面，把面和得太软，只能揪成小块，煮熟后成汤了。讥讽人能力差，把工作做得一塌糊涂。

(9) 卖片儿汤　片儿汤：北方面食，汤多面少。片：谐“骗”。比喻说好听却不实在的话糊弄人。

例（8）、例（9）对“片儿汤”的释义都不够准确，例（8）“片儿汤”本是名词，释义却是动词性的，其实这个释义针对的是整个条目而不是“片儿汤”，例（9）对“片儿汤”的解释过于简略，“片儿汤”之所以有此名称，除汤多还因是片状面食，而不是面条或面疙瘩，原释义“汤多面少”没有表达清楚，《现汉》对“片儿汤”的释义为：一种面食，用和(huó)好了的面擀成薄片儿，弄成小块儿，煮熟连汤吃。《语典》可参考相关辞书进行释义。

(二) 通释不够准确贴切

(10) 鸭吃田螺鸡吃谷——各人自有各人福　指吃苦还是享福，是各人的命运和福分。

“鸭吃田螺鸡吃谷”含“吃苦”之意吗？《辞海》对“田螺”的释义为：肉可食用，也可做鱼类的饵料和家畜、家禽的饲料。鸭子有田螺吃，鸡有谷子吃，所投皆其所好，何来“吃苦”？《语典》中其余3条“鹅吃砻糠鸭吃谷——各人自有各人福”“鸡吃砻糠鸭吃谷——各人自有各人福”“猪吃砻糠鸭吃谷——各人享的各人福”释义都没有“吃苦”一说可作旁证。另外，这几条形式相近，意义相近，可选择语用频率较高的一条作为主条，其他3条作为副条。

(11) 安如泰山　像泰山一样安稳。形容极其平安、稳固。也说“稳如泰山”。

“安如泰山”释为“形容极其平安”欠妥。“平安”和“稳固”意思有别，《现汉》对“平安”的释义为：没有事故，没有危险；平稳安全。对“稳固”的释义为：①安稳而巩固。“平安”强调太平无事，多用于行住，特别是人身、环境，多用于祝颂词、庆贺词(张志毅、张庆云2005)；“稳固”强调安稳，不易破坏和动摇的，常形容某些抽象的事物，如地位等，有时也形容某些具体的东西，如路基等(张志毅、张庆云2005)。泰山是五岳之首，作为高山的代表，常象征稳固，《语典》“泰山不为飘风动，盘石不为急流移”(笔者注：“盘石”是异形词，应为“磐石”)也指泰山稳固，“安如泰山”也作“稳如泰山”可为旁证。《现汉》对“安如泰山”释义为：形容安稳牢固，不可动摇。也说“安如磐石”“稳如泰山”。我们建议将释义中的“平安”删去。

(12) 表不正,不可求影直;的不明,不可责射中 标杆歪斜,就不能要求影子正直;箭靶中心不明,就不能苛求射手命中。指人君应当为百姓作出表率。

此条目的本义和引申义有些脱节。该条语出唐代令狐德棻《周书·苏绰传》:“凡人君之身者,乃百姓之表,一国之的也。表不正,不可求直影;的不明,不可责射中。”原文是说皇帝的治国之道,但格言本身意思是正人应先正己,要求别人廉洁公正,应该先作表率。释义后面的配例“要求老百姓守法奉公,领导干部应该首先从自身做起”正说明了这个意思。

(13) 昭然若揭 昭然:很明显的样子。揭:高举。像高举着太阳、月亮走路那样明显。后指真相已经大白,无可置疑。

释义中的“太阳”“月亮”“走路”不知从何而来,该条语出《庄子·达生》:“今汝饰知以惊愚,修身以明污,昭昭乎若揭日月而行也。”后以“昭然若揭”形容真相毕露,清楚明白。《语典》释义显然是受了原典故的影响,但没有引用原典故就直接用典故释义。典故有两大类——语典和事典,语典是出自古人古书中的精言妙道,事典则源于古代的故事。要想清楚地说明条目意思又不脱离典故,《语典》不妨先完整引用典故,指明典故大意,再单独说明该条目现在的意义和用法,否则会让人一头雾水。

(14) 朝朝暮暮 每个早晨和晚上。指一天到晚,厮守在一起。

此条目名词性的,释义却是动词性的,前后抵牾。“朝”指早晨,“暮”指晚上,“朝朝暮暮”表示每个早晨和晚上,引申指“从早到晚,一天到晚”。“朝朝暮暮”经常用于夫妻和情侣,但是条目并无

“厮守在一起”的意思，编纂者大概是受原典故和诗词的影响。人民网有如下用例：滇池，如平静硕大的镜子，朝朝暮暮倒映着美丽的西山，也时时刻刻检验着这座城市的人。所以，我们建议将释义中的“厮守在一起”删去。

(15) 助一臂之力 指用自己的力量和才智去帮助他人。

此条释义不经推敲。力量和才智未必是自己的，也可以 A 请 B 助 C 一臂之力。《语典》“一臂之力”释义为：一只胳膊的力量。指不大的力量或一部分力量。常与动词“助”搭配使用，表示从旁帮忙。“一臂之力”释义已附带说明“助一臂之力”的意思，后面再收“助一臂之力”，前后两条释义应有所呼应，不宜反差太大，可用参见提示二者的关联。

二、有的词语释义不够简明易懂

释义文字要求简洁明快，这是任何一部辞书都应该做到的。释义切忌掺杂水分，啰唆冗长。要做到以恰切的语言表达合乎要求的信息，使释文不可增减一字（韩敬体 1996）。这就意味着“释文中不应包含比被释词更难理解的词汇”（Landau 2005），因为“从特定意义来说，辞书其实也是做一种通俗论述的工作，如果辞书中的释文比专门论文还要艰深，还要难懂，那么这样的辞书就只配束之高阁，它起不到传播知识的作用”（汪耀楠 1992）。通常规则是以易释难，以熟释生，而不能相反。释语不能用难词、古词、旧词、方言、术语、外来词、非常用词等。不能用有标记词解释无标记词。便于用户理解，是释义的优先原则。杜绝学院式的释义。（张志毅、张庆云，2015）《语典》大多释义精当，少数不够简明扼要，通俗易懂。

（一）分注不够简明易懂

(16) 家有诤子，不败其家；国有诤臣，不亡其国　诤：直言劝谏。

“诤”用“劝谏”释义不妥。首先，“谏”过于文言，《现汉》对“谏”的释义为：〈书〉规劝（君主、尊长或朋友），使改正错误。其次，“诤”和“劝谏”并不对等。《现汉》对“诤”的释义为：〈书〉直爽地劝告。劝谏：旧时臣子对君主进言规劝，后泛指规劝上级或长辈改正错误。“劝谏”的使用范围是下对上、晚辈对长辈，“诤”则没有这个限制。再次，《语典》“父有诤子，不行无礼”一条“诤”释为“直爽地劝告”，“士有诤友，不为无义”一条“诤友”释为“能直言相劝的朋友”，可为旁证。故此条中“诤”可释义为：直言相劝。

(17) 逆子顽妻，无药可治　逆子：忤逆不孝的儿子。指忤逆不孝的儿子和愚昧刁顽的妻子，最难处治。

(18) 忧患生孝子，安乐出逆儿　指困苦患难能培养出孝顺的子女，安逸享乐只能娇惯出忤逆的儿女。

以上两条释义所含“忤逆”过于书面，《语典》不少地方出现“忤逆”都专门另加释义，如“子忤逆不如犬”“筷头上出忤逆，棒头上出孝子”“孝顺定生孝顺子，忤逆还生忤逆儿”“忤逆子讲《孝经》——假装正经”4 条分注“忤逆”，可见属疑难词，所以根据以难释难有违释义的简单原则，建议将其删除或改换他词。

（二）通释不够简明易懂

(19) 屋檐水滴三分雨　指下雨时如果屋檐上往下滴水，这雨量就能保住三分墒情。

“墒情”是农业用语，不熟悉农业情况的人很难理解其意义的，《现汉》对“墒情”的释义为：土壤湿度的情况。此条目释义可修改为“指下雨时如果屋檐往下滴水，这雨量就能保证三分土壤湿度。”

（20）懊恼人心不如石，少时东去复西来 嗟叹随波逐流的世态，抨击趋炎附势的小人。

《现汉》对“嗟”的释义为：〈书〉叹息。“嗟叹”是书面语，文言色彩浓厚，不妨换成现代规范用语“感叹”。

（21）街头庙脚蓝缕身，半是当年奢靡人 在街口、寺庙的角落寄身的流浪者，有一半是当年奢侈靡荡的膏粱子弟。感叹生活奢靡的危害之大。

释文中的“靡荡”和“膏粱”都是疑难词，用“奢侈靡荡的膏粱子弟”来解释“奢靡人”是以难释难，令人费解。“靡荡”《新华词典》《现汉》均未收录，《汉语大词典》释“靡荡”为：耗尽。宋代方勺《青溪寇轨·容斋逸史》：今有子弟耕绩，终岁劳苦，少有粟帛，父兄悉取而靡荡之。《现汉》对“奢靡”的释义为：奢侈浪费。《新华字典》释“靡”为：浪费（㊟奢一）。《新华词典》释“靡”为：㊀浪费。㊄～费｜奢～。可见用“奢侈靡荡”来解释“奢靡”并不确切。《语典》“奢靡之始，危亡之渐也”一条“奢靡”释为“奢侈浪费”可作参考。

（三）分注和通释都不够简明易懂

（22）吃一次亏，学一次乖 乖：乖觉。指吃上一次苦头，就能得到教训，变得乖觉起来。

分注“乖觉”并不比“乖”通俗易懂，《现汉》对“乖觉”的释义为：机警；聪敏。同样地，通释也令人费解，“吃一亏，学一次乖”本是常见谚语，《语典》将“吃亏”释为“吃苦头”似乎不妥，其他条目如“吃得亏，做一堆”“吃亏就是占便宜，占便宜就是吃亏”都将“吃亏”释为“遭受损失或在某方面条件不利”，“吃眼前亏”释为“指当下受到损失或伤害”,“吃哑巴亏”释为“指受了损害却无法申诉”,而“吃苦头”则释为“指身体或精神上遭受磨难与痛苦”,可见“吃亏”和“吃苦头”是不一样的,“吃亏”比较广泛,金钱、机会、荣誉等方面遭受损失都可以叫“吃亏”,但不能叫“吃苦头”。“吃一次亏,学一次乖”可释为“遭受过一次损失或伤害,就学得比原来机警一些。”

对典故解释也有难词,如:

(23) 千金市骨 据《战国策·燕策一》记载:燕昭王想招贤纳士,郭隗说:古代有个君王想求千里马,三年而不能得。有个涓人用三个月就帮他找到了一匹千里马,但马已死,就花五百两金子买回了马的骨头。君王很生气,说:“我要的是活马,怎么死马就花了五百金?”涓人回答:“死马尚且花五百金,何况活马呢?天下人一定会觉得君王您特别喜欢好马,千里马很快就会到您这儿了。”

“千金市骨”是典故语,上条是事典,事典中“涓人”是什么人,《语典》语焉不详,而“涓人”《现汉》《新华词典》均未收录,用户不得而知,这就成了“死词”,显然有悖于释义的简单原则和闭环原则。《汉语大词典》对“涓人”的释义为:古代宫中担任洒扫清洁的人。亦泛指亲近的内侍。《资治通鉴·周赧王三年》:郭隗曰:“古之人君有以千金使涓人求千里马者,马已死,买其首五百金而返。”颜师古曰:涓,洁也。言其在中主知洁清洒扫之事,盖王之亲旧左右也。

三、同类词语释义模式不同

现代语义学认为,词汇中存在大量的不同层次的语义场,同场词语形成一个个子系统,子系统中的词语和词语之间在意义上存在横向联系。同属一类的条目,往往处于同一语义场,词语意义往往存在横向和纵向上的种种联系,释义措辞要相互照应,以体现词义上的相关性和系统性。吕叔湘先生(1958)在《〈现汉〉编纂细则》(85条)指出:同属一类的条目,注释措辞必须一致,避免分歧。相关词语的释义要表现出平衡、相应的关系。相关的或同一类的词语释义方式,要尽可能一致,释义内容和措辞要相互照应。这些有关词语的释义一定要平衡处理,相互协同,不可轻重失调、详略悬殊,更不可相互抵牾、自乱其例。总之,同场若干个词的释语模式应该相同,这是辞典释义系统的重要体现(韩敬体1996)。辞书的质量可以从多个方面去衡量,相关照应就是其中一项重要指标(毛永波1999)。同场词语同模式原则就要求编纂者统一体例,有意识地在相关词语的释义中表现出平衡、相应的关系。《语典》不少同类词语前后释义差异甚大,难以照应,有待统一,如:

(24) 乱板眼 板眼:民族音乐和戏曲中的节拍,每小节最强的拍子叫板,其余的拍子叫眼。

(25) 没板眼尺寸 板眼:民间音乐和戏曲唱腔中的节拍。

(26) 一板一眼 板眼:民族音乐和戏曲的节拍,每一小节最强的拍子叫板,其余的叫眼。由一板一眼构成的称为一板眼,即二拍子;由一板三眼构成的,称为三板眼,即四拍子。

(27) 有板有眼 板、眼:戏曲音乐中的节拍,有一板三眼和一板一眼两种,最强的拍子叫板,其余的叫眼。

(28) 走了板眼 板眼:音乐和戏曲中的节拍,最强的拍子叫板,其余的叫眼。

以上条目对同一疑难词语“板眼”的释义有繁有简,有详有略,各自为政,各行其是。类似例子还有不少,单音节词如“好高骛远”“登上泰山想升天——好高骛远”的“骛”、“蠹众而不折,隙打而墙坏”“流水不腐,户枢不蠹”“木之折也必通蠹,墙之坏也必通隙”“培根而去蠹，木之寿也；清心而寡欲，人之寿也”的“蠹”；双音节词如“问鼎中原”“逐鹿中原”的“中原”、“三百六十行，行行出状元”“状元本是人间子，宰相亦非天上儿”的“状元”、“爱惜五谷，儿孙多福”“不冷不热，五谷不结”“五谷杂粮，保不住不生病”“六月不熟，五谷不结”“四体不勤，五谷不分”的“五谷”；三音节词如“五里雾中”“堕入五里雾中”的“五里雾”、“错认定盘星”“按定坐盘星”“打定盘星”“拿不住定盘星”“压不住定盘星”的“定(坐)盘星”，等等。

还有一些条目中有的疑难词分注，有的未分注，体例不同。如“笔力扛鼎”分注“扛”，“拔山扛鼎”则无；“胆汁拌黄连——苦上加苦”“嘴含蜜糖忘了黄连苦”“黄连拌苦瓜——苦上加苦”“哑巴吃黄连——苦在心头”4条目分注“黄连”，“吃罢黄连劝儿媳——苦口婆心”“啄木鸟啃黄连树——自讨苦吃”“苦瓜泡进黄连汤——苦得没法说”“猪胆挂上黄连树——从根苦到梢”4条目则无分注；“拿柳条当棒槌”“活人眼里杵棒槌”“借棒槌带来槌木石”“人串门子惹是非，狗串门子挨棒槌”“石头棒槌——没心眼儿”5条目分注“棒槌”，“把针当棒槌”“棒槌打锣——响当当”“刺槐做的棒槌——扎手”“给个棒槌就纫针”“染坊铺里的捶布石——经过大家伙的棒槌”“实棒槌灌米汤——寸水不进”“三棒槌砸不出个屁来”“吞下一个棒槌——横竖都窝心”“枣木棒槌——一对儿”9条目则无分注。这些条目释义体例不一，破坏了释义的系统性和严密性，值得引起注意。

还有一些条目两两对照，可以发现它们存在多种问题，如：

(29) 吊者在门，贺者在闾　闾：里巷。吊丧的人还在家门里，贺喜的人已经到了里巷。指人有忧患则恐惧敬事，恐惧敬事必有善功，福事就来。

(30) 贺者在门,吊者在闾 闾:里巷,邻里。庆贺的还没有离开家门,吊丧的已经到了里巷。指福与祸转化很快。

对比两条可以发现:一是例(29)释义过难,文言气息较重,“敬事”“福事”《新华词典》《现汉》都未收录,而且字面义与引申义脱节,引申义令人费解;二是两条目出处相同(语出汉·刘向《诫子歆书》),意义相近,结构相似,符合《语典·凡例》确立主副条的规则——含义基本相同或相近而构成成分或结构方式有所不同的,因此宜看作同义语合并,一条为主条,一条为副条。

(31) 为渊驱鱼 水獭想吃鱼,却把鱼往潭里赶。比喻为政不善,使百姓投降敌方。后比喻不善于团结敌人,把关系本应亲密的人推向对立面。

(32) 为丛驱雀 鹞鹰想吃麻雀,却把麻雀往丛林里赶。比喻为政不善,使百姓投向敌方。后喻不善于团结人,把关系亲密的人推向对立面。

以上两条释义存在三个问题:一是条目本身是状中结构,本身并无主语,释义成主谓句似不妥;二是释义模式不一致,措辞不同;三是“为渊驱鱼,为丛驱雀”多并用,少单用,《语典》分开解释不妥。调查北京大学现代汉语 CCL 语料库显示,“为渊驱鱼”现代汉语有 14 例,其中并用 12 例(单用的 2 例中有 1 例是《中国成语大词典》),并用占所有用例的 86%;“为丛驱雀”现代汉语有 9 例,8 例并用(单用的是《中国成语大词典》),占 89%。另据《人民日报》数据库(1946—2017)显示,“为渊驱鱼”29 例,去掉引用重复的 5 例,实际用例 24 例,并用 17 例,占 71%;“为丛驱雀”20 例,并用 17 例,占 85%。可见在现代汉语中,“为渊驱鱼,为丛驱雀”多并用,少单用。《现汉》只收“为渊驱鱼,为丛驱雀”,《汉语大词典》则以

“为渊驱鱼，为丛驱雀”为正条，“为渊驱鱼”“为丛驱雀”为副条。释义“关系本应亲密的人”比“关系亲密的人”更符合条目本来的意思。

四、余论

温先生在20世纪80年代初就意识到惯用语、谚语、歇后语等俗语的价值，后来明确主张“语词分立”，科学地界定了“语”不同“词”的性质、范围，系统全面地阐述语汇的分类、结构及意义等理论问题，使俗语研究迈上一个新台阶。《语典》就是温先生在这个理论指导下，基于大型俗语语料库编纂出来的一大成果。

《语典》在很多方面都是开创性的，但在释义方面除了重视传统释义原则外，还应注意释义的整体性和元语言原则。

目前国际上有名的语文辞书释义元语言都自觉控制，数量趋简。而且相对于字典、词典，语典对释义元语言的简单性和可理解性要求更高，这是因为字典、词典都收字，用户使用过程遇到难字可以通过检索字典、词典自身来解决，化难字为易字，化不可理解的死字为可理解的活字。而《语典》只收语，用户如果遇疑难字词，依靠自身很可能无法解决，还需寻求其他援助，这样就大大降低语典的实用性。建议《语典》在修订时立体检验相关条目的释义，在横向和纵向上做好前后照应，同时尽快建立《语典》释义元语言数据库，控制元语言的数量和难易度，使释义系统和谐、简单明白，让用户真正易懂、易学、易用。

如果说辞书是一件艺术品，那么考订辞书释义就如同完善这件艺术品，令它更近乎完美。笔者由衷期待《语典》能够精益求精，尽善尽美，能和《新华字典》一样成为国人的骄傲。

附注：

① 本文所举例子多为新发现的，极少数例子与《〈新华语典〉指瑕》(王小郴 2016)一文重合。

② 本文所引《语典》释义均为行文所需，其他信息不一一列出，全文同。

参考文献：

[1] 白丽娟，王景福.古建清代木构造[M].北京：中国建筑工业出版社，2007:190.

[2] 辞海编辑委员会编.辞海(第六版，缩印本)[Z].上海：上海辞书出版社，2009.

[3] 韩敬体.论规范性词典释义的一般原则[A]//吕叔湘，胡绳等著.《现代汉语词典》学术讨论会论文集[C].北京：商务印书馆，1996.

[4] 汉语大词典编纂处.汉语大词典[Z].上海：上海辞书出版社，1993.

[5] 胡明扬等.词典学概论[M].北京：中国人民大学出版社，1982.

[6] 吕叔湘.《现代汉语词典》编写细则(1958)[A]//中国社会科学院语言研究所词典编辑室.《现代汉语词典》五十年[C].北京：商务印书馆，2004.

[7] 毛永波.《现汉》修订中的相关照应问题[J].辞书研究，1999(1).

[8] 商务印书馆辞书研究中心.新华词典(第 4 版)[Z].北京：商务印书馆，2014.

[9] 谭景春.谈谈词典释义的三条基本原则——以《现代汉语词典》第 6 版释义修订为例[J].辞书研究，2015(2).

[10] 汪耀楠.语文词典的义项[A]//上海辞书学会辞书研究编辑部编.辞书编纂经验荟萃[C].上海：上海辞书出版社，1992.

[11] 王力，岑麒祥，林焘主编.古汉语常用字字典(第 4 版)[Z].北京：商务印书馆，2016.

[12] 王小郴，常俊之.《新华语典》指瑕[M].聊城大学学报，2016(5).

[13] 张志毅，张庆云.新华同义词词典(中型本)[M].北京：商务印书馆，2005:5，210，312.

[14] 张志毅，张庆云.理论词典学[M].北京：商务印书馆，2014.

[15] 徐宝华，宫田一郎主编.汉语方言大词典[Z].北京：中华书局，1999.

[16] 温端政，温朔彬.语典编纂的理论和实践[M].北京：商务印书馆，

2014:220.
[17] 温端政主编.新华语典[Z].北京:商务印书馆,2014.
[18] 中国社会科学院语言研究所词典编辑室.现代汉语词典(第7版)[Z].北京:商务印书馆,2016.
[19] 中国社会科学院语言研究所词典编辑室.新华字典(第11版)[Z].北京:商务印书馆,2016.
[20] Landau S I.章宜华,夏立新译.词典编纂的艺术与技巧(第二版)[M].北京:商务印书馆,2005:169.

(作者单位:山东聊城大学文学院,聊城,252000;
中央民族大学文学与新闻传播学院,北京,100081)

谈谈语的活用问题

马 志 伟

具体的“语”，一般都在三字以上。为了适应写诗作文的需要，人们往往要对它加以改造。这种改造，我们就称之为“活用”吧。

语的活用大致在三种情况下产生：

第一，因诗文情节的需要而进行的活用。

比如“畏首畏尾”，这是个出自《左传·文公十七年》的老成语。本义为：前也怕，后也怕，疑虑重重。当时晋灵公为了称霸诸侯，制造声势，在靠近郑国的扈地召集各国会盟。郑国因地处晋、楚两大国之间，既不愿得罪晋国，也不能得罪楚国，只得找个借口没去参加。晋灵公见郑穆公不来会盟，便认为郑国对晋国有二心，扬言要讨伐郑国。郑穆公得知后惶恐不安，急忙写信给晋灵公，信中陈述道：“我们郑国北边害怕晋国，南边畏惧楚国，故而未能应邀参加会盟，这实在是无可奈何的事。正如古谚语所说：‘畏首畏尾，身其余几？（头也怕，尾也怕，全身上下能剩多少好地方呢？）’我们郑国实在不好办呀！”

像这样的老成语，含义是明确的，一般是很难改造的；但人家蒲松龄就运用“拆嵌”和“曲解”的手法，把这个老成语活用得很妙。他在《聊斋志异》卷二中讲了个“董生”的故事，情节是这样的：有个姓董的年轻人，应朋友之邀去喝酒，半夜才回家。拿钥匙开门，门却是虚掩着的。他醉醺醺地思索：“一定是走时慌忙，忘了上锁。”

推门进屋，又感觉床上好像躺着个人，急忙点灯照看，发现床上竟躺着个美女。美女面容娇艳，唇红齿白，赛过天仙。董生狂喜万分，把手伸进被窝，戏摸她的下身，却意外地摸到一条毛茸茸的大尾巴。董生吓得跳起来就跑，竟被床上女子一把抓住，并娇滴滴地问："你见我哪里长得不好，值得如此害怕？"董生战战兢兢回答："我不畏首而畏尾！"读到这里，实在让人忍俊不禁。

第二，因诗文韵律的需要而产生的活用。

比如"森严壁垒"，它的原形应是"壁垒森严"。明·于麟《清夜钟》诗中有句："临淮方出将，壁垒气森严。"刘大白《代某君寿某将军夫妇》诗中也是这么用的："声威震摄长榆塞，壁垒森严细柳营。"可是，在毛主席《西江月·井冈山》中却临时改变了此成语的结构顺序，调换了其中的结构成分，写作"早已森严壁垒，更加众志成城"。为何要进行这样的活用呢？因为"垒"为仄声、"严"为平声，此处若再用平声"严"，则不合《西江月》词律规则。

第三，因诗文表意的需要而产生的活用。

比如"附骥尾"，初见于汉·司马迁《史记》卷六十一《伯夷列传》："伯夷、叔齐虽贤，得夫子而名益彰。颜渊虽笃学，附骥尾而行益显。"到了南朝·宋·范晔《后汉书·隗（wěi）嚣传》中则活用为"讬骥尾"："苍蝇之飞，不过数步，即讬骥尾，得以绝群。"到南朝·宋·鲍照《从临海王上荆初发新渚》诗中则活用为"扳龙""附骥"对举："扳龙不待翼，附骥绝尘冥。"到唐·张曙《下第戏状元崔昭纬》中则活用为"陪骥尾"："千里江山陪骥尾，五更风水失龙鳞。"到宋·黄庭坚《次韵吉老十小》诗之二中则活用为"思附尾"："痴蝇思附尾，惊鹤畏乘轩。"到宋·陆游《泽居》中则活用为"蝇附骥"："平日酷憎蝇附骥，暮年肯作鹤乘车？"到宋·刘克庄《八和》则活用为"求附骥"："蝇本至微求附骥，貙（chū）犹可畏况生罴。"到明·冯梦龙《喻世明言》第八卷中则活用为“附骥以成名”：“俟破贼立功，庶可附骥以成名耳。”到明·陈继儒《小窗幽记》中则活用为“苍蝇附骥”：“苍蝇附骥，捷则捷矣，难辞处后之羞。”

由此可见，从“附骥尾”出发，可以活用为“讬骥尾”“陪骥尾”“思附尾”“蝇附骥”“求附骥”等三字惯用语；若减一字成“附骥”“附尾”，则为二字典故；若增一字成“苍蝇附骥”“蝇附骥尾”“附骥成名”“附骥名彰”“扳龙附骥”“托骥绝群”，则为四字成语；若再增字成“青蝇附骥涉千里”“非附骥不能千里”“青蝇附骥，可致千里”“自讬骐骥，可以成名”，则为四字以上谚语；若改造为引言——结语格式，成“苍蝇附骥尾——靠他人之力成名”，则为歇后语；若认为“苍蝇附骥，捷则捷矣，难辞处后之羞”是具有引用意义的语句，则此语又升为格言。——语类变换的灵活性如此之大。

了解语的活用情况是很有意义的。它至少可以提醒我们：在编写语类词典时，不能不分主次、不辨系统、不讲究哪是主源哪是流变。有的语典，“儿不嫌母丑，狗不嫌家贫”出条，“狗不嫌家贫，儿不嫌母丑”照样出条；“鸡蛋碰石头”出条，“鸡蛋碰碌碡”照样出条；“自作自受”出条，“木匠戴枷——自作自受”照样出条……此种现象一多，无形中给人以收条虽多，却杂乱无章、水分很大的感觉。在这方面，我觉得《新华典故词典》的作者做得比较好。比如，他选定【赤绳系足】为主条，接着讲述典源、指明典义、列出典例，典例下收［赤绳］［订婚店］［红丝］［系红丝］［月老］［月下老］等副条。副条各条均只出例句，绝无重复释义。书后设有“典例笔画索引”，通过这个索引也便于在正文中把副条查找到。这种体例，值得我们在以后编写语类词典时学习。

（作者单位：商务印书馆汉语编辑中心，北京，100006）

关于固定语固定性的实质问题

王 吉 辉

一

两个或以上的词固定地组合在一起形成的、功能上相当于词的单位，通常被纳入固定语的范畴。属于固定语的单位，中外语言中均大量存在。“七嘴八舌”“厚颜无耻”“法不责众”“秋后算账”“蒙在鼓里”“奖优罚劣”“群龙无首”等等都是汉语中十分常见的一些例子，而如“make up(构成)”“at least(至少)”“hand in hand(手拉手)”“go shopping(购物)”“long time no see you(好久不见)”“on the verge of destruction(危在旦夕)”等等则是英语生活中时常用到的一些固定语。这些，之所以能与同样也是词的组合的单位像“我和你”“去吃饭”“有人”、“看电视”“desk and chair”“take a book”等等区分开来，主要原因在于它们自身存在着的固定性。

固定性指的是词汇单位表现出固定的特性。固定语须有固定性，固定性是固定语的本质属性所在。固定性不仅仅限于固定语，其他词汇单位像词等同样也会存在。只是，固定语涉及相对比较多的组成成分、容易与比词大的自由组合等发生混淆，从而使得固定性在固定语上的重要性一下子凸显了出来。

固定语的固定性，虽然提法上此前鲜有人提及，但这一现象却并不在人们的关注之外。学界经常讨论到的固定程度就与此密切相关。固定性着眼于固定语是否具有某种属性，而固定程度则把关注的重点放在了固定的具体状况上。固定性借由固定程度来体现、来实现，固定程度则具体展现了固定性的存在方式和存在状态。对固定程度的讨论与研究，另一个侧面看，也是对固定性的讨论与研究。

尽管彼此关联密切，但固定程度的研究却并不等同于、更不能完全代替固定性的研究。——现在来看，固定程度研究中出现的一些问题，好像都与人们对固定性实质的认识不够、认识不清有某种牵连。

学界对固定语固定程度的关注主要围绕着固定程度如何鉴别来展开。这一方面，国内外学者似英雄所见略同，大多主张多标准的鉴别方法，即从前后顺序能否改变、当中的成分能否被替换、结构中间能否为其他成分插入以及意义是否具有整体性等几个方面来进行判别。不可否认，固定程度的鉴别的确是固定语研究需要而且应该涉及的方面，然而，固定语固定性的实质问题不可因此而被忽视。固定程度的鉴别与固定性的性质之间，理论上，后者应是前者的前提。只有在明确固定语固定性的实质之后，所谓的固定语的鉴别方法也才有正确的方向可找，也才有可能被准确地找到，——找到之后，也才有一定的标准来评判确认，——找寻到的这些鉴别标准是否合理、是否有效。在这一工作没有开展之前[①]，那些所谓的鉴别方法因为缺少一定的标准去衡量，致使公说公有理婆说婆有理的无谓争论难以避免。

本文旨在通过分析，从理论上弄清楚固定语表现出来的固定性，其实质究竟是什么，从而为固定语的进一步研究消弭前进道路上的障碍。

二

多标准法用于固定语固定程度的判别，实践中遭遇到的最大困惑在于，用于判断的这些标准在相互出现不一致的情况下[2]，固定语的固定程度应该如何来断定？或者说，它们之间在固定程度上的差异该作出怎样的区分？为了更好地对其中的问题作出说明，不妨先看如下的几组实例：

A 组

井底之蛙　愚公移山　龟兔赛跑　守株待兔　刻舟求剑

郑人买履　三顾茅庐　望梅止渴　掩耳盗铃　完璧归赵

负荆请罪　四面楚歌　指鹿为马　卧薪尝胆

B 组

正中下怀　虾兵蟹将　阿猫阿狗　奖优罚劣　明察暗访

扬长避短　执迷不悟

C 组

揠(拔)苗助长　齿马之嫌(惧)　鱼菽之祭(奠)

顶头(门)上司　茫无头(端)绪　重本轻(抑)末

本支(枝)百世

D 组

两个文明　三个面向　三大差别　三大作风　三个代表

四个现代化　五好家庭

A 组各单位，它们中的成分一般都不能被替换；成分前后的顺序也不能任意颠倒；结构中间不能轻易插入别的成分；意义上都是单纯的，意义的整体性十分明显。

B组中，各固定语的成分前后不能随意颠倒；成分自身更不能为其他成分任意替换；意义上表现出来的整体性也都十分典型。不过，比之于A类，固定语中间一般是能插入某种成分的，如果需要的话，比如“正中下怀”，可以有“正中我的下怀”“正中了敌人的下怀”等等的用法，“执迷不悟”亦如此，它可以说成“执迷两不悟”(《国际先驱导报》，2014.5.18)，等等。

C组的固定语，成分的先后顺序不能擅自移动；结构中间能插入其他成分的可能性也十分小；意义绝对不是字面意义的简单相加，整体性特点同样明显。只是，它们中的成分某种程度上可以被替换：“揠苗助长”中的“揠”换成“拔”，成了“拔苗助长”；“齿马之嫌”中的“嫌”可以替换为“惧”，变成“齿马之惧”，等等。

D组的情况又有所不同。当中的成分大都不可以被替换；先后之间的顺序大都不能改变；成分之间大都不能添加其他成分，等等。区别于其他各类之处在于，它们的意义都很直白，从字面的识读上便较为容易地获知它们所要表达的意义。

上述各组，A组固定语的固定程度无疑最强，可在余下的B、C和D各组中，如果要问固定程度上哪一组最强？这恐怕让人心有余而力不足，颇难作答。可不可以这样认为，因为它们各自都只在一个标准上存在差别，所以彼此之间固定程度上的差异表现是相同的？——不是不可以据此得出结论，只是这样得出的结论与语言事实出入较大，因为直觉告诉我们，B、C和D之间固定程度上还是存在着些许差异的。显然，这一看法站不住脚。

面对类似这种情况，我们之所以无所适从，根本原因在于，人们虽然正确地指出了它们在固定程度鉴别中的作用，但发挥着怎样的作用，——均等的抑或不同的，却一概并未言明。

以上还只是就不同固定语固定程度在单一鉴别标准下的比较，可就是这样，固定语固定程度之间的差别都无法鉴别出来。要知道，固定语的固定程度的影响因素往往是复合的，是多种因素共同作用的结果。而多种因素影响下的固定语的固定程度的比较，显然要较单一影响因素复杂得多，这种情况下，好像就更别指望能借助上述多标准法来鉴别出彼此之间存在着的可能差异了。

为了解决遇到的这一问题，本人此前曾撰文就固定语固定程度的各种影响因素进行过专门研究，明确指出，影响固定程度的因素共五项，分别是：结构中能否插入成分、成分能否被替换、成分可否先后颠倒、成分关联是否密切及具有何种意义类型等。进而，论文就这些因素对固定语固定程度影响作用的大小首次从理论上作了条分缕析，并以此为基础，对它们进行了排序（王吉辉，2014）。

该论文虽然某种程度上触及了固定性的实质，但只是零星的，没有就此作出更深入的阐述，——而这正是得以区分它们作用的重要凭据。如果影响固定程度的因素，表面上的动静不大，但因为触及固定性的实质，对固定语固定性的影响力实际上却不小；如若表面上的变动比较大，但由于这种变动并没有触及固定性的实质，对固定语固定性的冲击并不如社会想象的那么大，甚或很小。也即，固定语固定性的实质问题得以明晰之后，不同因素对固定语固定程度的作用大小自然才会随之迎刃而解。

三

国外学者谈到固定语时经常用到 idiomaticity，——与我们所说的固定性相当[③]。Cowie, A.P., R. Mackin 和 I.R. McCaig（1983：xi）认为，固定语的固定性很大程度上是语义的，它以大致相同的方式，通过不同的结构类型表现出来（“idiomaticity is largely a semantic matter, and that it is manifested in much the same way in expressions of different structural types.”）。或者如 Minoji Akimoto（1983:86），主张把固定程度与意义能否从字面推知出来挂钩，不能从字面意义推导出来的固定语的固定程度更高，反之，固定程度则较低（“By ‘most idiomatic’ it is meant that the meaning of the sentence cannot be deduced from its constituents and ‘lease idiomatic’ is the opposite of this.”）这些观点意味着，固定语的固定性相当程度上取决于所在单位的意义表达，——所在单位的意义成了该单位固定性的重要影响因素。这种观点是否在理可以先且不论，重要的是，它触及了一个重要的基础性命题，——固定语固定性的实质问题。

固定语固定性的实质问题，乍看起来十分抽象，让人觉得一时无从下手。其实，它要解决、要回答的是，一个由多词组成的词组，在什么样的情况下即可被认定为具有固定性的问题。这么一来，固定性的实质就显得不再那么虚无缥缈或无迹可寻。要知道，对任何一个比词大的“语”来说，所借以体现固定性的方面无非形式与内容两个方面。就固定语而言，内容方面就是它们所表达的意义，形式方面不只包括结构形式，而且还包括语音形式。只要弄清楚它们三者与固定语固定性之间的关系，那么固定语固定性的实质就会水落石出。

语音形式虽然是固定语自身形式表现的一个组成部分，不过，它们完全来自各组成成分的语音形式，是组成成分各语音形式的完全相加。换言之，固定语语音形式上的形成，与自由组合语音形式的形成，方式上没有任何差别。这意味着，要想从语音形式上寻找到它与固定语固定性上的关联，无异于缘木求鱼，注定徒劳无功。

意义与固定语的固定性之间存在着关联，这是不争的事实。但据此将固定语的固定性与语义相联系的看法，理论上大有问题。固定语的意义，单就结果本身来看，无一不是以“整体的一块”呈现于社会、服务于社会的。Nicolas(1995:233)则说得更为直接，“固定语，只有它而非它的组成部分有意义”(“none of the parts of an idiom has meaning, but only the idiom as a whole.”)。“开后门”比喻生成的“不正当的手段来谋求达到某种个人目的”的意义与“拉关系”直接形成的“跟关系较疏远的人联络、拉拢，使有某种关系”的意义，本质上并无什么不同。这样一来，固定语固定程度上存在着的差别，如何从对应着的意义中体现出来？如何从对应着的意义中找到合理的解释？

退一步，立足于与字面意义联系的角度来观照固定语的意义，不同固定语意义之间的差别确然存在。试看：

E组

E1：过河拆桥　鹤立鸡群　指鹿为马　井底之蛙　穿小鞋
拔钉子　擦屁股　遍地开花　狐假虎威　刨树搜根
刳脂剔膏

E2：格杀勿论　刀下留人　指名道姓　例行公事　你情我愿
遣词造句　重男轻女　断子绝孙　无独有偶　拉帮结派
打抱不平

E3：寻花问柳　门户之见　民怨沸腾　颠倒黑白　冠盖相望
函刃之地　分我杯羹　别有心肝　奉为圭臬　小试锋芒

固定语的意义表达总体上超不出如下三种情形：一种，意义的表达存在着双层性，存在着表层的意义和借助表层而达到的深层意义，如上述的E1类。这一类，固定语字面上的意义，统统经过内化，生成了社会需要表达的真实意义。这真实意义经社会约定俗成之后，是已经融合在一起的整体。意义表现出很强的整体性。字面的表层意义理解不理解，都不会影响到它们真实意义的学习与掌握。另外一种与之完全相反，固定语都只存在着一层的意义，而这一层的意义就是该固定语所要表达的真实意义，如上述的 E2 类。对它们，社会要想获取其意义，途径有二。其一，如 E1 类，忽略字面的存在而直接切入所表达的真实意义；其二，直接切入组成成分的字面并把各成分字面意义简单加合在一起形成。当中的第二种，与一般自由词组意义的获取方式毫无二致。此外，还有些固定语，它们的意义组织与表达介乎上述两类之间，当中的部分成员存在着双层性，而与之组合的另一些成员则是单层的，像上述的 E3 类。

Gibbs(1995)等在大量研究了英语中的固定语后曾明确指出，字面意义可分解的程度的确能影响到固定语句法上是否能产、固定语组成成分的变动等等。不过，这些变动是否足以让它们与固定语固定程度之间发生着对应的关联呢？它们会因应于固定语固定程度之间的差别吗？

一个固定语如果存在着双层性的意义，感觉上它们的固定性似乎比较强，这好像也能从理论的角度得到论证。——相较于表层意义，深层意义是意义的更进一步推演，是在表层意义基础上的更进一步融合，——从另一个角度看，正好说明了固定语各组成成分之间的固定程度更为凝固。照着这个逻辑，上述三组之间固定语固定程度的排列顺序上应该是，E1 组最高，其次是 E3 组，最弱的一组是 E2。然而，实际情况却与此有很大的出入。E1 组中的“走后门”虽然意义上是双层的，体现出整体性，但固定程度上要比 E2 组只具单层意义的“指名道姓”和 E3 组“门户之见”等弱得多：其间不只可以插入成分如“走了不知多少次后门”等，成分的先后顺序也可以颠倒，如“你这后门走得很有水平”等；同样的情况也出现在E3组和E2组之间，比如E3组的“寻花问柳”与E2组的“拉帮结派”之间，固定程度上，前者就一定比后者更强吗？

不止如此，更糟糕的还在于，意义表达同一类型中的情况也参差不齐。E1类中的各单位，诚然都表达着典型的整体性的意义，可表现出来的固定程度却不尽相同，有些甚至差异巨大。其他各组类似的情况同样存在。试看：

E1组

	能否插入成分④	成分能否替换	成分先后颠倒
鹤立鸡群	×	×	×
过河拆桥	√	×	×
穿小鞋	√	√	√

E2组

	能否插入成分	成分能否替换	成分先后颠倒
刀下留人	√	√	×
你情我愿	√	√	×
打抱不平	√	×	√

E3组

	能否插入成分	成分能否替换	成分先后颠倒
门户之见	×	×	×
民怨沸腾	√	×	×
颠倒黑白	√	×	√

上述语言事实表明，意义的不同表达与固定语的固定程度之间并不存在着因应关联，不能认为，表现出整体性意义或意义整体性强的固定语，它们的固定程度就一定高；意义上不具整体性或整体性弱的固定语，它们的固定程度就一定弱。由此看来，固定语固定性本质上是语义的看法明显不恰当。

四

在能成为固定语固定性实质内容的几个因素中，语音形式和意义内容都已经被排除在外，那么剩下的唯一的一个因素——结构，便自然就成了固定语固定性的实质性因素。换言之，固定语固定与否的实质在于其结构。要是其结构上固定，那么整个固定语即可被认定为是固定的，具有固定性。

固定语固定性的实质在于其结构，这应是情理之中的结论，似乎无须多言。固定语中的“固定”，指说的只是结构上的，事实上也只有结构，也才有固定不固定的情形，至于意义，其不存在所谓的固定与否的问题。但固定语固定程度鉴别的操作实践表明，不少研究者喜欢将固定语判断涉及的各种因素罗列在一起来进行综合性的判断。似乎，一个固定语的影响因素越多，它的固定程度就越差；反之，一个固定语的影响因素越少，好像它的固定性就越高一样。这种观点与做法，只是看到影响因素在“量”上的表现，根本未顾及“质”的影响因素。因此，明确固定语固定性的实质，既有其理论上的必要性，同时也能为固定语固定程度的鉴别提供帮助。

鉴别固定语固定程度的多个标准中，与结构直接相关联的因素有：中间能否插入其他成分、前后顺序可否颠倒以及成分可否替换。——它们都触及固定性的实质，是固定语固定程度的最直接影响因素。它们或当中的某一个如果能作用于固定语，那么就可以表明，该固定语结构上的稳定性存在问题。

Fraser(1974:120—122)曾经根据英语固定语的结构差异而把固定语分成以下不同的等级：

L6—Unrestricted(无限制变动级)

L5—Reconstitution(重组级) spill the beans(走漏风声)，toe the line(服从命令)

L4—Extraction(成分抽取级) ask for(要求)，belong to(属于)，break the ice(打破僵局)

L3—Permutation(顺序颠倒级) put on a good face(摆出一副漂亮的面孔)，put on some weight(增加体重)

L2—Insertion(成分插入级) bear witness to(作证)，depend on(依赖)

L1—Adjunction(成分添加级) kick the bucket(翘辫子)，insist on(坚持)

L0—Completely Frozen(无法变动级) blow one's cool(失态)，amount to(相当于)

作者这么做，倒是抓住了鉴别中的“纲”，得出的结论也基本上合乎语言事实。不过，需要注意的是，尽管固定语意义表达上的不同特点对所在单位固定程度的影响比较小或很小，但它仍然是影响固定程度的因素之一。在固定程度的鉴别上，将它完全抛弃的做法也不能让人十分信服。

附注：

① 事实上，该问题好像从来未被人关注过，或者虽有触碰但并未就此作出专文的讨论。

② 不同固定语如果只在同一个方面存在差别，那么彼此之间在固定程度上表现出来的差别就相对容易作出判断。

③ 也有学者将它译作习用性。

④ 这些都是就一般情形而言的。

参考文献：

[1] 王吉辉，固定语固定程度的影响因素及相关分析[J]，南开语言学刊，2014(1).

[2] Cowie，A.P.，R. Mackin，and I.R. McCaig(eds.) *Oxford Dictionary of Current Idiomatic English*[M]，Vol.2. Oxford：Oxford University Press，1983.

[3] Minoji Akimoto，*Idiomaticity*[M]，Shinozaki Shorin，1983.

[4] Tim Nicolas，*Semantics of Idiom Modification*，Martin Everaert，Erik-Jan van der Linden，Andre Schenk，Rob Schreuder(eds.) *Idioms：Structural and Psychological perspectives*[M]，Lawrence Erlbaum Associates，Inc. New Jersey，1995.

[5] Raymond W. Gibbs，Jr.，*Idiomaticity and Human Cognition*，Martin Everaert，Erik-Jan van der Linden，Andre Schenk，Rob Schreuder(eds.) *Idioms：Structural and Psychological perspectives* [M]，Lawrence Erlbaum Associates，Inc. New Jersey，1995.

[6] Fraser，Bruce，*The verb-particle combination in English* [M]，Taishukan，1974.

（作者单位：南开大学汉语言文化学院，天津，200071）

论语汇研究的三个沟通*

方　寅　周春丽

引言

学术研究一般需要框定一个相对封闭的对象范畴、明确一些着力达成的目标任务，语言更是被认为一个整体、一个分类的原则（黄国营 1999）。再具体到语汇研究来说，温端政先生（2016）曾明确指出，语汇学能称为语言学的一个分支学科，它有“语汇”作为特定的研究对象，而“语汇”不仅是个系统，而且是个庞大的系统。因此，语汇研究可以视为对语汇现象进行界定和分类以及在此过程中形成理论知识表述体系的过程。我们有必要在不同意见的讨论中发展语汇学（温端政 2017），有必要通过更加系统而又多元的理论探讨来不断完善它的研究对象与任务、研究理论与方法。基于此，本文试论语汇研究的“三个沟通”目标任务，以期就教于方家和引起学界对语汇学理论研究的进一步关注。对语汇研究目标任务的这种探讨同时也能从侧面体现语汇研究的意义价值与动力驱动。

---

* 本文系国家语委“十三五”科研规划项目 2016 年度一般项目“突发公共事件语言应急服务的组织体系及预案研究”（YB135-21）阶段性研究成果。

框定一个相对封闭的对象范畴、明确一些着力达成的目标任务是语汇学理论体系建设之需。基于语汇的特点，三个沟通（沟通普方古、沟通汉外、沟通人机）可视作语汇研究的主要任务、目标归宿和价值体现。语汇的变化性特征使得语汇研究要以沟通普方古为目标任务。语汇的民族性特征使得语汇研究还有必要以汉外沟通为任务，不同语言的语汇可以进行概念空间和语义地图的通约与比较研究。语汇结构形式上的凝固性和意义功能上的整体性等特征还让其成了人机沟通的难点，并要求语汇研究为此服务。这三者之间，沟通古今是语汇研究的首要任务，可以视为语汇学的本体研究；沟通普方古、沟通人机则是语汇研究的现实需求，可以视为语汇学的应用研究。它们之间能相互促进，一起构成语汇研究的三大任务、三大价值及三大驱动。

一、语汇研究沟通古今

各种语言都在演变，处于不断的变化之，语言的融合与分化也可以归入广义的变化范畴之中。拿汉语来说，一方面它古今有异；另一方面标准体的通用语和地域变体的方言之间呈现一体而万殊的格局。后者也常被认为语言演变不一致性的产物，北方方言被视为古汉语在北方地区发展演变而来，而其余方言则是人口南迁过程中逐步演变而成。

具体就语汇来说，它既是语言中古语遗存较多的部分，又具有变化性。这种变化和分化常常让人们对部分语形音义的理解是“知其然而不知其所以然”，甚至于不能“知其然”。以成语语汇为例，由于古音通假、语体差异、古音破读、古书面读音、汉字简化、专有名词特殊读音等原因，它们之中就常有被误读的（见例 1）。同时，新语汇、新文献、新知识、新媒介等的出现也要求语汇研究要“通今”，如语汇可不可也进行可视化和图说来直观释义？这都要求语汇研究要“沟通古今”，这是语汇研究的首要任务。如果说方言能在古音构拟上发挥了重大作用，那我们同样也该看到方言语汇在沟通古今、构拟古汉语语汇与语法上的重要作用。也正是鉴于这种考量，我们认为方言语汇研究这项沟通普方的工作可以归入广义的语言研究沟通古今。

(1) 暴虎冯河　暴戾恣睢　暴殄天物　波谲云诡
博闻强识　不稂不莠　不容置喙　魑魅魍魉
箪食壶浆　含英咀华　怙恶不悛　天崩地坼
揠苗助长　荦荦大端　虚与委蛇　趑趄不前
自怨自艾　纵横捭阖

这项任务的重要性还可以从对几个常用成语语汇的分析来窥知。先以“彪形大汉”为例。今天大多数人都知道“彪形大汉”是用来形容身材高大强壮的男子汉，但可能不知道的是：“彪”为何物？长什么样儿？形容身材高大强壮的男子汉为什么不是“熊形大汉”“虎形大汉”之类？如果说“虎生三子，必有一彪”，那“虎”和“彪”又有何异同？次以“姚黄魏紫”为例，它是何义？是两个姓氏、两种颜色还是另有所指？如果说“彪”字和“姚黄魏紫”不常用，就再以“不三不四”“人五人六”为例，今天看似简单的“不”“人”“三”“四”“五”“六”形成语汇之后为什么具有“1＋1”远远大于“2”的语义增殖？众多诸如此类的语汇现象都有赖于语汇研究以沟通古今为己任来解释、说明。

语汇研究沟通古今的过程实际也就是“观察充分”“描写充分”“解释充分”这一语言学研究共有目标实现的过程。这里还依次以前文举例的具体语汇为例来说明。对“彪形大汉”的研究既能帮助人们明了它的来源、意义，还能细致地获知“彪”在古代的本义是“虎身上的斑纹”，用《说文》对它的释义来说那就是，“彪，虎文(纹)也。从虎，彡象其文(纹)也。”对这一语汇的如此研究解释可以看作通古。同时，借助当下已广泛普及的互联网一查，我们还能发现还真有这样一种稀有动物“彪”，而且能做到有图有真相、有对其形貌分布等各方面详细解释的可视化处理。这可以算是“通今”。“姚黄魏紫”也是如此，通过语汇研究来沟通古今能告诉今天的人们，“姚黄”是古时姚氏民家培养出来的千叶黄花牡丹，“魏紫”则是古时魏氏民家培养出来的千叶肉红牡丹，两者合一起原指宋代洛阳两种名贵的牡丹品种，到后来它就用来指名贵的花卉。今天我们网络一查还能见其详细介绍和实物影像了。从这些具体举例能窥知语汇研究具有沟通古今的巨大价值。

对由常用词“不”“三”“四”组成的“不三不四”的分析更能体现语汇研究来沟通古今的任务功能。现在对“不三不四”的解释一般是:既不像这，也不像那；不像样子，不伦不类；形容不正派或不像样子，偏重于意指人的品行不端正或来路不正当。“三”“四”作为数词这一义项越常用越显赫、越显赫越常用的原因，现在已经不容易从其组成部分和其他语汇类推其自身的整体义，更不能解释这一整体义的由来是否定数字“三”和“四”而不是其数字。依托语汇研究沟通古今，我们方能知道，“三，天地人之道也。从三数。(《说文》)”“三，数名。(《广韵》)”“二与一为三。(《庄子·齐物论》)”“一生二，二生三，三生万物。(《老子》)”。从大量的此类文献看，“三”不仅作为一个数而且还有象征事物整体的“完整”。与此同时，古人还常认为“四”含有“周全”“圆满”之义。因此，否定“三”和

“四”就意味着“不完整、不周全、不完满”之义。这是“不三不四”今义的源头之一。此外,也有人提出,古人普遍熟读《金刚经》,通常把“三”比作“三心”(即过去现在未来心),把“四”比作“清净心”,“不三”可以理解为“三心不可得”,“不四”可以理解为“清净心不具备”,合一起则为“不三不四”。这样沟通古今的语源探究、语义演变梳理等工作都有待语汇研究来深入推进。

上述案例表明语汇研究当以沟通古今为首要任务,之所以如此说的深层次原因在于:语言的本质属性是人类生理、社会、思维的动态特征(程琪龙 2011)。现代语言学的奠基人费尔迪南·德·索绪尔(1996)早就阐明了语言的动态变化特点。他认为,任何时候的语言,都既包含一个已定的系统,又包含一种演变;既是现行的制度,又是过去的产物。换言之,语言是个变动的结构系统(陆俭明 2014)。同时,概括性是语言的本质属性,人类在语言认知处理能力上的[7±2]组块(chunks)的限制更是促使人们将词连接成语汇使用。在语汇形成的这一过程中,一方面会形成一些“1+1”大于“2”的整体性意义,另一方面也会造成部分语符在形式和意义上的缩减、丢失。这些情形的出现都需要通过语汇研究沟通古今这一首要任务的完成来还原。

二、语汇研究沟通汉外

有人认为,全球有 7000 多种语言,就有 7000 多个“平行世界”。加之语汇又是语言中最具民族性的部分,语汇研究也因此需要考虑沟通汉外。

拿成语来说,它广泛分布于世界各语言,是语言文化的表现形式,具有丰富的文化内涵。作为民族文化和语言的一种载体,成语全面地表现了各个民族文化的基本内容，反映了该民族的思维方式、审美观与价值观。以汉语成语为例，它言简意赅、格调古雅，这对汉外互通来说是有难度的，语汇研究也因此应当以沟通中外为己任。

这里依然通过案例分析来说明问题。各种语言（如汉泰语）都有婚姻爱情类语汇，只有语汇研究将把它们各自研究清楚，方能更好地“汉外沟通”。如反映婚恋观的语汇多为成语，下面就是一些举例。

(2)	文君新寡	韩寿偷香	有女怀春	颠鸾倒凤
	一笑千金	风情月思	眉目传情	拨云撩雨
	犬马之报	信誓旦旦	抱布贸丝	金屋藏娇
	一日三秋	秋水伊人	待月西厢	三媒六证
	卿卿我我	破镜重圆	门当户对	故剑情深
	糟糠之妻	二三其德	得新弃旧	天缘凑合
	结草衔环	彩凤随鸦	侯门如海	坚如磐石
	恩断义绝	才子佳人	郎才女貌	檀郎谢女
	相待如宾	张敞画眉	共挽鹿车	举案齐眉
	天作之合	吉日良辰	……	

泰语中也有一些反映婚恋爱情观的语汇，请见例(3)。有人也将它们界定为成语，当然由于两种语言之间的差异，这种观点不是人人都能接受。但是，在承认语言之间可能兼有同范畴对应、超范畴对应两种现象的同时，能肯定的是它们都可以界定为语汇，具有可比性。

(3) เป็นหญิงต้องรักนวลสงวนตัว（好女人应该保守）

อดเปรี้ยวไว้กินหวาน（忍住为了吃甜）

ชิงสุกก่อนห่าม(还没熟就争夺)

ใส่ตะกร้าล้างน้ำ(放在篮子里水洗)

กากี(有许多丈夫的女人)

ชายสามโบสถ์ หญิงสามผัว(男人三次出家,女人三次结婚)

ดอกทอง(金花)

โมรา(对自己的丈夫不真诚)

ไก่แก่แม่ปลาช่อน(老鸡与母鱼)

หญิงเป็นควายชายเป็นคน(女人当牛而男人当人)

กินน้ำใต้ศอก(喝肘下的水)

ร้องเพลงในครัวได้ผัวแก่(在厨房唱歌会遇到老公)

ปลูกเรือนคร่อมตอ(跨别人的房子,形容一个女人的婚前性行为)

……

对比例(2)、例(3)不难发现它们之间存在着诸多有待语汇研究来沟通之处:首先,从定义来看,汉语成语大多数都是四个音节的固定短语,而同类型的泰语语汇常常是含有带有比喻的固定词(组)和句子。其次,从来源来看,汉语成语主要来源有寓言故事、神话传说、历史故事、文人作品、外来文化等方面,同类型的泰语语汇来源则主要有自然资源、生活因素、社会文化、宗教信仰、艺术文化、古代文学等几个方面。再次,从语言形式来看,汉语成语大多为四字格,同类型的泰语语汇则最短可以由一个或者两个音节,最多由十六个音节组成。最后,从语义内容来看,汉语成语的字面意义和实际意义基本相同的占有一定的比例,同类型的泰语语汇的字面意义和实际意义基本相同的则很少。

对于沟通中外的语汇研究来说,构式语法理论(特别是具有鲜明类型学特色的激进构式语法理论)能为之提供较好的理论支撑。以它为视角来看,每种语言中都有语汇[①],语汇在一定程度上都是可分析的,同时分析也都是在一定程度上受限的,即不是完全能用规则推导的。因此,语汇研究应采用非转换性、非推导性的理论框架,它的主要研究对象是形义配对体的语汇(构式),它们是语法系统在心智中的基本表征形式并有其自身的整体义(周春丽、方寅2017)。

激进构式语法更是一再提出语法范畴和语法关系在普适性方面的天然缺陷不能适用于跨语言研究。因此,要把构式的作用发挥到极致——基本语类和语法关系不再是组成句法的基础单位,而应被看成是由构式派生出来的并且只能是由构式来定义的,构式才是根本。不同语言之间当然存在共性,但这种共性并不是存在于句法结构里,而是存在于从语义到语言符号的映射关系中。因此,激进构式语法的一个主要目标就是要让每个说话人的语言知识都恰当地纳入一个反映人类语法共性的模式中,这就是语义地图模型——个别语言的个性分布类型投射到共性的概念空间,"概念空间"和"语义地图"能用以解释跨语言的语言编码差异以及其与背后语义功能的深刻联系。(Thomas Hoffmann, Graeme Trousdale[eds.]. 2013)。从这种角度来看,各种语言中的语汇虽然存在语符形式、语义功能、语法范畴、语法关系等诸多方面的不同,但它们都可以视作是形义配对的构式,可以进行"概念空间"和"语义地图"等的比较研究。

上述视角下沟通汉外的语汇研究就得考虑不同语言语汇之间的通约性(commensurability)。莱考夫(George Lakoff, 1987[2017]:332—337)提出过几种通约性认定的标准:一是翻译,如果两种语汇概念系统能在保留真实条件下对照互译，那么它们具有通约性。二是理解，如果一个人可能通过其经验的前概念结构的一般性概念化能力对两种语汇概念系统加以理解，那么它们具有通约性。三是使用，如果两种语汇概念系统能以相同的方式使用相同的概念，那么它们具有通约性。四是框架，如果两种语汇概念系统能以相同的方式建构情境，并且这两种系统的概念之间能按照框架一一对应，那么它们具有通约性。五是组织，如果两种概念系统彼此能以相同的方式组织相同的概念，那么它们具有通约性。这五大方面都可以成为沟通中外的语汇研究的考察点。

三、语汇研究沟通人机

吕叔湘先生早就指出，语言的研究不应局限于语言本身，也要研究语言在人类生活中的作用；而根据有关预测，未来10年里，人工智能(AI)将成为最具破坏性级别的技术，人们基于数据和人工智能可以解决超乎想象的若干问题。但是，自然语言处理仍是当前人工智能研究的核心问题，只有语言智能实现突破，跟它同属认知智能的知识和推理才会得到长足发展，进而推动整个人工智能体系的进步。这正如李宇明先生(2017)所说，语言智能一小步，人类社会一大步。语言智能虽然只是一点点小进步，却会对人类社会起到巨大的推进作用。我们应做好准备，迎接人与机器人共处的新时代。人工智能领域也已经有专家指出，不是说现行的句法分析没用了，而是它们都是基于人为定义的层次；在端到端的数据量非常充分时，我们可以直接进行信息抽取(刘挺 2017)。显然，语汇研究具有丰富这种端到端的数据的意义，这对人机沟通来说大有裨益。

然而，当下自然语言处理过程对语汇的处理还不够精确，语言是有着复杂的内在系统和外在形式，语汇字面背后更是有着太多机器难以理解的意义，这使得自然语言处理和人机沟通变得很困难。首先，语言和它之中的语汇是开放的系统：既有新内容产生，也有老现象退隐；既与其他系统相对独立，又与其他系统互动。其次，语言和它之中的语汇是一个不完全规则的规则系统：既有有规律的现象，也有例外的现象，具体使用中会有不可预测性的现象出现，大量内容（特别是整合性强的语汇内容）不能根据其自身的组成和其他语言事实进行预测推导。

为了检验上述观点，我们对上文提及的语汇进行了机器翻译测试。采取机器翻译进行测试的原因在于，机器翻译是自然语言处理中发展较快的领域，搜狗、讯飞、谷歌、百度、微软、脸书（facebook）等众多国内外企业都在深耕这一领域并取得一些突出的成绩，如百度翻译支持中、英、日、韩、泰、法、西、德等 28 种语言的互译，手机软件 Lexifone 支持汉语和阿拉伯语等 15 种语言的即时翻译通话。同时，这种测试还能有效测试语汇研究沟通古今、沟通汉外两方面任务的完成情况。从测试结果来看，机器对这部分语汇的翻译还很不准确。

下面是测试结果，机器翻译直接将“姚黄魏紫”音译，将“人五人六”逐字翻译为“people five and six”。这表明语汇研究在人机沟通领域还有待推进。值得一提的是，但我们将“姚黄魏紫”“人五人六”的释义输入之后，机器则基本能将它们译出。这或能表明：一是机器能处理一些合乎规则的语句，但不一定能处理一些语汇；二是语汇的本体研究成果能运用于语汇的中外沟通、人机沟通等应用研究。

从上述情形看，带有不可预测的、自身蕴含的语汇是自然语言处理中的难点与瓶颈，语汇研究要在人机沟通上着力。上述语汇人际沟通失败的出现恰恰反映了语汇自身独有的特征——结构形式上的凝固性和意义功能上的整体性。机器分词和理解处理不能处理好这些情形，让语汇和词库难以匹配对应。同时，语汇往往具有不可推导性，规则难以对语汇进行有效解释。这一点最典型的体现就是生成语法在成语、习语、谚语等现象解释上的无能为力以及构式语法理论的兴起。因为对语汇的人机沟通而言，它的关键在于：一是通过存贮让机器能记住人类语言的词库和规则，二是依据所存贮的词库和规则进行计算推导。

据此，我们或当思考进入"互联网＋"和人工智能时代后的语汇研究任务及路径。譬如，语汇研究是不是也会有变？传统的语汇研究如何在中外沟通、人机沟通领域中发挥价值？各类数据库、典籍库、机器翻译软件、人工智能会不会影响语汇研究？拿《语典》而言，它已经成功地完成了语汇知识内容的生产、提供，依托自然语言处理等人工智能，其传播的三个沟通就能形成从本体（沟通古今）到应用（沟通中外及人机）的整体架构。沟通中外也可理解为兼具本体研究和应用研究的中间类型，因为如果从世界语言的视角看，不同语言之间的沟通依然是（世界）语言内部的问题。

四、结论

综上，框定一个相对封闭的对象范畴、明确一些着力达成的目标任务是语汇学理论体系建设之需，有利于语汇学理论体系建设和理论自觉。基于语汇的特点，三个沟通（沟通普方古、沟通汉外、沟通人机）可视作语汇研究的主要任务、目标归宿和价值体现。语汇的变化性特征使得沟通古今成了语汇研究的首要任务。语汇的民族性特征要求语汇研究将沟通汉外作为自身的一项重任，各种语言中的语汇可以进行“概念空间”和“语义地图”等的沟通研究，这种研究要考察不同语言概念系统之间的通约性。语汇结构的完整性、意义的凝固性和用法的可变性等特征还要求语汇研究在人机沟通任务上着力。

语汇研究的“三个沟通”任务之间能形成相互依存促进的良性互动。语汇研究沟通古今方能明其来源、演变以及语义、语用，这也就能为沟通汉外和沟通人机奠定基础。“三个沟通”的实现都得以大规模语料为支撑，自然语言处理、文献的载体及阅读使用方式变化等因素对语汇研究的影响也该为当下的语汇研究所考虑。

附注：

① 我们认为“习语”“语汇”等术语在能指层面有差异，但所指层面有重合或交集。

参考文献：

[1] 黄国营.二十世纪理论语言学的起始和终结[J].清华大学学报(哲学社会科学版)，1999(1).

[2] 温端政.树立正确的语词观——兼与周荐《语词分合问题引发的若干思考》一文商榷[J].辞书研究，2016(1).

[3] 温端政.在不同意见的讨论中发展语汇学[C].第六届全国汉语语汇学暨中华谚语研究学术研讨会，2017-08-20.

[4] 程琪龙.概念语义研究的新视角[M].上海：上海外语教育出版社，2011.

[5] 费尔迪南·德·索绪尔.普通语言学教程(高名凯译)[M].北京：商务印书馆，1916.

[6] 陆俭明.说语言信息结构[J].学术交流，2014(6).

[7] 周春丽，方寅.中国本土的类构式思想观点与研究实践[J].常熟理工学院

学报,2017(4).
[8] Thomas Hoffmann, Graeme Trousdale(eds.) The Oxford Handbook of Construction Grammar[M]. Oxford: Oxford University Press, 2013.
[9] 莱考夫.女人、火与危险事物:范畴显示的心智(李葆嘉、章婷、邱雪玫,译,2017)[M].北京:世界图书公司,1987.
[10] 李宇明.迎接与机器人共处的时代[N].光明日报.2017-08-06(12).
[11] 刘挺.自然语言处理的十个发展趋势[C].中国人工智能大会(CCAI2017), 2017-07-22.
[12] Bhat, D 1999. The Prominence of Tense, Aspect and Mood. Amsterdam: Jon Benjamins B.V.

(作者单位:常州大学周有光语言文化学院/
语言应用研究基地,江苏常州,213164)

现代汉语惯用语的理据分析*

孙 银 新

引言

本文所谈的惯用语也就是跟成语、谚语、歇后语等相提并论的一种熟语。关于这类熟语已有的研究成果很多,从惯用语词典到关于惯用语的论著也都不少。但是通过比较就会发现,学界对于惯用语的理解和表述并不一致,有的甚至差别很大,更有和成语划界不清的现象。这对于现代汉语词汇教学与研究而言,都是需要很好地解决的问题。

对比研究各类词典或者惯用语论著,可以发现,各家对于惯用语的概念的界定,意见也都不一致。也有的著作甚至没有给惯用语一个明确的定义。即便有的大学教材给惯用语尝试性地下了一个定义,但也还或多或少地存在着某种不足或隐藏着问题。

为了能够更清醒地认识汉语惯用语的性质,便于教学,便于人们更好地识别惯用语,为辞书编纂,尤其是惯用语研究从理论上和区分方法上提供支持,本文拟对惯用语的相关问题结合词汇学和

* 本文是国家社科基金项目《现代汉语常用词的构成理据研究》的成果之一。项目编号:13BYY123。

修辞学理论加以分析探讨，本文将以《现代汉语词典》所收录的惯用语为研究对象，进行系统的定性分析，也一并尝试从不同角度分析概括惯用语，以便全方位地展示汉语惯用语的特点和本质属性。

一、对惯用语的重新界定

总结梳理现有研究成果对于惯用语的分析和界定，代表性的意见主要有以下这些：

熟语的一种，常以口语色彩较浓的固定词组表达一个完整的意思，多用其比喻意义，如“开夜车”“扯后腿”“卖关子”等[①]。

惯用语是一般人所熟悉的现成的固定词组，常常作为完整的意义单位来运用。但是有些可以拆散开来，插进一些别的词语，它们的固定性并不很强。[②]

惯用语是指口语色彩浓的短小定型的习用短语，多为三字结构。[③]

惯用语是指人们口语中短小定型的习惯用语。[④]

惯用语也可以归在熟语之列。所谓惯用语就是日常生活中经常使用的套语，如“您好”、“您早”“再见”之类。惯用语的意义就是由组成它的各个词的意义合成的；它跟一般句子的区别在于：它不是说话的时候临时造的，而是语言里现成的说法，说话人不过加以运用使其在言语里再现而已。[⑤]

惯用语也是一种具有固定的结构形式和完整意义的固定词组。和成语相比，惯用语的结构定型性要弱得多。惯用语的意义是在组成成分意义的基础上，通过比喻引申抽象概括而成，所以它的意义是概括完整的，决不能等同于它字面意义的简单相加。否则它就是一般词组而不是惯用语。[⑥]

惯用语是人们口语上习用的结构相对定型而意义高度完整的固定词组。没有任何一个惯用语的真实意义等同于它的字面义或跟字面义相近的。[⑦]

以上各种定义虽然表述不尽一致，但都涵盖了以下几个要素：一是注重惯用语的口语语体色彩，二是突出了惯用语通过比喻所产生的形象色彩，三是结构的短小和相对稳固。

我们认为：这样的定义仅仅立足于惯用语意义内部的色彩意义而不关注其词汇意义，明显存在偏颇。和语言的"词"一样，词汇意义肯定也是惯用语意义的本质核心，必须要考虑。仅仅涉及惯用语内部结构的短小和相对稳定，也只是对语言单位所做的一种形式上的概括，并未涉及语言单位的整体功能及其定位，这些自然会影响到人们对惯用语做出准确的鉴别。

据此，我们给惯用语草拟了一个初步的定义：惯用语是由特定的语言形式和完整概括的语义内容结合而成的相对稳定的习用性的定型结构，是具有稳定句法功能的造句单位。也是熟语的一种常见类型。

这样界定惯用语，立足点表现在以下几个方面：

首先，惯用语肯定是一种语言符号，因而是一种由语言形式和语言意义结合而成的系统，也就是定型结构。

其次，惯用语作为语言符号的一个特定类型，其语言形式相对较为多样，也有一定的灵活性，因而有一种相对的稳定性。具体包括：音节形式，音节数量，汉字书写形式，句法结构形式、结构层次和结构关系等等。语义内容也很丰富：应该包括惯用语的字面意义、比喻意义、借代意义、引申意义等等；而不应该像现有一些论著的定义中强调的，仅仅是指口语语体意义和比喻的形象意义，而忽视了其固有的词汇意义。

其三，相对于更为常见的一类熟语——成语而言，惯用语的结构形式，稳定性较弱，结构关系略显松散，可以允许中间介入其他成分，或者增减、替换个别成分。尽管如此，但有一点我们必须注意到，惯用语在语言应用中变换前后的各种形式（变体）在语法功能上始终保持一致，换句话说，就是惯用语的本质还是一种句法功能稳定的造句单位。如："捅马蜂窝""捅了个大马蜂窝""捅了马蜂窝了"都是动词性的句法结构单位。一句话，无论具体形式怎样变，某一个特定的惯用语，其造句功能还是稳定的。

第四，惯用语是熟语的下位类型，和成语一样，也是一种常见的造句单位。

二、惯用语语言形式的特殊性

惯用语语言形式的特殊性主要表现在以下多个方面：

从音节数量上看，以三音节形式为主，但又不限于三音节。比较"马屁""拍马屁""拍马"；"摆谱儿""摆架子"；"牛皮""吹牛皮""吹牛"，"稀烂""稀巴烂"，可见双音节的组合，也有一些惯用语，或者至少可以说是具有惯用语的性质。类似的如："玩儿命""玩儿完""摊牌"（比喻到最后关头把所有的意见、条件、实力等摆出来给对方看）。其他多音节的就不分析了。由此可以看出，惯用语与词，甚至典型的双音节词之间都有着难以划清界限的交叉关系。

从语音形式看，有的惯用语在汉语中可以呈现出不同的语音形式，这些可以视为语音变体。如："寻短见""寻开心"一般读 xún，而在口语中也可以读 xín。"随大流"的"流"也有 liú 和 liù 的不同读法。

从书写形式看，有的惯用语可以有不同的汉字书写形式，可以视为语形变体。如："瘾君子"和"隐君子"，"下三烂"和"下三滥"。当然，这其中也有谐音关系。

结构关系上，以偏正式和动宾式为主，但也还有主谓、并列、补充、连谓等多种类型。

偏正式很常见，如："墙头草""铁饭碗""铁公鸡""窝里斗"。

动宾式如："做手脚""钻空子""有意思""砸牌子"。

主谓式如："硬碰硬""狗吃屎""狗咬狗""黑吃黑""大鱼吃小鱼""小巫见大巫""狮子大开口""长江后浪推前浪"。

并列式如："陈谷子烂芝麻""吹灯拔蜡""换汤不换药"。

补充式如："犯不上""犯不着""犯得着""犯得上"。

连谓式如："不见棺材不落泪""覆巢无完卵""按下葫芦浮起瓢""有眼不识泰山""上梁不正下梁歪""不到黄河心不死""坐山观虎斗"。

特别值得一提的是，连谓式的惯用语两个谓词性词语之间还有条件、假设、先后、转折、因果、伴随等各种不同的语义联系。

由此，就足以看到惯用语结构类型的多样性和复杂性，远非一般论著中讲到的动宾式和偏正式两种。

从构成成分看，惯用语对于构造成分有较强的倾向性和选择性。有些基本词在惯用语中出现的频率很高，构成的惯用语较多，由此形成了同族惯用语，如："走"构成的惯用语就有"走后门""走过场""走形式""走江湖"等。"闹"构成的惯用语就有"闹别扭""闹洞房""闹新房""闹情绪""闹脾气""闹笑话""闹意见""闹饥荒""闹乱子"等，"吃"构成的惯用语就有"吃白饭""吃白食""吃闭门羹""吃大锅饭""吃大户""吃豆腐""吃独食""吃后悔药""吃皇粮""吃空额/吃空饷”“吃老本”“吃偏饭”“吃瓦片儿”“吃闲饭”“吃现成饭”“吃小灶”“吃鸭蛋”“吃哑巴亏”等等。据此可以得出构造惯用语的高频词，除了“走”“闹”“吃”，类似的还有“打”“吹”“唱”等等。例子不用多举。至于为什么这些动词能够成为构成同族惯用语的基本词，一个重要的原因就是，受到中国人在漫长的社会历史发展中所选择的生存方式的直接影响而产生了这一结果。

惯用语更有意思的一种现象是体现在具体成分的构成关系上。有些惯用语可以作为构成成分，再次与动词组合，形成结构层次更加复杂的惯用语。这类情形在惯用语中也是很多的。如：“闭门羹”“哑巴亏”“大锅饭”“现成饭”都是惯用语，在与动词“吃”组合后，构成的“吃闭门羹”“吃哑巴亏”“吃大锅饭”“吃现成饭”，也同样还是惯用语。其他如“上坡路”“下坡路”“牛角尖儿”“冷板凳”，亦是惯用语，在与动词组合后，形成的“走上坡路”“走下坡路”“钻牛角尖儿”“坐冷板凳”也都是惯用语。这与成语等有很大的不同，可是与“词”的语法属性又再一次表现出一种层次上的类似与共性。

三、惯用语语义内容的构成

惯用语语义内容的构成情况与语言中的基本造句单位——词相比较，有很多共同特点。首先从义项数量看，词有单义词和多义词之分，惯用语也有单义与多义之分。其次，词有形象色彩、口语色彩、书面语色彩、地域色彩等多种色彩意义，惯用语也同样有这些类型的色彩意义。

从义项数量看，大部分惯用语语义比较单一，但也有不少惯用语具有多项语义。如：“纸老虎”“揪辫子”“一锅粥”只有一个义项，而“一锅端”“耍嘴皮子”就有两个义项，而“坐冷板凳”就有三个义项。

纸老虎：比喻外表强大凶狠而实际空虚无力的人或集团。

揪辫子：比喻抓住缺点，作为把柄。也说抓辫子。

一锅粥：比喻混乱的现象。

一锅端：①比喻全部消灭或清除。②比喻尽其所有。

耍嘴皮子：①指卖弄口才（含贬义）。②指光说不做。

冷板凳/坐冷板凳：①比喻因不受重视而担任清闲的职务。②比喻长期受冷遇。③比喻长期做寂寞清苦的工作。

在判定识别惯用语时，需要注意的一点是，有的惯用语看起来有两个意义，实际上只有一个意义是惯用语意义，而另一个可能就不是。这是需要仔细分辨的。比如“兜圈子”“绕圈子”“拿手戏/拿手好戏”“摊牌”：

兜圈子：①绕圈儿。②比喻不照直说话。

绕圈子：①走迂回曲折的路。②比喻不照直说话。

拿手戏/拿手好戏：①指某演员特别擅长的戏。②比喻某人特别擅长的本领。

摊牌：①把手里所有的牌摆出来，跟对方比较大小，以决胜负。②比喻到最后关头把所有的意见、条件、实力等摆出来给对方看。

以上这四个短语，义项①都是本义，也是字面意义的组合。可是义项②就不同了，都是表示一种在原有字面意义组合基础之上抽象概括出来的意义。从语言的实际使用情况看，义项②的使用频率甚至超过义项①。我们认为，四个短语仅仅在表示义项②时才是惯用语。至于义项①，还只是一般自由词组的临时组合意义，还不能算是严格意义上的惯用语的意义。在识别惯用语时，这是需要严格界定的。所以，上面这几个例子实际上都是将一个自由词组和一个单义的惯用语整合在一个条目下出条释义。作为辞书编纂中处理条目的一种整合方式和技巧，这样做未尝不可。但作为语言研究，还是以严格区分为好，只有这样，才符合语言事实和汉语词汇学的一般理论。

从词汇意义看，有些惯用语是同义的，甚至是等义的。如："一锅煮"和"一勺烩""一锅烩"，"醋罐子"和"醋坛子"，"冷板凳"和"坐冷板凳"，"拿手戏"和"拿手好戏""小肚鸡肠"和"鼠肚鸡肠"，"照葫芦画瓢"和"照猫画虎"，"抓辫子"和"揪辫子"，"远水解不了近渴"和"远水救不了近火"等等，都是同义的。至于"费笔墨"与"费口舌"，也有学者认为是同义关系的惯用语。

一锅煮：比喻不区别情况、对不同的事物做同样的处理。也说一锅烩、一勺烩。

一勺烩：一锅煮。

照葫芦画瓢：比喻照样子模仿。

照猫画虎：比喻照样子模仿。

远水解不了近渴：比喻缓慢的解决办法不能满足急迫的需要。也说远水不解近渴。

远水救不了近火：比喻缓慢的解决办法不能满足急迫的需要。也说远水不救近火。

当然也有反义关系的惯用语，如"上坡路"和"下坡路"，"唱红脸"和"唱白脸"，"上台②"和"下台②"。

上坡路：①由低处通向高处的道路。②比喻向好的或繁荣的方向发展的道路。

下坡路：①由高处通向低处的道路。②比喻向衰落或灭亡的方向发展的道路。

唱白脸(～儿):在传统戏曲中勾画白色脸谱扮演反面角色,比喻在解决矛盾冲突的过程中充当严厉或令人讨厌的角色(跟“唱红脸”相对)。

唱红脸(～儿):在传统戏曲中勾画红色脸谱扮演正面角色,比喻在解决矛盾冲突的过程中充当友善或令人喜爱的角色(跟“唱白脸”相对)。

上台:②比喻出任官职或掌权(多含贬义)。

下台:②指卸去公职或交出政权。

需要注意的是“上台”的“①到舞台或讲台上去”和“下台”的“①从舞台或讲台上下来”虽然也构成反义关系,但这不是惯用语意义上的反义,而仅仅是一般词组意义的相反。同时,“下台”的“③比喻摆脱困难窘迫的处境(多用于否定式)”虽然也是惯用语的意义,但是“上台”则没有与之对应的相反的意义。

由此可以看出,所谓惯用语意义上的相同或者相反总是就某一组惯用语在某一相互对应的意义关系相同或相反而言的。由于每一个惯用语的意义范围有广狭之分,义项数量不等,所以并非惯用语在所有意义上都相同或者相反。我们分析同义反义惯用语,仍然立足于词汇意义内容。这与汉语词汇研究中考虑同义词和反义词的原则和方法也是一致的。

四、修辞格与惯用语的语义关联

学界现有的研究成果普遍认为惯用语的语义依赖比喻。在一定范围内,这种看法是有道理的。不过,全方位观察分析惯用语,就会发现这只是说出了惯用语与修辞格语义关联的某一方面,并非全部。

从修辞格对于惯用语意义形成的作用看，大部分惯用语都优先借助于比喻，如："砸饭碗""砸锅""笑面虎""中山狼"等。

砸饭碗：比喻失业。

砸锅：〈方〉比喻办事失败。

笑面虎：比喻外貌装得善良而心地凶狠的人。

中山狼：源自古代寓言故事。比喻恩将仇报，没有良心的人。

有些惯用语则借助于借代，这样的例子很多，并不少见。如："重身子""直性子""露一手""做手脚""铁脚板"等。

重身子：①指怀孕。②指怀孕的妇女。

直性子：②直性的人。

露一手：（在某一方面或某件事上）显示本领。

做手脚：背地里进行安排；暗中作弊。

铁脚板：指善于走路的脚，也指善于走路的人。

有的则含有夸张，如"杀人不见血""杀人不眨眼"。

杀人不眨眼：形容极其凶狠残忍，杀人成性。

杀人不见血：比喻害人的手段非常阴险毒辣，人受了害还一时觉察不出。

有的借助于反语，如："出洋相""要好看""漂亮话""好意思""小聪明"。

出洋相：闹笑话；出丑。

要好看：使出丑。

漂亮话：说得好听而不兑现的话。

好意思：不害羞；不怕难为情（多用在反诘句中）。

小聪明：在小事情上显露出来的聪明（多含贬义）。

也有部分惯用语直接表义，不需要借助于修辞格，如："稀巴烂”“仰八叉”“打冲锋”“三不管”“等于零”。

稀巴烂：状态词。稀烂②。破碎到极点。

仰八叉/仰八脚儿：〈方〉身体向后跌倒的姿势，也指仰卧的姿势。

打冲锋：①（进攻部队）率先前进，担负起冲锋的战斗行动。②比喻行动抢在别人前面。

三不管：指没人管的（事情或地区）。

等于零：跟零相等，指没有效果或不起作用。

也有的是将惯用语赋予特指的意义。如：“小动作”“有意思③”。

小动作：偷偷做的干扰别人或集体生活的动作。特指为了某种个人目的在背地搞的不正当活动，如弄虚作假、播弄是非等。

有意思：③指男女间有爱慕之心。

可见，惯用语的语义跟修辞格比喻、借代、夸张、反语等的不同关联方式也都从《现代汉语词典》对其释义的不同体例上显示出来。

不仅如此，从色彩意义看，惯用语因其有着不同的来源，所带有的色彩意义类型也是多样的。有的带有形象色彩，直观表象意味很浓，借助于比喻修辞格形成的惯用语都具有这样的形象色彩。比如“挤牙膏”“插杠子”“竹筒倒豆子”等都是。

挤牙膏：比喻说话不爽快，经别人一步一步追问，才一点儿一点儿说出。

插杠子：比喻中途参与谈话或做事（多含贬义）。

竹筒倒豆子：比喻把事实全部说出来，没有隐瞒。

有的惯用语因为源自方言，自然也就带上了较浓郁的地方色彩。如：“土老帽儿”“幺蛾子”“蹚浑水”“掏窟窿”。

土老帽儿:〈方〉指衣着和言谈举止土气十足的人(含讥讽意)。

幺蛾子:〈方〉鬼点子;坏主意。

蹚浑水:〈方〉比喻跟着别人干坏事。

掏窟窿:〈方〉比喻借债;负债。

也有的惯用语源自日常口语,自然口语色彩和俚俗意味很浓,如:“一锅端”“连根拔”“上坡路”“翘辫子”“翘尾巴”“泼冷水”等。

一锅端:①比喻全部消灭或清除。②比喻尽其所有。

连根拔:比喻彻底铲除或消灭。

上坡路:①由低处通向高处的道路。②比喻向好的或繁荣的方向发展的道路。

翘辫子:死(含讥笑或诙谐意)。

翘尾巴:比喻骄傲自大。

泼冷水:比喻打击人的热情或让人头脑清醒。

也有的源自古代寓言、历史典籍、典故或者书面语、专业术语,因而书面语体色彩浓郁,如:“中山狼”“八斗才”“软着陆”“跑龙套”“俎上肉”“马后炮”“苦肉计”“连理枝”“比翼鸟”。

八斗才:比喻很高的才能。

俎上肉:比喻任人欺压蹂躏的人或国家。

跑龙套:①在戏曲中扮演随从或兵卒。②比喻在人手下做无关紧要的事。

连理枝:枝干合生在一处的两棵树,多比喻恩爱夫妻。

比翼鸟:传说中的一种鸟,雌雄老在一起飞,古典诗词里用作恩爱夫妻的比喻。

苦肉计:故意伤害自己的身体,骗取敌方信任,以便借机行事的计谋。

软着落：①人造卫星、宇宙飞船等利用一定装置，改变运行轨道，逐渐减低降落速度，最后不受损坏地降落到地面或其他星体表面上。②比喻采取稳妥的措施使某些重大问题和缓地得到解决。

最后，不同的惯用语也还都伴随有不同的情感意义。有的形成褒义惯用语，有的表现为贬义的。这在以上所举的例子中都可以看得很清楚，不再举例。

由此可见，不同的惯用语因其在语言中的来源不同，因而各自带上了不同倾向的风格色彩、语体色彩、感情色彩或者形象色彩。

五、惯用语的语义演变及其形成轨迹

从历史形成过程来看，很多惯用语一开始都是个自由词组，或者就是一个专业术语，由于其在语言使用中的语境范围不断扩大，人们借助于相似性联想或者相关性的联想，进而产生了新的抽象概括的惯用语意义。如："兜圈子"，原本是"绕圈儿"的意思，后来用于"不照直说话"，就出现了比喻意义，这个意义就是惯用语的意义。"坐冷板凳"则分别被用于表示"不受重视而担任清闲职务""长期受冷遇""长期做寂寞清苦的工作"，形象生动的语义内容，就使得其惯用语的性质和地位更加明显。"小儿科"本是医学术语，由于不断扩大使用范围，就有了"比喻价值小、水平低、不值得重视的事物""比喻极容易做的事情""形容小气，不能被人看上"等不同意义。从这些意义的变化中就可以勾勒出惯用语发展的历时轨迹。

马后炮：象棋术语，借来比喻不及时的举动。

小儿科：①比喻价值小、水平低、不值得重视的事物。②比喻极容易做的事情。③形容小气，不被人看上。

空头支票：①因票面金额超过存款余额或透支限额而不能生效的支票。②比喻不能或不想实践的诺言。

唱白脸(～儿)：在传统戏曲中勾画白色脸谱扮演反面角色，比喻在解决矛盾冲突的过程中充当严厉或令人讨厌的角色(跟“唱红脸”相对)。

唱红脸(～儿)：在传统戏曲中勾画红色脸谱扮演正面角色，比喻在解决矛盾冲突的过程中充当友善或令人喜爱的角色(跟“唱白脸”相对)。

寄生虫：①寄生在别的动物或植物体内或体表的动物，如跳蚤、虱子、蛔虫、姜片虫、小麦线虫。②寄生虫从宿主取得养分，有的并能传染疾病，对宿主有害。比喻能劳动而不劳动、依靠剥削为生的人。

夹生饭：①半生不熟的饭。②比喻开始做没有做好再做也很难做好的事情，或开始没有彻底解决以后也很难解决的问题。

龙门阵/摆龙门阵：〈方〉谈天或讲故事。

擦边球：打乒乓球时擦着球台边沿的球，后来把做在规定的界限边缘而不违反规定的事比喻为打擦边球。

对台戏/唱对台戏：①两个戏班为了互相竞争，同时演出的同样的戏。②比喻采取与对方相对的行动，来与对方竞争或反对、搞垮对方。

打退堂鼓：封建官吏退堂时打鼓，现在比喻做事中途退缩。

有意思：①有意义、耐人寻味。②有趣。③指男女间有爱慕之心。

可见，惯用语的意义往往源自自由词组的某一具体动作行为意义。在语言使用中，借助于修辞格的作用，这种原本比较具体的意义变得越来越概括抽象，有时这样抽象出来的意义还不止一种，这就产生了多义惯用语。而多义性也使得惯用语自身的性质进一步强化，变得更为突出明显。同时，单义惯用语和多义惯用语的并存，也恰好在一定程度上体现了惯用语语义演变的层次性和复杂性。

附注：

① 中国社会科学院语言研究所词典编辑室.《现代汉语词典(第 5 版)》，商务印书馆，2005 年，第 506 页。

② 胡裕树主编《现代汉语(重订本)》，上海教育出版社，1996 年，第 258 页。

③ 黄伯荣、李炜主编《现代汉语(上册)》，北京大学出版社，2012 年，第 198 页。

④ 黄伯荣、廖序东主编《现代汉语(上册)》，高等教育出版社，2002 年，第 321 页。

⑤ 张永言《词汇学简论》，华中工学院出版社，1982 年，第 131 页。

⑥ 葛本仪《现代汉语词汇学》，山东人民出版社，2001 年，第 19—20 页。

⑦ 刘中富《实用汉语词汇》，安徽教育出版社，2003 年，第 52—53 页。

参考文献：

[1] 葛本仪.现代汉语词汇学[M].济南：山东人民出版社，2001.
[2] 胡裕树.现代汉语(重订本)[M].上海：上海教育出版社，1996.
[3] 黄伯荣，李炜.现代汉语(上册)[M].北京：北京大学出版社，2012.
[4] 黄伯荣，廖序东.现代汉语(增订第 3 版)(上册)[M].北京：高等教育出版社，2002.
[5] 刘中富.实用汉语词汇[M].合肥：安徽教育出版社，2003.
[6] 马国凡，高歌东.惯用语[M].呼和浩特：内蒙古人民出版社，1982.
[7] 孙维张.汉语熟语学[M].长春：吉林教育出版社，1989.
[8] 武占坤，王勤.现代汉语词汇概要[M].呼和浩特：内蒙古人民出版

社，1986.
[9] 张永言.词汇学简论[M].武昌：华中工学院出版社，1982.
[10] 中国社会科学院语言研究所词典编辑室.现代汉语词典(第5版)[Z].北京：商务印书馆，2005.
[11] 中国社会科学院语言研究所词典编辑室.现代汉语词典(第7版)[Z].北京：商务印书馆，2016.

(作者单位：北京师范大学文学院，北京，100875)

“多元一体”与中华谚语史构建

付建荣

我国著名的民族学和人类学家费孝通先生在香港中文大学发表“泰纳演讲”(Tanner lecture, 1988)时首次提出“中华民族多元一体格局”的理论学说,他在演说中提出:“我将把中华民族这个词用来指现在中国疆域里具有民族认同的十亿人民。它所包括的五十多个民族单位是多元,中华民族是一体,它们虽则都称‘民族’,但层次不同。”“中华民族作为一个自觉的民族实体,是近百年来中国和西方列强对抗中出现的,但作为一个自在的民族实体则是几千年的历史过程所形成的。我这篇论文将回溯中华民族多元一体格局的形成过程。它的主流是由许许多多分散孤立存在的民族单位,经过接触、混杂、联结和融合,同时也有分裂和消亡,形成一个你来我去、我来你去,我中有你、你中有我,而又各具个性的多元统一体。”[1](p.1)费先生的这番话,高度概括了“中华民族多元一体格局”形成的历史过程,为我们认识中国民族和文化的总特点及其历史形成过程提供了一件有力的认识工具和理解全局的钥匙。[2](p.297)同样,这一理论对我们宏观认识中华谚语的总特点及其形成的历史过程,构建中华谚语史具有重要的指导意义。

中华谚语史研究是对中华谚语形成与发展历史的整体研究,是中国谚学发展在当前提出的新要求,也是当代谚学研究的新课题，具有重要的学术价值和社会意义。“中华民族多元一体”格局理论学说，决定了我们要树立中华多民族谚语史观，为我们构建中华谚语史奠定了坚实的学理依据；有关中华谚语史研究的成果和学科观念的逐渐转变，为我们构建中华谚语史奠定了一定的学科基础。中华谚语史的构建研究应在分期的基础上，从纵横两个维度确定的坐标轴展开研究，即横向描写不同历史分期内中华谚语形成的系统面貌和纵向比较不同历史分期内中华谚语系统面貌的总体发展变化。

一、中华谚语史的提出

这里所说的“中华谚语”，是指中华民族的谚语，包括中国境内古今各民族的谚语。在中华民族“多元一体”格局理论中，虽然“中华民族”作为一个自觉的民族实体是在辛亥革命之后出现的①，但作为一个自在的民族实体，“中华民族”则是在几千年的历史进程中逐渐形成的多元统一体。从这个角度讲，“中华民族是中国古今各民族的总称，是由众多民族在形成统一国家的长期历史发展中逐渐形成的民族集合体。”[2](p.253)在中华民族“多元一体”格局形成的历史进程中，中华大地上的众多民族在生产、生活实践中，创造了本民族风格鲜明的谚语，形成了中华谚语多元的源头，这些谚语随着民族的接触、混杂、联结和融合，经过传承、发展、借用、融合，有机地构成了多姿多彩的中华谚语。因此，中华谚语是古往今来中华各民族共同创造的谚语，是中华古今各民族谚语系统的集合。这一集合由载体与样态、结构与功能、审美情趣与价值取向、文化心理与表达意向等一系列子系统构成，具有同一性和多样性的基本特征，是中华民族祖祖辈辈流传的重要文化资源和精神财富。

谚语是在历史上形成并不断发展变化的，中华谚语是中华民族在“多元一体”格局的历史进程中逐渐形成并不断发展变化的产物。本文提出的“中华谚语史”，就是指中华谚语形成与发展的历史。在中华谚语发展史上，虽然各民族谚语发展水平很不平衡，对中华谚语的贡献有大有小，有多有少，但中华谚语的多民族共同创造的特征却不应被忽视。真正意义上的中华谚语史，是中华古今各民族共同创造的谚语史，这是中华谚语整体性最直接的体现，也是对中华谚语史最基本的认识。中华谚语史研究，就是关于中华谚语形成与发展历史的整体研究。这一研究的提出，具有如下几个方面重要的学术价值。

中华谚语史研究是构建完整的“中国谚学”的必然要求。新中国成立以来，中华谚语在整理与研究方面取得了长足的进步，已经搜集到了数量丰富的谚语资料，编纂出了许多体例不同的谚典，也积累了很多有益的研究成果，内容涉及谚语的界定、性质、特点、语义、语法、修辞、文化、谚典、翻译、教学等多个方面。正如李耀宗先生所言，“我国广大谚语学者的多年辛劳，业已初步构筑起‘中国谚学’的理论框架。这一框架，在谚语自身研究方面，尤显成熟；在谚语的文化属性研究方面，也正以浓厚的中国特色和优势，跻身世界谚学之林。”[3](p.29)任何一个成熟的学科，都有自己的历史研究。但以往的中华谚语研究基本是在共时平面展开的割裂研究，有关中华谚语历史的研究十分薄弱。就笔者管见，除了安德明先生不足两万字的汉族《谚语史》②之外，未见其他专门的《谚语史》研究著作，更缺乏能够体现中华多民族谚语史观的《中华谚语史》研究之作，这跟当前中国谚学的发展是不相适应的。因为中华现代谚语是从中华古代谚语发展而来的，我们对中华谚语的研究，应当有比较全面深入的了解，不仅要懂得它的今天，还应当懂得它的昨天和前天，从而预见它的将来，不应当隔断它的历史和现在，这就需要我们对中华谚语的历史展开研究。这既是中国谚学发展在当前提出的新要求，也是当代谚学研究的新课题。中华谚语史研究必将为中国谚学的发展提供坚实的历史依据和重要的理论基础，开创中国谚学研究的新局面。

中华谚语史研究有助于中国民间文学史、中国语汇史的全面深入研究。从中国谚学发展的历史来看，对中华谚语研究的认识曾有三次重大的突破：20 世纪上半叶，中华谚语被视为"平民文学"，纳入了民间文学的研究范畴，郭绍虞《谚语的研究》(《小说月刊》1921.1)开创了这方面研究的先河；新中国成立之后，《中国语文》(1960.11)刊登了马国凡先生《谚语的特点》一文，标志着谚语不仅是民间文学的研究对象，而且是语言学的研究对象，从此谚语又被纳入了词汇学的研究范畴；新世纪以来，温端政先生在《论语词分立》(《辞书研究》2002.6)、《汉语语汇学》(商务印书馆，2005)、《再论语词分立》(《辞书研究》2010.3)等系列论著里，提出了"语词分立"的理论学说，主张将成语、谚语、惯用语、歇后语纳入语汇学的研究范畴，建立与词汇学相平行的语汇学。回顾这段学术历程不难发现，著名的民间文学家钟敬文先生在《民间文艺学的科学体系及研究方法》(《民族文学研究》1981.3)、《谈谈民间文学在大学中文系课程中的位置》(《北京师范大学学报》1996.6)等文中就曾呼吁过开展"谚语史"研究，著名语言学家温端政先生在《也谈"语汇重要，语汇难"》一文中也曾呼吁开展"语汇史"(含"谚语史")研究，认为"语是在历史上形成并不断发展变化的，研究语的形成和发展演变，无疑是语汇研究的重中之重，也是难中之难"[4]。2016

年在山西运城召开的“全国汉语俗语发展学术研讨会”上，温先生进一步指出：“探索俗语（含“谚语”）的产生和发展演变规律，这是难点中的难点。只有突破这一点，俗语的发展研究才具有科学性。”但令人遗憾的是，无论是民间文学史，还是词汇史（语汇史研究尚未展开），谚语大都是被丢弃的对象，更谈不上充分的观照。因此，从谚语归属的大学科角度来说，开展中华谚语史研究，必将为中国民间文学史，尤其是中国语汇史的全面深入研究提供重要的事实依据和有力的理论支撑。

中华谚语史研究有助于弘扬中华文明，坚定文化自信。进入21世纪以来，面对全球化的冲击，积极发掘传统文化中的元典精神，关照传统文化的创新，越来越成为社会关注的焦点。中华谚语是中华文化的重要载体，对于挖掘中华民族的民族文化、地域文化和民间文化具有十分重要的价值，而中华谚语本身又是中华文化的重要组成部分。高有鹏指出：“一部谚语史，是一部民间文化哲学史，也是一部科学技术思想史。在我们的民间文学发展史上，谚语的保存给我们提供了理解、认识一个时代文化精神的最直接、最方便的钥匙。”[5](p.285)因此，研究中华民族谚语的历史，传承与保护这份难得的优秀文化遗产，对于挖掘中华民族不同历史时期的文化精神，见证中华民族的历史交融与文化认同，印证中华民族“多元一体”文化格局的形成，建设中华民族共有的精神文化家园，有着重要的学术价值和现实意义。

二、中华谚语史构建的学理依据和学科基础

中华谚语史的构建是有其内在的学理依据和学科基础的。中华谚语是在中华民族多元一体格局的历史进程中逐渐形成并不断

发展变化的产物，中华谚语史是中华多民族共同缔造的谚语史，这些事实决定了我们要确立中华多民族谚语史观，是我们构建中华谚语史坚实的学理依据。同时，有关中华谚语历史研究的成果和学科观念的逐渐转变，为我们构建中华谚语史奠定了一定的学科基础。

（一）中华谚语史构建的学理依据

中华谚语在历史上是如何形成的？又是如何发展变化的？这是中华谚语史研究要解决的基本问题。众所周知，谚语是一个民族语言的精华，也是一个民族文化的瑰宝，是一个民族在历史上逐渐形成的产物。中华谚语形成与发展的历史，与中华民族"多元一体"格局形成的历史息息相关。20世纪末，费孝通先生提出的"中华民族多元一体格局"学说，在中国民族学、历史学、文化学、文学等领域产生了巨大的影响。费先生论证了"中华民族"是一个由中华各民族结合成的相互依存而不可分割的"民族实体"，强调"多元"是指各兄弟民族各有起源、形成、发展的历史，其文化、社会也各具特点而区别于另外的民族，"一体"则是指各民族的发展相互关联、相互补充、相互影响、相互依存，与整体有着不可分割的内在联系和共同的民族利益。中华民族由多元形成一体的过程是在历史上逐步完成的，它的主流是由许许多多分散孤立存在的民族单位，经过接触、混杂、联结和融合，同时也有分裂和消亡，形成一个你来我去、我来你去，我中有你、你中有我，而又各具个性的多元统一体。最初先有各地区的初级统一体，继而形成长城内外北牧南耕的两大统一体，后又以汉族为特大核心，通过各民族流动、混杂、分合、通商等，将各民族串联在一起，形成了中华民族自在的民族实体，并取得大一统的格局，近代则在共同抵抗西方列强的压力下形成一个休戚与共的自觉的民族实体。在中华民族统一体中存在着多层次的多元结构，各层次的多元关系又存在着分分合合的动态和分而未裂、融而未合的多种情状。[1](p.18)

中华谚语正是在这样一种历史进程中逐渐形成并不断发展变化的产物。具体来说，在中华民族"多元一体"格局形成的历史过程中，中华众多民族祖祖辈辈都在创造并发展着本民族的谚语。虽然各民族都有自己谚语形成与发展的历史，但无论在哪个时期，民族之间都存在碰撞和交融，中华众多民族的谚语又存在相互关联、相互补充、相互融合，与整体有着不可分割的内在联系。这种联系显在地表现为，因为民族的碰撞接触，或多或少地吸收并流传着他民族的谚语；因为民族的交融，不同民族的谚语汇聚到了某一共同民族谚语的构成中；因为民族的分裂，原来民族的谚语又被不同的新生民族传承并继续发展。中华各民族文化存在的互动和交融，又隐性地影响着谚语的文化属性。因此，中华谚语史并非各民族谚语独立发展史的简单加和，而是一部中华众多民族共同创造的，经过传承、发展、变化、借用、交融，也有消亡，逐渐形成的一种既独立发展、各具个性而又相互影响、相互联系的谚语史。

在中华谚语形成与发展史上，虽然谚语的来源是多元的，各民族谚语发展的水平很不平衡，对中华谚语的贡献有大有小，有多有少，但中华谚语由多民族共同创造的特征却不应被忽视，真正意义上的中华谚语史，是中华古今各民族共同创造的相互影响、相互关联的谚语史。这就决定了我们要树立中华多民族谚语史观，确立各民族谚语在中华谚语史上的主体地位，摒弃"大汉族主义"观念，充分尊重各民族谚语对中华谚语形成与发展的历史贡献，客观地认识中华谚语史是一部多民族谚语发展的历史。因此，中华谚语史的构建要树立中华多民族谚语史观，这是我们认识中华谚语多民族共同创造的性质及历史发展过程的基本原则和观点，是我们构建中华谚语史的逻辑起点和理论基础。李晓峰先生曾指出，“中华民族多元一体格局”的理论作为中华多民族文学史观的学理基础，就在于这个学说从民族学、历史学、文化学的角度客观地描述了中华民族形成的历史过程，厘清了各民族在中华民族多元一体格局中的地位和各民族之间的关系，历史地还原了各民族对中华民族发展的贡献，它为我们认识多民族共同创造的中国文学真实的历史面貌提供了民族学、历史学、文化学的理论支撑和依据。[6](p.8)同样，“中华民族多元一体格局”理论学说，为我们确立中华多民族谚语史观、构建中华谚语史奠定了坚实的学理依据。

（二）中华谚语史构建的学科基础

中华人民共和国成立以来，出现了不少有关中华古代谚语的专书、专类和专题研究成果。如倪根金《〈齐民要术〉农谚研究》、陈桥驿《〈水经注〉的歌谣谚语》（《郑州大学学报》1990.1）、陈宗振《〈突厥语大词典〉中的谚语》、古·肉孜《试论〈突厥语大词典〉中的谚语》（《语言与翻译》1997.4）、王兴先《〈格萨尔〉谚语试评》（《西北民族学院学报》1984.2）、王建莉《〈蒙古风俗鉴〉谚语研究》等是以某一专书谚语为研究对象的。杨富学《敦煌出土回鹘语谚语》（《社科纵横》，1994.4）、黄建宁《笔记小说俗谚研究》（川大博士论文，2004）、范春媛《禅籍谚语研究》（南师大博士论文，2007）等是以某一专类体裁谚语为研究对象的。孟肇咏的《试论古谚语非共时性的结构变化》（《语文研究》1985.4）、《古谚语的谐音变体》（《语文研究》1987.4）、廖泽余的《维吾尔谚语源流浅说——简论〈突厥语大词典〉的谚语》（《新疆师范大学学报》1986.2）等是专题研究的代表之作。中华人民共和国成立以来,还出现了一些辑录古代谚语的辞典,如李舞阳、刘大林《〈格萨尔〉谚语选》(藏文,民族出版社,1984年)从18部《格萨尔》分部本中选编出了近2000条古代藏谚,玉勤《劝学篇》采集了各种满文古籍文献和民间谚语近1000条,王树山《中国古代谚语》、张鲁《古谚语辞典》、温端政《古今俗语集成》《中国谚语大辞典》《谚海》等更是收录了数量宏富的古代汉谚。这些整理与研究成果虽然是单一分散的研究,但能为中华谚语史研究提供资料和依据,是中华谚语史研究的基础性工作。

在中华谚语整理与研究方面,近年来出现了一些多民族谚语比较研究的文章和收录多民族谚语的辞典,显示出了中华多民族谚语由分散研究向整体研究转变的学科走向。在研究成果方面,赵阿平的《满汉谚语语义辨析》(《满语研究》1992.1)、高娃《满蒙汉谚语语义比较》(《满语研究》2005.1)、王鸿雁和阿不都外力的《维汉谚语形式对比分析》(《中央民大学报》2005.4)、《维汉谚语语义文化比较分析》(《新疆社会科学》2005.4)、成世勋的《哈汉谚语文化内涵对比研究》(《民族教育研究》2009.3)、《汉语与哈萨克谚语句式结构对比研究》(《新疆教育学院学报》2013.2)等文章,分别从语义、形式、文化、结构等角度进行了多样化比较研究,对认识中华谚语同一性和多样性的特征具有重要的意义。在辞典编纂方面,台湾学者朱介凡的鸿篇巨制《中华谚语志》,收录了汉谚之外的蒙谚138条、藏谚55条、高山谚100条,还有其他少数民族谚语若干条。《中国谚语集成》系列丛书更是辑录了我国古今各民族谚语的集大成之作,"真实、全面、准确地反映出中国各民族谚语创作和流传的面貌,体现出中国广大民间文学工作者们对谚语搜集、整理、翻译、研究的水平及成果"。[7](p.8) 这些整理与研究成果,不仅为中华谚语史研究提供了丰富的资料依据和研究样式，也为中华多民族谚语史观的确立奠定了一定的学科基础。

自20世纪末“中华民族多元一体格局”学说提出以来，在中国民族学、历史学、文化学、文学等学科领域产生了巨大的影响，这些主流的学术史领域纷纷确立了“中华民族多元一体格局”的文学史观、哲学史观、文化史观等，从不同的研究领域对中华文明起源的多源性、创造主体的多元性、文化的多样性展开了深入的反思和自觉的研究。在谚学研究方面，中华民族多元一体的谚语史观也正处在逐渐确立的过程中，李树新先生主持的国家社科基金重大项目“中华多民族谚语整理与研究”(2016年获批)，以汉谚、蒙谚、藏谚、维谚、哈谚、朝谚、彝谚、壮谚为主要研究对象，兼顾其他少数民族的谚语，系统地开展中华多民族谚语义类体系构建研究、中华多民族谚语语言特征研究和中华多民族谚语文化学研究、中华多民族谚语语料搜集整理、中华多民族谚语研究成果整理的工作，标志着中国谚学研究领域学科观念的自觉转变。

综上所论，中华谚语历史研究成果的积累和中国谚学研究领域学科观念的逐渐转变，不仅为我们构建中华谚语史奠定了一定的学科基础，同时也对中华多民族谚语史观的理论构建奠定了一定的学科基础。我们相信，中华多民族谚语史观的确立必将推动中华谚语史研究观念、研究方法、研究范式的重大转型。

三、中华谚语史的构建研究

“中华谚语史”，就是关于中华谚语形成与发展的历史。研究中华谚语的历史，就要遵循中华谚语发展的内在脉络，从谚语形成与发展的角度出发，认真地总结中华谚语在不同历史时期的面貌和特点，全面描写中华谚语在历史上的形成过程，宏观梳理在不同历史时期总体上发生了哪些发展变化，探索这些发展变化的原因和特点，揭示出其发展变化的内在联系和规律，以此来展现中华谚语史的整体面貌和清晰轮廓。因此，中华谚语史研究应在分期的基础上，从纵横两个角度确定的坐标轴展开研究。

（一）中华谚语史的分期

和众多的学科史研究一样，中华谚语史研究必然会涉及历史分期问题。中华谚语史的分期，根据研究语料的特点和“中华民族多元一体”格局的形成过程，可以先粗略地分为四个时期：上古时期（夏商周秦）、中古时期（汉魏南北朝隋）、近代时期（唐宋元明清）和现代时期（辛亥革命至今）。

中华谚语史的上古时期，即夏商周秦时期。夏商周三代正是汉族前身华夏这个民族集团从多元形成一体的历史过程，后又经历了战国纷争到秦建立统一的中央集权制。上古时期谚语语料的主要特点是，不同族团的中华谚语依靠汉语文献记载了下来，《文心雕龙·书记》：“牧誓曰：‘古人有言，牝鸡无晨。’大雅云：‘人亦有言，惟忧用老。’并上古遗谚，《诗》《书》所引者也。”从当时谚语的引用辞“古语”“古者有语”“古人有言”“先人有言”“昔人有语”“先民有语”“夏谚曰”“周谚曰”等来看，这些谚语都是流传已久的上古遗谚。不同部族、不同地域的谚语也有记载，如《孟子·梁惠王下》：“夏谚曰：‘吾王不游，吾何以修？’”《左传·隐公十一年》：“周谚有之曰：‘山有木，工则度之；宾有礼，主则择之’”《论语》：“南人有言曰：‘人而无恒，不可以作巫医。’”《孟子》：“齐人有言曰：‘虽有智慧，不如乘势。’”

中华谚语史的中古时期，即魏晋南北朝隋时期。中华民族多元一体格局的核心从华夏民族演变为汉族，同时形成了长城内外北牧南耕两大统一体，后又经历了南北朝的分裂局面到隋的统一，中华大地上的民族碰撞交融得到了充分的加强，是中原地区民族大杂居、大融合比较明显的一个时期。中古时期谚语语料的主要特点是，中华谚语主要依靠汉语文献记载，而且记载谚语的文献就更多了，凡史书地志、笔记小说、文学作品、科技杂著等都散存着数量相当丰富的谚语。另外一个鲜明的特点是，随着佛教的传入，域外民族的谚语（即佛源谚语）大量地进入中华谚语语汇系统里。

中华谚语史的近代时期，即唐宋元明清时期。中国形成了大一统局面，元清两代由蒙满两族建立，民族的交融碰撞进一步加强。近代时期谚语语料的主要特点是，不仅用汉语记载的中华谚语浩如烟海，尤其是唐宋时期的语录、元代的戏曲、明清时期的小说是保存谚语的三大渊薮资料[③]，而且用多民族语言记载的中华谚语也十分丰富，如《突厥语大词典》和《福乐智慧》记载的古谚近 500 条，《格萨尔》记载的古谚超过 2000 条，被誉为“谚语的海洋”。

中华谚语史的现代时期，即辛亥革命到现在。辛亥革命后中华民族在同西方列强的对抗中形成了自觉的民族实体，新中国成立后建立了统一的多民族国家，并在《宪法》中明确了“中国各族人民共同创造了光辉灿烂的文化”，民族的统一交融空前高涨。现代时期谚语语料的主要特点是，不仅书面语中记载的中华谚语浩如烟海，而且民间口语中保存的谚语资源极为丰富。进入 20 世纪，民间谚语的采集就掀起了高峰，据曹伯韩统计，民国时期我国出版的谚语书籍不下三四十种。新中国成立以来，中华各民族谚语的口语采集成果就更为丰硕了，这些成果为中华谚语研究提供了极其丰富鲜活的口语语料。

（二）横向描写不同历史分期内中华谚语形成的整体面貌

索绪尔在《普通语言学教程》中首次提出了语言共时研究与历时研究的方法，“有关我们这门科学的静态方面的一切都是共时的，涉及演化的一切都是历时的。”[8](p.117) 对于中华谚语史研究来说，横向描写不同历史分期内中华谚语的整体面貌属于共时研究，主要的任务就是对不同历史分期内中华谚语的来源、构成、特点和成因进行整体的描写和全面的总结。就其研究内容而言，宜从三个层次展开。

第一层次研究，以中华谚语来源的多源性、创造主体的多元性、文化义类的系统性为主要切入点，对中华谚语的来源和构成面貌展开系统研究。中华谚语是古往今来中华各民族共同创造的谚语，在中华民族由多元形成一体的历史进程中，中华大地上的每个民族都曾创造过本民族风格鲜明的谚语。因此，中华谚语的创造主体是多元的，来源也是多源的，中华谚语史共时研究的一个任务就是揭示创造主体的多元性和来源的多源性。在不同历史分期内，中华谚语的构成都是一个庞大的系统，因此另一个任务就是在文化义类体系构建的基础上去揭示这种系统性，全面描写中华谚语构成的整体面貌。第二层次研究，分别从中华谚语语义内容、形式特征和文化内涵三个方面切入，充分运用比较的研究方法，对不同历史分期内中华谚语系统内部表现出的同一性、多样性和互动性展开全面深入的研究。由于地理环境的差异、民族文化的差异、民族语言的差异、审美意识和倾向的差异等因素，任何一个民族都有本民族独特的谚语形式和内涵，因而造成了中华谚语多样性的特征，当然不同民族的谚语也都有许许多多的共同性，充分揭示中华谚语系统内部的同一性和多样性，对深入认识中华谚语的整体面貌和特点具有重要的意义。中华谚语是多民族的谚语，存在着多层次的互动关系，有浅层的借用，有深层的融合，还有异质文化带给谚语的隐性影响，中华谚语史研究需要深入揭示民族交融在谚语史上的种种互动表现。第三层次研究，从历史、语言、社会、民族、文化等多方位阐释不同历史分期内中华谚语整体面貌和特点的成因。

（三）纵向比较不同历史分期内中华谚语整体面貌的发展变化

对于中华谚语史研究来说，纵向比较不同历史分期内中华谚语的发展变化属于历时研究，主要任务就是对不同历史分期内中华谚语的整体面貌进行比较，说明在总体上对前代有哪些继承，又有哪些发展变化，并对这种发展变化的特点进行总结，原因进行分析，规律进行总结。就其研究内容而言，也应从三个层次展开。

第一层次研究，就是对不同历史分期内中华谚语的整体面貌进行比较研究，以此发现中华谚语发展史上总体的传承与发展变化情况，从总体上对这种发展变化的内容和特点进行全方位的总结。第二层次研究，在总结的基础上全面解释造成这种发展变化的原因，既要考虑社会发展、民族交融、文化演变等外在原因，也要考虑语言变化、结构对称、韵律和谐等内在原因，还要考虑语言接触、陌生化、讹传等特殊原因。第三层次研究，就是在前面研究的基础上，揭示出中华谚语发展变化的内在联系和规律。最后，把共时研究成果和历时研究成果有机地结合起来，力图展示中华谚语史的整体面貌和清晰轮廓。

结语

中华谚语史研究是中国谚学发展在当前提出的新要求，也是当代谚学研究的新课题，具有独特的学术价值和重要的社会意义。"中华民族多元一体"格局理论学说，是构建中华谚语史坚实的学理依据，决定了我们要树立中华多民族谚语史观；有关中华谚语史研究的成果和学科观念的逐渐转变，为构建中华谚语史奠定了一定的学科基础。中华谚语史的构建研究应在分期的基础上，从纵横两个角度确定的坐标轴展开研究，即横向描写不同历史分期内中华谚语形成的整体面貌和纵向比较不同历史分期内中华谚语整体面貌的总体发展变化。当前，中华谚语史研究，还处于开步走的阶段。前贤虽然做出了一些零散的研究工作，为中华谚语史研究奠定了一定的基础，但由于缺乏科学研究风向标的指引，学科意识和理论意识薄弱，研究目标和研究思路都不甚明确，这在很大程度上制约了中华谚语史全面深入研究。这篇文章的意思，就是想在开步走之前吹一下哨子，希望能够引起我们对中华谚语史研究工作的重视，促进中华谚语史研究早日进入繁荣局面。

附注：

① 比如，在 1913 年初，内蒙古西部 22 部 34 旗王公决议"联合东蒙反对库伦"的声明："数百年来，汉蒙久成一家"，"我蒙同系中华民族，自宜一体出力，维持民国"。这就是中国少数民族自觉认同是"中华民族"一员的实例。

② 安德明《谚语史》是祁连休、程蔷、吕微主编的《中国民间文学史》(河北教育出版社，2008 年)的一部分内容，非独立的谚语史专著。

③ 范春媛曾以《祖堂集》《五灯会元》和《古尊宿语录》作为收集禅宗语录谚语的主要资料，收集到的谚语达 700 多条(《禅籍谚语研究》，南京师范大学博士学位论文，2007 年，第 118 页)。孟昭泉对《三国演义》《水浒全传》《西游

记》《金瓶梅》《儒林外史》和《红楼梦》中谚语的使用情况进行了统计，这 6 部小说总共用了近 1300 条谚语（《试论谚语在几部明清长篇小说中的运用》，《中州大学学报》1984 年第 1 期），足见近代时期谚语的丰富程度。

参考文献：

[1] 费孝通.中华民族的多元一体格局[J].北京大学学报(哲社版)，1989(4).

[2] 费孝通主编.中华民族多元一体格局[M].北京：中央民族大学出版社，1999.

[3] 李耀宗.中国谚学若干问题谭要[J].海南大学学报(人文社科版)，2000，(4)；2001(1).

[4] 温端政.也谈“语汇重要，语汇难”[J].语文研究，2006(3).

[5] 高有鹏.中国民间文学史[M].开封：河南大学出版社，2001.

[6] 李晓峰.中华多民族文学史观的理论基础极其内涵[J].民族文学研究，2008(4).

[7] 全国艺术科学规划领导小组办公室编.国家社会科学基金艺术学项目成果选介汇编(第 1 辑)[M].北京：文化艺术出版社，2013.

[8] 索绪尔著，高名凯译.普通语言学教程[M].北京：商务印书馆，1999.

（作者单位：内蒙古大学文学与新闻传播院，

内蒙古呼和浩特，010070）

从语法关系看体词性语汇由指称到叙述的转变

——以《语海》语目为例

马 启 红

一、引言

王力先生(1937/1940)说过,“语句乃是种种观念的综合。甲观念与乙观念综合,有时候用文法成分表现二者的关系,这是所谓‘屈折作用’及‘介词’;甲语句与乙语句综合,有时候用文法成分去表示它们的关系,这是所谓‘连词’;我们说有时候用它们,因为有时候也可以不用的。不用的时候,这些关系的表现,往往寄托在词的次序之上;甚或不用文法成分与词的次序去表现,只把甲观念与乙观念并列着,甲语句与乙语句并列着,让对话人自己去体会它们的关系。这种情形,在中国语里最为常见”。[1]367 体词性语汇的结构形式就属于这种情形,它或是两个体词或体词性短语按一定顺序前后排列,或是两个甚至多个意象直接拼合。体词性语汇中的 $N(NP)_1$ 和 $N(NP)_2$ 常是言语成链,相连为流,中间无动词,无关联词,组合时通过语义、逻辑或词序使得层次间语义自然连贯,形成一个语义高度融合的整体。比如:锦心绣口｜羊质虎皮｜筚门闺窦｜冰壶秋月｜北鄙之音｜髀肉之叹｜大猫头，老鼠尾｜柴米油盐酱醋茶｜春蟹夏鲎秋翅冬参｜好过的年，难过的春｜娘前的孩子，靠家的狗｜一颗麦子一道缝，一个人一个性。其结构形式呈现出点状信息，人们对其理解并非被动地接受这些信息，而是要通过感悟，调动语言环境、认知常识、文化素养等主观因素积极主动地领会。

温端政先生(2005)对语汇有过精辟的论述：语汇，"语"的总汇。"语"，由词和词组合成的、结构相对固定的、具有多种功能的叙述性语言单位。叙述性是语区别于词和专名语、专门用语等其他定型的语言单位的主要特征。[2]60 而体词性语汇大多体现为一个特殊的指称形式，这些结构如何从指称形式转变为叙述性语言单位？本文从体词性语汇组合的语法关系入手探讨这一问题，以更好地理解和分析语汇的构语理据。

二、从语法关系看体词性语汇由指称到叙述的转变途径

指称是名词性成分的基本功能，很多与名词性成分相关的语法现象都牵涉到名词的指称问题。[3]111 体词性语汇组合大多由前后相连的两个体词或体词性短语组成，其表层结构就是一个指称形式或两个指称形式的组合，其表象特征很容易让人将其与名词作等同认定，"语词分立"的界限因此模糊。

温先生(2019)在《语词学基础》绪论部分开宗明义讲到"语"和"词"的异同之分，其中"语义"和"词义"的性质相异标示出"语""词"的根本性区别：词义(主要指实词的意义)是人们约定的对客观事物的指称，概念性是词义的基本特征；语义的性质与词义不同，它的特征不是概念性，而是叙述性。语义是两个或两个以上概

念的组合，从而构成叙述性。[4]9 主要表现使用该语言的人群对客观事物的种种描写和表述。[4]3

从语序上看，两个相连的名词或体词性短语作为直接成分进入同一结构体，形成偏正、联合、主谓三种主要的语法关系。以下以“语”的定义为准则，探讨此三种语法关系之下体词性语汇由表层的指称形式到深层叙述性语义的转化途径。

2.1 偏正关系

2.1.1 定中型体词性语汇分类

赵元任、朱德熙先生划定的体词范围比较宽泛。现在的语法著作都将处所词、方位词、时间词看成是名词次类，体词成为名词、区别词、数词、量词、代词的上位概念。体词都能修饰名词构成定中短语。

（一）$N(NP)_1+N(NP)_2$

羊肠小道｜班马文章｜半壁江山｜表里山河｜沧海一粟｜雕虫小技｜桂林一枝｜空中楼阁｜昆山片玉｜梁上君子｜月下老人｜皮里阳秋｜豆蔻年华｜一马平川｜膏粱子弟｜铁石心肠｜白面书生｜事后诸葛亮｜＊三分钟的热度｜＊热锅上的蚂蚁｜＊花岗岩脑袋

（二）VP＋N

滔天大罪｜盈盈秋水｜峥嵘岁月｜出水芙蓉｜断线风筝｜过眼烟云｜汗马功劳｜好好先生｜弥天大谎｜谦谦君子｜倾盆大雨｜过街老鼠｜蔽日旌旗｜＊锯了嘴的葫芦｜＊没笼头的马｜＊填不饱的饿狼｜＊喂不熟的白眼狼｜＊扶不起的阿斗｜＊没嘴的葫芦

（三）N_1（NP、VP）＋之＋N_2

NP：白华之怨｜半面之旧｜髀肉之叹｜杵臼之交｜郑卫之

音｜包胥之哭｜肘腋之患｜井底之蛙｜管鲍之交｜金兰之契｜绳墨之言｜白首之心

VP:抱柱之信｜饱学之士｜不白之污｜不羁之思｜知人之明｜指顾之间｜傥来之物｜害群之马｜后起之秀｜切肤之痛｜燃眉之急

2.1.2 定中型体词性语汇叙述功能的探讨

据布龙菲尔德的理论，偏正关系属向心结构，偏正短语的功能与中心语的功能相同。如上三组定中型体词性语汇也如此，跟名词的功能相当，具有明显的指称性，似乎与"叙述性"相抵触。这些定中型短语是"语"么?《语海》在收集惯用语时，将带"＊"的组合排除在外，而大量的定中型体词性成语却被收录进去。这样似乎出现了收语规则的不一致性，出现了定义范围与实际范围的不一致性。出现这种现象，主要有两种原因，其一是担心"的"字短语大量进入"语"的范畴;其二将"叙述性"等同于"陈述"，认为语的叙述性只限于"谓词性"的语，"体词性"的语不具有叙述性。温先生明确讲这是一种误会。[4]186

欲破解这些矛盾我们需要重新审视"语"的定义，区分"叙述"与语法意义上的"陈述"的细微差别，分析定中型体词性语汇指称和叙述的双重特性。

(一) 区分"叙述"与"陈述"

朱德熙先生(1983)曾经指出"语言的基本形式是指称和陈述，而指称形式在语法上的对应体是句子中的主词成分，陈述形式在语法上的对应体是谓词成分"。[5]陆俭明先生(1993)也曾指出，语言表达基本上取两种形态:指称形态和陈述形态。指称就是所指，陈述就是所谓。[6]95—96张斌先生(2004)直白地讲道:最适宜于表达指称的是名词或名词性语言单位，最适宜于表达陈述的是动词或动词性语言单位。[7]

"叙述"与"陈述"是一对近义词，那就意味着"叙述"也与动词成分相关联。在"语"的定义中，"叙述性"是与"概念性"相对立提出的，"叙述性语言单位"由词与词组合而成，具有多种功能，与单纯表"概念性"的词形成区别，强调语义是两个或两个以上概念的组合，是词语层面的对立。也就是说"语"的叙述是要表述对事物的认识和判断，要描述事物的性质与状态。而"陈述"通常表示人的动作、行为以及事物的变化和事件的过程，语法学者一般将其归入句法层面。因而"叙述"并不能简单地等同于"陈述"，将"叙述"的功能和范围缩小到只是与"动作或变化"有关。

"叙述性语言单位"可以脱离语境，以表述、描述和引述的形式进行呈现，其中描述语既可以描绘人或事物的性质或状态，形成特殊的类指，又可以描述人们行为动作的方式，而特殊的类指就是依靠体词性指称形式来体现的。

句法层面的指称和陈述可以转化(此处不赘述)，定中型体词性语汇中"指称"与"陈述"严格地说不是转化关系，而是蕴含关系。比如张斌先生所举的例子"多香的茶"，就论述说其既有指称，又有陈述。[7]体词性语汇如"没笼头的马""败鼓之皮""害群之马"也是一样的，一旦指称性成分具有了定位——定性内涵，这个成分就可能隐含有陈述功能，可以在适当的组合中实现转化。[8]只是再怎么陈述，其最终指向仍然是体词性的，是隐含陈述的指称。

(二) 定中型体词性语汇通过表层呈现与深层表达实现描述功能

定中型体词性语汇表层表现为一个指称形式，深层却蕴含丰富的内涵与表达。

其一，通过描述指代一个特殊的类，如：班马文章｜桂林一枝｜昆山片玉｜梁上君子｜月下老人｜豆蔻年华｜膏粱子弟｜事后诸葛亮｜好好先生｜谦谦君子｜过街老鼠｜害群之马｜井底之蛙｜后起之秀｜金兰之契｜绳墨之言｜并蒂芙蓉，等等。我们知道，光杆名词形式的典型语义是表示类指的（刘丹青，2002），[9] 如果带了限制性形容词修饰语，光杆名词就不再适合做类指成分（唐正大，2006），[10] 如“红苹果、挺红的苹果、红彤彤的苹果、好红的苹果”，这些形容词复杂形式，对光杆名词本来的类指属性产生了影响。而在定中型体词性语汇中，通过偏项的修饰与限制，反倒使得光杆名词形成一个特殊的类指群。如“文章”本表示一个泛化的类指，但“班马文章”就成为可与班固、司马迁相媲美的文章。尤其是“A＋之 B”中，如 B“马、蛙、秀、契、言”本是一个个表概念的名词，但有 A 的修饰限制，有“之”的指别① 与指示，使“A＋之 B”具有特殊的类指含义。《管子·白心》中有“上圣之上，口无虚习也，手无虚指也，物至而命之耳”。此为因物命名，名和物之间呈现一种对应关系，那么“A＋之 B”有如名物对应对应又贴上别样的标签，如“马是害群之马”“地是不牧之地”“言是可以作为准绳、规矩的话”。

其二，通过描述显现出量性特征，具有了形容性的描述功能。如：羊肠小道｜半壁江山｜沧海一粟｜雕虫小技｜空中楼阁｜一马平川｜铁石心肠｜滔天大罪｜峥嵘岁月｜出水芙蓉｜过眼烟云｜汗马功劳｜弥天大谎｜倾盆大雨｜蔽日旌旗｜肘腋之患｜指顾之间｜切肤之痛｜燃眉之急｜＊锯了嘴的葫芦｜＊没笼头的马｜＊喂不熟的白眼狼｜＊扶不起的阿斗｜＊没嘴的葫芦｜＊三分钟的热度｜＊花岗岩脑袋。这里的成语自不必说，由于其二二相承的稳固结构，早已进入人们的“认知语库”，而带 * 号的惯用语，因“N_1/VP 的 N_2”结构中“的”的明显定语标记性，使得 N_2 的名词性成分凸显，这样从认知上就偏向于某个概念性的事物。然而这些定中结构的惯用语，定语“锯了嘴、没笼头、三分钟、喂不熟、扶不起”从性质、状态等方面对中心语进行了描写。这里结构助词“的”作为修饰性标记插入修饰语与中心语中，一定程度上使得修饰语更加显豁、自由，突出惯用语的描述性。王力先生讲“的”字的用途并不在乎表示两个观念之间的关系，而在乎帮助甲观念去限制乙观念。[1]348 因而，这里“的”不可隐去，一方面凸显偏项的修饰性，另一方面使得偏项对正项作出定性。如“扶不起的阿斗”，助词“的”既凸显出偏项“扶不起”的状态，又对正项“阿斗”作了“无能、无用”的判断。

其三，通过“之”的指别功能使隐含典故的指称性成语成为蕴含丰富语义的叙述性语言单位。

“A＋之 B”中 A 是当时具有代表性的文章篇名，用其指代一个事相，如：白华之怨｜白头之叹｜柏舟之节｜柏舟之誓｜北门之叹。“白华”，《诗经》中的篇名，该诗反映的是周幽王宠爱褒姒、以妾为妻的事，因而“白华之怨”即代指女子因失宠而产生的哀怨；“白头”源自卓文君的千古绝唱《白头吟》，因司马相如发迹后产生休妻纳妾的想法时悲愤所作，因而“白头之叹”也就成为年老时哀伤叹息的指代；《诗・鄘风・柏舟序》载：周朝的卫世子共伯早死，父母强迫其妻姜氏改嫁。姜氏情愿死也不肯再嫁，作诗《柏舟》。因而人们用“柏舟”描述夫死不嫁的节操与誓愿；“北门”，《诗经》的篇名，《诗经・邶风・北门序》中有“北门，刺仕不得志也。言卫之忠臣，不得其志尔”。“北门之叹”即可指代怀才不遇时发出的感叹。

“A＋之 B”中 A 是当时广为流传的故事，如：包胥之哭｜抱柱之信｜髀肉之叹｜伯夷之风｜杵臼之交｜不舞之鹤｜逐臭之夫。“哭、信、叹、风、交、鹤、夫”本是表概念的词，无奇，而一旦与耳熟能详的典故相联系，指称性语汇所传递的显著事理、现象、特征立现。“之”在其中不仅起到偏正结构助词的连接作用，同时还具有指示词的性质和功能，一定程度上对典故起到指别和强调的作用，使“包胥之哭｜抱柱之信｜髀肉之叹｜伯夷之风｜杵臼之交｜不舞之鹤｜逐臭之夫”中“哭、信、叹、风、交、鹤、夫”的显著度提高。

2.2　联合关系

2.2.1　联合型体词性语汇的多合结构

联合关系是非封闭的、开放的，可以自由扩展，由三个乃至更多名词结集，组成更大的 NP 结构。联合关系的开放性，显然是由其聚合特征赋予的。句法形式上，联合短语可以二合，也可以三合、四合……，属于多合短语，联合型体词性语汇可以充分体现这一特征，例如：

① 二合：土阶茅屋｜冰蚕火鼠｜象箸玉杯｜白叟黄童｜鸡群独鹤｜痴心女子，反面男儿｜米脂的婆娘安塞的汉｜香不过的猪肉，亲不过的娘舅｜白糖嘴巴砒霜心｜鼻涕一把泪一把｜老手旧胳膊

② 三合：京油子、卫嘴子、保定府的狗腿子｜蠢妻拗子糊涂妈｜铜驴铁骡纸糊的马｜破锅、漏房、病老婆

③ 四合：春蟹夏鲎秋翅冬参｜张三李四王二麻子｜琴棋书画｜酸甜苦辣｜柴米油盐｜鸡豚狗彘｜鸡犬桑麻

④ 五合：车船店脚牙｜艄皂店脚牙｜吃喝拉撒睡

⑤ 七合：柴米油盐酱醋茶

联合关系的几个直接成分，来自同一聚合，在句法结构中有着相同分布。并立性是联合关系的特征，联合型的体词性语汇项与项之间不用“和”类连词，而是通过前后并举的方式形成并立。

2.2.2 联合型体词性语汇中各关系类型语义叙述功能的体现

联合关系内部包含并列、选择、顺承、递进、转折等次类。

(一) 并列

(1) $N(NP)_1+N(NP)_2$ 结构并列、意义相似，与整个语目的语义大致相同，实现同义强化。

① 打出来的朋友，杀出来的交情：指经过种种磨炼和考验结成的友谊才是最至诚的。

② 打出来的铁，炼出来的钢：比喻人的坚强意志，是从艰苦的斗争实践中打磨、锻炼出来的。

③ 陈谷子，烂麻子：比喻陈旧、琐碎而无关紧要的话题或事情。

④ 水中月，镜中花：比喻虚幻的事物。

⑤ 行云流水：形容诗文、书法等自然流畅，不受拘束，就像飘浮着的云和流动着的水一样。

⑥ 寸晷风檐：寸晷，日影移动一寸的距离，指短暂的时间。风檐，透风的屋檐。形容科举考试考场寒冷，时间紧迫，考生艰苦难熬的情景。

⑦ 筚门闺窦：筚门，柴门。闺窦，小门，上尖下方，形状像圭（圭：古代的一种玉，长形，上锐下方）。指贫苦人家。

⑧ 凤毛麟角：凤毛，凤凰的毛。麟角，麒麟的角。比喻珍贵而稀少的人或事物。

⑨ 虎尾春冰：春冰，春天的冰，薄而易化。踩虎尾，履春冰。比喻处境极其危险，令人胆战心惊。

①—⑨中 $N(NP)_1$ 和 $N(NP)_2$ 均为偏正结构，意义相对独立，如果只说其中一项，都只是单纯的事物指称。而如果两项并立，同义聚合使语义在融合的同时随即形成内涵丰富的转喻，或构成形象化的类指。$N(NP)_1$ 和 $N(NP)_2$ 前后相连，两项之间自补自注，实现结构自足，在满足音步需要的同时表达出清晰丰富的语义。

两项同义并列，虽然在语义上有了羡余，但这是语汇结构自足性的需求。这种情况在汉语的词汇中也存在，如并列式合成词：关闭、汇集、改革、治理、美好、寒冷、光辉、奇怪、遥远、恭敬、呼唤、恐惧等，它们同义或近义并列也是出于双音节词的音步和韵律的需要。

(2) $N(NP)_1$ 和 $N(NP)_2$ 合在一起，表达一个整体意义，比单项的 $N(NP)_1$ 或 $N(NP)_2$ 的意义更概括、更抽象。

① 快马一鞭，快人一言：就像好马只需一鞭就能跑起来一样，爽快的人一句话就能做出决定。

② 好汉一言，快马一鞭：指英雄好汉一言九鼎，说到做到。

③ 吃饭的栈，睡觉的店：把家只当成吃饭睡觉的地方。指责人不着家，根本不关心家中的事。

④ 一把屎一把尿：形容辛苦艰难地抚育孩子。

⑤ 破锅、漏房、病老婆：形容家境非常困苦。

⑥ 白衣苍狗：天上的浮云形状像白衣，一会儿又变得像黑狗。比喻世事变化无常。

⑦ 弊车羸马：破车瘦马。形容为官清廉，生活俭朴。

⑧ 鸡肠兔儿胆：形容人心胸狭隘，胆子小。

①—⑧各语体中都包含有相关联的两项，⑤“破锅，漏房，病老婆”中列举了相关联的三项。如果单列出其中的一项，如“一把屎”“一把尿”“白衣”“苍狗”“弊车”“羸马”“鸡肠”“兔儿胆”，它们是一群结构简单或不自足的短语，只单纯地指称一些事物，而当它们两两形成并列时，新的结构和语义立即显现出来。$N(NP)_1$ 和 $N(NP)_2$ 连在一起，互相依靠衬托，表达出一个抽象概括的意义。

(3) $N(NP)_1$ 和 $N(NP)_2$ 两项合在一起，是两种或多种相关事物或现象的排列呈现。

① 喜酒、闷茶、生气的烟：指人喜悦时总爱喝酒，烦闷生气时不是喝茶就是抽烟。

② 春蟹夏鲎秋翅冬参：指春季的螃蟹、夏季的鲎肉、秋季的鱼翅、冬季的海参，味道鲜美，营养价值高。

③ 头锅饺子二锅面：饺子是头锅下的好吃，面条却是二锅下的好吃。

④ 少年木匠老郎中：木匠重体力，要年轻；医生重经验，要年老。指木匠年轻的好，医生年老的好。

⑤ 琴棋书画：弹琴、下棋、写字、绘画。泛指各种文艺修养。

⑥ 名缰利锁：名，名位。缰：缰绳，牵牲口用的绳子。利，利益。锁，锁链。名和利就像缰绳和锁链那样把人束缚住，使人不得自主。

①—⑥中各语体都包含有相关联的两项或多项，结构上体现为 $N(NP)_1$ 和 $N(NP)_2$ 排列呈现；语义上体现为 $N(NP)_1$ 和 $N(NP)_2$ 的纷呈演出。

(二) 转折

$N(NP)_1$ 和 $N(NP)_2$ 是并列的相反或相对的事物或现象，两者合在一起，在对比、映衬和强烈的反差中表达一个更概括的整体含义。如：

① 好过的年，难过的春：旧指穷人过了春节后便青黄不接，难以维持生活。

② 紧细的庄稼，耍耍的买卖：指种庄稼越及时越细致越好，做生意却不能太着急。

③ 乞食身，皇帝嘴：指责人家境贫困，却还要讲究吃喝。

④ 蜜罐子嘴，秤钩子心：比喻嘴里说得动听，心肠却很歹毒。

⑤ 君子貌，小人心：形容人外表堂正，内心卑鄙。

⑥ 刀子嘴，豆腐心：形容人嘴上厉害，心肠却很慈软。

⑦ 羊质虎皮：羊虽然披上虎皮，但仍然懦弱。比喻空有其表。

⑧ 咫尺天涯：咫尺，比喻距离很近。天涯，天边。比喻距离虽近，却像在天边那样难以相见。也比喻感情的隔膜。

⑨ 佛口蛇心：像佛一样的嘴，像蛇一样的心。比喻人嘴里说得好听而心里十分狠毒。

上面①—⑨，都是由意义相反或相对的 $N(NP)_1$ 和 $N(NP)_2$ 组合而成的，两项互相依靠，在平行组合时显示出特殊的亲和力，$N(NP)_1$ 和 $N(NP)_2$ 的意义和整体语汇语义也存在重合交叉的关系，若单项出现，则结构不平衡、含义不明确。实际上，反义语素合成词也有类似规律，如：松紧、开关、动静、买卖、呼吸、得失、旦夕、安危、今昔、得失、轻重……这些反义语素合成词语素义和词义之间同样存在交叉关系，即由词义与语素义的两重性形成的交叉。

（三）顺承

在所收集到的联合体词性俗语中，表顺承关系的很少，仅见如下一条：

学不完的聪明，上不完的当：人上当一次，就学一次聪明，当上不完，也就学不完聪明。指法术千变万化，令人防不胜防。

2.3 主谓关系

主谓型体词性语汇，如“一日千里｜前车之鉴，后事之师｜丑妻近地家中宝｜三斤半鸭子二斤半嘴”，主谓两部分均为体词。$N(NP)_1$为相对熟悉的已知信息，是被说明被确定的对象，$N(NP)_2$给$N(NP)_1$补充新信息，说明或确定$N(NP)_1$的内容，$N(NP)_1$和$N(NP)_2$构成主谓关系。

2.3.1 主谓型 $N(NP)_1+N(NP)_2$ 的陈述性标记

主谓型体词性语汇不用来指称人或事物，不是语言里的指称形式，在句子里较少充当主语、宾语，因而跟名词的功能不同。主要用来充当句子的谓语，或独立成句，是典型的陈述形式，$N(NP)_2$需具有陈述的能力，能对$N(NP)_1$进行说明。

主谓型体词性语汇不是动词谓语的省略形式，但确实大部分都能补入“是”类、“有”类、“在”类、“有如”类等动词，成为动词谓语句。因此，隐含的这些动词，可以说是主谓组合的隐性标记。

(一)“是”类

遍体(是)鳞伤。｜满目(是)疮痍。｜世代(是)书香。｜一会儿(是)风一会儿(是)雨。｜宰相家奴(是)七品官。｜一儿一女(是)一枝花。｜丑妇(是)家中宝。｜三个老婆(是)一台戏。｜一个女婿(相当于)半个儿。｜一两黄金(相当于)四两福。｜一刻(值)千金。｜一诺(值)千金。｜一字(值)千金。

(二)“有”类

一国(有)三公。｜赤地(有)千里。｜狡兔(有)三窟。｜肚子

底下(有)两条腿。|马王爷(有)三只眼。|百人(有)百条心。|一个神仙(有)一套法。|一颗麦子(有)一道缝,一个人(有)一个性。

(三)“在”类

一个(在)天上,一个(在)地下。|一脚(在)门里,一脚(在)门外。

(四)“有如”类

春天(有如)孩儿面。|春天(有如)后母面。|女儿心(有如)海底针。|泼出的水(有如)说出的话。|女人的心(有如)秋天的云。|五十五(有如)下山虎。|七月的天(有如)孩子的脸。|两片嘴皮子(有如)一网花。|冷茶饿酒(有如)断肠丸。

(五)标断逗号“,”类

主谓型 $N(NP)_1+N(NP)_2$,$N(NP)_2$ 结构简单,音节简短时,可直接放在 $N(NP)_1$ 后,充当谓语;$N(NP)_2$ 结构相对复杂,音节较长时,$N(NP)_1$ 和 $N(NP)_2$ 之间没有系词,为了区分主谓,使陈述关系显豁,一般要加上逗号,表示提顿,帮助判断。那么,逗号也成了陈述性标记。如:一点雨,一个鱼|一粒良种,千粒好粮|一脸笑,三分财|一任父母官,十万雪花银。谚语中用“逗号”作陈述性标记的情况较多一些。

2.3.2 主谓型体词性语汇陈述性(叙述性)语义关系分类

主谓间的语义关系,既是体谓句赖以存在的条件,又是体谓句分类的本质标准。主谓型体词性语汇主谓间的语义关系,主要有六种:

(一)同一关系

同一关系指的是,NP_1、NP_2 从不同角度指代同一事物,例如：

(1) NP_2 对 NP_1 陈述，表达一个等同判断

① 草膘、料力、水精神

② 富人的财，穷人的血｜穷人的汗，富人的饭

③ 丑妇家中宝｜丑妻近地家中宝｜丑妻薄地家中宝

草膘、料力、水精神，指牲口吃饱草料能上膘，多加饲料有力气，勤饮水有精神。谚语说成草膘、料力、水精神，从某种角度讲，草＝膘，料＝力，水＝精神。

“富人的财，穷人的血”“穷人的汗，富人的饭”指富人是靠剥削穷人生活的。从语义就可以断定，富人的财＝穷人的血，穷人的汗＝富人的饭。

“丑妇家中宝”“丑妻近地家中宝”“丑妻薄地家中宝”，很显然，“丑妇”“丑妻近地”“丑妻薄地”是“家中的宝”；“家中的宝”就是“丑妇、丑妻近地、丑妻薄地”。

(2) NP_2 是对 NP_1 所属性质的陈述

NP_2 对 NP_1 的所属性质进行陈述。如：当家人←恶水缸｜金银财宝←身外之物｜蛾眉皓齿←伐性之斧｜前车之鉴←后事之师｜医者←父母心｜春天←孩儿面｜女儿心←海底针｜说出的话←泼出的水｜人生一世←草木一秋｜生成的相←晒成的酱｜晚娘的拳头←云里的日头｜媒人的嘴←刷锅的水｜人的名儿←树的影儿｜衙门的钱←下水的船｜嫁出去的女←卖出去的地

上面这些体词性谚语除“金银财宝，身外之物”“前车之鉴，后事之师”之外，它们都属于比喻型判断。同时可见，单个名词作主语或谓语时受限制，如有修饰语的参与，一方面能使 $N(NP)_1$ 主题化、具体化，另一方面赋予了 $N(NP)_2$ 述谓性。

(二) 空间关系

空间关系即存现关系，表示某人、某物存在于某地、某个物理或虚拟的空间中，可分两个次类。

(1) NP_1 或 NP_2 是方位词或处所词，使 NP_1 与 NP_2 的空间位置关系清晰地反映出来，例如：

① 八面威风｜四面楚歌｜平地风波

② 一个天上，一个地下｜一脚门里，一脚门外｜马中赤兔，人中吕布(联合套主谓)

(2) 在 NP_1 前面加“一、满、浑、遍”等周遍性修饰词，反映空间关系，“一”虽是数词，语义却跟“满”相同，NP_2 可以是单个名词，一律不受数量结构修饰。例如：

① 遍体鳞伤｜满目疮痍｜满肚子坏水｜满肚子苦水｜满肚子阴阳八卦｜满头高粱花｜满城风雨｜满腹经纶｜满腹文章｜满面春风

② 一肚皮不合时宜｜一肚皮春秋｜一肚子三国｜一肚皮干牛粪｜一肚子七十二个心眼｜一肚子墨水｜一肚子火｜一肚子鬼｜一肚子坏水｜一肚子坏杂碎｜一肚子苦水｜一盘散沙｜一潭死水

(三) 比分关系

比分关系是比较、对比、比值、分配等数的关系的总称。$N(NP)_1$ 和 $N(NP)_2$ 中都有数量结构做修饰成分，数的比例关系，改变了名词间的并列关系，体现为句子的信息，变成主谓关系。

(1) $N(NP)_1$ 与 $N(NP)_2$ 形成对比关系

① 一寸光阴一寸金｜一寸山河一寸金｜一场官司一场火｜一点水一个泡｜一儿一女一枝花｜三个老婆一台戏｜三个老牛一面官

② 一亩园，十亩田

③ 一个妇女一面锣，三个妇女一台戏｜一个朋友一条路，一个冤家一堵山(联合套主谓)

①组中，$N(NP)_1$ 与 $N(NP)_2$ 之间通过量的对比，形成两事物间的对比："一寸光阴一寸金""一寸山河一寸金"，拿"光阴""山河"与人们心目中的重金属"黄金"进行对比，烘托出"光阴的珍贵""国土主权的贵重"。"一场官司一场火"，用"无情的火"与"官司"作比，点出一场官司下来，就像发生一场火灾，能把钱财折腾个精光。"一点水一个泡"，"一个泡"是"一点水"下滴产生的效应，通过它们之间大小的对比，转喻人说话的分量——说到做到。"一儿一女一枝花"，是用"一枝花"的美衬托"一儿一女"搭配的合适。

②组，"一亩园，十亩田"，指一亩菜园或果园的收入抵得住十亩田的收入。通过悬殊的比值 1∶10，说明种园比种田好。

③组，"一个妇女一面锣，三个妇女一台戏"，是双重对比，第一重比较是把一个妇女比作一面锣，把三个妇女比作一台戏；第二重比较是一个量的对比，从一个妇女聚集到三个妇女，相应的也由一面响锣演化成喧闹的一台戏。

①、②、③组中，虽然有数值，但数值不是重要的，重要的是通过对比烘托出 $N(NP)_1$ 的性质。

(2) $N(NP)_1$ 与 $N(NP)_2$ 之间形成比值关系

A. 比值相当

① 三寸鸟七寸嘴｜三斤半鸭子二斤半嘴｜三斤鸭子两斤嘴｜四两鸭子半斤嘴｜十个美女九个祸

这一组，是部分占主体的比例问题，三寸鸟七寸嘴，嘴比鸟身长出二倍还多；三斤半鸭子二斤半嘴、三斤鸭子两斤嘴、四两鸭子半斤嘴，单是嘴就占了鸭子全身重量的66%还强。所占比重越多越能凸显出“嘴”，越能形象地转喻人能言、话多。十个美女九个祸，同样是体现一个“多”，表述了红颜多祸水的事实。

② 一分价钱一分货｜一分精神一分福｜一分酒量一分胆｜一分胆量一分福，一分胆量一分财(联合套主谓)｜一点雨，一个鱼｜一分耕耘，一分收获｜一个闺女半拉儿｜一个女婿半个儿｜一头人情两面光｜一层肚皮一层山

这一组中，$N(NP)_1$ 和 $N(NP)_2$ 是等值关系。**或强调对等**，如：一分价钱一分货｜一点雨，一个鱼｜一分耕耘，一分收获；**或强调二者相当**，如：一分精神一分福｜一分酒量一分胆｜一分胆量一分福，一分胆量一分财｜一个闺女半拉儿｜一个女婿半个儿｜一头人情两面光｜一层肚皮一层山。

③a 十个儿子十个相｜千个师傅万个法｜一处水土一处人｜一个神仙一套法｜一个师傅一个传授｜一只兔子一蓬草｜百人百心｜百人百条心｜一家门口一个天｜一个时候一个令｜一个山头一只虎｜一个和尚一份斋｜一朝天子一朝臣

③b (联合套主谓)百人百条心，千人千个样｜千人千脾气，万人万模样｜一个佛爷一炷香，一个和尚一本经｜一个和尚一本经，一座庙里一个神｜一个将军一道令，一个和尚一套经｜一颗麦子一道缝，一个人一个性｜一个香炉一个磬，一个人一个性｜千人千面，百人百性

第三组中，$N(NP)_1 : N(NP)_2 = 1 : 1$，是一对一的对应关系，强调“不止一个且彼此不同”。而这一语义恰是这些语汇中共有的特征。

④ 一步一个台阶｜一步一个脚印｜一步两脚窝｜一鞭一条痕，一掴一掌血(联合套主谓)｜一岁年纪一岁人

第四组，$N(NP)_2$ 的数量由主语 $N(NP)_1$ 所致，$N(NP)_1$ 和 $N(NP)_2$ 之间产生的数量关系在语义上表现为一种实现关系。

B. 比值相差悬殊

参谋一群，当家一人｜千个屠夫一把刀｜千座菩萨一炉香｜全国一盘棋｜人生一世，草木一秋｜三人六样话｜万众一心｜仙人一日，世上一年｜一步八个谎｜一尺水十丈波｜千斤闺女四两媳｜一亩之地，三蛇九鼠｜一分广告十分利｜一粒良种，千粒好粮｜一任父母官，十万雪花银｜一日师徒百日恩｜一夜夫妻百夜恩｜针大的洞，斗大的风｜千部一腔，千人一面(联合套主谓)

这些语汇中，$N(NP)_1$ 和 $N(NP)_2$ 之间悬殊的比值虽带有夸张的意味，但悬殊比值的背后蕴藏的却是一种客观的真理，如：人生一世，草木一秋｜台上一分钟，台下三年功｜一夜夫妻百夜恩｜一日师徒百日恩｜针大的洞，斗大的风。也正是这种悬殊的比值体现了一种极限的程度，如：一步八个谎｜一尺水十丈波｜万众一心｜千部一腔，千人一面。

(四) 量化关系

量化关系指 $N(NP)_2$ 从量上对 $N(NP)_1$ 进行描写与陈述。如：

A. 赤地千里｜红日三竿｜季布一诺｜狡兔三窟｜南柯一梦｜一国三公｜一箭双雕｜一刻千金｜一目十行｜一诺千金｜一日千里｜一身二任｜一石二鸟｜一字千金｜瓜菜半年粮｜秀才人情纸半张｜血汗钱，万万年｜一代鷂子一代鸡｜一年长工，二年家公，三年太公

B. 东一榔头，西一棒子｜东一张西一望｜风一阵雨一阵｜高一脚低一脚｜饥一顿饱一顿｜鸡一嘴鹅一嘴｜今日三明日四｜君

子一言，快马一鞭｜猫三狗四，猪五羊六｜泥一脚水一脚｜你一刀我一枪｜你一句我一句｜你一句我一声｜你一言我一语｜你一嘴我一句｜晴天一身汗，雨天一身泥｜热一句冷一句｜热一阵冷一阵｜衙门钱，一熳烟；生意钱，六十年；种田钱，万万年

上述这些语汇，$N(NP)_2$ 从量上对 $N(NP)_1$，进行描写与陈述，联合套主谓型的一类是两种量化的对比，通过量的对比表达特殊的语义。

成语"一箭双雕｜一刻千金｜一目十行｜一诺千金｜一日千里｜一身二任｜一字千金"中，$N(NP)_1$ 和 $N(NP)_2$ 之间虽然是比值的关系，但在成语的语义中凸显的是 $N(NP)_2$ 的量之多。

（五）变化关系

在主谓型体词性语汇中，主谓间也可表示变化关系。如：

① 初三初四蛾眉月｜七月核桃八月梨｜四十关节五十肩｜正月葱二月韭

蛾眉月是处于循环域——新月、峨眉月、上弦月、渐盈凸月、满月、渐亏凸月、下弦月、残月中一项。后面几个语汇表述的则是事物随年月的改变而改变。

② 十年河东，十年河西｜三十年河东，三十年河西

方位词"河东"和"河西"，处于物体变换的循环域中——河东、河西、河东、河西……风水地气循环变换，这一时期在河东，那一时期又转到河西。正是这一自然循环现象，让人们深刻地体会到世事兴败的周期性转化。

③ 东鲎日头西鲎雨（鲎：虹。）｜东闪日头西闪雨，南闪乌云北闪风

"日头""雨""乌云""风"的交替，属于天气的变化。谚语"东鲎

日头西鲎雨”“东闪日头西闪雨，南闪乌云北闪风”是对天气变化情况的表述。

④ 沧海桑田

沧海变桑田，桑田变沧海。沧海桑田的变换转喻世事巨大的变化。

三、相关问题讨论

沈家煊先生(2016)在《名词和动词》一书中，主张抛弃“名动分立”“动词中心”格局，树立“名动包含”②、“名词为本”格局。这就意味着汉语里名词和动词的区别并不那么重要，有比名动区别重要的区分值得重视。[11]409—411 实际上从上文体词性语汇所体现的叙述功能来看，“名动包含”的理论就体现于语汇中。“语”的定义同时囊括了体词性语与非体词性语，不是强调有无“述谓性”，而重在强调是否是概念与概念的组合，是否形成特定的语义。

并且，体词性语汇也不只是单纯表指称(见 2.1.2)，其也有述谓功能(见 2.2.2、2.3)。除去上文所论及的语汇实例，以下两种情况也最能体现“名动包含”格局。

其一，A 十之 B，“之”的指别功能模糊了名动之分，B 既可为动词，体现为述谓性；又可为名词，体现为指称性。如：白华之怨哀怨｜睚眦之怨怨恨｜髀肉之叹感叹｜北门之叹叹息｜白头之叹哀伤、叹息｜包胥之哭指代一个事件：申包胥在秦国的哭泣｜抱柱之信指代尾生至死不变的信约｜柏舟之誓誓愿｜杵臼之交结交｜鸡豚之息孳息，繁殖，引申指利息、利益｜鸡鸣之助帮助。其中“包胥之哭｜抱柱之信｜柏舟之誓｜杵臼之交｜鸡鸣之助”则是直接用动词来“指称”了某动作或活动。

其二，语汇中存在体词性成分和谓词性成分并列的情况，前后两部分具有同等的叙述（描述、表述）功能。如：

嘴里尧舜禹汤，做事男盗女娼

上边一张嘴，下边跑断腿

大吵三六九，小吵天天有，钉头碰铁头，两个死对头

剥削钱，在眼前；庄稼钱，万万年

脏唐、丑汉、宋不清

东虹日头西虹雨，南虹出来卖儿女

洞房花烛夜，金榜挂名时

斗场禅师窟，东安谈义林

富人千条道，穷人无路行

一个篱笆三个桩，一个好汉三个帮

各人一条心，弄断骨头筋

床头一箩谷，自有人来哭

头伏萝卜二伏菜，三伏种荞麦

八月的梨枣，九月的山楂，十月板栗笑哈哈

猴头、燕窝，不如多食米馍

三十里莜面四十里糕，二十里面条饿断腰

上午三十一，下午脚无力

一颗荔枝三把火，日食斤梨不为多

语汇中体词性成分和谓词性成分的并列，与唐诗中的对偶一脉相承，人们进行言语或创作时，不会关注"名动区分"而考虑前后能否搭配。因为汉语的特点即如此，名词也可以做谓语。而且汉语名词谓语句的数量和种类要比我们原先想象的多得多，赵元任（1968）、陈满华（2008）、张姜知（2013）等都有详细论述。[11]195

结语

词是原生的，语是利用词与词的组合而再生的。如果说，词汇是分了类的原材料和粗坯的零件的话，语汇则是组装好了的预制品和加过工的零件。[12]17 无论是对于词汇的研究，还是对于语汇的研究，我们需按照汉语自身的特点，以简洁自洽为准则，摆脱印欧语观念的束缚。

附注：

① 词语的“指别度”：说话人提供的指称词语指示听话人从头脑记忆中或周围环境中搜索、找出目标事物或事件的指示强度。指示强度高的指别度高，指示强度低的指别度低。说话人提高了词语的指别度也就提高了所指事物或事件对听话人的可及度。（沈家煊：《名词和动词》，商务印书馆，2016，第291页）

② 沈文指出，在“名动包含”的格局里，名词包含动词，动词属于名词，述谓语具有指称性。名词性成分可以做谓语，不是因为名词性成分本身具有述谓性，而是因为述谓语本来具有指称性。这里列举一二文中所论述的典型实例：其一，在全国科技名词审定委员会（2006）公布的《中医药学名词》里，“滋阴”“补血”“明目”“通鼻”这些双音词，“切”“炒”“烫”“蒸”这些单音词，都是语法上的“动词”，怎么都叫中医药“名词”呢？显然这个“名词”是指“名称”（专门名称叫“术语”），不是语法专家讲的跟“动词”对举的“名词”。中国人不觉得有什么问题，西方人会有疑惑，怎么动词跑到名词里去了？所以公布的《中医药学名词》将这些名称译成英文名都不用动词原形，而是加上-ness，-ation，-ment，-ity 这些词缀或者-ing 使其变为名词。该委员会公布的其他学科的名词也是同样的情形。这是因为，在一般英国人（不限于语法专家）的心目中，noun 是 noun，verb 是 verb，noun 用来指称人或事物，verb 用来陈述动作或活动。如果要用 verb 来指称动作或活动，那就需要一个 nominalization（名词化）的过程。而在一般中国人的心目中，“切”“炒”“滋阴”“补血”这些动词直接就可以用来指称动作或活动，不需要一个名词化的过程。其二，东汉刘熙的《释名》，所释的“名”既有“天地山水、父母兄弟、日月星宿、眉眼舌齿、笔墨

纸砚、鼓瑟笙箫”这些指物的名，也有“趋行奔走、视听观望、坐卧跪拜、咀嚼吐喘、啜嗟噫呜、好恶顺逆”这些指事的名。其三，从唐诗的词性对偶来看，千山鸟飞绝，万径人踪灭；不堪玄鬓影，来对白头吟；梦为远别啼难唤，书被催成墨未浓；尘埃一别杨朱路，风月三年宋玉墙；多由疾病思天里，邑有流亡愧俸钱；邪佞每思当面唾，清贫长欠一杯钱。沈文不主张这些名词活用作动词，坚定地认为人们的语感是这样的名词本来就能做谓语。唐诗的词性对偶佐证汉语是“名动包含”格局，反过来，“名动包含”格局合理解释唐诗的词性对偶。因而，沈文用动词来“指称”动作或活动，这是所谓的“本体隐喻”(on-tological metaphor)，就是将一个抽象的事件或活动当作一个具象的实体看待。(P134、P135、P228—233)

参考文献：

[1] 王力.中国文法学初探[A]//王力语言学论文集[C].北京：商务印书馆，2000.

[2] 温端政.汉语语汇学[M].北京：商务印书馆，2005.

[3] 姜红.与陈述、指称相关的现代汉语语法现象研究[D]. 2007年苏州大学博士学位论文.

[4] 温端政.语词学基础[M].北京：商务印书馆，2019.

[5] 朱德熙.自指和转指：汉语名词化标记“的、者、所、之”的语法功能和语义功能[J].方言，1983(3).

[6] 陆俭明.八十年代中国语法研究[M].北京：商务印书馆，2004.

[7] 张斌.指称和陈述[J].对外汉语研究，2014(1).

[8] 史有为.指称—陈述的寻访及思考——读张斌先生《指称和陈述》[J].对外汉语研究，2014(1).

[9] 刘丹青.汉语类指成分的语义属性和句法属性[J].中国语文，2002(5).

[10] 唐正大.汉语关系从句的限制性与非限制性解释的规则[A]//语法研究和探索(十三)[C].北京：商务印书馆，2006.

[11] 沈家煊：名词和动词[M].北京：商务印书馆，2016.

[12] 李如龙.语汇学三论[A]//汉语语汇学研究[C].北京：商务印书馆，2009.

(作者单位：山西省社会科学院语言研究所，山西太原，030032)

基于汉语语料库的缩略式成语研究

王海静　范瑞婷

温端政先生的《汉语语汇学》理论认为：汉语成语是由四字构成的“二二相承”的表述语和描述语。依据这个定义，我们从2003年至今，共收集了7万多条古今汉语成语，建立了800多万字的汉语成语语料库，并为《语海》完成了400多万字的成语编写任务。在建库和编写过程中，我们发现有2300多条成语是其他语汇的缩略构式，也就是说，这类成语同格言、谚语、惯用语有交叉现象，在结构上明显是对格言、谚语、惯用语的浓缩和省略，本文统称为缩略式成语。缩略式成语把原来句式较长的语汇经过缩略之后，形成短小精练、抑扬顿挫的四字格，简明扼要，表意明确，还能传递丰富的信息，最符合“语言表达的经济性原则”（或者叫省力原则），迎合了生活节奏越来越快的社会发展趋势，满足了人们“快速传递信息、提高交际效率”的心理需求。

我们对汉语成语语料库的条目进行了比较详尽的梳理，又与格言语料库、谚语语料库、惯用语语料库的2300多条相关语目及例证进行了对比，试从语的性质和结构方面作以下条分缕析。

一

从语的性质看，缩略式成语主要与格言、谚语、惯用语有着密不可分的关联，或者是语源方面的联系，或者是结构方面的联系，或者是语义方面的转化。据不完全统计：

1. 成语与格言的联系最为紧密，出自格言的成语竟达1920多条。这大概是因为多数成语和格言一样，都具有文雅的性质。试举5例：

成语	例证	格言	出处
不启不发	明·湛若水《樵语·圣教第八》："欲立欲达，圣人之本心也；不启不发，圣人之无情也。其并行不悖乎！"	不愤不启，不悱不发	《论语·述而》："子曰：'不愤不启，不悱不发。举一隅不以三隅反，则不复也。'"
独善兼济	唐·梁肃《丞相邺侯李泌文集序》："邺侯经邦纬俗之谟，立言垂世之誉，独善兼济之略。藏在册牍，载于碑表。"	穷则独善其身，达则兼济天下	《孟子·尽心上》："古之人，得志泽加于民，不得志修身见于世。穷则独善其身，达则兼善天下。"
见仁见智	明·黄道周《榕坛问业》卷一一："性道文章，随人略领，见仁见智，何必齐观？"	仁者见之谓之仁，知者见之谓之知	《易·系辞上》："仁者见之谓之仁，知者见之谓之知。"
居气养体	《金瓶梅》七〇回："令侄长官虽是年幼，居气养体，自然福至心灵。"	居移气，养移体	《孟子·尽心上》："孟子自范至齐，望见齐王之子，喟然叹曰：'居移气，养移体，大哉居乎！'夫非尽人之子欤！"
学优则仕	晋·傅咸《论语》诗："克己复礼，学优则仕。富贵在天，为仁由己。"	学而优则仕	《论语·子张》："子夏曰：'仕而优则学，学而优则仕。'"

以上成语和相关的格言只是结构不同，基本意思则相同或相近，哲理性和教育意义都很强，语言风格都比较典雅庄重。它们同

谚语、惯用语的根本区别是：都能找到"语"的出处，而且有明确的作者和作品名称，属于个人的言语作品。有的即使没有标明具体作者，也能考证出源头。

2. 出自谚语的成语190多条。试举5例：

成语	例证	谚语	出处
唇齿相依	《三国志·魏书·鲍勋传》："王师屡征而未有所克者，盖以吴蜀唇齿相依，凭阻山水，有难拔之势故也。"	辅车相依，唇亡齿寒	《左传·僖公五年》："晋侯复假道于虞以伐虢。宫之奇谏曰：虢，虞之表也；虢亡，虞必从之……谚所谓'辅车相依，唇亡齿寒'者，其虞虢之谓也。"
长袖善舞	清·胡思敬《国闻备乘》卷一："盛宣怀办洋务三十余年，电报、轮船、矿利、银行皆归掌握，揽东南利权，奔走效用者遍天下，官至尚书，资产过千万，亦可谓长袖善舞矣。"	长袖善舞，多钱善贾	《韩非子·五蠹》："鄙谚曰：'长袖善舞，多钱善贾。'此言多资之易为工也。"
鸡口牛后	宋·刘宰《代侄谢乡举》："久冥心于虫臂鼠肝，岂过计于鸡口牛后。"	宁为鸡口，无为牛后	《战国策·韩策一》："臣闻鄙语曰：'宁为鸡口，无为牛后。'今大王西面交臂而事秦，何以异于牛后乎？"
皦皦易污	《花月痕》四〇回："峣峣易缺，皦皦易污，这真令人恼极！只锯齿不斜不能断木，你总要放活点才好呢。"	峣峣者易缺，皦皦者易污	《后汉书·黄琼传》："常闻语曰：'峣峣者易缺，皦皦者易污。'"
投鼠忌器	《北齐书·樊逊传》："至如投鼠忌器之说，盖是常谈；文德怀远之言，岂识权道。"	欲投鼠而忌器	汉·贾谊《治安策》："里谚曰：'欲投鼠而忌器。'此善谕也。鼠近于器，尚惮不投，恐伤其器，况于贵臣之近主乎！"

以上成语和相关的谚语只是结构不同，基本意思则相同或相近，都是以传授知识为目的。语言风格既有典雅的成分，也有口语化的成分。它们同格言常有交叉现象，根本区别是：格言有明确的作者和作品名称，谚语是产生和流行在群众之中，说不出具体的作者。有些谚语虽然也出自经史子集，但常冠以“谚曰”“语曰”“鄙语”等，表明不是作家自己的语言，而是群众创造的。它们的特征是表述性，不同于惯用语的描述性。

3. 出自惯用语的成语 120 多条，试举 5 例：

成语	例证	惯用语	例证
成败萧何	清·董应举《与黄玉田方伯》：“兄言‘成败萧何’；何非汉皇，岂能留信，信亦岂能为何留！”	成也萧何，败也萧何	宋·洪迈《容斋续笔斋》卷八：“信之为大将军，实萧何所荐，今其死也，又出其谋，故俚语有‘成也萧何，败也萧何’之语。”
翻云覆雨	宋·张抡《阮郎归·咏夏十首》之七：“翻云覆雨百千般，几时心地闲？”	翻手作云覆手雨	唐·杜甫《贫交行》诗：“翻手作云覆手雨，纷纷轻薄何须数。”
过门不入	宋·程公许《题罗江云盖寺二首》其一：“云盖山前往返频，过门不入愧山灵。”	三过其门而不入	《孟子·离娄下》：“禹、稷当平世，三过其门而不入。”
屠门大嚼	宋·陈造《次韵解禹玉》：“骥足争先真老矣，屠门大嚼亦快哉。”	对屠门而大嚼	汉·桓谭《新论·祛蔽》：“人闻长安乐，则出门而向西笑；知肉味美，则对屠门而大嚼。”
一日三秋	《红楼梦》八二回：“好容易熬了一天，这会子瞧见你们，竟如死而复生一样，真真古人说‘一日三秋’，这话再不错的。”	一日不见，如三秋兮	《诗·王风·采葛》：“彼采萧兮，一日不见，如三秋兮。”

表中所列成语和相关的惯用语只是结构不同，基本意思则相同或相近，重在描述人或事物的形象和状态，描述行为动作的性状。语言风格既有典雅的成分，也有口语化的成分。这类惯用语多数能找到出处，其他惯用语则说不出具体的作者，而是群众创造的。它们的特征是描述性，不同于格言的哲理性和谚语的表述性。

以上我们从语性方面作了些具体分析，可知缩略式成语与格言、谚语、惯用语有着千丝万缕的联系。它们与自己所隶属的语汇特征是一样的，出自格言的成语特征是哲理性，出自谚语的成语特征是表述性，出自惯用语的成语特征是描述性。

二

从语的结构看，缩略式成语的形成大致有 5 种方式：提取式，截断式，交叉式，合并式，总括式。

1. 提取式。从原语式中提取核心语素，形成“二二相承”的四字格，代替原语式的意义。试举 5 例：

成语	例证	原语式	例证
人心如面	宋·何梦桂《赠月波相士》诗：“人心如面万参差，觌面相逢未易知。”	人心之不同，如其面焉	《左传·襄公三十一年》：“人心之不同，如其面焉。吾岂敢谓子面如吾面乎？”
泰山梁木	元·王恽《双峰歌》：“泰山梁木万世仰，何翅如到日观秦观双峰间？”	泰山其颓，梁木其坏	《礼记·檀弓上》：“孔子蚤作，负手曳杖，消摇于门。歌曰：‘泰山其颓乎！梁木其坏乎！哲人其萎乎！’”

续表

成语	例证	原语式	例证
万里比邻	唐·李峤《与夏县崔少府书》："万里比邻，宁须群聚而会？百年叶契，何必偃伏而游。"	万里犹比邻	三国魏·曹植《赠白马王彪诗》："丈夫志四海，万里犹比邻。"
相视莫逆	南朝梁·萧衍《赠逸民诗》："善言无违，相视莫逆。情如断金，义若投石。"	相视而笑，莫逆于心	《庄子·大宗师》："四人相视而笑，莫逆于心，遂相与为友。"
修齐治平	宋·高斯得《蹇叔潜字成子说》："使《大学》修齐治平之具皆备于我，他日出潜离隐，举而措之，其所成就当何如哉？"	修身齐家治国平天下	《礼记·大学》："身修而后家齐，家齐而后国治，国治而后天下平。"元·陶宗仪《南村辍耕录》卷二〇："上问曰：'秀才何学？'对曰：'修身齐家治国平天下之学。'"

提取式成语的构造明显地呈现出取首字倾向，即提取原语式的第一个字，以突显原语式的意义。当然还有从原语式的中腰或语尾提取语素的，如：出作入息——日出而作，日入而息；独善兼济——穷则独善其身，达则兼济天下；毫厘千里——差之毫厘，失之千里，独清独醒——举世皆浊而我独清，众人皆醉而我独醒，等等，恕不一一列举。无论采用哪种提取手段，这类成语同原语式都是等义的，是可以复原的，并且可以相互替换。

2. 截断式。直接截取原语式的"二二相承"的四字格，省去前边或后边的短语。试举 5 例：

成语	例证	原语式	例证
本固邦宁	宋·邵雍《首尾吟》其五三："本固邦宁王道在，尧夫非是爱吟诗。"	民惟邦本，本固邦宁	《书·五子之歌》："皇祖有训：民可近，不可下。民惟邦本，本固邦宁。"
长袖善舞	清·陈廷焯《白雨斋词话》卷七："然如双卿《凤凰台上忆吹箫》一阕，叠至四五十字，而运以变化，不见痕迹。长袖善舞，谁谓今人不逮古人。"	长袖善舞，多钱善贾	《韩非子·五蠹》："鄙谚曰：'长袖善舞，多钱善贾。'此言多资之易为工也。"
福至心灵	《儿女英雄传》三七回："不想他一朝作了官亲，福至心灵，这几句官话儿，倒是误打误撞的，说了个合辙押韵。"	福至心灵，祸来神昧	《资治通鉴·高祖天福十二年》："鄙语有之：福至心灵，祸来神昧。"
墨突不黔	宋·陈长方《祭林从事文》："何图造物，付与非丰，墨突不黔，饭甑屡空。"	孔席不暖，墨突不黔	汉·班固《答宾戏》："是以圣哲治之，栖栖遑遑，孔席不暖，墨突不黔。"
视而不见	成一《白银谷》一〇章："她真有些两眼皆空了，俗世的一切，都视而不见。"	视而不见，听而不闻	《礼记·大学》："心不在焉，视而不见，听而不闻，食而不知其味。"

截断式成语多出自复句，有4个重要特征：①它们同原语式的界线非常清楚，一目了然。②它们同原语式既有紧密的关联性，也能独立存在，表达一个完整的意思。③它们的原语式都是结构比较凝固、相对稳定、大家长期习用的，人们通过一定的语境，会自然而然地联想到被截取的意思。④它们只能同原语式的截取部分是等义，但和原语式的整体不是等义，不能复原，不能相互替换。截

取后的意思，只能通过语境和联想来领会。

3. 交叉式。一个缩略词加一个自由词，交叉组合为“二二相承”的四字格。试举5例：

① 不登大雅。大雅：“大雅之堂”的缩略词，前加“不登”。

〔例〕明·陈懿典《黄葵阳先生宦稿序》：“不佞尝谓欲正文体必悬鹄，非真登**大雅之堂**者，不足以为鹄也。”

〔例〕朱自清《〈文心〉序》：“按照老看法，这类书至多只能指示童蒙，**不登大雅**。”

② 贫贱糟糠。糟糠：“糟糠之妻”的缩略词，前加“贫贱”。

〔例〕《后汉书·宋弘传》：“弘曰：‘臣闻贫贱之知不可忘，**糟糠之妻**不下堂。’”

〔例〕宋·刘克庄《故妻东阳郡夫人丁氏特赠普安郡夫人》：“苦澹相安，每感**贫贱糟糠**之语；芳菲易歇，可胜死生契阔之悲。”

③ 豹隐鸿冥。鸿冥：“鸿飞冥冥”的缩略词，前加“豹隐”。

〔例〕汉·扬雄《法言·问明》：“治则见，乱则隐。**鸿飞冥冥**，弋人何篡焉？”

〔例〕唐·阙名《唐故朝散郎贝州宗城县令顾府君墓志铭》：“浙有胜地，云间故乡。**豹隐鸿冥**，韬光晦迹。”

④ 吞舟漏网。吞舟：“吞舟之鱼”的缩略词，后加“漏网”。

〔例〕《庄子·庚桑楚》：“**吞舟之鱼**，砀而失水，则蚁能苦之。”

〔例〕《隋炀帝艳史》六回：“说不尽那**吞舟漏网**，言不穷那有翼无鳞。”

⑤ 而立之年。而立：“三十而立”的缩略词，后加“之年”。

〔例〕《论语·为政》：“子曰：‘吾十有五而志于学，**三十而立**，四十而不惑，五十而知天命，六十而耳顺，七十而从心所欲，不逾矩。'”

〔例〕宋·方蒙仲《学斤桃符》诗其三：“**而立之年**不啻过，十分减尽少年豪。”

交叉式成语是在缩略词的基础上进行整合，结构上更加凝练，文言色彩较浓。读者首先要理解缩略词的意义，然后才能正确理解整条成语的意义。编写辞书时，也必须对缩略词进行注解，才能帮助读者正确理解整条成语的意义。

4. 合并式。两条成语经过二次缩略后，合并为“二二相承”的四字格。试举6例：

① 不磷不缁：由“磨而不磷”和“涅而不缁”组成。

〔例〕《论语·阳货》：“不曰坚乎，**磨而不磷**。不曰白乎，**涅而不缁**。”

〔例〕唐·张少博《石砚赋》：“匪销匪铄，良金安可比其刚；**不磷不缁**，美玉未可方其质。”

② 斩木揭竿：由“斩木为兵”和“揭竿为旗”组成。

〔例〕汉·贾谊《过秦论》：“将数百之众，转而攻秦，**斩木为兵，揭竿为旗**，天下云集响应，赢粮而景从，山东豪俊遂并起而亡秦族矣。”

〔例〕宋·袁甫《论流民札子》：“甿隶迁徙，皆勍敌也；**斩木揭竿**，皆劲兵也。”

③ 失火殃鱼：由“城门失火”和“殃及池鱼”组成。

〔例〕北齐·杜弼《檄梁文》：“但恐楚国亡猿，祸延林木；**城门失火，殃及池鱼**。”

〔例〕清·陈复正《幼幼集成》卷二：“牵枝带叶，何患无辞？不过欲实一肝风名目，而累及于五脏，即**失火殃鱼**，亡猿祸木，未若是之娄也。”

④ 隋珠和璧：由“隋侯之珠”和“和氏之璧”组成。

〔例〕《韩非子·解老》：“**和氏之璧**，不饰以五采；**隋侯之珠**，不饰以银黄。”

〔例〕唐·李中《叙吟》：“往哲搜罗妙入神，**隋珠和璧**未为珍。”

⑤ 晨昏温清：由“晨昏定省”和“冬温夏凊”组成。它们的出处是：

《礼记·曲礼上》：“凡为人子之礼，**冬温而夏凊，昏定而晨省**。”

〔例〕宋·陈文蔚《周迪功墓志铭》：“**晨昏定省**，不违其节；小大尊幼，不躐其次。”

〔例〕唐·令狐楚《为楼烦监杨大夫请朝觐表》：“子事父有**冬温夏凊**之礼，臣事君有大聘小聘之义。”

〔例〕《南史·谢瞻传》：“弟嚼字宣镜，年数岁，所生母郭氏疾，嚼**晨昏温凊**，勤容戚颜，未尝暂改。”

⑥ 凿壁悬梁：由“凿壁偷光”和“悬梁刺股”组成。它们出自两个典故：

典故一：晋·葛洪《西京杂记》卷二：“匡衡，字稚圭。勤学而无烛，邻舍有烛而不逮，衡乃**穿壁引其光**，以书映光而读之。”

典故二：《太平御览》卷三六三引《汉书》：“孙敬，字文宝，好学，晨夕不休。及至眠睡疲寝，**以绳系头悬屋梁**。后为当世大儒。”

〔例〕元·乔吉《金钱记》三折：“枉了你穷九经三史诸子百家，不学上古贤人囊萤积雪，**凿壁偷光**，则学乱作胡为。”

〔例〕明·谢谠《四喜记》三出：“喜儿曹聪明天赋，莫把青春虚度；潜心静闭孙生户，更须学**悬梁刺股**。”

〔例〕明·徐霖《绣襦记》二出：“效先儒入室升堂，淑诸人**凿壁悬梁**。”

合并式成语是在缩略＋缩略的基础上再次缩略，前后两段并列联合，简明扼要，意象拼接。它们等于是把两个成语又组合成一个新的成语，跳跃性很强，类似电影镜头的蒙太奇手法，具有显著的弹性张力。这类成语与交叉式成语接近，都是文言色彩较浓的语言单位。读者首先要理解原语式两个成语的意义，然后才能正确理解新成语的意义。编写辞书时，也必须对原语式两个成语进行注解，才能帮助读者正确理解新成语的意义。

5. 总括式。这类成语不是从原语式中提取或截取词语，也不按原语式的顺序构造，而是通过总结概括经典故事的情节和语义，提炼出“二二相承”的四字格。试举 5 例：

成语	例证	出处
杯弓蛇影	清·黄遵宪《感事》诗之七：“金玦厖凉含隐痛，杯弓蛇影负奇冤。”	汉·应劭《风俗通义·怪神第九》：“予之祖父郴，为汲令，以夏至日诣见主簿杜宣，赐酒，时北壁上有悬赤弩，照于杯，形如蛇，宣畏恶之，然不敢不饮，其日，便得胸腹痛切，妨损饮食，大用羸露，攻治万端，不为愈。后郴因事过至宣家，窥视，问其变故，云：‘畏此蛇，蛇入腹中。’郴还听事，思惟良久，顾见悬弩，必是也。则使门下史将铃下侍徐扶辇载宣，于故处设酒，杯中故复有蛇，因谓宣：‘此壁上弩影耳，非有他怪。’宣遂解，甚夷怿，由是瘳平，官至尚书，历四郡，有威名焉。”
毛遂自荐	明·张萱《疑耀·韩昌黎未见道》：“毛遂自荐，虽五尺之童羞之，昌黎则继言其学问文章为时辈推许。”	《史记·平原君列传》：“平原君曰：‘夫贤士之处世也，譬若锥之处囊中，其末立见。今先生处胜之门下三年于此矣，左右未有所称颂，胜未有所闻，是先生无所有也。先生不能，先生留。’毛遂曰：‘臣乃今日请处囊中耳。使遂蚤得处囊中，乃颖脱而出，非特其末见而已。’平原君竟与毛遂偕。十九人相与目笑之而未废也。”

续表

成语	例证	出处
蜀犬吠日	清·皮锡瑞《寿星观吊王文成公》诗："蚍蜉撼树自今古，蜀犬吠日犹纷争。"	唐·柳宗元《答韦中立论师道书》："屈子赋曰：'邑犬群吠，吠所怪也。'仆往闻庸蜀之南，恒雨少日，日出则犬吠。"
望洋兴叹	刘瑞清《普陀山海滨游泳》诗："欲寄豪情随水去，望洋兴叹喜弄潮。"	《庄子·秋水》："秋水时至，百川灌河，泾流之大，两涘渚崖之间，不辨牛马。于是焉河伯欣然自喜，以天下之美为尽在己。顺流而东行，至于北海，东面而视，不见水端，于是焉，河伯始旋其面目，望洋向若而叹。"
燕市悲歌	唐·李涉《送魏简能东游》诗："燕市悲歌又送君，目随征雁过寒云。"	《史记·刺客列传》："太子及宾客知其事者，皆白衣冠以送之。至易水之上，既祖，取道，高渐离击筑，荆轲和而歌，为变征之声，士皆垂泪涕泣。又前而为歌曰：'风萧萧兮易水寒，壮士一去兮不复还！'"

可以清楚地看出，总括式成语的特征是：以意驭形，以语义引领结构，主要出自典故。其短短的四个字，就能涵盖原文的整个故事情节，表达原文的丰富知识和深刻道理。它的效率高出原文的几倍、几十倍，何止是"以一当十"呢！

综上所述，提取式，截断式，交叉式，合并式，总括式——这5种方式在缩略构式的运用上可谓妙招多多。它们把原本较长的语句削冗去繁，进行了高度的凝缩，其显著特点是"语言符号少，线型排列短，主要信息显豁"，从而有效地增强了现代汉语语汇的表现力，既符合语言的经济性原则，又不失表义的准确性，形成了独特的语用优势。

结语

总而言之，自建汉语语汇语料库使我们深切感受到汉语浸染着历史传承的巨大魅力，给我们提供了异常丰富的基础资料，使我们得以追本探源，分析归纳。其中的缩略式成语“以偶为佳，四言为正”，平仄对仗，均衡和谐，做到了“在最短的时间内，传输最大的信息量”，把“言简意赅”“言约旨宏”体现得淋漓尽致，而且形成了众多富有新意的表达，迎合了信息时代人们追求“省时省力省空间”的交际需要，堪称语言的精华。

需要说明的是，本文对缩略式成语只是个大概分析，旨在抛砖引玉。还有很多缩略式成语出自名言，但因我们尚未建立“名言语料库”，所以没有谈及这方面的内容；等“名言语料库”建成之时，我们再行探讨，不断开辟缩略式成语的新领域，挖掘汉语的巨大变化潜力，增强汉语的生命力和表现力。

参考文献：

[1] 温端政.汉语语汇学[M].北京：商务印书馆，2005.

[2] 温端政.语典编纂的理论与实践[M].北京：商务印书馆，2014.

[3] 王海静.试论成语与谚语、惯用语、歇后语的交叉变化[J].语文教学通讯，2013(4).

[4] 王海静.从结构变化和细微差异辨析“语”的类型[A]//汉语语汇学研究(三)[C].北京：商务印书馆，2011.

[5] 杜子颈.简缩语论略[J].国文月刊，1946(49).

[6] 郭良夫.论缩略[J].中国语文，1982(2).

[7] 马庆株.关于缩略语及其构成方式[J].语言研究论丛，1988(5).

[8] 徐耀民.缩略语的划界和规范问题[J].语文建设，1988(3).

[9] 殷志平.构造缩略语的方法和原则[J].语言教学与研究，1999(2).

[10] 张小克.现代汉语缩略语新论[J].广西民族学院学报(哲学社会科学版),2004(3).
[11] 周起凤.简称和缩语初探[J].语文知识,1957(6).

(作者单位:山西省社会科学院语言研究所,山西太原,030032)

汉语列举式并列组合结构的界定及语法单位归属

——兼谈与成语、惯用语之关系

王　烨　李　震

在汉语中有这样一类结构，如“风雅颂”“琴棋书画”“春夏秋冬”“赤橙黄绿青蓝紫”等，它们是由若干个同属于一个认知框架或语义范畴的若干个成分并列组合而成，具有列举义。本文通过对大量此类结构的语料分析，结合学界历来对成语、惯用语的定义，认为这类列举式并列组合结构在本质上并不是词，不属于词汇范畴，而属于比词更大的一级语法单位——语，是一种描述语。同为描述语，此类结构和成语、惯用语之间存在着一定的重叠交叉关系，很难在其任意二者之间划出一条泾渭分明的界限。因此，我们借鉴了“抓问题主要矛盾，关注原型范畴中典型成员”的研究方法，得出了“列举式并列组合结构属于惯用语的一种”这样的结论。进而我们对惯用语的范围界定也作出了相应的调整：惯用语是非二二相承的描述语及具有列举义的并列式四字短语（成语）。它们是由若干个功能和意义接近而不相连属的语素或词并列组合在一起构成的语言结构体。本文拟从该结构的命名、范围界定、语法单位的归属以及与其他语类的关系几个方面对其进行考察。

一、结构的命名

较早对这类结构进行研究的是赵元任，他在《汉语口语语法》一书中将此类结构体称为 polymer，吕叔湘先生将其译为“聚合体”。后续的研究者对它的命名也并不统一，郭良夫(1988)称其为“聚合词”；安华林(2001)称其为“四字骈语”；周欣(2006)称其为“并列 N 项式”；周荐(2017)称其为“聚合结构”。将其称为聚合体、聚合词或聚合结构的学者着眼点在于结构中的各个词或者语素成串结合，类似于化学中的化合作用，这也正是 polymer 的基本义。但是我们在进行语言研究的过程中，要遵循语言学的概念和术语。在普通语言学中，“聚合关系”是指在语言符号链条的某一环节上能够互相替换的聚集成群的符号之间所形成的关系。可见聚合是一种纵向的聚集关系，而本文所要考察的结构体显然是语言符号链条上符号之间横向组合而成。因此，我们认为将这类结构体称为组合结构更为合理。

在我们所搜集的这类结构体的语料中，组成该结构的字数不等，例如：

(1) 传帮带、高大全、元明清

(2) 东西南北、花鸟鱼虫、吹拉弹唱

(3) 天干地支、海角天涯

(4) 金木水火土、东西南北中、心肝脾肺肾

(5) 柴米油盐酱醋茶、赤橙黄绿青蓝紫

(6) 甲乙丙丁戊己庚辛壬癸、子丑寅卯辰巳午未申酉戌亥

这些组合结构的组成成分由三字到多字不等，无论是由几个字组成，它们的组成成分之间都是并列关系，且同属于一个认知框架或

语义范畴，如三字组中的“元明清”，同属于历史朝代范畴。五字组中的“心肝脾肺肾”同属于人体器官范畴。在表意上，该类组合结构采用的是列举式，罗列出若干个属于同一认知框架或语义范畴中的典型成员，其中有的是列举部分成员，如“陕甘宁”“数理化”，有的是穷尽式列举范畴中的全部成员，如：“春夏秋冬”“说学逗唱”，分别是指一年当中的全部四个季节以及相声表演艺术中四门基本功课。

在我们对所搜集的语料进行分析的过程中，发现有的组合结构的几个并列成分同处于一个语义层次，如“锅碗瓢盆”“酸甜苦辣”，有的几个并列成分分别处于不同的语义层次，如“男女老幼”“桌椅板凳”。其中男、女属于同一个语义层次，老、幼属于另一语义层次，形成一种(A/B)//(C/D)的多重并列；桌、椅属于同一层次，二者首先组成并列结构，然后再与板凳构成另一层并列结构。无论是单层级的并列还是多重语义层次的并列，其表意特点均在于以列举的形式呈现，且均是同一认知框架或语义范畴中的范畴成员的罗列。

综上所述，现代汉语中这种由若干个属于同一认知框架或语义范畴下的词或语素并列而成的，表示列举义的结构，我们称之为列举式并列组合结构。

二、列举式并列组合结构的范围界定及语法单位归属

列举式并列组合结构应该归属于哪一级语法单位，学界历来众说纷纭。郭良夫(1988)称其为“聚合词”，安华林(2001)将其中的四字格作为研究对象单独进行考察，称其为“四字骈语”。可见，郭文将列举式并列组合结构视为词，属于词汇范畴，安文将四字格

列举式并列组合结构归为语,属于语汇范畴。在讨论列举式并列组合结构的语法单位归属问题之前,我们要先明确列举式并列组合结构的范围界定,其中主要的一点就是明确它与双音节并列复合词的关系,即双音节并列复合词是否可以归属于列举式并列组合结构之中。

黄伯荣、廖旭东(2002)将并列复合词分为三种类型:两个语素互相说明的;两个语素相融合产生新的概括意义的;只保持一个语素的意义,另一个语素消失或只是作为陪衬的。王亚斌(2011)认为汉语双音节并列复合词的典型成员应具备三个特征:(一)构成复合词的两个语素意义互不支配;(二)构成复合词的两个语素性质相同;(三)构成复合词的两个语素意义完全融合,单个语素不具备独立性。由此可见,双音节并列复合词的特点不足以满足其构词的两个语素之间形成列举关系,整个复合词也并不包含列举义,这一点无法满足列举式并列组合结构对语义的要求。所以,双音节并列复合词虽然语素之间是并列关系,但它并不属于列举式并列组合结构,不在本文的考察范围之内。

在将双音节并列复合词排除之后,我们可以给列举式并列组合结构重新下一个更准确的定义,即:由大于等于三个属于同一认知框架或语义范畴中的词或语素并列而成的表示列举义的语法单位。

要确定列举式并列组合结构的语法单位归属,首先就要划清它与词的界限。词是语言单位中最小的能够独立运用的单位。“词作为一个最小的不可分割的整体,主要表现为它必须表示一个独立而完整的意义。这个意义是特定的,表示着某一种特定的事物或现象,所以一般情况下,都不能把词的意义看成为它组成成分的简单相加”。[1]因此，词的最大特点之一是意义的整体性。列举式并列组合结构中一部分缩略式的结构，其整体意义即组成成分的相加，如“海陆空”“甲乙丙丁戊己庚辛壬癸”，它们只是海军、陆军、空军三军总称以及天干地支当中天干的总称。但是这类列举式并列组合结构为数不多，大部分列举式并列组合结构在表列举义的同时，其结构整体意义都有一个泛化的过程，即表达的是各列举项的上位范畴意义，如“锅碗瓢盆”泛指所有的厨房用具，“油盐酱醋”泛指所有的烹饪调料。虽然这些列举式并列组合结构的整体意义并不完全是各列举项的简单相加，但是其整体意义与各列举项的意义同属于一个语义范畴，且是上下位概念的关系，实际上整体意义也是在各列举项意义相加的基础上进行泛化，但是并未超越原有的语义范畴，并且这一类列举式并列组合结构的组成成分基本上都是单音节词，如“柴米油盐”“天地君亲师”等。由若干个单音节词组合而成的结构，必然是大于词的一级语法单位，即短语。所以，从列举式并列组合结构的构成及表意角度说，此类结构并不是词，不属于词汇范畴。

从另一个角度分析，组成词的各个语素之间联系较为紧密，中间不能插入其他成分，或是插入后词的意义会发生变化。列举式并列组合结构各列举项之间的联系是相对松散的，可以插入其他成分，如：“中日韩”可以扩展为“中国、日本和韩国”。因此，这也就再一次证明了列举式并列组合结构并不隶属于词汇范畴。

在语言的层级系统里，大于词的语言单位是语。整个的语言层级系统是“音位=〉语素→词→语（句子）”这样一个装置。既然列举式并列组合结构不属于词，那么我们就可以认为它属于语汇范畴，是语的一种。语是“由词和词组合而成的、结构相对固定的、具有多种功能的叙述性语言单位”。[②]显而易见，列举式并列组合结构的特点是符合语的定义要求的，只不过有一些列举式并列组合结构是由语素和词组合而成，并非词与词的组合，但是这些组成列举式并列组合结构的语素在现代汉语里都是单音节的，而在古代汉语中都是能够单独使用的单音节词，因为现代汉语的双音化趋势使得它们失去独立运用的资格。例如“行立坐卧”中的“行”在现代汉语中只是一个语素，不能独立使用，无法和其他三个列举项形成同等并列的关系。如果采用它在古代汉语中的用法，它便是一个单音节词，这样与其他三个列举项构成列举式并列组合结构就顺理成章了。

综上，汉语列举式并列组合结构是语言符号层级系统中“语”的一种，隶属于语汇范畴。

三、列举式并列组合结构与其他语类的关系

温端政(2006)根据叙述性特征把语分为表述语、描述语和引述语。“描述语缺乏表述语所具有的知识性，不像表述语那样采用逻辑推理的形式，而是运用多种手法描述人或事物的形象、状态，或描述行为动作的性状。惯用语属于描述语，大多数成语也属于描述语”。[③]根据温端政对语的分类及各类别的特点，我们认为列举式并列组合结构属于描述语这一语类。它通过对某一范畴中的典型成员的列举，采用直描的手法，通过意义的泛化，从而达到突出上位范畴的目的。有时在一定语境条件作用下，还可采用比喻手法表达出更为丰富的比喻义。例如：

(7) 生活就是这样，痛苦也好，甜蜜也罢，不管你愿意不愿意，酸甜苦辣，你都得通通尝一遍。　　(《中国北漂艺人生存实录》)

句中的“酸甜苦辣”列举了四种人体味觉器官所能感知的主要味道，用以泛指各种味道，进而用味觉的感知比喻人生中的各种或喜或悲的经历，表达对人生艰难无常的感叹。

既然列举式并列组合结构属于描述语，那么它与同属描述语的惯用语之间是什么关系呢？李行健(2001)认为：“惯用语的特点有三个。一是它的语义具有双层性，除字面的语义外，必须具有深层次的比喻引申意义。二是它的结构是固定的，固定性虽不如成语，但比谚语和歇后语要强，并且以三字格为常见的代表。三是在句法功能上它同成语近似，在修辞功能上它有强烈的通俗性和口语色彩。”[④]李行健所总结的这三点，除了对于惯用语字数上的要求被语言事实证明不甚合理之外，其他的表述还是基本概括了惯用语的主要特点的。

惯用语三个主要特点中最重要的一个便是意义的双层性，这一点与绝大部分列举式并列组合结构的特点相吻合。如前文所述，列举式并列组合结构中，除很少一部分缩略形式外，其余大部分结构的整体意义都是各个组成成分意义的泛化、引申或比喻，其整体意义大于各列举项意义之和。但是这部分缩略结构在所有列举式并列组合结构中所占比例很少，不足以影响到它整体的表意特点。

因此我们认为，列举式并列组合结构是一个原型范畴，其中部分不具备意义双层性的缩略式是范畴中的非典型成员，结构整体意义大于各列举项意义之和的结构是范畴中的典型成员。我们姑且将该结构中典型成员称为狭义列举式并列组合结构，将包括部分缩略式的称为广义列举式并列组合结构。

惯用语的第二个特点，结构的相对固定性。这种相对的固定性也是各种语类所共有的。惯用语不像成语的固定性程度那么高,几乎不能变化其中语素的组成或顺序。温端政(2006)认为惯用语的相对固定性体现在有的惯用语语素可以进行同义或类义替换,以及结构成分可以拆开、插入其他成分。[⑤]这样的固定性程度与列举式并列组合结构是相吻合的。通过对所搜集到的语料的分析,我们发现,有很少一部分四字格的列举式并列组合结构古已有之,沿用至今,例如:“抑扬顿挫”“青红皂白”等,它们的整体性和结构的固定性非常强,语序不可做任何变动,并且书面语化程度更高。它们具备了成语的特点。但是这种固定性程度高、已经成语化了的列举式并列组合结构数量不多,并非主流。绝大部分列举式并列组合结构口语化程度高,虽然整体性和固定性相对较强,但是语序上可做轻微变动,如“东南西北”和“东西南北”;“春夏秋冬”和“春秋冬夏”。无论是少部分成语化的列举式并列组合结构还是大部分相对固定的列举式并列组合结构,他们都是符合惯用语“具有结构固定性”这一特点的。

惯用语的第三个特点是修辞上的通俗性和口语色彩。这一点在列举式并列组合结构中也得到了体现。赵元任先生最早对这类结构进行研究的著作即《汉语口语语法》。可见早期的研究即把该类结构归入汉语口语的范畴。在后续学者的研究中,周欣(2006)和刘红梅(2012)两篇系统研究该类结构的学位论文中均提到它们中绝大多数来源于口语,并一直活跃在口语交际中。即便有少部分列举式并列组合结构来源于书面语,它们也多出自各类典籍,一直沿用,流传至今。在现代汉语中,书面语和口语也是相互渗透的,界限并不明晰,这些来源于书面语的列举式并列组合结构也可在口语化的语言环境中出现。例如:

(8) 多少年来我就弄不懂，士农工商，为啥没好奸士、奸农、奸工、只有奸商？　　(《红顶商人胡雪岩》)

(9) 这行军打仗，是有命令的。俗话说：军令如山倒。不能讲温良恭俭让。到时候，可不能说俺不讲交情啊！　　(《努尔哈赤传》)

"士农工商"语出《管子·小匡》："士农工商四民者，国之石民也，不可使杂处。"在现代汉语中泛指各行各业。例(8)出自当代文学作品，且句中有口语化色彩极浓的疑问代词"为啥"，可见整句话的口语化程度很高，"士农工商"在这样的语言环境中出现，自然也具有了口语化色彩。"温良恭俭让"语出自《论语·学而》："夫子温、良、恭、俭、让以得之。夫子之求之也，其诸异乎人之求之与？"例(9)同样出自当代文学作品，句中同样有"俺"这样的口语词，突显了整个句子的口语化色彩。

由此可见，列举式并列组合结构是基本上符合惯用语所具备的各项主要特点的(少部分不具备意义二层性的除外)。因此我们可以把上文所提到的狭义的列举式并列组合结构看做是惯用语的子集，也就是说惯用语中包括狭义的列举式并列组合结构。

为了进一步说明列举式并列组合结构属于惯用语的一种，我们可以再从"惯用语"的字面角度来进行分析。所谓"惯用"即"惯于使用，经常使用"[⑥]。我们认为"惯于使用"和"经常使用"包括两层意思，一是口语化程度高，二是使用频率高。这也正与《现代汉语词典》(第7版)中对于"惯用语"的释义相吻合，即：熟语的一种，常以口语色彩较浓的固定词组表达一个完整的意思。[⑦] 对于列举式并列组合结构，它的口语化色彩，在前文已做简单论述，此处不再重复。至于它的使用频率问题，我们挑选了几个四字组列举式并列组合结构及与其意义相近的四字非列举式并列组合结构。这几组近义短语在CCL现代汉语语料库中出现的频次如下：

青梅竹马:195 例	两小无猜:51 例
古今中外:1232 例	古往今来:653 例
酸甜苦辣:511 例	世态炎凉:142 例
锅碗瓢盆:139 例	厨房用具:56 例
油盐酱醋:198 例	烹调佐料:1 例

每组前后两结构对比,我们发现列举式并列组合结构出现的频率要远远大于与其意义相近的非列举式并列组合结构。由此可见,从权威词典上对于惯用语字面解释的角度来衡量,列举式并列组合结构也都基本符合惯用语的特点要求。所以基于以上两个角度的分析,我们可以说狭义的列举式并列组合结构属于惯用语的一种。

列举式并列组合结构与成语之间也存在着一定的重叠交叉关系。如上文的分析,列举式并列组合结构中有一部分成员已经"成语化",被收入了《中华成语大词典》。但是这部分成语化了的列举式并列组合结构数量不多,并非主流。

这些成语化了的列举式并列组合结构虽然数量不多,但是既然它们已被《中华成语大词典》所收录,那么作为成语它的整体意义必然不是各个组成成分意义的简单相加,也必然具有意义的泛化、比喻或引申,即意义的二层性。因此,成语化了的列举式并列组合结构属于狭义范畴,也就是说它也是惯用语的一种。

由上述分析我们认为,列举式并列组合结构、成语、惯用语三者之间的关系错综复杂,互有交叠,特别是广义的列举式并列组合结构与其他两种语类的关系更是"剪不断,理还乱",很难在其中任意二者之间划出一条泾渭分明的界限。因此我们认为,在梳理三者之间关系时，不妨抓住主要矛盾，看清问题的主流，只考虑不同范畴中的典型成员，排除掉少部分的非典型成员。这种方法已在一些前辈学者的研究中得到了运用。

温端政(2006)对成语的定义是“二二相承的描述语和表述语”，[⑧] 但是《中华成语大辞典》中所收的词条中有一部分是非四字格的描述语和表述语。同时我们发现在第7版《现代汉语词典》中对“成语”一词的释义是“人们长期以来习用的、简洁精辟的定型词组或短句。汉语的成语大多由四个字组成，一般都有出处”。[⑨] 由《现代汉语词典》中的词条释义可知成语具有相沿习用的特点，且有少部分是由非四字组成，这也与《中华成语大辞典》中收录成语的实际情况相吻合。《中华成语大辞典》中共收录成语12000余条，其中非四字成语577条，占所有成语的约5%。由此我们可以推断成语也是一个原型范畴，其中四字格成语是它的典型成员，非四字格成语是它的非典型成员。由此可见，温端政先生对成语的定义中只包含了该范畴中的典型成员，即四字格成语，而未考虑到范畴中的非四字格的这些非典型成员。

遵循这样一种研究方法梳理列举式并列组合结构和其他两种语类的关系，惯用语当中就包括了列举式并列组合结构。这样一来，惯用语的范围就有所扩大，其中也自然会包括进一些四字成语(前文提到的成语化了的列举式并列组合结构)。原有的对于惯用语的定义“非二二相承的描述语”[⑩] 应该做相应的调整。我们认为，惯用语的范围界定应调整为：非二二相承的描述语及具有列举义的并列式四字短语(成语)。这样兼顾了原有的惯用语范畴中的成员和新加入的列举式并列组合结构。

四、余论:未来的研究空间

列举式并列组合结构属于描述语,它的整体意义大于其组成成分的意义之和,且具有一定的能产性。这些特点是基本符合Goldberg(1995)对构式的定义的。但是列举式并列组合结构在格式上较为灵活多变,从三字组到多字组均有涉及,有名词性成分的列举,也有动词、形容词甚至助词的列举,所以很难如汉语中其他构式那样,用一个固定的带有变量的格式来概括。当下构式语法理论在汉语学界是一个热点的研究方法,如果能运用构式语法理论对汉语中列举式并列组合结构加以解释,将进一步推进构式语法在汉语研究中的应用,从而推进构式语法之于汉语研究的系统方法的建立。因此,如何进一步确定列举式并列组合结构是否是一种汉语构式,如果是一种汉语构式,那么如何概括它的格式表达式以及构式义,是我们后续研究所要做的工作。

附注:

① 葛本仪.现代汉语词汇学(第 3 版)[M].北京:商务印书馆,2014:30.

② 温端政.汉语语汇学教程[M].北京:商务印书馆,2006:6.

③ 温端政.汉语语汇学教程[M].北京:商务印书馆,2006:48.

④ 李行健.现代汉语惯用语规范词典[Z].长春:长春出版社,2001:前言 3.

⑤ 温端政.汉语语汇学教程[M].北京:商务印书馆,2006:202.

⑥⑦ 中国社会科学院语言研究所词典编辑室.现代汉语词典(第 7 版)[Z].北京:商务印书馆,2016:484.

⑧ 温端政.汉语语汇学教程[M].北京:商务印书馆,2006:56.

⑨ 中国社会科学院语言研究所词典编辑室.现代汉语词典(第 7 版)[Z].北京:商务印书馆,2016:166.

⑩ 温端政,温朔彬.惯用语[M].北京:商务印书馆,2014:19.

参考文献：

［1］温端政.汉语语汇学［M］.北京：商务印书馆，2005.

［2］温端政.汉语语汇学教程［M］.北京：商务印书馆，2006.

［3］温端政，温朔彬.惯用语［M］.北京：商务印书馆，2014.

［4］葛本仪.现代汉语词汇学(第 3 版)［M］.北京：商务印书馆，2014.

［5］李行健.现代汉语惯用语规范词典［Z］.长春：长春出版社，2001.

［6］中国社会科学院语言研究所词典编辑室.现代汉语词典(第 7 版)［Z］.北京：商务印书馆，2016.

［7］刘红梅.汉语并列聚合词语研究述评［J］.语言教学与研究，2009(3).

［8］郭良夫.语素和词与词和短语［J］.中国语文，1988(6).

［9］周荐.论四字语与三字语［J］.语文研究，1997(4).

［10］周荐.聚合结构的词汇化及其为词典收条问题［J］.当代修辞学，2017(2).

［11］安华林."四字骈语"初探［J］.信阳师范学院学报，2001(1).

［12］曹炜.现代汉语聚合词初探［J］.语言文字应用，2003(3).

［13］周欣.现代汉语并列 N 项式研究［D］.保定：河北大学硕士学位论文，2006.

［14］刘红梅.汉语聚合词语研究［D］.济南：山东师范大学博士学位论文，2012.

［15］王亚斌.现代汉语并列式双音复合词研究［D］.桂林：广西师范大学硕士学位论文，2011.

（作者单位：天津师范大学文学院，天津，300387；

香港中文大学·语言及现代语言学系，999077）

中亚东干语语汇中的“口歌儿”

林　涛

一、东干语

东干语是中亚东干族所使用的语言，它来源于我国晚清时期汉语回民方言。东干语以近代汉语西北方言基本语汇和语法结构为主体，以甘肃陇中话口音为语音标准，吸收和融合了中亚地区通行的俄语、突厥语的某些成分，形成了一种新的汉语跨境方言。

中亚东干族学者称东干语为“回族语言”“中原语言”“大清国的话”。东干语是元辅音系统，文字由字母构成。子音和母音拼合后的音节称为“节节儿”。节节也叫“话节节儿”或者“话”（词）。话又分为“简单话（单纯词）”和“复杂话（合成词）”。话节节儿进一步组合构成“话链儿（词组）”、句段和篇章。东干语把语法叫作“文法”。文法中的句子称为“句段”或“段儿”。单句叫“简单段儿”，按照语气的不同，简单段儿分为本顺段儿、问题段儿、叫法段儿三种；复句叫“复杂段儿”，复杂段儿由两个或两个以上的简单段儿组合构成，分为本对复杂段儿和总句复杂段儿。

以这种语言观为基础，东干族语言学家淡化了“以词为中心”的语言理论，确立了“话”在语言学中的重要地位。东干族学者把他们编纂的词典称为“话典”，如《捷要的回族—乌鲁斯话典》《回族语言的来源话典》《乌鲁斯—回族语言带文学研究的话典》等。东干语话典里包括了我们汉语中的词、短语和现成话。

二、东干语里的口歌儿

东干语中的口歌儿是中亚东干族语言文学的艺术结晶。它长期流传在人民群众的口头之上，通俗、生动、含义深刻，有些内容极富哲理性。口歌儿双结构形式上看，主要包括谚语、歇后语、俗语、格言和一些谜语；从意义内容上看，它反映了东干人对社会事理、伦理道德、宗教信仰、是非善恶、文化礼仪、生活习俗等方面的认知和理解，蕴含着非常浓郁的民族风情。

口歌儿里面的谚语通俗、简练，具有知识性，既包含对客观事物的认识，也有在社会实践中积累起来的经验，能很形象地反映人民群众的生活状态。东干语口歌儿里面的谚语单句比较少，多由复句构成。其中，反映生活状况的如：

人随光阴，草随风。

高打墙，里开门，各儿活的各儿的人。

十七十八正当年，哪一个青年不打扮？

鸡皮、鹅掌、鸭子汤，调和捉上赶肉香。

喝哩酽茶就是好，喝哩淡茶灌尿脬。

家呢有千担粮，不拿萝卜就干粮。

病人不忌口，闲不了大夫的手。

家呢有千两银，不迭个买卖人。

会弹不会弹，拿上就定弦。

东干人在中亚主要从事农业，农事和气象方面的谚语特别多。农事的如：

千买卖，万买卖，不迭地呢翻土块。

看牲灵种地，一本万利。

下雨墁墙，刮风扬场。

大雁不过二月二，小雁不过三月三。

四月八，乱点瓜。

五月呢的蒜，在泥里头站。

沙枣花，呛鼻子，收哩谷子种糜子。

针扎的胡麻，卧牛的谷，玉麦地呢行车路。

头九、二九关门闭手，三九、四九冻破碴口，五九、六九阳坡晒柳，七九的鸭子，八九的雁，九九加一九，犁铧满地走。

气象类谚语如：

热生风，冷生雨。

早晨拉哩雾，后晌晒死兔。

月牙儿平，阴雨晴。月儿仰，雨水广。月立没雨水。

东虹热头，西虹雨，南虹出来下白雨。

春雨贵似油，黑霜瘦死牛。

中亚东干人离乡去国，侨居异域，经受了许多痛苦和磨难。在谚语里既反映了他们的苦难，也表达了对过去封建制度下地主老财和宗教上层人物的不满和反抗。如：

清水打的磨转呢，想起幼年肉颤呢。

一年盼的一年富，年年穿的没裆裤。

吃的萝卜就是雪，肚里的难过给谁说。

穷人把命送，富汉把钱挣。

富汉凭的穷汉的汗，穷汉凭的自己的汗。

阿訇吃瞎汉，容哩容易；瞎汉吃阿訇，难哩难气。

阿訇为银财，把自己卖。

歇后语是流传在东干族群众口头上的一种形象化的固定语句。一般由前后两部分组成，前语是比喻和隐喻，后语是说明和解释。有的也可省去后语，只用前语释义。东干语里的歇后语不是很多，没有专书辑录，只散见在口歌儿里，而且前语和后语之间不加破折号。如：

灰尘落到豆腐上，吹去不敢吹，打去不敢打。

指屁吹灯，挣的嘴脸无情。

老鼠跌到面瓮里，一阵欢喜一阵愁。

哈巴狗上坟堆，不知它的高低。

三张纸糊哩个驴头，好大的面子。

三个钱的花椒，买哩个窜。

屎巴牛哭娘呢，两眼墨黑。

在老虎背子上爬的呢，谁敢逗？

俗语是流行于民间的语句，常带有一定的方言性。如：

照猫画虎。

小腿拗不过大腿。

蛇钻的窟窿蛇知道。

节气不饶人。

人的肚子，杂货铺子。

低头看钱，抬头看脸。

千年的纸儿，会说话。

说神呢，鬼来哩。

心呢没冷病，不怕吃西瓜。

见官司说散场，见婚事说成双。

阎王好见，小鬼难缠。

官打民不羞，男打女不羞。老子打的儿不羞。

格言是含有一定教育意义的比较凝练的语句，东干人常在故事和小说的结尾使用，以证明某种道理，对读者和听者起到警示的作用。如：

众人是圣人。

水火不留情。

打枪的靶儿翻上下。

大家的口，量盐的斗。

活到老，经不了。

心狠，折本。

君子一言，快马一鞭。

有理说倒泰山。

伊玛目走哩事在呢，官调哩世在呢。

谜语一般是用某一事物或某一诗歌、成语、俗语或文字为谜底，用隐喻、形似、暗示或描写其特征的方法作出谜面，供人猜射。中亚东干族把谜语称作"猜话"。猜话里没有组谜、连环谜和字谜，只有单谜。谜底也多为用具、植物、动物、自然物象等。如

是话不是花，提起搁不下(语言)。

羊碎尾巴大，进房盛不下(点着的蜡烛)。

见哩面是六月，不见面是腊月(扇子)。

四四方方一座城，里头下雪外头晴(面筛子)。

红箱子，绿锁子，里头装的黄果子(红辣椒)。

一个树树不低不高，上边长的弯弯镰刀(梅豆角)。

高高山上一盘磨，千人万人不敢过(蛇)。

住的三角小楼房，见人解带脱衣裳（粽子）。

三、口歌儿里的民俗事象

口歌儿从思想内容上看，往往蕴含着浓郁、多彩的民俗事象。东干人进入中亚早期，相信命相、运气和洪福，但后来用自己勤劳的双手创建了美丽的家园，在苏联十月革命以后过上了幸福的生活。他们认识到人定胜天，勤劳能够致富。在流传的口歌儿里说道：

心比天高，命比纸薄。

运气命大跟前坐，无运命小跟前过。

心好命不好，哪呢找个真公道。

满地呢黄金，等的是命大人。

时不来，运不通，担上个扁担学营生。

银钱是英雄身上的垢圿，是多会有命能挣下。

鸿运到哩家，扁担开哩花。

三人合一心，黄土变成金。

有要吃香饭，做活多出汗。

人但喜爱工苦，财贝筐篮收。

凭自己的银财，我把天主能买。

东干人喜欢和睦、快乐、热闹的大家庭，重视多子多福和亲情，在口歌儿里说：

家呢有个三件宝，鸡咬、狗叫、娃娃吵。

一儿一女活神仙，无男二女心不甘。

无事调唆分家没下场，大锅呢的饭有味吃得香。

不说不笑，耽搁了老少。

手拉手攥一把，头顶儿抹到脚底下。

家呢金银有百斗，不迭维下好朋友。

你的一套，我的一道，俩哩俩好，仨哩仨好。

回回的亲，扯扯蔓的根，不掏还罢哩，越掏越深。

东干人的婚姻严守着伊斯兰教规，青年男女双方必须是穆斯林才能通婚。后来虽然有些变化，但东干族女子一般不外嫁，同时反对近亲结婚。东干族的婚姻不是严格的一夫一妻制，有娶小的习惯。如：

衣裳帽子搅乱哩，回回嫁哩黑炭哩。

亲上不能结亲，亲上结亲，剁断筋。

骑驴的腿不闲，娶两个婆姨的嘴不闲。

一天的詟囊，赶早喝上二两；一世的詟囊，办上两个婆娘。

一人娶九妻，不够哩再娶去。

头一房当墙，第二房当娘，第三房搭上个板板儿供养。

东干人婚姻仍然保持着我国古代“六礼”的传统和回族的习俗。婚嫁时男方先打发媒人到女方家提亲。有了父母的“口唤”，然后给话、吃“定茶”、送“卡利姆”（即“聘礼”），定日子。婚礼有“迎亲”，请阿訇念“尼卡哈”（即“证婚词”），晚上“闹房”要新娘子等习俗。口歌儿里说：

天上无云雨不通，地下无媒接不了亲。

一家的女儿百家问，抄化子过来捣一棍。

姑娘俊哩媒人多，高甜结蜜果运气多。

娶媳妇儿盖房，费钱的詟囊。

媳妇儿到门前，还得一个老牛钱。

东干人的葬俗与我国陕甘宁回族相同，人死后实行土葬，请阿訇念经。坟坑直着向下挖两米深，向西挖一个长条洞，将埋体头朝北，脚朝南，面朝西放好，用土块把洞口砌严，将土坑填上，上面做一个长条形坟堆。口歌儿里这样说："头往北，脚往南，四十个土块插的严。"

东干人的葬礼中，还有"添油"的习俗。人死后亲朋好友都要给死者家属些帮助。起初是送油，所以叫"添油"，现在改为送钱物了，这在口歌儿里也得到了反映："把我好比黄风地呢一盏灯，灯灭了无有一个添油、拨灯的人。"

东干人在日常生活中，每时每刻都以礼相伴。他们谨遵伊斯兰教规，重视伦理观念，崇尚礼仪，讲究"三德十行"，注重乡情和友谊，群体意识比较强。口歌儿中说：

一省一个乡俗，一城一个礼仪。

人拿礼仪当先，水拿米锅为爨。

读书要得知识深，学不下礼义不如人。

人爱主爱，人不爱主不爱。

回回是鱼，三天不洗就是驴。

瞎不知，好不懂，世上枉活人。

伸手不打礼行人，出口不骂老年人。

家呢不瞧(请)人，出门没人问。

你不来，他不去，两家断哩气。

不走的路过三遍，不用的人用三遍。

以上口歌儿里的民俗事象，不仅反映了东干人的民族心理、生活习俗和民俗文化，而且还揭示了东干文化和汉文化传统的密切关系。中亚的东干人虽然翻越天山，进入中亚，但是"去国万里情不改，离家百年魂尚存"。他们的习俗和口歌儿和我国西北回族是同宗同源的。

四、口歌儿的来源、传承和变化

中亚东干语中的口歌儿来源于我国晚清时期西北地区回汉群众中流传的谚语、歇后语、俗语以及花儿等。其中大部分的口歌儿在今天我国西北地区仍在流传。如：

大家拾柴火焰高。

君子动口不动手。

将心比，都一理。

秀才不出门，便知天下事。

山水好改，秉性难移。

三天打鱼，两天晒网。

东干语中有些口歌儿带有明显的不同省籍的地域特点。如“云里头的儿头，姚婆子的指头”“把运气耍当本事的使”“憋囊子好说话，溜沟子不挨骂”等都是陕西话；“一辈子当官，十辈子打转”“吃哩妖魔的饭，跟上妖魔转”“拿着麻杆子打狼呢，两怕”等都是甘肃话；“一窍不得，少挣几百”“将心比，都一理”“肚子呢没冷病，不怕吃西瓜”“天上下雨地上滑，自己跌倒自己爬”等是宁夏话；“上哩高山，显哩平滩，平滩呢一堆子白牡丹，看上揪不上还是枉然”是青海话；“吐鲁番的葡萄、哈密的瓜、南路的洋杠一朵花”是新疆话。有关资料表明，从1877—1884年间进入中亚的我国西北回民有东眉人(陕西关中眉县以东的人)、兰州人、河州人、莲花城人、张家川人、灵州人、西宁人、伊犁人等。这些西北各地的回民把自己祖籍地语言中的口歌儿带入中亚，原汁原味地传承了我国汉语言文化。

不过由于进入中亚的东干人都是我国西北黄土高原上的农

民，汉字在他们中间没有流传下来。东干语中的口歌儿在长达半个世纪的时间里没有文字记录，全凭祖辈口耳相授，所以有些口歌儿出现了残缺和讹误。如“官向官，民向民”，后面还应有一句“和尚向的出家人”；“打黑牛，惊黄牛”，后面还应有一句“吓的黧牛伸舌头”；“人活脸，树活皮”，后面还应有一句“墙面全靠一锹泥”；“人是铁，饭是钢”，后面还应有一句“三天不吃软叮当”；“人老叵娶年轻的妻”，后面还应有一句“娶下也是别人的妻”；“妻贤夫活寿，子孝父心宽”，前面还应有两句“国正天心顺，官清民自安”。

此外，有些口歌儿在描述历史故事时也经常发生讹误。如“三人结义在桃园，桃园里结义哩弟兄三。三战李布虎狼关，刘备年长把位占，关公为二张为三”，这段口歌儿里把“吕布”误传成了“李布”，把“虎牢关”误传成了“虎狼关”。类似情况还有不少。这些残缺和讹误对东干人来说，是在所难免的。我国西北回民迁入中亚，在140多年的历史进程中，隔断了与汉语及其语言环境的联系。口头上流传的口歌儿又在一段时间里没有文字记载，得不到应有的规范。有些话语被遗忘，或者以讹传讹；有的发生了一些变化。这是不是也可以看作是一种特殊的语言文化变异现象呢？

五、结语

东干语语汇中的口歌儿是中亚东干族人民群众中的一种口头创作。它兼属于语言和文学两种范畴。从语言学方面说。口歌儿是东干族劳动人民语言艺术的结晶。这些长期流传在人们口头里的通俗、简练、易懂而且又含义深刻的固定语句生动活泼、风趣幽默，在语言运用中具有很强的表现力。从文学方面来说，它属于中亚回族的“口传文学”内容。中亚回族文学分为“口传文学”和“书面文学”两种。书面文学是东干人在中亚地区独立形成和发展起来的一种文学形式。而口传文学则是中国回族民间文学的直接传承和延续。口歌儿是东干族口传文学的重要组成部分，它也是最纯正的东干语，里面很少有外来借词。这对我们研究我国近代汉语、汉语跨境方言在海外的传承以及国内回族和中亚东干族语言的历时和共时比较研究都具有非常重要的学术意义。

参考文献：

[1]（苏）优·杨善新.中原语言的写法路数[M].伏龙芝，1960.

[2] 马国凡.谚语、歇后语、惯用语[M].沈阳：辽宁人民出版社，1961.

[3]（苏）优.扬善新.捷要的回族—乌鲁斯话典[Z]伏龙芝，1971.

[4] 马威.谚语的文学性[J].民间文学，1978(12).

[5] 黄湘荣.谚语的讹传[J].民间文学，1980(3).

[6]（苏）赫·优素罗夫.萨别特回族的口歌儿、口溜儿、猜曲儿[M].伏龙芝，1982.

[7]（苏）优·丛娃子.回族语言的来源话典[Z].伏龙芝，1984.

[8] 黎良军.词汇语义学论稿[M].南宁：广西师范大学出版社，1995.

[9] 斯迪.谈谈气象谚语的科学性[J].西藏科技报，2001.7.25(3).

[10]（吉）黑牙·兰阿洪诺夫原作，林涛编译.中亚回族的口歌儿和口溜儿[M].香港：香港教育出版社，2004.

[11] 温端政.汉语语汇学教程[M].北京：商务印书馆，2006.

[12] 林涛.东干语论稿[M].银川：宁夏人民出版社，2007.

[13] 林涛.中亚回族陕西话研究[M].银川：宁夏人民出版社，2008.

[14] 林涛.东干语调查研究[M].北京：中国社会科学出版社，2012.

（作者单位：北方民族大学，宁夏银川，750021）

中国语言资源保护背景下的皖西民间歇后语地方性特征调查与研究*

马启俊

一

歇后语是一种特殊的语言表达方式，它是将一句话分成两部分，其中前一部分是假托语，后一部分是目的语，两者之间是引注关系，并且后一部分可以省去不说，因此叫歇后语。歇后语是劳动人民在日常生产生活中创造出来的，在人民群众中流传，反映了人民群众的生产和生活、习俗和惯制、经验和智慧、理想和愿望，语言通俗易懂、幽默风趣，具有口语和方言特色。

歇后语具有明显的通俗性，属于流行于民间的汉语方言俗语的一部分。曲彦斌先生在《中国民俗语言学》中说道："就汉语俗语事实而言，俗语是指包括口语性成语、谚语、格言、歇后语、惯用语、俚语等品类在内的，定型化或趋于定型化的简练习用语汇和短

* 本文系安徽省哲学社会科学规划项目"皖西非物质文化遗产保护与利用研究"(AHSKY2015D57)，中国语言资源保护工程专项"安徽汉语方言调查·六安"(YB1713A007)，安徽省教育厅省级质量工程项目"语言学省级教学团队"(2017jxtd032)成果。

语。”[1](P149)研究方言学、语汇学和俗语学的著名专家温端政先生也在《汉语语汇学》(商务印书馆,2005)中将俗语分为四类:谚语、歇后语、惯用语、俗成语,并指出歇后语是引注式的。

歇后语具有明显的地方性,这是因为除了一部分流传范围很广的通用性歇后语,还有很多歇后语流传范围很窄,其语音、语义、语用及其来源只有本地人熟知。也就是说,各地有各地的本土歇后语,外人对其往往很难理解,也难于在外地流传。即使是通用歇后语,也是先在某个地方产生和流传,然后才流传开来的。通用歇后语在各地流传时,同一歇后语各地往往会给予不同的读音,换用不同的方言词汇,对其来源和意义赋予了新的不同的解释,在用法上也会有所不同,形成了各地的异读、异文、异解和异用。还有可能各地原有的或新产生的不同说法的歇后语与某一通用歇后语表达的是同一个意思,形成了通用歇后语在各地的另一类异文。这些都可以说明歇后语具有地方性特征,走在地化、本土化存在、运用与发展之路。

歇后语的地方性特征最明显的表现是各地用本地特有的地名、物名、人名和偶发的有趣事件创造的歇后语,这些歇后语是其他地方不可能产生的,外人如果不熟悉当地的历史文化、人文掌故、自然环境,往往莫名其妙,不得其解。因此这样的歇后语也很难在外地广泛流传,变为通用歇后语。

歇后语往往因时因地、因人因事而异,各地有各地的专属歇后语。我国很多地方都编有本地的方言歇后语词典,学术界对歇后语的地方性特征也有所认识,出现了一些研究成果,但是还不够全面、深入。本文在中国语言资源保护背景下,开展对皖西地区民间歇后语的调查与搜集,并研究其地方性特征问题。

二

皖西，顾名思义，是指安徽省西部，与皖北、皖南、皖中、皖东一样，是对安徽省不同区块的简称。但是在安徽省西部的六安市，“皖西”却是个约定俗成的民众通俗称呼，通常专指六安市所管辖的范围，等同于“六安”。六安市辖区历来有所变化，目前包括霍邱县、金寨县、霍山县、舒城县和金安区、裕安区、叶集区，以及国家级六安经济技术开发区和六安市承接产业转移集中示范区。

我们在六安市各县区长期、广泛地进行了民间歇后语的实地调查和搜集整理，还查阅了《金寨县志》《霍山大辞典》《漫水河区域志》《叶集镇志》《姚李镇志》《六安民间故事全书》等地方史志和民间文学集成材料，从这两条途径搜集到很多在皖西各地流传的民间歇后语语料，其中有一部分是全国通用的歇后语，如：“老鼠拖木掀——大头在后头”，“麻布口袋装菱角——里戳外捣”，“外甥打灯笼——照舅（旧）”，“老鼠钻进风箱里——两头受气”，“泥菩萨过河——自身难保”，“孔夫子搬家——尽是书（输）”，“聋子的耳朵——摆设”，“小孩子放鞭炮——又响（想）又怕”，“十五个吊桶打水——七上八下”，“猪鼻子插大葱——装象（相）”，“茶壶里装饺子——有货倒不出”，“小鬼晒太阳——没影子”，“大水冲了龙王庙——一家人认不得一家人”，“大姑娘上轿——头一回”，“奶妈抱孩子——人家的”，“放屁脱裤子——多此一举”等。

不过更多的是具有皖西地方特色的本土歇后语，这些歇后语反映了皖西人独特的方言文化、特有的生活内容和丰富的民俗文化，地方性特征非常明显。

皖西民间歇后语的地方性特征主要体现在以下三个方面。

一、以皖西本地方言土语为语言形式，历史人文、自然事物为具体内容的歇后语，体现了鲜明的皖西地域文化特征

全国各地的民间歇后语都承载了当地的地域文化，体现了当地的方言土语、历史人文、生产生活、风土民情、趣闻轶事、自然状况，具有独特的语言文化、民俗生活、民众性格、生活环境等方面的认识研究价值和地域文化资料价值，是民众表达、地方记忆、乡土情怀的具体体现。皖西民间歇后语同样具有鲜明的皖西地域文化特征。

（一）运用皖西各地的方言土语构成歇后语

皖西地区的民间歇后语同六安市各县区人民群众的方言土语紧密相关，用语独特、地道，常常运用谐音双关、比喻等修辞手法，因此具有浓郁的乡土气息。

如利用方言词语构成的歇后语“老公鸡屙屎——头一厥子”，“头一厥子”即第一泡屎，比喻干事头一下子可以，后面就不行了。“老猫扯呼睡——一辈传一辈”，“扯呼”即打鼾，比喻习性相传。“黄鼠狼过老鼠——一代不如一代”，“过”指动物生崽。“一斧头不砍——硬凿（作）”，“凿”的方音与“作”相同，此处“作”的意思就是作怪，不干好事。“大拇指掏耳朵——脸有一拃厚”，“拃”为量词，指大拇指与食指伸开的长度单位，大约五寸。“大椒对烧酒——辣手对辣手”，“大椒”即辣椒，“辣手”即好手。“湖北的推车——翘把（俏巴）”，“俏巴”即漂亮，好。“黄鼠狼子跟猫跑——夹骚哄”，“夹骚哄”就是瞎起哄。“磨刀不搁水——干擦（cào）”，“干擦（cào）”即干起哄。“巷廊子赶猪——直来直去”，“巷廊子”即狭窄的巷道。“浓鼻子甩到南墙上——扒住不得掉”，“浓鼻子”即浓鼻涕。“一刀割掉鼻子——不知哪面朝前”，“不知哪面朝前”即不知

高低前后、是非对错。

“脚”的皖西方音为 juē，与“角”同音，因此产生了一批相关的歇后语，如“天上掉下鹅爪子——不是凡脚（角）”，“凡脚”谐音“凡角”，即普通人。“半天空掉下鹅爪子——雁脚（厌角）”，皖西人把天鹅也称为“雁”或“雁鹅”，“雁脚”谐音“厌角”，即令人讨厌的人。同样读“脚”为“juē”的还有“一板脚蹬在老鸭屁股上——呱呱叫”，“板脚”即“脚”。“六月心穿棉鞋——寒脚（角）”，“寒脚”谐音“寒角”，即可怜的人。

因为皖西各县区方言有别，也会产生一些大同小异的歇后语。如蟾蜍，皖西人有叫“癞大猴子”“癞癞猴子”“癞癞蛄子”的，也有叫“赖呆蛄”“赖呆蛄子”“赖呆猴子”“赖呆蛤蟆”的，于是出现了“癞大猴子扒秤杆——自称自”，“癞癞猴子垫床腿——硬撑棍”，“赖呆蛄养蚕——嘴供嘴”等歇后语。还有金寨县的歇后语“方瓜花炒鸡蛋——配色”，霍山县人说成“南瓜花炒鸡蛋——正配色”，霍邱县人说成“南瓜花炒鸡蛋——对色”。

（二）运用皖西各地的劳动生产、生活习俗内容构成歇后语

皖西民间歇后语与当地人民的劳动生产、日常生活习俗关系密切，有的反映了真实的生产生活内容，有的利用相关的内容打比喻，说理抒情。仔细分析，都具有丰富的社会生活内容和深厚的社会文化内涵。

1. 与劳动生产相关：如“墙头犁田——一趟成功”，“赶猪不拿棍子——伞（散）捣”，“人家牵牛你拔桩——尽替人顶罪”，“二十五天孵不出小鸡子——坏蛋”，“打柴卖，买柴烧——自讨苦吃”，“披着蓑衣打火——惹火烧身”，“戴着斗笠亲嘴——差一大截子”等。

2. 与服饰习俗相关：如“舅奶奶花鞋——老样子”，“大街上掉了裤子——快系(会计)”,“冬瓜皮做帽子——霉上了顶”,“士林布褂子——里外蓝(难)”,“裹脚布做围嘴子——臭了一圈子”,“帽子破了边——顶好”,“光头梳辫子——没发(法)”,“皇帝剃头——不要王发(法)”等。

3. 与饮食习俗相关:如“卖梨膏糖住高楼——硬熬出来的”,“锅台上睡觉——颈罐(尽管)放心”,“沙子子炒菜——石盐(实言)”,“十二只麻雀一碟子——尽是嘴(一说多嘴多舌)”,“老王家吊酒——直来直来的”,“煨罐子打酒——不像壶(乎)”,“胳膊弯子汗——手一伸就干了(汗干了,也指喝酒干杯)”,“哑巴吃汤圆子(元宵)——心里有数”,“捏着鼻子吃大葱——无可奈何”,“凉水挦(xuān,拔毛)鸡——一毛不拔”等。

皖西人擅长制作豆腐,也喜欢吃豆腐,因此关于豆腐的歇后语很多,如“老王家豆腐——抓过来就磨(扯谎)”,“咸菜烧豆腐——有盐(言)在先”,“小葱拌豆腐——一清二白”,“豆腐掉到青灰里——吹不能吹,拍不能拍(或打不能打)”,“丝线拴豆腐——不能提”,“豆腐渣掉井里——一松(怂)到底”,“豆腐渣上船——不是货”等。

4. 与年节习俗相关:如“年三十晚上借刀板子(砧板)——家家要用”,“年三十晚上打个兔子——有它不多无它不少”,“王小二过年——一年不如一年”,“正月十五卖门神——迟了半个月”等。

5. 与游艺习俗相关:如“听书淌眼泪——替古人担忧”,“洋鬼子看戏——傻眼”,“臁疮腿看戏——站不长”,“黄瓜打大锣——一去一大截”,“菜瓜打大锣——一锤子买卖”,“花果山打锣——逗猴”,“猴子不上树——再敲一遍锣”,“胡子吹喇叭——毛鼓(估)子”,“板凳上玩麻将——打不开场面”等。

6. 与婚丧习俗相关:如“小和尚娶亲——头一回”,“小家娶媳妇——挨黑进门”,“亲家母花鞋——人家的”,“寡妇死了儿子——没指望了”,“寡汉条子(单身汉)安家——一无所有”,“抬棺材掉裤子——哭的哭笑的笑”等。

7. 与民间信仰相关:如“五阎王死掉儿子——小鬼都不信”,“丈二和尚——摸不到辫梢子”,“蚊子叮菩萨——认错了人”,“白颈子老鸹(寒鸦)——张口就是祸”,“灶老爷上天——好话多讲”,“张天师求雨——尽葫芦一甩”,“龙王爷搬家——离海(厉害)”,“土地老爷欠屁股——神起来了”,“土地老爷钻煨罐子——炖神”,“土地奶奶望肚目脐子(肚脐眼)——今生休想”,“肚目脐子冒烟——腰(妖)气”,“歪嘴和尚——念不到正经”,“一脚踢死麒麟——不知贵贱”,“太岁头上动土——好大胆”,“太岁头上动土——不死也要掉层皮”,“太岁头上的土——动不得”,“太岁道凶——恶人怕恶人”等。

8. 与工匠、商业、医药习俗相关:如“剃头挑子——一头热”,“挑窑货断扁担——没一个好货”,“裁缝打架——针(真)干”,“绱鞋不用锥子——针(真)干”,“裁缝掉了剪子——就落尺(吃)”,“三星牙膏——老牌子”,“爆竹店失火——自己恭喜自己”,“十八岁大姐贩夜壶——不懂生意经”,“拿着膏药进竹林——见棍就贴”,“药店的甘草——作冷作热都是它”等。

9. 与家庭邻里生活相关:如“清水糊亮格子——两不粘”,“瓦屋檐上水——点点落旧窝”,“屁股头子挂钥匙——管哪一门的”,“胸口插钥匙——开心”,“门旮旯的扁担——看窄了”,“麦秸草捆鸡蛋——一头塌一头抹”,“针尖对麦芒——尖对尖(吝啬)”,“两个老头打架——不凶”,“老公公背媳妇过河——累死不讨好”,“三尺长的梯子——搭不上檐(言)”,“老九的弟弟——老十(实)”,“七个人睡两头——颠三倒四”,“三个钱放两下——一是一,二是二”,“一吊钱放在门坎上——里外半吊子(讲话做事不直爽的人)”,“茅厕(厕所)缸里的搅屎棍——闻(文)不能闻,舞(武)不能舞”,“大条把(大扫帚)掉到茅缸里——闻不能闻(文不能文),舞不能舞(武不能武)”,“蹲在茅茨(厕所)里嗑瓜子——进的没有出的多”,“蹲粪坑嗑瓜子——入项少,出项多”,“茅茨里磕瓜子——怎么张开嘴的”,“三九天睡猪槽盖冰冻——没有一面热人的”,“睡觉当皇帝——梦想好”等。

10. 与地名文化相关:如“八块地的保长——管得宽”,“二道河甲长——管得宽”,“九里沟的保长——管得宽”,“张家湾的锣鼓——各打各的”,“苏家埠的挂面——搭上就扯”,“漫水河的桥——两道”,“下埠河的桥——两道”等。

(三)运用对著名历史人物和经典文学人物的本地通俗化评价、解释和想象构成歇后语

如“太公八十遇文王——晚得时”,“百里奚饲牛拜相——人不可貌相”,“沈万三家茅厕——没我的粪(份)”,“司马懿不带刀——就这一剑(件)”,“张飞打岳飞——无非不无非”,“猪八戒卖稻草——人没人,货没货”,“武大郎戴橡栗碗子(橡子壳子)——人不出众,帽(貌)不惊人”等。

(四)运用对动物和植物的本地通俗化评价、解释和想象构成歇后语

如“墙头跑马——路不长”,“乌龟过门槛——有一跤跌”,“小狗过门槛——嘴上前”,“土公蛇咬板凳腿——空出一番毒力”,“扬叉打兔子——尽赶空幌子(空当子)”,“瓦罐养乌龟——越养越缩”,“斑鸠不吃麻籽——肚里有货”,“黄鳝剁了头——不是出血筒子”，“老母猪吃火煤子——自嚼（juē，觉）脆”，“小猫上锅台——熟脚”，“老猫上锅台——老熟路”，“公鸡头上一块肉——大小是个冠（官）”，“小孩摢（捕捉）虾子——一凼一凼来”，“反穿皮袄——装洋（羊）”，“蚂蟥叮了鹭鸶腿——死活不放扒爪经”，“蜻蜓吃尾巴——自吃自”，“麻秸打狗——两怕”，“稻草约子（捆物的绳子）打狗——两怕”，“桂花落掉叶——香棒”等。

二、对广为流传的通用歇后语做出皖西本地性的解释，并产生相关的民间故事

如裕安区民间故事《张老汉千里送鹅毛“礼轻仁义重”》：

朱元璋做了皇帝后，不忘张老汉救命之恩。洪武四年春，派御史往六安州迎接张老汉进京受封。张老汉选了两只肥大的白鹅前往，走到裕溪口，白鹅一见江水，猛地挣脱绳索，跳下江去。张老汉赶忙去捉，手中只抓得两把鹅毛，只得带着鹅毛前往京城。

朱元璋见到鹅毛笑着说：“故人不相忘也，此乃‘千里送鹅毛，礼轻仁义重’啊。”

后来张老汉回到六安，死后，葬在西门外的金陵塘岸，墓前立有碑。民国期间墓和残碑尚存，残碑文：“张老人太祖高皇帝故人也，其名无考。”（许正英搜集整理）[2](P45)

此则民间故事内含通用歇后语“千里送鹅毛——礼轻仁义重”，涉及明代开国皇帝朱元璋早年在皖西流浪乞讨的相关经历。

霍邱县也流传着《千里送鹅毛》的民间故事，与朱元璋在皖西活动的相关内容更为详细，其中所流传的歇后语为“千里送鹅毛——礼轻情义重”。[3](P37—39)

再如通用歇后语“狗咬吕洞宾——不识好人心”，在皖西地区却有一个不一样的来源故事《讹传狗咬吕洞宾》：

人们常说“狗咬吕洞宾，不识好人心”。其实这句话是讹传。“枸杳”是人的名字，而不是“狗咬”。

据说很早以前，吕洞宾收了枸杳为徒弟。吕洞宾对枸杳要求很严，望其艺精成道。但是枸杳偏偏看上了师傅家的丫环。请求师傅将其下人许配给自己，否则无心学艺。

多次下跪求师傅赐婚，师傅只得答应。但有一个条件：新婚头三夜不准进洞房，否则不许成婚。枸杳勉强答应。

果然不出所料，头一天晚上枸杳还能忍住，第二天晚上就显得恶心烦躁，第三天晚上他再也忍不住了。但师傅始终把住洞房之门，说：“不能断六欲者成不了大器也。”

枸杳知道师傅是在考验自己，因而下定决心，修炼自身，数年后成器出道，事业有成。

但是师傅吕洞宾却因火、病之灾，业败家落，举步维艰。只得远求枸杳赞助，建家复业。

枸杳对师傅的到来热情接待，虽知师傅所来之意，但不愿明说。每日高规格接待，赞助只字不提。小住数日后，师傅见徒弟仍无赞助之意，自己也不便开口，主动择日回归，徒弟也没有挽留之意。

归途中吕洞宾心中一直怨恨徒弟：忘恩负义，不恋师徒之情，负心薄情，世上少有。

怨气未消，却又听到从自己庄上传来哭声。近前一看，家人围着一具棺材嚎啕大哭。原来是枸杳差人送来这具棺材，说师傅暴病而亡。

吕洞宾听了火冒三丈，怒骂枸杳太缺德了，借钱不成，反而这样来咒骂戏弄师傅。一气之下，拿起斧头劈开棺材。众人一看惊呆了，棺材中装满黄金白银。并附有一信写道：枸杏不是负心郎，送你金银盖新房。途路遥远难提防，金银只好棺材装。（高先春搜集整理）[4](P321—322)

还有在舒城流传的歇后语“猪八戒照镜子——里外都不成人”及其故事《唐三藏师徒猜扁担》，也是对通用歇后语“猪八戒照镜子——里外不是人”来源的独特解释，很有皖西地方特色。[5](P5—10)

三、用地方名人名言或偶发事件形成歇后语，并产生相关民间故事

皖西某些歇后语往往是因为地方名人的怪异言行、趣闻轶事，或者某地偶然发生的奇事、趣事，引起人们的兴趣，遂编出歇后语及其相关故事。这些歇后语具有传奇性和幽默色彩，背后的故事是解释这种歇后语的来历和含义。这类歇后语在当地往往传为笑谈，为人所熟知和熟用，但是外地人猛一听往往莫名其妙，不知所云。

如金寨县全军乡全军村流传的歇后语“熊老二打野猪——搁哪藏呢”，与当地熊氏兄弟雪天打野猪的故事有关。请看《熊老二打野猪》：

从前，全军村住着熊氏三兄弟，喜欢打猎。有一次下了一场大雪，天刚放晴，正是打野猪的好天气。老大说：“两位兄弟，咱们今天上山打野猪去。”二位兄弟极为高兴。老二虽然喜欢打猎，但生性胆小，又爱又怕。吃过早饭，兄弟三人准备好自制的土枪，背上行头上山打野猪去。寻找了大半天也没有见到野猪的踪影，眼看太阳就要落山了。就在这时，有一条小野猪从石洞里往外爬，恰巧被胆小的老二发现了。这时候的熊老二吓得浑身颤抖，慌忙把手中的土枪扔到雪地里，大声

叫喊："俺哥，我看到一条野猪，我搁哪藏呢！"老大急忙说："还不赶快点火炮子打呀。"老二急忙去找土枪，但这时候枪里的火药已被雪水浸湿打不响了。等二位兄弟赶来，野猪已跑得无影无踪了。后来就留下一条歇后语："熊老二打野猪——搁哪藏呢！"（王相卫搜集整理）[6](P386)

再如舒城县流传的歇后语"冯小猫发财——不是跑的"及其相关故事《冯小猫》：

冯小猫鳏汉一条，靠挖坟墓、城墙脚下的石头换口饭吃。一天，他在挖一个旧庄院的墙脚石，挖到一个拐角，掏到底下，挖到一块石板。他把石板稍稍掀起，看到下面是一窖银子。他的心哪，都快堵到嗓子眼了，赶快把石板放好，又扒了些乱泥碎石掩盖了石板。然后跑到另一个墙角假装挖石头，一边看着银子，一边思索藏银的办法。

冯小猫上无片瓦，下无立锥之地，平日晚上在鬼不生蛋的城北土地庙安身。他想，那里荒无人烟，且在那庙后挖一深坑，把银子埋到那里再说。于是天刚黑，冯小猫就开始把银子往城北转移，整整忙了一夜才忙妥当。

以后，冯小猫开始买田地，建房子，娶妻子，一直发展到家中牛马结队，奴仆成群。所以人们传说个歇后语：冯小猫发财——不是跑的。到了七十多岁，冯小猫又娶了个如花似玉的姑娘，结婚的晚上，冯小猫拄着拐杖在新房门口徘徊，不好意思进门，说：

七十老翁娶嫩妻，

老藤攀坏嫩柳枝。

新娘在新房里等他多时不见人影，听到这两句，赶紧接口说：

不怪夫君年纪大，

只怪奴家出世迟。（冯立道讲述，徐贤柱采录）[7](P300—301)

据《漫水河区域志》介绍，霍山县漫水河镇的许多歇后语都有其独特的来源，与当地的人与事联系非常紧密，大多是一地一人一事，因此是外地不可能产生的。如“八块地的保长——管得宽”，“八块地”位于霍山县安家河乡梅林坪东边，新中国成立前为八块地保，该保居民移居别处后，仍归八块地保管辖，因而八块地保管辖范围较大、零乱，故出此歇后语。其他的如“何国照审案子——打你入老猴子的”，何国照是清末的县官，此人知识少，审理案件时，每遇被告不交代，便拍案说：“打你入老猴子的。”据传，有一次被质问：“什么叫‘入老猴子的’？”把何国照问得哑口无言，成为笑话，故有此歇后语。“张家的祠堂——划大了样”，黄栗杪张姓祠堂，原设计规模很大，以后做得很小，故出现此歇后语。“漫水河公社书记——奇闻（文）”，漫水河公社1964—1971年的书记，名叫何齐文，故谐音流传，出此歇后语。“陈世昌开会——大翻身”，1949年10月2日，霍山县上土市（小地名，并非城市名。现为上土市镇）召开国庆节庆祝大会上，农民代表陈世昌发言，只说两句话：“大翻身，大翻身。”故引出此歇后语。[8](P358)

其余的如六安市裕安区老石堰乡的“王老九下通知——风雨无阻”，[9]裕安区西河口乡的“熊达炼抬轿——一对五里车（ju）”，[10](P56—57)霍山县的“舒家模吃盐豆子——把个日子不过”，[11](P588)“刘大麻子（刘铭传）打台湾——三两手工夫”，[12](P588)金寨县的“赵光胤赌牌——输打赢要”，[13](P32)“江八爷的徒弟——礼貌多”[14](P876)等。

有时一个人或一个地方的故事可以产生两条或两条以上的歇后语，如裕安区独山镇流传的与隋朝末年瓦岗寨英雄王伯当有关的歇后语“王伯当卖棍子糖——硬的”，“王伯当的箭——没有错放的”。[15](P79—80)再如与霍邱县曹墩乡有关的两条歇后语“谢嫈去曹墩——救灾”，“黄宾一到曹墩——刮财”。[16](P219—222)还有霍邱县过去的名门望族窦家与李家开亲，产生了三条歇后语：“陪嫁的丫环——趴着睡”，“小秃子与窦小姐开亲——两不愿意”，“窦家楼招亲——洋女婿”。[17](P93—94)

因为一个人而产生众多系列歇后语最典型的是霍山县关于“郭呆子”的12条歇后语：“郭呆子看大水——不涨不退”，“郭呆子翻是非——有一句讲一句”，“郭呆子卖祖坟——论堆数”，“郭呆子进锅洞——四门天黑”，“郭呆子认不得吊罐——黑壶（方言，义为多）”，“郭呆子认不得天窗子——吊（调）门”，“郭呆子认不得小孩子——工夫砣砣”，“郭呆子犁田——硬掫到拐（认怂到乖）”，“郭呆子认不得塘涵眼——大漏子”，“郭呆子卖祖宗牌子——天地寒心”，“郭呆子进祠堂——一拉表兄弟（大家都一样）”，“郭呆子认不得大水桩——虹（犟）根”等，[18](P588)这些歇后语都有与之相关的民间故事同时流传。

四、皖西民间歇后语也有不健康的一面，反映了当地人语言表达与思想观念中消极落后的一面

皖西民间歇后语是皖西人民在长期的生产生活实践中总结创造出来的口头语言艺术产品，短小精炼，幽默生动，通俗易懂，脍炙人口，在当地人民的社会文化生活中发挥着多种作用，富有浓郁的乡土气息。但是，与全国各地的民间歇后语一样，皖西民间歇后语也有其不健康的一面，是过去消极落后的思想文化的积淀，与当地人不良的语言表达和不正确的思想观念密切相关，体现了其语言粗俗和思想庸俗的一面。如：

（一）用地方习用的骂人话形成歇后语

如“王八头当乡长——自己不正正人家”，“当婊子喂嚼猪——人家尻俺，俺尻人家”，“王七的弟弟——王八”等。皖西人爱用“王八”或“王八头”骂男人，“婊子”骂女人。

（二）用地方习用的粗话和脏话形成歇后语

如“仰巴着撒尿——焦（浇）个屌”，“打手冲子当茶喝——自尻自”，“黄泥巴糊屁股——不是屎也是屎”，“裤裆里放屁——搞两叉子去了”，“裤裆失火——危屌险（或烧鸡）”，“麻雀日（动词，表示性行为）老鹰——讲的讲，听的听”，“屁股眼子养孩子——活挣命”，“屁股上长草——欠锄（欠整，欠揍）”等。

（三）用嘲讽戏弄有生理缺陷或弱势群体的内容形成歇后语

如“哑巴见了娘——没得讲的”，“两个哑巴一头睡——没得讲”，“哑巴打呵欠——要讲话”，“独眼龙看月亮——好大独星（毒心）”，“秃头上别簪子——翘（俏）皮”，“眨巴眼养瞎子——一代不如一代”，“瞎子磨刀——快了”，“瞎子摸到皇历——总是书（输）”，“瞎子赶猪——瞎哄”，“瞎子打老婆——逮住一下是一下”，“瞎子看戏——听音（或傻眼）”，“瞎子过河——你趟趟（试试瞧）”，“瞎子过河——谦（牵）虚（须）过度（渡）”，“叫花子死了大张嘴——穷话没讲尽”，“叫花子钻草堆——享天福”，“叫花子丢掉拐棍——受狗气”等。

从以上举例和分析来看，皖西民间歇后语优劣并存，因此我们应加以批判地继承传播和适当地创新发展，使其能够在今天更广泛的社会文化生活中发挥更大更积极的作用。

三

皖西民间歇后语是皖西历史和文化保存、传承的载体，有助于我们认识皖西多方面的社会生活和文化内涵，具有极为重要的资料价值和认识价值，是宝贵的非物质文化遗产，也是六安市民间文学的重要组成部分，值得我们珍视和借鉴。但是随着社会的发展、时代的变迁、生活的变化，许多传统文化和地方文化在弱化和消失，歇后语也不例外。皖西民间歇后语的来源和内涵渐渐不为人知，即使是本地人也未必都清楚，尤其是年轻人更是不知所云，因此很多皖西民间歇后语已经不为人用，正在走向式微和消亡。

在重视中国语言资源保护和中华优秀地方文化尤其是方言文化传承与创新的时代背景下，在国家语委和教育部组织领导的中国语言资源保护工程的大力推动和广泛影响下，我们有必要对皖西民间歇后语等口头俗语文化资源给予更多的关注，抓紧开展专业的、规范的调查搜集、记录整理、保存传播和科学研究，特别是进行抢救性的调查采集、科学性的整理研究和专业性的有声数据库建设。在记录、保存、展示、宣传、研究的基础上进行保护、传承、应用、创新，让更多的人了解、运用皖西民间歇后语，充分发挥皖西民间歇后语在当地、周边乃至更大范围内的生产生活、思想教育、文化传播、社会发展等方面的作用，同时以点带面，通过个案的调查研究，不断积累经验，进一步推动六安市民间歇后语的调查研究和《六安歇后语集成》类著作的编辑和出版。

参考文献：

[1] 曲彦斌.中国民俗语言学[M].上海：上海文艺出版社，1996.

[2] 史红雨主编.六安民间故事全书·裕安卷[M].合肥：黄山书社，2011.
[3] 史红雨主编.六安民间故事全书·霍邱卷[M].合肥：黄山书社，2011.
[4] 史红雨主编.六安民间故事全书·金安卷[M].合肥：黄山书社，2011.
[5] 史红雨主编.六安民间故事全书·舒城卷[M].合肥：黄山书社，2011.
[6] 史红雨主编.六安民间故事全书·金寨卷[M].合肥：黄山书社，2011.
[7] 史红雨主编.六安民间故事全书·舒城卷[M].合肥：黄山书社，2011.
[8] 马维甫编著.漫水河区域志[M].合肥：黄山书社，2016.
[9] 陆秀红.王老九下通知[N].皖西日报，2014-3-14-B2.
[10] 史红雨主编.六安民间故事全书·裕安卷·熊达炼抬轿[M].合肥：黄山书社，2011.
[11] 中国人民政治协商会议霍山县委员会编.霍山大词典[M].合肥：安徽教育出版社，2010.
[12] 中国人民政治协商会议霍山县委员会编.霍山大词典[M].合肥：安徽教育出版社，2010.
[13] 史红雨主编.六安民间故事全书·金寨卷·全军村的故事[M].合肥：黄山书社，2011.
[14] 中国人民政治协商会议金寨县委员会编.金寨文史(一至十辑合订本)[M].内部资料，2004.
[15] 史红雨主编.六安民间故事全书·裕安卷·王伯当的糖与箭[M].合肥：黄山书社，2011.
[16] 史红雨主编.六安民间故事全书·霍邱卷·两个县长不一样[M].合肥：黄山书社，2011.
[17] 史红雨主编.六安民间故事全书·霍邱卷·窦家楼[M].合肥：黄山书社，2011.
[18] 中国人民政治协商会议霍山县委员会编.霍山大词典[M].合肥：安徽教育出版社，2010.

(作者单位：皖西学院文化与传媒学院，安徽六安，237012)

山西方言谚语中的面食文化信息解读

——山西面食文化研究系列之四*

姚 勤 智

谚语是广大百姓在长期的生产实践中集体创作、广为口传、言简意赅并较为定型的艺术语句，是民众丰富智慧和普遍经验的规律性总结。方言谚语言简意赅，寓意深刻，比喻形象，鲜明生动，虽说只有短短一两句，却有完整而生动的形式，历经考验的哲理，鲜明而深刻的思想内容，集中反映了社会生活的某些特点。山西方言中的谚语特别丰富，涉及生活劳动的方方面面，有反映气象节令的，有反映农事耕作的，有反映风土人情的，有反映品德修养的……林林总总，不一而足。山西是面食的故乡，杂粮的故乡，土地肥沃，耕地面积大。远古时代，我们的先民就在这里种植五谷，加之山西南北距离长，物产丰富多样，先民们在年复一年的耕种劳作中，积累了相当多的饮食谚语，这些谚语是人们对社会生活长期观察的体验。人们在日常生产和生活中，进行着不间断的实践，不断的总结，并传之后人。本文即对谚语中的山西面食文化信息予以解读。

* 本文系忻州师范学院院级基金资助项目(编号:CYJ20210)阶段性成果。

一、关于面食和饺子的谚语

俗话说，“世界面食在中国，中国面食在山西”，山西地处黄河中游，是世界上最早最大的农业起源中心之一，也是中国面食文化的发祥地，其历史之悠久，内涵之丰富，积淀之深厚令世人瞩目。其面食精髓集中体现在晋中地区，山西人在吃面的同时，也留下了许多关于面食的词语，其中谚语尤其多，这些谚语积淀了山西人关于面食的思维、习惯和情感认知。其中有对技巧的总结，有对尚俭风尚的透露，有对面食养生的认知，更有对民俗的积淀。

“和面三光：面光，手光，盆儿光。”在山西各地都流传这条谚语，和面讲究“三光政策”，要做到三光，需经过长期的实践。这一谚语的精髓是一个“俭”字，在物质极其匮乏的年代，吃白面基本属于打牙祭，能吃一顿白面不容易，因此，每吃一次，都要物尽其用，不能浪费。首先在和面这道工序上体现出山西人尚俭的良好习惯；其次，经过家庭妇女代代传承，和面的技巧逐渐成熟，最终总结出“三光”诀窍，形成了精湛的技艺，也成为山西面食的一道风景。在山西，如果哪家媳妇和面做不到三光是要被人耻笑的。“面揉三遍，白得好看”，面和好后，必须反复揉，才能使面与水充分融合，经过饧发，达到视之洁白、触之柔嫩的境界。“打出来的老婆揉出来的面”，是带有封建色彩的一条谚语。意思是说：刚进门的新媳妇，由于年轻不懂事，常常不听老人的话，所以要管教，时间长了就会变成贤妻良母；和面的时候，要反复揉，时间一长，面就会筋道，擀出的面就好吃。这句谚语的前半句明显带有封建时代的烙印，如今肯定行不通，但细细想想，后半句却是真理。

“和的面铁蛋，擀下颀子圆案。”这条谚语体现一个“精”字，技艺之精湛，令人肃然起敬。这是形容人擀面的手艺高超，擀面时擀下的颀子要像圆桌的桌面一样，圆圆的，不能有缺口，不能七圆八扁。其中蕴含的说话人自豪的口气，也只有山西人才有。

“头伏饺子二伏面，三伏烙饼摊鸡蛋。”中国人历来讲究节气与养生，在不同的节气要根据物候征信不同，食用不同的食品。盛夏酷暑，闷热难耐，吃点好的补充身体营养正好是时节。过去农业社会中，入伏的时候，正是农户收麦不足一月之际，家家户户粮食满囤。此时，正是农闲时节，利用这个时间，人们吃一点好的，以解盛夏之苦。头伏吃饺子是传统习俗，北方地区大多如此，山西尤其典型。因为每逢伏天，天气炎热，人们出汗多，胃口不好，大多喜欢吃一点少油爽口的食品，而饺子正是清淡爽口食品。二伏习惯吃面，面条不仅是人们的经典食品，还含有丰富的碳水化合物，能提供足够的能量，而且在煮的过程中会吸收大量的水，能产生较强的饱腹感。伏天吃饺子、面条、烙饼的意思，除了夏收后庆祝丰收之外，更是提醒人们注意伏天养生的道理，夏天不能随便吃食。伏天的特点温度高、湿度大、白昼长，人们容易出汗，人体内部各种营养物质，特别是无机盐类大量消耗，如果不注意补充，容易引起蛋白质、无机盐、维生素等的缺乏，从而影响人体新陈代谢。“冬至饺子夏至面。”与上述谚语同类。

“送客饺子迎客面。”是北方地区广泛流传的一条谚语。让出门的人吃顿饺子，补充能量，顶饥耐饿；让远归的人吃顿面，暖胃暖肚，易于消化。谚语中不仅传达了浓浓的亲情，更含有一定的医学道理。本条谚语还有不同的变体，如“起脚饺子落脚面”“送行的饺子接风的面”“送行饺子迎风面”“出门饺子回家面”“上马饽饽下马面”等等。

在面食习俗中，地位最高、最受山西人喜欢的面食是饺子，“舒服不如躺着，好吃不过饺子”，就已经说明了一切。“煮饺子就酒，越喝越有。”吃饺子喝酒本来是不搭的，但是把生活最好的两种饮食放在一起，那种满足，那种自醉，谁又能说不搭呢？希望生活幸福，长长久久就是他们的愿望。“不吃饺子不算过年。”过年是中国最隆重的节日，过年必吃饺子，不吃饺子，就会留有遗憾，就会心有所忌。因此，在先民的民俗活动中，吃饺子成了过年的象征。即使是在平时的民俗活动中，饺子也是处于尊贵的地位。诸如结婚、丧事、过寿等活动中，饺子都是主角。如吕梁人在订婚仪式中就一定要吃饺子，表示对新人的祝福，其说法源于饺子的做法，饺子皮两面边缘紧合，表示新人恩爱有余，相互依靠。在迎娶时，一般忌食馒头，因为馒头往往是祭祀食品，不吉利。在山西平遥一带，女孩出嫁就多吃水饺，有“上轿饺子”一说，即上轿临走时要吃饺子，以示吉利。

饺子在面食中的地位，其寓意就说明了一切，一是象征新旧交替，因此春节过年必吃饺子；二是象征阖家团圆，因此过年捏饺子一定要全家围坐炕头，人人动手，包括小孩也要跟着学，以示团团圆圆，阖家幸福。正如歌谣所说：“一个扁食两头尖，下到锅里成万千。金勺舀，银碗端，端到桌上敬老天。天神见了心喜欢，一年四季保平安。”人们的一切期望，一切祝福，全倾注到饺子中了。

“头锅饸饹末锅粥”是反映荞面饸饹吃法的一句谚语。在忻州市定襄县一带，最有地方风味的特色食品是当地的“荞面饸饹”。“荞面饸饹”好吃，但是做起来比较难，从磨面到压饸饹，要经过很多道工序。和[xuo^{35}]荞面也有很多要求，定襄一代民间有用石灰水和荞面的习俗，煮出的饸饹味道特别，筋道清香。煮饸饹的时候，由于荞面在开水锅中容易化在水里，因此要掌握好火候和煮的时间。第一锅面的水还比较清澈，因此下出的面也就比较爽口，出锅后搭配专门的调料水冲泡食用。如第二锅第三锅荞面饸饹就可能由于锅中的水不再清澈而影响口感。而粥却恰恰相反，煮的时间越长，口感越好。

在山西方言谚语中，还有许多总结健康饮食的习俗的。“吃米吃面带皮糠，全家老少都健康。”关注了饮食中的粗细粮搭配，长久的生活经验告诉人们，吃点粗粮对身体有好处，这是直观的感觉。从医学的角度也是可以得到解释的。“焦饼烂面不伤人”是说烤焦的饼子和煮烂的面条，吃了不会对人造成伤害，这里面隐含仍然是尚俭的习俗，粮食长期短缺，偶然由于不慎，烤焦了，煮烂了，仍然吃掉，也没有对身体造成伤害，这纯粹是经验总结。“吃了饺子汤，胜似开药方”“原汤化原面”是山西晋中地区流传较广的两条谚语。山西人除了喜欢吃醋之外，还有一个习俗，即习惯在吃完面、吃完饺子后喝点原汤。因此在山西面食馆中吃面的时候，经常会听到“来碗汤”的请求。这其中有一定的医学道理。专家介绍说，喝汤可以帮助消化，减少积食；能补充面粉中流失的 B 族类维生素。关于其中的医学道理，这里不作展开分析。

山西各地关于面食的谚语比较丰富，在此不一一解读。

二、有关祭祀的面食谚语

丧葬是子孙后代发送死亡者，特别是年老去世人所举办的一种治丧活动。治丧活动的许多程序历史悠久。据《礼记·檀弓上》记载，“丧三日而殡”，意思是当时人死了要举办三天的治丧活动才入墓安葬。不论死者家贫家富，都要为死者操办丧葬后事。丧葬既复杂又很讲究，其操办程序归纳起来前前后后有十几个程序。山西各地，灵柩停放三天到十几天不等，丧事活动也大大小小不一而足。

生老病死是人生常态，尤其是对于死，我们这个民族讲究入土为安，一直到现在，农村还有这样的讲究。在为死者祭奠的时候，儿女会尽自己最大的能力为死者操办后事，有些会十分奢侈，这种心态与其说是尽儿女的孝道，倒不如说是做给别人看。在丧葬筵席方面，山西具有自己独特的习俗，以面食最为特殊。祭祀活动中的面食文化体现在方方面面，尤以面食、面塑为胜。在祭奠活动中，与其说是祭奠死者，不如说为活者饱口福，因此在涉及与死有关的祭祀活动中，留下了许多与吃有关的词语和谚语。山西人面朝黄土背朝天的劳苦生活，使得他们渴求在生活中追求精美的食品，但其经济地位和生活条件，决定了他们的饮食生活不是太好，而世代积累起来的经验、认知和信息，也使他们不能有更高的奢望，如有奢望，人们也只能是在岁时节日时求助于天地诸神，求得三餐果腹。

在众多的丧礼程序中，最突出的是“烧七”丧俗。山西许多地方有给亡人“烧七”的丧俗，所谓“烧七”，即从老人去世之日起，以七天为一周期，每逢七日之际，即对亡人哭祭一番，前前后后，七七四十九天，共有七个七要烧。每次烧七，香、蜡烛、麻纸和泡有小米、香头的水都必不可少，而祭奠的主要食品却各有不同，有馍馍、糕、饼子、火烧、饺子等。选这些主食，没有多少道理可讲，大多是由于地域和物产的原因，就地取材，就便取用。因此，山西各地的主食各地稍有不同。这种烧七的习俗，在太原、晋中、吕梁一带尤为讲究，已经形成了一套谚语，在山西许多地方广为口传，其内容也稍有不同，但都是集中体现在当地的面食品上，笔者现收集到的有汾西、文水、平遥、介休、汾阳、孝义、祁县、太谷、清徐等，可见其流传之广。

头七馍馍二七糕，三七火烧四七包。

“头七”馍馍，“二七”糕，“三七”馅饼，“四七”火烧（干饼类），“五七”扁豆馅水饺，“六七”“尽七”无定食。（临县谚语）

头七馍馍，二七糕，三七通来吃火烧，四七饸儿（即粥，汾阳方言中的一种粥类食物，不是一般的粥，将小米煮熟到没有水分，只剩米，很稠。汾阳方言将“粥”读作[tsuʌʔ³¹]），五七角日[tɕyʌʔ³¹ rʌʔ³¹]（即饺子），六七饼子，到了七七不用等。（汾阳谚语）

头七馍馍二七糕，三七肉火烧（馅饼），四七擀面（面条），五七角日（水饺），六七塔日（白面烧烤的塔形炉食），七七（尽七）饼子，吃了不用等的。（平遥谚语）

头七馍馍，二七糕，三七饼子，四七火烧，五七饺子。（汾西谚语）

头七馍馍，二七糕，三七肉火烧，四七脱脱（焖米饭），五七刷刷，六七饼子，七七不用等。（文水谚语）

头七馍馍，二七糕，三七肉火烧（馅儿饼），四七托托（灌肠），五七角角（饺子），六七饼子，七七不用等着。（交城谚语）

头七馒馒，二七糕，三七吃块肉火烧，四七脱脱（用酒盅脱出的焖米饭），五七角角（饺子），六七饼子，七七不用等的。（祁县谚语）

头七馒馒二七糕，三七火烧（包馅儿的饼子）四七包儿（包子），五七饺子六七饼子，七七不要等的。（孝义谚语）

通观各地为亡人烧七的习俗，其核心基本一致。即头七用馒头祭祀，但馒头又有区分，一般人家平常吃的比较小，上面不点红；而用来祭祀用的馒头较大，而且上部中心要用筷头蘸上食红在馒头顶部戳一个红点，以区分是祭祀用。二七一般都是糕，糕是山西晋北地区的经典面食，用糜子面或黍子面制成。主要集中在晋北、晋中，但晋北和晋中稍有区别，晋北的糕一般不包馅，晋中的糕，中间常包红豆沙馅。三七一般用火烧祭奠，火烧即饼子类食品（需要注意的是，晋中吕梁一带方言中既有“饼子”一词，也有“火烧”一词，二者的区别主要是带馅与否的区别，带馅叫火烧，不带馅叫饼子），晋中农家家常食品之一，祭祀用的火烧要用肉馅火烧。“四七”一般用粥祭祀，汾阳、平遥称“飵”，文水、祁县称脱脱，都是粥类食品。“五七”一般用饺子祭祀，在山西农村，饺子是比较高级的食品，物资严重匮乏的年代，过年才吃一顿饺子的，可见其精贵。俗话说：“舒服不如躺着，好吃不如饺子。”一语道破天机，常年劳作在黄土地上，能够歇一歇、躺一躺，对于黄土地上的人们来讲，就已经满足了，馋了吃一顿饺子也就心满意足了，由此看出山西人对“五七”祭祀的重视程度。五七显然较之前面的几个七要隆重得多。实际情况也正是这样，因为“五七”祭祀时，不仅亡人的家人看重这个七，一些亲朋好友也很看重，也要共同祭奠亡人。而“六七”所谓的饼子是指不包馅的普通干饼子。“六七”之后就比较简单了，到了“七七”（第四十九天）时就不再供献食物了，意谓死者可以去也，不可再留恋了，这也就为什么“到了七七不用等了”。

三、有关糕的谚语

糕，是山西人最喜爱吃的一种食品，几乎遍布山西全境，尤其以晋北为最，而晋北尤以大同为最。这是由于特殊的地理环境而形成的特殊地域性食品。晋北的糕，特指由黍子（晋北人一般叫糜子，糜子分软硬两种，硬糜子脱壳即成黄米，而软糜子脱壳即是黍子，糕就是用软糜子即黍子制成的）磨面而加工成的一种食物。晋北地处黄土高原东北部，境内以山地丘陵为主体，约占总面积的90%，并且十年九旱，这里特殊的地理气候特征适合高寒作物生长，适合杂粮豆类生长，但不太适合小麦一类的作物大面积生长。黍子正是适应高寒地区的作物之一，因此，耐干旱，耐瘠薄抗盐碱，对土地的适应性强的黍子成为种植的主要作物之一。糕之于晋北人犹如馍之于晋南人一样，寄托了晋北人的情思和美好愿望，也因此产生了围绕糕文化形成的一种特殊的习俗“吃糕”。糕既是平民美食，也是宴席上必备的主食。娶媳娉女吃喜糕、生了小孩吃满月糕、盖房时吃上梁糕、搬家时吃暖房糕、老人生日吃长寿糕、儿童生日吃翻身糕、过年吃接年糕、正月十五吃企盼丰收的谷穗糕，家人去世，也要吃倒头糕，如此等等。吃糕在老百姓生活中是一件非常隆重的事情，尤其是在过年物质极其匮乏的年代，它不仅仅是人们爱吃的一种食品，更重要的是人们把美好的寓意倾注其中，认为“糕”与“高”谐音，大家都把“糕”和“高”紧紧联系在一起，以示“步步登高”“高升旺长”，盼望日子过得美满幸福。“早饭稀饭煮糕，午饭蒸现糕，晚饭火烤糕。”一天三顿离不了糕。糕不仅是一种食物，更是一种感情的依赖与归宿。糕伴随着晋北人从小到老、从生到死、从喜到悲、从古到今，不仅是日常主食里的最爱，也是情感的符号和纽带，更是一个晋北人灵魂深处永远割舍不下的永恒记忆。大同地区流传着这样一首民谣，可以大体反映糕在人们生活中的重要性：百岁吃顿糕，日后步步高；生日吃顿糕，办事不发毛；喜事吃顿糕，日子过得好；丧事吃顿糕，阴间饿不着；搬家不吃糕，一年搬三遭。

糕是晋北人在特殊的地域中形成的特殊的民俗符号，这个符号中更多地包含了晋北人的对糕给予的种种民俗作用。

反映糕的抗疲劳作用。在晋北一带流传较广的一条谚语是“三十里的莜面，四十里的糕，二十里的荞面饿断腰。”这条谚语有多种版本：

三十里莜面四十里糕，十里豆面饿断腰。

三十里莜面四十里糕，十里荞面饿断腰。

三十里莜面二十里糕，十里豆面饿断腰。

三十里莜面四十里糕，二十里荞面饿断腰。

三十里莜面二十里糕，十里白面饿断腰。

五十里莜面七十里糕，三十里荞面饿断腰。（偏关谚语）

不管物相怎么变化，其中莜面和糕都是在称赞之列，而荞面、豆面、白面却在隐形被贬之列。糕耐饥，莜面次之，荞面不顶饥。意思是，吃一顿糕可步行四十里不觉得饿。过去雁北苦寒，靠天吃饭，老百姓种庄稼出力流汗，吃了糕才有力气，脚跟儿硬，腰板儿直。糕的抗疲劳、耐饥顶饥的食用和经济价值，被表现得淋漓尽致。

寄予糕消灾祈福作用。“九月九日不吃糕，大鬼小鬼隔窗眊。”（也作“过冬不吃糕，大鬼小鬼隔窗眊”）“打谷不吃糕，一石打八斗。”“糕”被当作消灾、祈福、抵挡灾祸的神物。乔迁新居是必须吃糕的，“搬家不吃糕，一年搬三遭”，融入了人们祈求幸福生活、安居乐业的美好愿望。

透射邻里睦邻关系。“隔壁院送糕，一替一遭”，糕不仅是晋北人餐桌上的美食，而且是邻里间礼尚往来的良好传统，亲朋好友间友谊传递的见证。今天我吃糕，大家共享，明天你吃糕，同样往来。久而久之，也就把吃糕这种民俗符号与喜事挂上了钩，一说吃糕，知道有喜事了。“大同人不担膘，有了黄米就吃糕。”这条地域性极强的谚语，幽默地展示了大同人不精打细算、及时行乐的豪爽风格，间接也反映了糕在大同人心目中的地位。

隐喻做人做事的道理。“不吃油糕不粘油手。”隐喻不想得利，也不想承担责任意思。“油抹糕，两面光。”形容人处世圆滑，八面玲珑，这不光是说糕了，更是在讽刺做人的世故了。“肚里没邪气，不怕冷糕锥。”比喻人心中无鬼，坦荡磊落。但其中也透露出一个常识，糕很难消化，冷了以后就更难消化了，而且一冷就变硬，像石头一样，嚼在嘴里放到肚里都是沉甸甸的，不好受。“狗窝里藏糕，不牢靠”比喻办事不可靠的人。“糕”在晋北常常隐喻“硬”的特质，老百姓有两句话来形容：“不吃糕骨头都软，干不动活。”“黄米糕搋（揉）到，做买卖话到。”糕文化精神都融进商业活动中了。

一个“糕”字融入了绵延几千年的饮食文化。民间流传有民谣：油糕包糖五世其昌；黄糕就酒越喝越有；油糕包葱大运亨通；油糕沾肉，越吃越有。寓意昌盛亨通，幸福万年。小小的油糕，浓浓的风情，承载着黄土儿女的喜乐悲哀，寄予着人们对生活的美好期望和无限畅想。随着文化的交流，这种饮食习惯连同一些“糕”类语汇已经遍及山西各地。

四、有关馍的谚语

正像晋北人喜食糕一样，山西晋南则喜食馍。晋南是山西的主要产麦区，素有“山西粮仓”的美称，其饮食习俗一般以馒头为主食。在晋南各县市，馒头一般称作“馍”或“馍馍”。晋南人吃饭，无馍不吃，无馍不饱，馍就是饭，饭就是馍。馍不仅是晋南人一日三餐必备的主食，而且构成了山西河东文化的一个重要内涵，已经成为晋南人的感情寄托，正如晋南百姓所说的：“没有馍馍不算饭，没有辣子不算菜。”

晋南馍用“酵和[xuo^2]子”起面，不放碱，用这种方法制作而成的晋南馍，又暄又大又白又甜，不需菜便能美美地大口食用。特别是过年，一个百姓家庭要蒸一大瓮的馍馍，从初一吃到十五，仍吃不完。晋南人爱馍，还赋予了许多礼仪内容。如岁时节日：亲戚来了，要蒸花卷馍；过年串亲戚，要蒸馄饨馍；正月十五，要蒸生肖馍；清明祭祖，要蒸子推馍；小年到了，要蒸枣山馍。再如人生礼仪：小孩满月，姥姥送一个牛曲连馍，有的送麒麟送宝馍；女儿出嫁，蒸老虎头馄饨馍；老人寿诞，蒸寿桃馍；老人过世，要蒸包容馍；盖房上梁用的吉星高照馍。于是馍在人们手里揉捏变换，造型精巧别致，色彩浓烈，创作夸张幽默，令人叫绝。因此，除了食用的一般馍之外，还特别有了另一个名字“花馍”。“花馍”除了能够食用外，还具有极强的艺术观赏性。

馍，在晋南人生活中不仅用于食用，还赋予了诸多礼俗传统。“顿顿不离馍”是普通生活，“事事不离馍”则是礼俗。而这些礼俗也在方言中留下了诸多印迹。在晋南各县，关于“馍”的谚语和惯用语很多，当地人随口可以说出一大串来。例如：

(1) 出门三件宝：馍馍、草帽和棉袄。

(2) 不吃馍馍不叫饭。

(3) 老汉婆婆，小娃馍馍。

(4) 滚水泡馍，连吃带喝。

(5) 要受活(舒服)，吃酥馍(没有馏过的馍)。

(6) 馍馍能吃够，万事都不愁。①

将馍馍列入宝贝的行列，足见其对人们的重要；有了馍，就心满意足，没有馍，就不算饭，要舒服就吃馍，馍馍吃够，万事不愁。晋南人对馍的情感，不能仅仅用一个爱字来形容，那是祖先留下的心灵悸动，那是灵魂深处割舍不了的情感。

(7) 起面(白面)馍馍不就菜，油泼辣子美得太。(运城谚语)

(8) 没有馍馍不算饭，没有辣椒不算菜。(晋南各县市)

(9) 黑馍多就菜，丑人多作怪。(永济谚语)

(10) 蒸的馍馍像锅盖，擀的面条像裤带。(运城谚语)

(11) 老汉离不了婆婆，娃娃离不了馍馍。(永济谚语)

(12) 馍馍不好一算子，庄稼不好一季子。(永济谚语)

(13) 正月亲戚多，馍馍换馍馍。(运城谚语)

例(7)(8)(9)三例说明了晋南人馍与辣椒的依赖程度，二者不可分离，一块馍，一点辣子足矣。如果吃馍还想多就菜，就会被人讽刺。从这点来说，晋南人相较晋中人，饮食操作的细腻程度，要稍逊一筹，晋中人细粮精做，粗粮细做，想着法子变换花样，而晋南人只要一只馍就心满意足。例(10)是被列为晋南十大怪中的两条，既反映客观事实，又不乏幽默的情趣。例(11)更是将幽默发挥到极致，用夫妻关系来比喻小孩与馍馍的关系，既幽默风趣，又反映实际情况。例(12)中将蒸馍与种庄稼作比较，用馍来起兴，说明庄稼之于农人的重要性，不好好侍弄庄稼，会导致一季的粮食亏空。这其中蕴含的哲理不言而喻了。例(13)描写了晋南正月的景象，一到正月，晋南的大街小巷就穿梭着走亲戚的人们，手里一定提着一个篮子(永济人叫篓[ləŋr^{53}])，里边装着馍馍，到了亲戚家换几个馍，有的及时走了，有的留下吃了饭再走。这是正月里晋南的大街小巷一道独特的风景。

五、余论

谚语全都根植在民间，存活在百姓的口中。如果说谚语是花海，那有关面食的谚语则是其中的一枝奇葩。山西方言中有关面食信息的谚语还有许多，需要做进一步的田野调查，这里所谈的仅仅是谚语中很少的一部分。关于面食文化的谚语，还需要从各个角度加以解读。如区域角度、面食种类角度、物产种类角度等等，有待于另文阐述。

附注：

① (1)—(6)为万荣谚语，选自吴建生《万荣俗语初探》一文。

参考文献：

[1] 李金梅.山西方言谚语语义研究[J].语文建设，2014 (1)：35—36.
[2] 李小平.山西临县方言饮食类语汇文化信息解读[J].语文研究，2005(2)：55—61.
[3] 刘艳平.定襄方言谚语与当地物质文化[J].洛阳师范学院学报，2011(9)：92—95.
[4] 马启红.山西文水、太谷方言传统节日饮食类语汇文化信息解读[J].吕梁教育学院学报，2006，23(3)：85—88.
[5] 曲雪峰.试论晋北糕文化[J].忻州师范学院学报，2005(12)：61—63.
[6] 孙玉卿.晋北有关"糕"的民俗与方言词[J].语文研究.2000(01)：61—63.
[7] 王洪江.山西方言俗语文化信息解读[J].太原师范学院学报，2010，9(4)：95—97.
[8] 吴建生.万荣俗语初探[A]//温端政.俗语研究与探索[C].上海：上海辞书出版社，2005(5).
[9] 辛菊，关磊.山西方言谚语的修辞特点[J].晋中学院学报，2009(2)：15—21.
[10] 袁圣敏.山西祁县方言俗语的文化信息解读[J].晋中学院学报，2009(2)：33—37.

（作者单位：忻州师范学院中文系，山西忻州，034000）

浅谈歇后语中“引子”的形式特点

——以内黄话为例

李 学 军

从外部关系看,歇后语与其他熟语较少存在争议。因为它具有一个鲜明的形式特征:通常由两个语节构成,且二者之间有较长的停顿。从内部关系看,歇后语又争议性颇强。前后两个语节到底有无句法关系,语义关系又如何等问题至今众说纷纭。

本文拟从更微观的层次来讨论问题,着眼点是歇后语中前一语节的形式特点。讨论将从句法、形态以及语音三个方面展开。文中的语料来源包括:作者的内黄方言调查报告和山西省社科院语言研究所研制的《现代汉语常用歇后语表》(草案)。为行文方便,我们对歇后语中前后两个语节姑且以目前通行的“引子”和“注释”分别称之。

一、句法

引子一般由大于词的句法单位充当,其外在形式包括句法(结构、语序、关系)、形态、语音等诸多方面。学界前对前一个问题多有讨论,但对后两个问题鲜有论及。我们这里不避重复,结合内黄方言从以上三个方面加以讨论。

1.1 结构类型

充当“引子”的句法结构主要包括:主谓、偏正(定中、状中)、连谓、并列四类结构。

A 主谓结构：老婆儿纺花、枣核儿截板儿、竹篮得打水、门头上挂葫芦

B 连谓结构：吃荆条屙箩头、戴[D]草帽儿亲嘴儿、做梦娶媳妇儿、坐飞机放屁

C 并列结构：屙屎尿脬、磕[0]俩头放[D]仨屁、头顶得上生疮，脚底板儿流脓

D 偏正结构：状中——裤裆嘞放屁、正晌午对表、大年三十儿拾[D]个兔子①

定中——聋得嘞耳朵、山西嘞核桃、茅缸得嘞石头、三流得他哥

从数量上看，A 类主谓结构最多（跟汉语主语的宽泛定义有关），D 类次之，B 类再次之，C 类最少。这种情况与普通话大致一致，不妨拿我们在调查内黄方言之时搜集到的 90 例常用歇后语（见附录，不包括表末列举的 8 例临时歇后语）与《现代汉语常用歇后语表》中 94 个一级常用歇后语做个简单的比较：

<table>
<tr><td></td><td></td><td>A 主谓</td><td>B 连谓</td><td>C 并列</td><td colspan="2">D 偏正</td></tr>
<tr><td rowspan="3">内黄话</td><td rowspan="2">数量 90</td><td rowspan="2">60</td><td rowspan="2">7</td><td rowspan="2">3</td><td>状中</td><td>定中</td></tr>
<tr><td>6</td><td>14</td></tr>
<tr><td>比例</td><td>66.7%</td><td>7.8%</td><td>3.3%</td><td>6.7%</td><td>15.5%</td></tr>
<tr><td rowspan="2">普通话</td><td>数量 94</td><td>57</td><td>8</td><td>1</td><td>5</td><td>17</td></tr>
<tr><td>比例</td><td>60.6%</td><td>8.5%</td><td>1.1%</td><td>5.3%</td><td>18.1%</td></tr>
</table>

1.2 功能类型

从功能上看，除了 D 类偏正结构中的定中结构为名词短语

外，其余主要是以动作动词为核心的动词短语。

《附录》中充当引子的名词短语 13 例，约占总数的 14.4%，动词短语 77 例约占总数的 85.6%。《普通话一级常用歇后语》中名词短语的比例略高，包括 1 例名词并列短语、1 例惯用语共计 20 例，约占总数的 21.3%，动词短语 74 例，占总数的 78.7%。

1.3 构成成分

能够进入以上四类结构的主要是名词、动词。

主谓结构中的主语一般是名词性主语，一般由表示具体事物的普通名词、“嘞”字结构、专名、称谓词、方位短语充当；谓语由动词或动宾短语充当。《附录》中名词性主语 59 例，动词性主语仅见 1 例(绱鞋不拿真锥得)。《普通话一级常用歇后语》中则未见动词语性主语的例子。

状中结构中的状语多是时间、处所词，中心语是动宾短语。连谓结构多是“动宾＋动宾”。并列短语的构成与连谓短语大致相同(双引结构多为两个主谓短语)。

以上四类结构中名词语一般类指名词，且前面一般不带修饰限制成分。例外情况：当数词为“一”时，宾语前可以出现数量词的“(一)个”等。这类情况主要出现在带完成体标记的引子中，《附录》里共有 5 例(详见下文)。《普通话一级常用歇后语》中带修饰限制成分的比例稍高，尤其是主语位置上。

定中结构较为简单，修饰限制成分多是表时间、空间、领有者等词语，具体可分为 5 个小类：

(1) 时间词＋嘞＋普通名词：秋后嘞蚂蚱(时属)

(2) 地名词＋嘞＋普通名词：山西嘞核桃(处属)

(3) 名词语＋嘞＋普通名词：老和尚嘞帽得(领属)

(4) 名词+嘞+关系名词:兔得嘞尾巴儿(隶属)

(5) 动词语+嘞+普通名词:剃头嘞挑得(属性)

二、形态

我们这里所说的“形态”是广义的句法形态,涉及相关的虚词和功能等。总体而言,引子作为一个黏着的句法结构,其形态特点分为两类情况:动词短语倾向于使用无标记结构,而名词短语则必须使用结构助词“嘞”。下文作具体分析:

2.1 动词短语

动词短语可以细分为两种情况:

(1) 处置标记“拜把”、被动标记“叫”、差比标记“比^{D}”、否定标记“冇”等不能出现。《附录》没有发现1例。

(2) 以动词变韵为主的“完成”“持续”体标记形式等一般也不能出现。《附录》中带完成体标记的共计6例,带持续体标记的都是连谓结构,共计3例。

带完成标记的包括“怀个□得剁^{0}尾巴、卖梨膏嘞盖^{D}座楼、要饭嘞牵^{D}个猴(主谓短语)、大年三十儿拾^{D}个兔子、一嘴吃^{D}二十五个老鼠(偏正短语)、磕^{0}俩头放^{D}仨屁(并列短语)”等,带持续体标记的有:“戴^{D}草帽儿亲嘴儿、扻^{D}屁股串亲戚、秃得枕住门槛得睡(连动短语)”等。

普通话中例外情况似乎更少。前一类情况《普通话一级常用歇后语》和内黄方言完全一致,没有例外。第二种情况更是仅见3例。包括带完成体标记的“大海里翻了豆腐船”、带持续体标记的“捂着耳朵偷铃铛、敲着空米缸唱戏”等。

2.2 名词短语

名词短语则必须是组合式结构,即,必须在修饰语与中心语之间添加结构助词“嘞”[②]，如 1.3 中所列。这一点和普通话存在明显差异。《普通话一级常用歇后语》22 例名词短语(包括专名)中有 4 例不带结构助词“的”，比例高达 18.2%。比较：

内黄话	普通话
兔得嘞尾巴	兔子尾巴
—	铁公鸡
—	观音菩萨
—	灯草栏杆

2.3 原因简析

我们认为，引子中的动词短语之所以倾向于使用无标记结构，主要是受制于引子与注释之间的语义制约关系。

从表达的角度看，注释是本义，引子是为表达本义创设的“道具”。这个“道具”既是具体、形象的，又是抽象、概括的。说它形象，主要针对概念以及概念的组合而言，目的是为了增强表达效果；说它抽象，则是针对句法结构所表达的事件而言，唯有排除时间、情态、语气等真实性因素，以简洁、明了的方式概括某一类动态现象，才更容易从中析出注释所表达的字面内容。用认知语言学的流行说法应该是，表达抽象事件的引子更容易通过语义映射实现注释所明示的字面内容。

可以说，引子描述的大多是抽象的无界事件。即使是如 2.1 所列出现带完成体标记的述谓结构是有界的，但施事或当事成分也都是类指或统指的，时间成分即使出现也并非定指，所以说该类结构所描写的仍是一个抽象的事件，或者说是一个同类事件的集合。正是引子的这种高度概括性，为表征的后一语节的具体字面义提供了方便。

充当引子的名词短语之所以必须带结构助词“嘞”，我们认为，主要由其“嘞”的描写性质所决定。陆丙甫(2007)充分论证了普通话中“的”的描写性及其派生功能“区别性”。我们认为，与之平行的“嘞”具有同样的作用。“绿皮萝卜”一类名词短语在内黄方言中之所以不能充当引子，主要是因为在母语人看来，这类短语的用途在于称说事物，其功能与词相当。而引子必须对事物进行描写，加“嘞”的作用正在于此。至于在普通话中为什么能够充当引子的问题，尚待进一步考察。

三、语音

3.1 最简音组模式

主谓结构 NP_1+VP_2，最简音组模式：1＋1＋2(N_1+V+N_2)或 2＋2，如：狗吃糖稀、老将出马、砂锅儿捣蒜。

并列结构 VP_1+VP_2，最简音组模式：2＋2，如：屙屎尿脬。

状中结构 NP＋VP，最简音组模式：3＋2，如：裤裆嘞放屁、正晌午对表。

连谓结构 VP_1+VP_2，两个动词语一般是动宾短语，最简音组模式：3＋2 或 2＋3，如：背方手儿尿脬、坐飞机放屁、放屁脱裤得。

定中结构 NP/VP＋嘞＋N，最简音组模式：3＋2 或 4＋1，如：秋后嘞蚂蚱、剃头嘞挑得、墙头上嘞草。

3.2 音节数量

歇后语与其他熟语形式上存在一个明显的差异，就是其音节数目不固定，可长可短。其中的引子亦是如此。

从音节组合的模式看，前面所列四类结构在充当引子时，主谓结构最为灵活。四、五、六个音节的组合都较为常见，七八个甚至更多音节的组合模式也不难见到。其最简音组模式与并不常见的并列结构一样，至少得有四个音节。状中、连谓、定中结构则至少得有五个音节，且以五音节音组模式最为常见。

三音节词语(1+2 或 2+1)不管词性如何，也不管是自由短语还是惯用语、专名等在内黄方言中一律不能充当引子，普通话则有可能，如"烂萝卜、铁公鸡、狗咬狗、黄花鱼、电烙铁"等。正是这个原因，普通话中三音节惯用语和歇后语互转的情况在内黄话中并不存在(吴建生，2009)。

四音节名词短语无论是自由短语还是专名，自由短语也不论是组合式还是黏合式，在内黄方言中一律不能充当引子。普通话则有所不同，如"霸王的弓、房上的草、两股绳子、两泡狗尿、绿皮萝卜、木头眼镜、狗肉丸子、观音菩萨"等可以充当引子。

简单的动宾结构、"嘞"字结构一般不能充当引子，而普通话中与之对的应形式则有可能。如"吃了秤砣、吃了扁担、属鸡的、属狗的"等[③]。普通话中偶有成语、名词并列结构如"班门弄斧、曹操诸葛亮"等充当引子的情况在内黄方言中也没有发现。

另外，普通话中少量由四音节黏合式名词短语、动宾结构充当引子构成的歇后语，在内黄话中其对应说法一般被视作惯用语。如"狗皮袜得冇反正、丈二和尚摸不着头脑、打开天窗说亮话、驴粪蛋得外篋儿光"等。

四、结语

以上我们从语法的角度对歇后语中引子的形式特点进行了讨论。这种讨论只是初步性的，里面尚有许多问题需要进一步讨论。如：引子是否对注释具有反制约作用，为什么引子结构的长度一般要大于注释结构，而灵活性低于注释结构，引子和注释的关系到底应该怎样描述等等。要是放眼整个歇后语问题就更多了：什么样的歇后语可以单独成句，什么样的歇后语不宜单独成句，临时歇后语和定型了的歇后语的界限在哪里，歇后语是否也有典型与非典型之分，歇后语有没有规范化的问题，附录中所列临时歇后语中6、7两例算不算歇后语的问题（老百姓是将之看作歇后语的）、歇后语的韵律模式问题等等。

我们认为，作为不同于词的“语”，理应加强语法研究，对于涉及两个句法结构的歇后语来说尤其如此。就目前的实际情况而言，要提高“语”的理论研究层次，必须打破单纯的词汇学研究范式。

附注：

① 温端政（2005）将动词前有状语后有宾语的结构列入动宾结构，我们按语法学界的通行看法归入偏正结构。另外，例子中上标“D”的表明该音节属于变韵音节，上标“0”的属于变韵音节的零形式。

② 内黄方言方位短语“NP＋嘞$_{\text{哩}}$”作定语时，方位词“嘞$_{\text{哩}}$”和结构助词“嘞的”产生叠置效应。如：“布袋嘞东西”和“布袋里头嘞东西”等值。

③ 两个动宾结构在内黄方言的对应形式为“吃^{D}秤砣、吃^{D}扁担”（普通话句中“V＋了^{1}”，在内黄方言中一般要使用动词变韵的形式。内黄方言中不存在“了^{1}”），“嘞”字结构的对应形式为“的”字结构。

参考文献：

[1] 晁继周.熟语的分类和词典收语问题[A]//汉语语汇研究（四）[C].北京：商务印书馆，2017.

[2] 陈长书.汉语歇后语研究[M].北京：中国社会科学出版社，2016.

[3] 李学军.河南内黄方言研究[M].北京：中国社会科学出版社，2016.

[4] 刘丹青.语法调查研究手册[M].上海：上海教育出版社，2008.

[5] 刘顺.现代汉语语法的多维研究[M].北京:社会科学文献出版社,2005.
[6] 吕叔湘.现代汉语单双音节问题初探[J].中国语文,1963(1).
[7] 陆丙甫."的"分布及其基本功能和派生功能[A]//汉语词汇·句法·语音的相互关联[C].北京:北京语言大学出版社,2007.
[8] 束定芳.歇后语的结构与功能再探[J].北京:当代修辞学,2017(2).
[9] 温端政.汉语语汇学[M].北京:商务印书馆,2006.
[10] 吴建生.惯用语的界定及惯用语词典的收目[A]//汉语语汇学研究[C].北京:商务印书馆,2009.
[11] 杨永龙.《朱子语类》完成体研究[M].开封:河南大学出版社,2001.

附录　　内黄方言中常见的歇后语

1. 鼻得流[D] 嘴嘞——各儿吃各儿嘞
2. 唱戏嘞拿逮得——不是凡人儿
3. 大车拉萝卜丝儿——差嘞多
4. 大闺女上轿——头一回
5. 弟儿俩比鸡巴——一个鸟样儿
6. 二大爷赶集——随便儿
7. 狗撵扁嘴得——呱呱叫
8. 狗咬刺猬——有法儿下嘴
9. 狗咬圪档得——胡抡
10. 狗吃糖稀——有头儿
11. 狗啃麦根——装洋嘞
12. 锅腰得上树——钱紧
13. 怀个□得剁[0] 尾巴——皮肉不值钱
14. 后娘打孩得——捞着一回是一回
15. 猪八戒照镜得——里外不是人
16. 老将儿出马——一个顶俩
17. 老婆儿纺花——慢慢儿嘞上劲儿
18. 老婆儿擤鼻得——不甩你
19. 老天爷拄拐棍儿——天上搁地下
20. 老头得发脾气——吹胡得瞪眼。
21. 老鼠拉木锨——大头儿在后头嘞
22. 六个指头挠痒——多那一道得
23. 聋得拉弦得——胡扯
24. 蚂蚱头包饺得——光嘴
25. 马尾串豆腐——提不起来
26. 卖韭菜嘞不拿秤——装嘞一把儿一把儿嘞
27. 卖梨膏嘞盖[D] 座楼——熬出来嘞
28. 卖萝卜嘞不拿秤——论堆儿嘞
29. 莽牛犊得掉[D] 井嘞——有力儿使不上
30. 门头上挂葫芦——装种嘞
31. 泥菩萨过河——自身难保
32. 盘得喝水——一漫罕

33. 亲家婆得叫大嫂——有话儿找话儿
34. 瘸得放屁——邪门儿
35. 肉包得打狗——一去不回头
36. 砂锅儿捣蒜——一锤得买卖
37. 三眼得枪打兔得——有准头儿
38. 绱鞋不拿锥得——真中
39. 屎壳郎推粪——滚蛋
40. 她妮儿穿嘞她娘嘞鞋——一个样儿
41. 剃头嘞拍巴掌儿——妥了
42. 秃得枕住门槛得睡——名头儿朝外
43. 王八吃秤砣——铁^{0}心了
44. 瞎得点灯——白费蜡
45. 瞎得踢毽儿——有一个儿
46. 小葱拌豆腐——一清二白
47. 哑巴吃饺得——心嘞有数儿
48. 眼展毛上挂蒜锤得——展眼逗推
49. 要饭嘞牵^{D}个猴——穷开心
50. 要饭嘞不要花糕——上^{D}穷别了
51. 针尖对麦芒儿——尖对尖
52. 周瑜打黄盖——愿打愿挨
53. 竹篮得打水——一场空
54. 公鸡屙屎——头儿硬
55. 枣核儿截板儿——有一句
56. 耿钦打官司——怯怯儿嘞
57. 卖豆腐嘞掂刀得——吓唬胆儿小嘞嘞
58. 黄泥掉^{D}裤裆嘞——不是屎也是屎
59. 网兜提猪娃得——露^{D}爪得了
60. 河南到河北——两省
61. 案板上嘞面剂儿——愿意咋捏咋捏
62. 老和尚嘞帽得——平不塌儿
63. 聋得嘞耳朵——摆设儿
64. 骡得嘞鸡巴儿——多余儿
65. 茅缸得嘞石头——又臭又硬
66. 墙头上嘞草——随^{D}风倒
67. 山西嘞核桃——满人儿
68. 山西嘞老鸹——白脖儿
69. 三流得他哥——二流得
70. 剃头嘞挑得——一头儿热
71. 秃得头上嘞虱得——明摆^{D}嘞
72. 兔得嘞尾巴儿——不长儿
73. 张飞嘞胡得——满脸
74. 黑拉儿嘞婆得——两头儿受气儿
75. 裤裆嘞放屁——两叉嘞去了
76. 一嘴吃^{D}二十五个老鼠——百爪儿挠心
77. 闲吃萝卜——蛋操心
78. 大年三十儿拾^{D}个兔子——有它有它都过年

79. 正晌午对表——难看

80. 盖底窝儿嘞放屁——独吞

81. 背方手儿尿脬——不服你

82. 吃荆条屙箩头——现编嘞

83. 做梦娶媳妇儿——光想好事儿

84. 坐飞机放屁——想嘞不低

85. 戴^{D}草帽儿亲嘴儿——差嘞远

86. 放屁脱裤得——多费一遍手

87. 扤^{D}屁股串亲戚——两半得理

88. 屙屎尿脬——清搅清

89. 磕^{0}俩头放^{D}仨屁——行好还有作恶嘞多嘞

90. 头顶得上生疮，脚底板儿流脓——坏透了

临时性歇后语

1. 半年不洗脚——后村(村名)

2. 河嘞冇水——汉晁(村名)

3. 脊梁上揳橛得——后寨(村名)

4. 妗得嘞大腿——旧县(村名)

5. 有窝儿嘞兔得——野庄(村名)

6. 留得坐席——“还滑嘞”

7. 合印卖梁——“二十五甭想”

8. 妮儿家辫得上化梨膏——田长发(人名)

(作者单位：安阳师范学院文学院，河南安阳，455002)

日本"禅林句集"与汉语熟语研究*

——以无著道忠《禅林句集辨苗》为中心

梁 晓 虹

一、引言

1994年4月至2001年3月，我有幸在花园大学国际禅学研究所担任共同研究员，参加了由Urs App先生主持的禅宗典籍整理，包括禅宗语录"一字索引"的工作，收益良多。特别是在时任研究所所长柳田圣山先生的指导和鼓励下，我开始研究无著道忠的禅俗语著作。而柳田先生《无著道忠的学术贡献》[①]等论著给了我很多启示。我也从该所"柳田文库"[②]中找到了不少无著道忠的资料，这成为我后来关注日本佛教资料，并将其与汉语史研究相结合的起点。我还试图整理道忠的部分禅俗语辞书，其中就包括《禅林句集辨苗》。后由诸因，努力未果，但却对日本历史上的"禅林句集"有了初步的印象。

我的好朋友Victor Sōgen博士是加拿大麦吉尔大学(McGill

* 本文系日本学术振兴会(JSPS)科学研究费基盘研究(C)"日本中世における异体字の研究ー无穷会系本『大般若经音义』三种を中心として"(2023年度;课题号:19K00635)以及2023年度南山大学パッヘ研究奖励金I－A－2成果之一。

University)的教授，长期以来从事“禅林句集”的研究，其主要目的就是为了能向英语地区的学者和禅僧介绍这一特殊的日本禅林著作。我因对禅宗资料感兴趣，加之也曾接触过，故多次帮他查找并核对过一些出典资料，自然地也就对“禅林句集”的兴趣愈加浓厚。

因此缘由，我曾撰写过两篇论文[3]，从“禅林句集”与日本近代禅学、“禅林句集”与汉语熟语研究的角度，对其展开研究。本文则拟以无著道忠的《禅林句集辨苗》（以下简称《辨苗》）为主要资料，更为具体地考察“禅林句集”这一日本中世禅林出现的特殊文献体裁在汉语熟语研究中的资料价值。

二、关于“禅林句集”

（一）“禅林句集”的特征

“禅林句集”或称“禅林集句”，俗也称“句双纸”[4]，简而言之，即禅语语汇集。[5]这是日本禅林为有助于禅门初学者学习禅林偈诵、语句，练习写诗作文，或为方便入室参禅而编纂的一种实用工具书。[6]虽然，从某种意义上说，它原本只是一种为童蒙进入禅门而编纂的入门书，但实际上，自从室町时期这种体式出现三百多年以来，这一类书籍不仅多被编集、抄录、刊行，有的甚至一版再版，广行于世，不但成为丛林禅僧必备的工具书，而且在俗信徒中也拥有许多读者，影响颇为广远。[7]

早苗宪生曾对“禅林句集”的体例进行过考察，认为可以分成两大系统：句数排列体；内容分类体。[8]

所谓“句数排列体”，即按句的字数而分类编排。短的只有一字，长的则可达十六字、十八字，还有的甚至超过二十字。各言之内的排列亦并非杂乱随意，有时也与内容有一定的关系。但一般来说，不同的“禅林句集”中各言之内语句之间的排列，并没有规定的格式，而只是根据编集者的个人爱好和学识而定，故具有一定的任意性。

所谓“内容分类体”，即按照“句”的内容进行项目分类，每个项目内一般又根据句的字数按顺序排列。这种体例的“禅林句集”写本的句头多附有分类记号。一般认为这种形式大概是为习禅者可根据分类记号，在参禅问答时方便使用著语而重新编成的。

尽管两种体例的“禅林句集”侧重点有所不同，但却有着共同的特征，而这从它们的名称上就可看出来：无论是“句双纸”还是“禅林句集”，皆为“句”之汇聚，有禅林公案话头，也有汉文古典名言，当然还有汉诗诗句。

(二)“禅林句集”的流变

日本禅林中的“禅林句集”主要出现于室町时期至江户初期。从形式上可以将其视为是从古代“双纸”发展变化的结果。所谓“双纸”，也可称“草纸”或“草子”，有多种含义，其义之一可指学习用的笔记本。因属于小册子，所以人们可将其揣入怀中，或装入口袋。参禅的僧人经常把一些备忘笔记写在上面，用作备忘录。后来逐渐发展成为一种汇集汉语和禅语语句，为方便初入丛林者而用的教科书。柳田先生指出：句双纸从一字至十八字，有一定的排列样式，并有着诗句因循的平仄及韵脚的限制。最初虽是作为杂然的备忘折本，但逐渐随着数量的增多，样式内容也固化为一定形式。特别是，虽说抽出禅文学的诗句，但也与全部引用原作的选集相异，发挥出了日本禅佛教所固有的、新的特色。[9]

而从其作为语汇集的性质考察，可以认为与早期“金言集”

(“金句集”)有着直接的传承关系。早在古代平安时期,就出现过这样的家庭启蒙书。贵族对子弟们进行儒家教育时,从诸种汉籍经典中精选出所谓“金言”而教授之。镰仓初期以降,承此体系之著述更是多有出现。如藤原良经编纂并传授的《玉函秘抄》和菅原为长的《管蠡抄》等。进入室町时代,又有《金榜集》《金句集》《逆耳集》等类似撰述开始出现,其中可以《金句集》为代表,基本为具有教训意义的“警句格言”集。而值此时期,因为僧侣们也起着作为教育家的社会作用,如此,从佛典中收集箴言的现象自然地就多起来了。另外还有当时东西“五山”[10]致力于文笔活动的禅僧的影响,禅语进入《金句集》的倾向也就高起来了,并逐渐成为其内容的主要部分。[11]

从用作备忘录的“双纸”,起警句格言作用的“金言集”(“金句集”)到后来广行于世的禅林工具书或教科书,在经过了从形式到内容的发展变化以后,室町末期至江户时期,“句双纸(禅林句集)”,这一日本禅林特殊的文献体裁达到较为兴盛的阶段,各种“句双纸(禅林句集)”被编纂。而在诸多“句双纸(禅林句集)”中,又以东阳英朝的《句双纸》以及其后巳十子的贞享版《禅林句集》最为著名。

东阳英朝(1428～1504)是日本室町～战国时代临济宗著名学僧,曾担任过京都大德寺、妙心寺以及尾张瑞泉寺住持。其所撰《句双纸》,被认为是现存最早的“句双纸”。此书分为乾坤二卷。乾卷是一言至五言对句,坤卷则为六言至八言。

英朝编纂此书时,曾冠名“前箭”。如今书名为《前箭》的“句双纸”尚见存[12]。实际上,在初期阶段,英朝此书还有其他一些别名,在抄写流传的过程中,到室町时代末期,才基本上确定为“句双纸”。据说此书正是因被命名为“句双纸”后才广行于世的。

巳十子的本名为毛利瑚珣，字虚白，号贞斋，但其闻名于后世却是作为儒学家。日本《近世汉学者传记著作大事典》“毛利贞斋”[13]条下标注“程朱学”，而笔者据此《事典》所记其“著述”之名，发现除“程朱学”外，其在语言学方面的贡献也不小，如有《助语辞首书》（二卷）、《助语辞谚解大成》（五卷）、《玉篇画引韵附》（十一卷）、《会玉篇首书》（十二卷）、《新编类字笺解》（八卷）、《增续大广益会玉篇》（一册）、《字韵早鉴大成》（十二卷）、《韵镜袖中抄》（五卷）、《类字伊吕波韵》（二卷）等多种文字音韵训诂方面的著作。总体来说，这些著作皆为解“经”而用，当然此“经”指儒家经典，但是我们不得不注意到，其中还有一部《禅林句集》，却属于禅林辞书类。

早苗宪生考证，[14]根据巳十子为《句双纸》所作跋文，其“初学儒典，中被缁衣而参扣祖庭”，后来又还俗。巳十子对英朝的《句双纸》非常重视，认为“禅林初学先习之，犹儒门之入小学”，其作用犹如“为阅诸录之梯乎哉”，但同时又感到“觅本据全句，则恨有卒难寻句矣”。故尽管已还俗，但“为报于诸禅德提耳之恩”，在英朝《句双纸》的基础上，对出处进行搜罗考证，并付以头注（首书），又增补了 324 句，加之原有的 4048 句，全书共收录 4372 句。而《禅林句集》这一书名也是因为巳十子这一编纂增补本于贞享年间广被传习之结果。

巳十子的《禅林句集》内题“句双纸寻觅”，板心有“禅林杂句·集句”字样，第二册最后有“贞享戊辰正月斋日洛桥巽隅山巳十子谨识”字样，故一般多称其为“贞享版《禅林句集》”。此书字数排列，一字—三字；四字（言）、四字（言）对；五字（言）、五字（言）对；六字(言)、六字(言)对;七字(言)、七字(言)对;八字(言)、八字(言)对。在各字(言)对后,还附有外句增续。其内容,正如其在跋文中所记,有“佛经、祖录、道书、儒典、百家诗文”,可谓之丰富。

贞享版《禅林句集》后来又多有再版,故广为流传,是各种“句双纸(禅林句集)”中最具影响者,至今在日本丛林,也是禅僧们必携之书。

三、无著道忠《禅林句集辨苗》与汉语熟语研究

贞享版《禅林句集》之所以能广泛流传,柳田圣山先生指出:因为贞享为文运上升的时代,当时铁眼版《大藏经》[15]已经完成,各派维持着学问。妙心寺还活跃着无著道忠、盘珪[16]。贞享二年,白隐[17]出生。“禅林句集”也就随着僧俗的关心而高涨。[18]

柳田先生提到的几位活跃于贞享时代的妙心寺禅僧,其中无著道忠是一位值得关注的人物。因其在“禅林句集”的编写方面也作出了杰出的贡献。据早苗宪生和饭田利行[19]所记,无著道忠曾经编纂有《禅林句集》二册、《禅林句集续编》一册。又著有《句聚》一册,收集从三字到三十六字,共 734 句;并有《句聚引证》一册,收集四言至十六言,共 1709 句。又有《四字连》一册,从一字到四字,共收集 1567 句。还有就是《禅林句集辨苗》,而这正是本文的研究资料。

(一)《辨苗》的体例与特色

《辨苗》撰于元文四年(1739 年),原共七册,[20]由道忠亲笔手书,藏妙心寺春光院。1979 年日本中文出版社将其影印出版,1990 年又再版。日本禅文化研究所则于 1991 年将其与其他五种禅语辞书编入《禅语辞书类聚》影印出版。

1.《辨苗》体例

与其他“禅林句集”一样,《辨苗》所收亦为“句”,共815句,起自“三言”终至十六言。“目录”下有“情”与“器”两大类:

“情”下包括有“佛祖、图像(土木像附[21])、神鬼、人伦、偷贼、人名、支体、性质、疾病、禅道、言语、仪则、人事、官政、罪恶、艺术、鸟兽、昆虫、鳞甲、鱼”二十类。“器”下有“天地(总)、天文、时候、地理、方处、山、石、河海、水、火、宫宅、器物(器具)、乐器、武器、金宝(铜铁)、文书、胀章、饮食、生殖、数目”,也是二十类。

“情”与“器”共四十类,可见内容之丰富。同一字数的方语词条,据此分类。[22]这种分类,似为道忠习惯,其《葛藤语笺》也与此相似,盖是为便于参禅者。但因各“言”数目不等,并非皆能据此分,如“三言”只有4条,就难以体现。“四言”最多,共181条,起自“迷逢达磨”,属“佛祖”,终至“两段不同”,归“数目”。道忠写本于纸边用小字标出类别。

笔者所见原本影印本,“禅林句集辨苗目录”前有“禅林句集辨苗　七卷　七册”字样。字迹似与道忠稍有异,难以肯定是道忠所写。其前还有识语:

> 句集辨苗　卓按:《五灯严统》五:问:“从苗辨地,因语识人,未审将何辨识?”恐“辨苗”字原于此乎?[23]

这里“卓”为谁,难以考证,但是所言出处明显不对。《五灯严统》二十五卷,由明代通容所集。实际上,此语早见于宋代云门、雪窦等禅师语录,为著名禅宗话头名言。从地里的苗可以分辨土地的好坏,根据人的话语可识别其人品。而道忠之所以冠之以“辨苗”二字,笔者认为或许表示此书所选皆为名句,有利于禅林中人习禅问道,也有益于他们写诗作文。

2.《辨苗》内容

尽管道忠在此书"目录"下已分两大类四十小类，但这种分类具有较为强烈的个人色彩，若不仔细阅读品味，不易领会。笔者以前在《"句双纸（禅林句集）"与日本近代禅学》一文中曾将"句双纸（禅林句集）"的内容归纳为四种，现具体到《辨苗》一种，笔者又重新梳理，改定如下。

（1）方语俗词

所谓"方语俗词"，前文已释：即禅录中经常出现的方言词和俗语词。这部分内容多见于"禅林句集"的"一言（字）、二言（字）、三言（字）"。但因《辨苗》体例起自"三言"，且又只有4条，故相对来说，"方语俗词"的内容相对较少。笔者认为盖因这些内容道忠已在其《葛藤语笺》中多有收录诠释，而此《辨苗》则更重视"四言"以上之"句"。

《辨苗》"三言"中有"不唧嗒"，《贞享版禅林句集》"三字関"也收录此条，并释曰："方语云：不净洁；又云不成就。"[24] 禅宗语录中多有"不唧嗒汉"，即为此义。对此"方语"考辨最多，诠释最为详细的还是道忠。其《葛藤语笺》[25] 卷六对"唧嗒"与"不唧嗒"有详细考释，并引《委巷丛谈》《类书纂要》等书以证为当时汉语"方语"，最后引《俗呼小录》曰"说人之不慧曰不唧嗒"，甚确。

（2）禅林话头公案

禅林中有很多特有的"话头"和"公案"，这些自然是习禅者不可不晓的内容。而这些"话头"和"公案"又多以"句"的形式表现出来的，故而成为"禅林句集"收录的主要对象，《辨苗》中也多见。如"四言"中的"迷逢达摩""漆桶不快""草贼大败""冷暖自知"；"五言"中的"蚊子上铁牛""自屎不觉臭""贼过后张弓"；"六言"中的

“胡张三，黑李四”“南斗七，北斗八”“前三三，后三三”；“七言”中的“饥来吃饭困来眠”“张公吃酒李公醉”；“八言”中的“客来须看，贼来须打”“灵山话月，曹溪指月”“前不构村，后不迭店”；“十言”中的“将谓胡须赤，更有赤须胡”“佛灭二千年，比丘少惭愧”等等，不赘举。这些皆出自禅门，或为丛林公案，或为禅门话头，有其特定含义。如“迷逢达摩”或指迷茫之际即使遇见达摩也不能开悟，此乃本人之因，而非达摩之故。[26]或指迷茫者遇上初祖菩提达摩，多指领悟禅旨。[27]而“前三三，后三三”则是禅家奇特句，指超越数量概念的根本智境地，见于《五灯会元》卷九《无著文喜禅师》、《景德传灯录》卷十三《资福贞邃禅师》、卷十六《雪峰义存禅师》等，而且是《碧岩录》三十五则的主题。道忠有时也指出为某师语，或某宗语。如“相骂饶你接觜，相唾饶你泼水”（十二言），道忠注：“《联灯》八，云峰悦语。”“云峰悦”即宋代临济宗僧人文悦，因住衡山云峰说法四十年，弟子满天下，世称“云峰文悦”。又如“拈却腻脂帽子，脱却鹘臭布衫”（十二言），道忠注：“《联灯》廿六，洞山初语。”这是丛林中洞山守初禅师问道云门文偃禅师的悟道因缘。

（3）佛经用语

禅宗奉菩提达摩为始祖，是中国佛教八大宗派中最具汉民族特色，流行地域最广，传承时间最久的一派。尽管禅宗创立于中国，但禅学却来自印度。中国禅宗受《楞伽经》《金刚经》《圆觉经》《楞严经》《大乘起信论》《维摩诘经》等经典的影响很大，故而禅宗文献中来自译经的内容自也不少见，因此一些译经用语也就成为《辨苗》收录的内容。如“四言”有“言不虚发”条，道忠就注出自《普贤行愿品》十二，而“自作自受”则在译经中频频可见，道忠也引出典，如《涅槃经》十九、《大宝积经》九十三、九十四、《正法念处经》十

一、十七等。又如“五言”中有“二尊不并化”，此源于七十三套《菩萨处胎经》四的“二尊不并立”。“二尊”就是两位佛，两位佛不能同时出世。正如《大智度论》卷九所言：“转轮圣王不得一处并治，十力世尊亦无一世二佛。……佛言不虚，世无二佛。”[28]又如“四双八只”，“四双”与“八只”实际是佛书中常说的“四双”与“八辈”，指声闻依其修行之浅深而分四阶之果位及其向道，即预流向、预流果，一来向、一来果，不还向、不还果，阿罗汉向、阿罗汉果等四对八种。“向”与“果”合则为“四双”，分则为“八辈”。《大般若经》多见“四双八只”连用，可能是用“双”与“只”更符合汉语习惯。

(4) 汉语典故与名言

“典故”和“名言”(或称“名句”)，皆具有一定的教育意义，且为大众耳熟能详。因“禅林句集”本就从古代起“格言”作用的“金言集”“金句集”发展而来，故此类内容自当为诸“禅林句集”编纂者所乐于收录，道忠亦如此。《辨苗》中的汉文典故，如“四言”中的如“文身断发”“助桀为虐”“画饼充饥”“守株待兔”“掩耳偷铃”“刻舟寻剑”“负石投河”等，“五言”中的“邯郸学唐步”“韩信临朝底”“依样画葫芦”等，皆有来历有出处。如“守株待兔”出自《韩非子·五蠹》，“掩耳偷铃”出自《吕氏春秋·自知》，“刻舟寻剑”出自《吕氏春秋·察今》，“覆水难收”一般认为出自《后汉书·何进传》，“燕雀何知鸿鹄志”(或作“燕雀安知鸿鹄之志”)则典出《史记·陈涉世家》，道忠皆标有出典。

禅宗灯录中各类“警句”“名言”比比皆是，或为禅师用于接引学人，或用于教育初入禅林者。道忠在《辨苗》中也收录了不少此类内容，且多举出典。如“知过必改”出自《千字文》；“大器晚成”出于《老子》下；“当断不断，反招其乱”，本为中国古代道家之语，《史记·齐悼惠王世家》和《汉书·高五王传》有所引用；“乌黑鹭白”和“鹄不浴白，鸦不染黑”，则为《庄子·天道篇》中“鹄不日浴而白，鸦不日黔而黑”的略节；“运筹帷幄，决胜千里”出自《史记·高祖本纪》；“不入虎穴，争得虎子”出自《后汉书·班超传》；“青出于蓝青于蓝，冰生于水寒于水”语出《大戴礼记·劝学》；“因一事，长一智”和“不经一事，不长一智”，后者出于《明心宝鉴》下“子贡语”，还有“水至清则无鱼，人至察则无徒”“忠言逆耳利于行，毒药苦口利于病”等等。当然，也有不少佛典中的名句，多为劝人知恩图报，修善止恶，如“知恩方解报恩”出自《华严经·十地品》，“修善生天，造恶地狱”出自《摩诃僧祇律》卷一，等等。

(5) 汉诗诗句

禅宗与诗歌有着密不可分的关系，唐宋两代，既是中国禅宗发展的鼎盛之际，也是中国诗词发展的巅峰之时，因而，诗与禅的关系非常密切，禅林文学的兴起就是其直接结果。中国两宋之际，日本镰仓时代，随着大批日本禅僧前往中国学习和中国僧人的东渡传教，这种时代风尚自然传入日本。而进入南北朝室町时代以后，中国南宋以来流行的诗文颂古和以骈文创作的禅林文学对日本禅界，特别是五山学僧的影响就更大。

日本历史上著名的“五山文学”就是以“五山”学僧为主体的汉诗人通过禅宗接受中国优秀文化，掀起的汉文学风潮。[29] 在这种风潮下，不仅“五山十刹”的官寺出现了一批以文会友，以诗喻禅，善于写诗作文的高僧，甚至还由此在日本掀起了一场全方位的划时代的文化运动，有更多的禅门僧人，俗家子弟投入到了这场运动中。在这种历史背景下，“句双纸(禅林句集)”的另一重要效用也就体现出来，即被人们广泛用作为创作诗文的参考书。各种“句双纸(禅林句集)”中收录了很多语句和诗句,从《诗经》《楚辞》到唐诗、宋词,从儒家《论语》到朱子语录,这正是为了更多的禅僧练习写诗作文作参考而编纂的。我们从《辨苗》中也能见到这种特色。如“跼高天,蹐厚地”出自《诗经·小雅·正月篇》,“玉孙游兮不归,春草生兮萋萋”则语出《楚辞·招隐士》,但大多出自唐宋诗词。如“到江吴地尽,隔岸越山多”为唐·僧处默《胜果寺诗》中句,“汲水疑山动,扬帆觉岸行”乃唐·曹松《秋日送方干游上元》诗中句,“树密猿声响,波澄雁影深”是唐·许浑《七里滩诗》中句,“残星数点雁横塞,长笛一声人倚楼”出自唐·赵嘏《长安秋夕诗》,“人面不知何处去,桃花依旧笑春风”语出唐·崔护《题都城南庄》,而“欲穷千里目,更上一层楼”更是尽人皆知出自唐·王之涣《登鹳雀楼》;“一鸟不鸣山更幽”语出宋·王安石《钟山即事》中之句,“疏影横斜水清浅,暗香浮动月黄昏”出自宋代《千家诗》下林逋《梅花诗》等等,不赘举。

(二)《辨苗》在汉语熟语研究中的资料价值

无论是英朝、已十子,还是无著道忠等日本禅学僧编纂“禅林句集”的初衷都是为有助于初入丛林者学习禅林偈诵、语句,练习写诗作文,为方便入室参禅而用。然“无心插柳”的实际结果却为后人留下了丰富的汉语熟语研究的宝贵资料。

汉语词汇研究中,熟语研究一直兴旺不衰,从五十年代初到六十年代中叶“对熟语问题的摸索”,探求熟语种类及其相互间的关系,到近年来对各类熟语的深入研究,以及对熟语的性质、分类的原则等理论问题的探讨,都极为活跃,亦颇有成效。[30]然而从研究资料上看,人们对禅宗典籍文献的关注还明显不够。而“禅林句集”类文献却因其特征是收罗禅宗典籍中的“词”“语”和“句”,尤以

“语句”为主，故与汉语熟语研究产生了密切的关系。

如果仅从所收录“句”的数量来看，《辨苗》有 815 句，而已十子的《禅林句集》共有 4372 句，远不如后者量多，其中所包含的熟语种类与内容也远不如后者丰富。笔者早年曾有论文对“禅林句集”中的熟语做过研究[31]，本文之所以选取《辨苗》作为资料，则是因其有不同于一般“禅林句集”的特殊性。

1. 从《辨苗》的体式看

与其他“句双纸（禅林句集）”不同的是，《辨苗》不仅只是一本“禅语语汇集”，而且还是一本禅语辞书，即有诠释。学习者可以通过释义和出典来辨别判断是否适用。笔者认为这或许是道忠将此书冠之以“辨苗”的真正用意。

日本近世所出现的各种“句双纸（禅林句集）”很多，早苗宪生《〈句双纸〉の诸本と成立》[32]一文有较为详细的考证和归纳。本文则以柳田圣山与椎名宏雄共编的《禅学典籍丛刊》第十卷分上下两册为代表，简单归纳其体式。《禅学典籍丛刊》第十卷上下两册共收录江户时期刊行的“句双纸（禅林句集）”共九种，其中有的虽然书名不是“句双纸”或“禅林句集”，但实际还是“句集”。从体式来看，大致可分为以下三类：

(1) 纯语汇集，即只是收录禅典中的词、语、句，按字数编排，不举出典，也没有诠释。如《句双纸》[33]《排韵句双纸》[34]等。只是各“句”右旁有用片假名标的读音。《排韵句双纸》因是于各“言”内据“韵”编排，故会在标出例如“已上平声”等字样。

(2) 有较为详细的日语诠释

这属于“句双纸抄”类。随着“句双纸（禅林句集）”的兴盛，为了便于一般禅僧和读者阅读理解，日本历史上出现了一批专为其作注解的“抄”。现存各种“句双纸抄”，时代较早的，有从室町末期到江户初期的写本，均用假名读并加以注解。尤其是从室町末期开始出现了一些对内容分类体的《句双纸》用假名进行注释的《句双纸抄》。诸本名称虽多少有所不同，但其形式到江户时期也就基本固定下来。而且，人们在进行注释抄写的过程中，还不断地增补一些语句，这样就不仅对其流传起了有效的促进作用，而且也进一步扩充了容量，从体例到内容均得以更加完善。如《句双纸抄》[35]《句双葛藤钞》[36]等。此类以诠释为主，且多为假名文字，对日本人非常有用，但作为汉语熟语研究资料，其价值体现并不很突出。

(3)“句”上或“句”下有出典，有的还有简单的汉语诠释。如《点铁集》、贞享版《禅林句集》和《禅林句集辨苗》等。作为汉语熟语研究资料，这一类应该价值最高。因为不仅是“句集”，更重要的还有出典，有诠释，有辨析。

《点铁集》为曹洞宗僧人逆翁宗顺(1433～1488)所撰，现存皆江户刊本，共十册二十五卷，在《禅学典籍丛刊》第十卷上下两册中占了将近1册半的分量[37]。《点铁集》虽不名“禅林句集”，但实际同类，广罗诸书中古人语句(四言、五言、六言、七言)，按韵别分类。《点铁集》虽然煌煌二十五卷，但以诗句为主，加之出典非常简略，有的无出典，另外基本没有诠释，故对汉语熟语研究来说，不如已十子的《禅林句集》。

贞享版《禅林句集》是毛利贞斋在过去版行的英朝《句双纸》的基础上增补语句，添加出处而成。如：

水乳相投：《虚堂录》卷四

刻舟寻剑：《列子》。又《事苑》引《吕氏春秋》[38]

以上举出典。有的出禅典，有的出一般汉籍，此类例甚多。

自作自受:《碧》廿二下语颂。《类》十二因果门。《方语》云:匠人作枷。[39]

上例既有出典,还引《方语》作解释。这实际是歇后语,但可以看作是释语。宋·王铚《续杂纂》有"木匠带枷,自作自受"[40]之语,与此应是同类。

斩钉截铁:《碧》十四则评。《传》十七云居。《方语》云:一刀两断。[41]

掩耳偷铃:《虚堂录》卷三。《明高僧传》廿一下。《方语》云:钝贼。[42]

毛利贞斋的诠释,多引《方语》为证。所谓"方语"是日本中世禅林颇为流行的一类辞书。所谓"方",乃乡谈俚语,即方言俗语,也有"方便之语"之义。有的称"方语",有的叫"方语集",还有的名"禅林方语"等。其体例,有的就与"禅林句集"相同。如收于《禅学典籍丛刊》第十卷下的《方语》(又名《随方乡谈》,东福寺灵云院本),写于室町末期,就收录了约七百条摘录于禅典中出现的民间方言俗语,按字数排列,从"一字"到"十言"以上均有。

除了引出典,或有简单诠释外,此书还不时能见到一些纠正文字之讹、辨析文本用字的内容。如:

野老嚬蹙:……字误。嚬,笑也。颦蹙,愁皃。[43]

蚊子咬铁牛:《方语》云:无你下口处。或无你下嘴处。旧本"咬"作"上"。……[44]

高天跼厚地蹐:《诗经》卷十一。旧本"厚"作"原",错也。本诗又《文选·潘岳赋》出。[45]

然而,与贞享版《禅林句集》相比较而言,道忠所著《辨苗》,尽管条数和容量不及前者,但无著道忠所引文献更多,内容更加丰富。

特别是道忠以其丰厚的训诂学功底对有关内容等进行了详尽的溯源考证以及有关文字与词语方面的辨释，这就为后人留下了研究汉语熟语的丰富资料。而这一点正是我们以下要重点论述的。

2. 根据道忠的学术特色考察

道忠学问的特色是博学。其学问领域从禅学出发，涉及整个佛教史，进而与中国古代汉学研究相关。道忠对汉学的研究，突出地体现在古籍校勘学、传统训诂学和近代汉语三大方面。[46]笔者多年前这一概括，即使用之于《辨苗》，也仍然适用。

(1) 广引文献以释义。丰富的引证成为汉语熟语资料之渊薮。

道忠禅语辞书的显著特色之一是一般自己并不做解释，而是于所释辞目下先引出禅典中的文例，然后广引文献以释义，考辨异同。这一点在《辨苗》中也体现得较为突出。如：

> 自作自受：《传灯》十五。《古宿录》卅六《投子录》。《碧岩》三・〈廿二则颂〉"下语"。
>
> 《北本涅槃经》十九："耆婆说阿阇世，佛说自作自受。"《大宝积经》九十三："是我恶行，不善业报，自作自受。"又九十四："自作自受，他作他受。"《正法念处经》十一："偈曰：自作还自受，彼人不能救。"又《正法念处经》十七："偈曰：自作自受不为他，若他所作非己报。"[47][48]

"自作自受"现已是尽人皆知的成语。关于其出处，诸说不一。"语或本《法苑珠林》"，或出宋人笔记，或出《五灯会元》[49]。不难看出，即使在现在这样一个信息十分发达，数据库随手可轻易查询的时代，道忠此条也仍在我们之上。尽管没有任何说明，但在引出禅典后，道忠又引了五处佛经用例，这就清楚地说明，"自作自受"之源出自汉译佛典。我们只要打开电子佛典，马上就可知早在三国吴支谦所译《菩萨本缘经》中就已经出现："如是众生，先行恶法，今受苦报，自作自受，实非我咎。"[50]这是说明佛家因果报应的一个极为生动的词，出自汉译佛经，后又多用于禅宗灯录，最后演变为汉语成语。这种变化过程，从以上道忠的引证文献就可看出来。

此条，上述已十子的《禅林句集》中也见，引《方语》释义，但这已是成语。相比来看，道忠的内容对我们理解这条成语更有帮助。又如：

> 见怪不怪，其怪自坏：《碧岩》三·〈廿二则下语〉。《从容录》六。《续灯》廿二。《普灯》七〈齐添章〉。《会元》十八〈齐添章〉。《竹原录》。《普灯》十八〈竺原〉。
>
> 《事文前集》四十八、又《后集》卅七、《群谈采余》七〈怪异类〉皆引《见异录》及《广异》。《故事掌珠》四曰："宋魏元忠素宽厚，不信邪鬼，家有鬼尝戏侮之。公见怪不以为怪。鬼敬服曰：此宽厚长者，可同常人玩之哉！"注："昔有儒者读书，忽穴中出一巨鼠，拱前足而揖之。儒士不顾，忽又变为人形揖之。士亦不顾，忽曰：女今日当死士。亦不顾。无何，鼠大言曰：我如女何？遂跳踯而死。士因索笔书曰：见怪不怪，其怪自败；见有不有，其有自朽。"《风俗通》九〈李叔坚狗怪〉。《类林》七引。《程伊川毋侯氏事假寐梦》。《夷坚志丁集》五〈王直夫〉。《耳谈》八："见怪不怪，其怪自败。"

四字"见怪不怪"，或如上八字"见怪不怪，其怪自坏(自败)"也是汉语常用成语。道忠在引用多处禅典后，又引《事文类聚前集》《后集》等共十余种资料。资料跨越时间很长，从东汉应劭的《风俗通》到明人倪绾的《群谈采余》。资料范围也很广，有类书掌故、志怪小说，还有杂谈笔记等等。

此类例甚多，不赘举。但还有一点想强调一下：以上例道忠所引资料都是汉文典籍，这些都是汉语熟语研究中的重要资料，这一点应该已为当代熟语研究工作者所重视。但是还有一部分资料相对来说却是很容易被忽略的，即日本文献。如：

“借婆裙子拜婆年”一条所引文献中提到《空华录》。《空华录》是《义堂和尚语录》的别名。而“义堂和尚”就是号“空华道人”的义堂周信(1325～1388)。义堂周信幼年即出家，学习密宗。17岁改习禅宗，拜临济宗梦窗疏石(1275～1351)为师，并契悟玄旨，继承衣钵。曾长年在镰仓地区传禅，深受当地权贵崇信。康历元年(1379)，受足利义满将军之命，住持京都建仁寺，后又住持南禅寺。而南禅寺当时地位很高，在足利幕府所定的“五山十刹”之上，故位居众禅刹之首。

义堂周信除了在禅学上的地位以外，更重要的是他还精通汉学，造诣很高，善于诗文，尤长于“文”。其著有《义堂和尚语录》四卷、《空华集》十卷、《空华日用工夫略集》、《禅仪外文抄》二卷、《枯崖漫录抄》、《贞和类聚祖苑联芳集》十卷[51]等，是“五山文学”运动的杰出代表，并以正统的汉文风格而荣获“五山文豪”之称。[52]

道忠除了引用《空华录》外，还见引用义堂的《日工集》(即上述《空华日用工夫略集》的简称)和《贞和集》(即上述《贞和类聚祖苑联芳集》的略称)。后者引用更多，有的用于证禅俗语，如“彩奔齪家”“佛是西天老比丘”等；有的用于释禅偈颂古，如“日出东方夜落西”“无角铁牛眠少室”“白云尽处是青山，行人更在青山外”等；还有的用于说明成语典故，如“明修栈道，暗度陈仓”等。

以上我们仅以义堂周信为例，说明道忠在《辨苗》时，除了广征博引汉文典籍外，还利用了日本资料。而这部分资料对汉语熟语研究者来说，过去关注不够，应该引起注意。另外，通过这些日本资料，我们可以了解到，类似义堂周信这样的“五山学僧”的诗文也多用汉语熟语，这就为汉语熟语研究辟出一条新径。日语有很多“成语(ことわざ)”来自汉语，其中的发展演变，无论是从汉语史还是日语史的角度，都值得研究。

(2) 考证溯源，纠错辨正，为汉语熟语研究提供了更精准的资料。

无著道忠博学精专，犹精于校勘、考证、训诂之学。道忠所在的江户时期，“句双纸(禅林句集)”的编纂、书抄和版刻已多见，但是他却认为过去刊行的“句双纸(禅林句集)”多有文字和训点方面的错误，有慨于此，故他在撰写《辨苗》时，注重考证出典，校订讹误，并进行适当的诠释，充分体现出道忠学风严谨的特点。

如上述及，道忠禅语辞书的特点一般自己不作诠释，而是广引文献以释义，但是道忠往往会以“忠曰”或“忠按”的方式来表示自己的意见。

《辨苗》中共有 85 处“忠曰”，6 处“忠按”，二者相加共有 91 处，是道忠用于表示考证溯源，纠错辨正内容的。有的即使没有“忠曰”或“忠按”，但实际也包含相关内容。我们若将这些一一梳理，再加以整理的话，笔者认为，这些材料应该成为熟语研究中一部分重要内容。因篇幅关系，本文仅举一例：

> 困鱼止箔[53]：忠曰：“箔”当作“泺”，予《盌云》十五《纠缪解部》辨。《传灯》十九〈潮山延宗章〉曰：“钝鸟栖芦，困鱼止箔。”钞引《宝藏论》。《会元》“箔”作“泺”。
>
> 《宝藏论》：“困鱼止沥，病鸟栖芦。”忠曰：“沥”“泺”音近，

故讹“沥”。

《广灯》廿五〈林谿彻章〉曰：“钝鸟栖芦，困鱼止箔。”《联灯》一〈琅琊觉〉云：“且莫困鱼止箔，钝鸟栖芦。”《事苑》五曰：“困鱼止箔，箔，帘也。”《宝藏论》曰：“夫进道之由，中有万途，困鱼止箔，病鸟栖芦。说者曰此举事以况渐言，学者进悟之由也。途，道也，即八万四千之法门，随机各解。如困鱼止小箔，病鸟栖芦丛。虽各得所安，俱未至于大海深林也。”

忠曰：睦庵不辨《广灯》“箔”而改“泺”，却以《宝藏》“沥”作“箔”强解而不知其是也。

忠曰：“泺”俗作“泊”，《正字通》巳上：“泊”今又讹作“箔”。《正字通》巳上：“东平州梁山泺，俗作泊。”《类苑》六十六：“梁山泊。”同六十作“梁山泺”。《字典》巳上：“泺音历。”

《联灯》十七：“困鱼止泺，病鸟栖芦。”又廿一〈夹山章〉云：“困鱼止泺，钝鸟栖芦。”《普灯》十：“困鱼止泺，病鸟栖芦。”又十全同。《正法眼藏》三上：“夹山云：困鱼止泺，钝鸟栖芦。”《续古宿录》一〈晦堂心录〉曰：“止泺困鱼，徒劳激浪。”《江湖集》上〈九峰颂〉曰：“外息诸缘鱼止泺。”

案：查检CBETA电子佛典，可发现“困鱼止泺”“困鱼止箔”与“困鱼止沥”皆见，其中“困鱼止泺”最多见，“困鱼止箔”与“困鱼止沥”较少。

此语出处，应是后秦僧肇所撰《宝藏论》卷一：“夫进道之由，中有万途。困鱼止沥，病鸟栖芦。其二者不识于大海，不识于丛林。人趋乎小道其义亦然，此可谓久功中止，不达如理，舍大求小，半路依止。以小安而自安，不及大安而安矣。”[54]道忠指出：《宝藏论》中的“困鱼止沥”之“沥”是讹用，因“沥”“泺”音近之故。“泺”字可读作“luò”，本义为古水名。《说文·水部》：“泺，齐鲁间水也。从水乐声。”但“泺”还可读作“pō”，同“泊”字。故而实际应是“困鱼止泺”。道忠引《正字通》，说得很清楚。有因“泊”与“箔”声近形近，故禅典中也有作“困鱼止箔”者，此亦当为字之讹用。道忠此条，包括他自己指出的在《盌云灵雨》也辨正过此条，主要是批评睦庵的《祖庭事苑》不辨其中关系，径用“箔”字本义作解，得出“箔，帘也”的结论。《祖庭事苑》是北宋·睦庵善卿所编撰一部禅学辞典，内容系对云门文偃、雪窦重显等禅师的语录所作的注释。内容很丰富，凡其书中之难解语句，包括佛教或世典之故事、成语、名数、人名、俚语、方言等，皆加以诠解，凡二千四百余项。但也多有错误。道忠在其著作中多有辨讹纠正。正如柳田圣山先生所指出的：“追究《祖庭事苑》的谬误，在无著道忠的训诂中随处可见，……睦庵的错误全在于未精读经律而主观议论只是把博搜经律论作为注解禅语的主要依据，是无著道忠禅录研究的态度之一，这也体现了他教禅一致的立场。”[55]

这只是《辨苗》中的一例。仅此一例也足以说明《辨苗》有超出其他“禅林句集”之处，对研究者来说，这更具价值。

四、简短的结论

本文以无著道忠《辨苗》为主要资料，探讨日本近世禅林曾兴盛流行的“禅林句集”在汉语熟语研究中的资料价值。

长期以来，汉语熟语研究关注日本资料不够，特别是像“禅林句集”这样日本禅宗特有的文献资料。这部分材料在汉语熟语研究中具有较高的价值。

（一）禅宗典籍与一般汉语典籍不同，其语言特色极为明显，如：多用淳朴通俗之口语。禅籍语言中含有很多口语成分，已为人所共知。禅宗在主客机锋应酬之际，反对拟议，提倡随机应变，而俗语和熟语平时稳熟于口，自然可以信手拈来，不费思索。所以，禅籍中既有流行的俗词俚语，也有方言鄙词，当然还有成语、俗谚以及歇后语等。口语俗词颇多，俗谚惯句甚多就成为禅籍语言的最大特色。

“禅林句集”的特色是“句”的汇聚，将上述禅典中出现的俗语和熟语“集”在一起，数量之繁多，内容之丰硕，真是一个巨大宝库，有待于有志者共同开发。

（二）本文以《辨苗》为主要资料。与其他“句集”相比勘而言，《辨苗》虽然条数和容量有时不及，但无著道忠广征博引以释义的特色，为我们留下了非常丰富的资料。而道忠还以其丰厚的训诂学功底对有关熟语等进行了详尽的溯源考证以及有关文字与词语方面的辨释，从而为后人留下了更为精准的资料。

有关无著道忠的研究，在学界有识者的推动下，已逐渐扩展并深入，笔者认为我们也可在汉语熟语研究上利用其资料。除了《辨苗》以外，道忠还有《葛藤语笺》及《禅录用语》《支那俗语》《边字并助字附跃字》等禅俗语辞书，其中也有不少内容与熟语有关。

（三）如前述及，“禅林句集”的编纂者，无论是东阳英朝、毛利贞斋，还是无著道忠，其编纂“禅林句集”的目的只是为了便于初入丛林的习禅者，而且他们都是近400～600年前的日本僧人，能从浩瀚的禅典中将如此众多的资料收集汇录，本身就是一项了不起的工程，对汉学研究诸方面皆有其价值，即使从汉语熟语研究的角度。这应该是道忠等所始料不及的，这也正是本文的主题。

附注：

① 柳田圣山：《无著道忠的学术贡献》（董志翘译），禅籍俗语言研究会编《俗语言研究》创刊号.1993 年 12 月。

② 柳田圣山先生生前曾将其个人所藏书籍全部捐献给了花园大学国际禅学研究所图书馆，图书馆为此专门设立“柳田文库”。

③ 梁晓虹：《“句双纸（禅林句集）”与日本近代禅学》，河北禅学研究所《中国禅学》第三卷，中华书局，2004 年 11 月；梁晓虹：《日本中世禅语辞书与汉语熟语研究》，台湾佛光山文教基金会《禅与人间佛教学术研讨会论文集》，2007 年 5 月。

④ 因本文以《禅林句集辨苗》为主要材料，故以下论述中，一般称“禅林句集”，但有时为论述需要，也称“句双纸（禅林句集）”。

⑤ 入矢义高：《〈句双纸〉解说》，山田俊雄．入矢义高．早苗宪生校注《庭训往来句双纸》；岩波书店《新日本古典文学大系》52，岩波书店，1996 年，564～580 页。

⑥ 早苗宪生：《〈句双纸〉の诸本と成立》，山田俊雄．入矢义高．早苗宪生校注《庭训往来句双纸》，581～606 页。

⑦ 梁晓虹：《“句双纸（禅林句集）”与日本近代禅学》。

⑧ 早苗宪生：《〈句双纸〉の诸本と成立》。

⑨ 柳田圣山《禅学典籍丛刊》第十卷下《解题》，临川书店，2000 年，693～704 页。

⑩ 指创立于镰仓末期和室町时代的“镰仓五山”（东）和“京都五山”（西）。“镰仓五山”是：建长寺、圆觉寺、寿福寺、净智寺、净妙寺。“京都五山”为：天龙寺、相国寺、建仁寺、东福寺、万寿寺。另有京都南禅寺为“京都五山”之首。此乃当时日本丛林受南宋“五山十刹”禅寺区划分布制形式的影响而设立（“五山”之下再置十所禅院为“十刹”），代表全国禅寺中的最高位的寺院。

⑪ 参考入矢义高《〈句双纸〉解说》。

⑫ 名古屋大学皇学馆文库有庆长十七年写本。

⑬ 关仪一郎、关义直共编：《近世汉学者传记著作大事典附系谱年表》，琳琅阁书店，昭和五十六年（1981）第四版，512～513 页。

⑭ 参考早苗宪生《〈句双纸〉の诸本と成立》。

⑮ 即《日本黄檗山大藏经》，日本雕印的汉文大藏经。由日本黄檗宗僧人铁眼道光发起捐募，刊刻于宽文九年（1669）至天和元年（1681）。经板刻于宇治黄檗山宝藏院。印经房设在京都。全藏共收一千六百一十八部七千三百

三十四卷，分作七百三十四函。

⑯ 盘珪（盘珪永琢，1622～1693）为妙心寺派著名禅师。三十六岁悟道之后，努力弘法传禅，极为活跃。其所创禅法名为“不生禅”，以一般庶民为对象，以教化广大民众为目的。宽永十二年（1672），奉敕住持妙心寺。有《盘珪假名法语》二卷。

⑰ 白隐（白隐慧鹤，1684～1751）为江户时期临济宗著名禅师，被认为是振兴临济宗风的“中兴祖师”。白隐博学，文采兼备，一生留下著作十余部，还善于书画，并常以此作为传禅说法的工具。白隐因号“鹄林”，故其禅派被称为“鹄林派”。

⑱ 柳田圣山：《禅学典籍丛刊》第十卷下《解题》。

⑲ 参考饭田利行《学圣无著道忠》，禅文化研究所发行，昭和六十一年（1986）版，297～331页“无著道忠禅师撰述书目”。

⑳ 笔者所用为早年于花园大学国际禅学研究所任共同研究员时的复印资料。

㉑ 原为小字，现以括号表示。下同，不另注。

㉒ 参考王闰吉《无著道忠禅语考释集录与研究》，中国社会科学出版社，2016年，13页。

㉓ 原本无句读，为读者阅读方便，笔者添加了简单句读。

㉔ 柳田圣山：《禅学典籍丛刊》第十卷下，617页。

㉕《禅语辞书类聚》二，编集与发行：禅文化研究所，1992年。

㉖ 入矢义高鉴修，古贺英彦编著：《禅语辞典》，思文阁出版，1991年，446页。

㉗ 袁宾，康健主编：《禅宗大词典》，崇文书局，2010年，287页。

㉘ CBETA电子佛典2016，T25/0125。

㉙ 张文宏：《禅宗与日本五山文学》，《佛山科学技术学院学报》（社会科学版），第22卷第6期，2004年11月。

㉚ 参考周荐《汉语词汇研究史纲》，语文出版社，1995年版。

㉛ 梁晓虹：《日本中世禅语辞书与汉语熟语研究》。

㉜ 山田俊雄，入矢义高，早苗宪生校注：《庭训往来句双纸》，581～606页。

㉝ 原本所藏：柳田圣山，元禄六年（1693）刊本。

㉞ 原本所藏：柳田圣山，天和二年（1682）刊本。

㉟ 由雄松堂提供版图。

㊱ 原本所藏：柳田圣山，元禄五年（1692）刊本。

㊲ 原本所藏：花园大学国际禅学研究所。

㊳ 以上二例皆出自柳田圣山《禅学典籍丛刊》第十卷下，629页。

㊴ 同上，621页。

㊵ 引自刘洁修编著《汉语成语考释词典》，商务印书馆，1989年，1591页。

㊶ 柳田圣山《禅学典籍丛刊》第十卷下，618页。

㊷ 同上，620页。

㊸ 同上，627页

㊹ 同上，631页。

㊺ 同上，654页。

㊻ 梁晓虹：《试论无著道忠对近代汉语虚词研究的贡献》，梁晓虹《佛教与汉语史研究——以日本资料为中心》，上海古籍出版社，2008年，279页。

㊼ 笔者所用为早年在国际禅学研究所的复印本，无法表示页数。现根据禅文化研究所1991年出版的《禅语辞书类聚·附索引》标出页数。263页。

㊽《辨苗》原本并无句读，为阅读方便，笔者添加了简单句读。另外，《辨苗》原本于引证文献下还标有"×丈""××丈"的标示，盖为其所用典籍的具体出处，类似我们现在的页数，现皆已略去。下同，不另注。

㊾ 以上三处，一为刘洁修《汉语成语考释词典》，一乃《汉语大词典》，一是360百科。

㊿ CBETA2016/T03/0062。

51 参考日本佛教人名辞典编纂委员会《日本佛教人名辞典》，法藏馆，1992年，158页。

52 梁晓虹：《日本禅》，浙江人民出版社，1997年，164页。

53 此例不见于禅文化研究所1991年出版的《禅语辞书类聚附索引》，也不见于1999年中文出版社的版本。两本明显有脱落。皆脱落一条，应在"捋虎须也"之后。这是第一册的最后一条，原本为单独一张纸。二本刊印时已七册合成一本，故而有缺漏。

54 CBETA电子佛典2016/T45/0143。

55 柳田圣山：《无著道忠的学术贡献》（董志翘译），禅籍俗语言研究会编《俗语言研究》创刊号，1993年12月。

（作者单位：日本南山大学）

语首含数语的类型、来源、特色与文化解读

——以《汉语戏谑语词典》为例

王　世　凯

语汇研究是一个非常重要且又有难度的问题，其中一个关键的问题就是语的界定。温端政(2006)认为，语是“由词和词组成的、结构相对固定的、具有多种功能的叙述性语言单位”。[1]这种界定方式从语的构成要素、结构特点、功能特性、叙述特征等角度着眼，是很全面的。关于语汇，温端政(2000)认为，“汉语语汇是汉语里所使用的‘语’的总称，汉语语汇自成一个系统”[2]。我们接受并采纳温端政关于语和语汇的界定方式，并用之于对含数语和含数语汇的下位界定。

所谓含数语，是指语中包含“一、二、三、四、五、六、七、八、九、十、百、千、万、两、俩、仨”等数成分的叙述性语言单位；含数语汇是指含数语的聚合。本文以陈建文、王聚元主编的《汉语戏谑语词典》(以下均简称《词典》)为调查范围，以语首出现数的情形为采集样本(称之为语首含数语)，对此类含数语进行穷尽性调查。以含数语首位出现的数为基点，统计结果如下：

首位数	一	二	三	四	五	六	七	八	九	十	百	千	万	半	两	仨
频次	113	37	78	14	20	11	8	39	10	30	15	6	12	38	32	3

初步统计,语首含数语在《词典》中共出现466条。总条目按7500计算,语首含数语占比约6%。首位数为"一"的语首含数语出现频次最高,占总数的24%;首位数为"仨"的语首含数语出现频次最低,占总数的不足0.7%。其中词典中没有收录含"俩"的语首含数语。

本文主要关注如下几个问题:首先,语首含数语可以分为哪些类型;其次,语首含数语主要有哪些来源;再次,语首含数语有哪些特点;最后,我们如何解读语首含数语。以期对语的界定和语典编纂有所裨益,并求教于方家。

一、语首含数语的类型

温端政(2006)强调,语和词的一个重要不同就是分类原则,语的分类需要另辟蹊径,不能仿照词进行,并提出从两个层面对语进行分类。"第一个层面是根据语的叙述性特征进行分类,把语分为'表述语''描述语'和'引述语'。表述语的特征,是具有知识性。描述语的特征,是不具有知识性。引述语的特征,是由引子和注释两部分构成……第二个层面的分类,主要是给成语定位。"[3]我们采用第一层次的分类办法,并使用传统术语,按照谚语、惯用语、歇后语、成语的分类方式对《词典》中的语首含数语进行归类。《词典》中出现的语主要包括惯用语、歇后语、隐喻和成语等类型。

(一)语首含数类惯用语

《词典》中语首含数类惯用语比重最大,总计出现344条,占比

73%强。如：

一鼻孔出气　一层布做夹袄　一肚子的三国

一个锅里抡马勺　二百二大夫　二十四个枕头睡觉

二一添作五　二掌柜的　三打不回头，四打连身转

三分画七分裱　三斤鸭子两斤嘴　四季豆不进油盐

四方八国会议　五子登科　五十步笑百步　六耳不同谋

七八家子搬一块　八竿子打不着　九牛拉不转

十个明星当不的月　百姓家不曾开簿面

千丈麻绳总要有个结　万宝全书缺只角

半路上杀出个程咬金　两个肩膀扛张嘴

《词典》把下列成分也处理为惯用语。如：

三边工程　三道头　三难干部　三水干部　千年虫　两道头　八股

吴建生(2007)认为，“把惯用语纳入‘语’的范畴，在承认其词组性、相对固定性以及口语性的基础上，重点强调其形式上的‘非二二相承’和语义上的‘描述性’，在实践上比较可行”[4]。首先这些成分都具有词的特征，不具有词组性。其次，它们虽然具有一定程度的叙述性，但更多地表现为指称的作用。最后，“三边工程”等成分具有“二二相承”性。此外，它们基本都在本义或基本义上使用。我们认为，如果一个成分具有词的典型特征，且在本义或基本义上使用，有指称功能且没有转指发生，都不应该看作语。上面的“三道头、千年虫、两道头、八股”应该看作词，而“三边工程”“三难干部”“三水干部”因为指称性和概念性较强，也不宜归入语的范畴。

（二）语首含数类歇后语

《词典》中语首含数类歇后语总计出现98条，占比21%。如：

一辈子守寡——没福(夫)

一层布做夹袄——反正全是理(里)

一二三四——刚到午(五)

一口吃了二十五只老鼠——百爪挠心

一头撞在南墙上——死不回头

一张纸画一个鼻子——好大的脸

二十五两——半疯(封)

四月里的梅子——多少带点儿亲(青)

九九八十二——算错账

两个山字摞在一块儿——请出

“歇后语是俗语中的‘引述性俗语’,由两部分组成,前一部分为‘引子’,引出后一部分‘注释’。”[5]一般对歇后语进行分类,也是以此为切入点。语首含数类歇后语因其与数关系密切,可以依数的造语价值分为两类:一是数量前景式歇后语,如“一二三四——刚到午”“九九八十二——算错账”等都属此类。这类歇后语往往是直接对数进行操作,并通过谐音等方式达到造语的目的。二是数量背景式歇后语,如“一辈子守寡——没福”“四月里的梅子——多少带点儿亲”等都属此类。这类歇后语中的数量成分仅是造语的背景条件,作为歇后语的构件。

(三) 语首含数类隐语

《词典》中含数类隐语的数量不大,只有 14 条,占比 3%。如:

三礼拜六点钟(醋)　三酉(酒)　四马(骂)

六一子(走)　七大八(小老婆)　八面威(风)

八木子(米)　十八公(松)　十一号(普通百姓)

隐语往往从交际功能、使用范围等角度区分为秘密语、黑话、行业语等不同类型。这是一种向外的分类。语首含数类隐语可以进行向内的分类，可以分为两类：一是析字型含数类隐语，通过解析“字”来造语，如“三礼拜六点钟”“四马”“六一子”等均为此类；二是析语型含数类隐语，通过解析“语”来造语，如“七大八”“八面威”等。

（四）语首含数类成语

《词典》中语首含数类成语的数量最小，只有 10 条，占比 2%。如：

一场春梦　三顾茅庐　三人成虎　五体投地　八面玲珑

半老徐娘　半面之旧　半路出家　两耳塞豆　两面三刀

乔永（2006）认为，“成语多是书面语，有典雅色彩，多用文言词义”[6]。总的来看，语首含数类成语典雅性特征不明显，有些成语的书面语特征也不突出，这与《词典》的收语原则是有关联的。

二、语首含数语的来源

从来源角度看，《词典》中语首含数语主要源于历史典故或传说、诗文语句、化用现成语汇、类推现成语汇，以及百科提炼。

（一）源于历史故事、典故及传说的语首含数语

《词典》中收录的含数语较大部分来自历史故事、典故或传说。如：

一个鸡蛋的家当　一窝猴子都姓孙　二五眼

三寸鸟，七寸舌　三顾茅庐　四不像　九尾狐　十八相送

百万买宅，千万买邻　万事俱备，只欠东风　半面之旧

半路上杀出个程咬金　两耳塞豆

“一个鸡蛋的家当”今多用以指家底微薄，出自明代江盈科《雪

涛小说》中的典故。“二五眼”今用于指不在行或能力差的人，或言不怎么样。此语经历了一个演变的过程。据《左传·庄公二十八年》记载：春秋时代，晋献公的妾骊姬勾结献公宠臣梁五和嬖五，为其子奚齐夺取君位。人们把他们这一朋比为奸的勾当称为“二五耦”。“耦”即一垅田，俗称一眼庄稼。“二五耦”后来就演变成“二五眼”，成了“不济”“劣种”的代称。“四不像”相传为姜子牙的坐骑，角像鹿、颈像骆驼、蹄像牛、尾巴像驴，但从整体看，哪样动物都不像，俗称“四不像”。今常用来指那些不伦不类的文章或事物。

（二）源于诗文语句的语首含数语

《词典》中源于诗文语句的含数语数量不大。如：

八面玲珑　百代过客　半截入土

“八面玲珑”语出唐代卢纶的《赋得彭祖楼杨宗德归徐州幕》：“四户八窗明，玲珑逼上清。”文中原意是指窗户宽敞、明亮，今多用于指为人世故圆滑，不得罪任何一方。“百代过客”语出唐代李白《春夜宴从弟桃李园序》：“夫天地者，万物之逆旅；光阴者，百代之过客也。”今多用于指流逝的光阴。“半截入土”语出宋代苏轼《东坡志林》(第十二卷)：“桃符仰现艾人曰：‘汝何等草芥。辄居我上？’艾子俯而应曰：‘汝已半截入土，犹争高下乎？’”今用“半截入土”指活了多半辈子的人，也指将不久于人世。《词典》中源自古代诗文语句的含数语数量很小，应该与《词典》的编写取向有关。“戏谑语，有‘语言戏谑语’与‘言语戏谑语’之分，前者是指已经形成固定的结构，在静态备用时含戏谑意义的词或短语，后者是指结构不固定的，在一定的言语环境里才显示戏谑意味的用语。我们这本词典所收的，仅限于‘语言戏谑语’。”[7]今天看来，古典诗文语句一般都具有一定程度的典雅性，而《词典》所收的均为戏谑语，因此，源于诗文语句的含数语数量不大，也就顺理成章了。

（三）源于类推的语首含数语

源于类推的语首含数语，是指使用者在一个现成含数语的基础上通过特定方式创造性地使用的叙述性语言单位。这表现为“语模”造语的过程。周荐（2008）认为，“绝大多数的语模都是根据曾经存在过而且造成了相当大的影响的一个短语构造的。这个短语，相对于语模而言可称为‘语基’。语基化为语模的方式都是将语基中的某个词、语或小句撤掉，使原来的语基变成一个语模，之后再填充进一个新的词、语或小句，成为一个新的短语”。[8] 如：

半臂之力　半筹莫展　百五　二五八两半斤　三锥子扎不出血来

语首含数语通过语模造语通常采取替换语首数，如“半臂之力、半筹莫展”；省略特定成分，如“百五、二五”；颠倒特定成分，如“半斤八两”等方式实现，是一种比较灵活的造语方式。也正因为如此，“此种语模结构出的新短语，谐而不庄，俗而不雅，面向大众，难登大雅之堂”。

（四）源于化用的语首含数语

化用是与类推不同的一种造语方式。化用可以分为形式化用和语义化用两种不同的类型。形式化用就是在原有语汇形式的基础上，创新性地使用另一个形式来表达原有语汇的意义。如：

一只鼎　一只眼　二十四个枕头睡觉

“一只鼎”由“大名鼎鼎”化用而来，用以指在某一方面技艺高超，或指在某一方面或某个范围内与众不同。“一只眼”指人眼光锐利，是由“一目了然”“独具慧眼”化用而来。“二十四个枕头睡觉”用以指麻痹大意，放松警惕，由成语“高枕无忧”化用而来。

语义化用就是仍然使用原语形式，但使用者创新性地在另外的意义上使用。如：

九斤老太　九三学社　万国旗

专名意义的“九斤老太”原是鲁迅小说《风波》中的人物，其典型特征是常常抱怨今不如昔。作为语使用的“九斤老太”用以描述保守、怀旧。专名意义的“九三学社”为我国一民主党派的名称。作为语使用的“九山学社”具有领域性，往往指学生生活懒散。“万国旗”原指远洋海轮上所挂的由各国国旗串联而成的旗帜，作为语使用的“万国旗”指成串晒的尿布，凸显描述性。

（五）源于百科提炼的语首含数语

源于百科提炼的语首含数语，是指语言使用者在实际语言生活中，通过对人们熟知的事物的语言操作而形成的含数语。语中出现的事物往往都是与人们的生产生活密切相关的事物，在人类能动认知的作用下，形成固定或半固定的格式，生成特定的语义。如：

一把火煮不熟一锅饭　一棒打着两个人　一锤子买卖
一根筷子吃面　二两米煮一锅稀饭　三尺长的梯子
三个女人一台戏　四季豆不进油盐　六月里的腊肉
七八家子搬一块　八宝饭上撒盐面　九两棉花织匹布
十亩地里长了一棵庄稼　百货楼里卖帽子
千朵桃花一树生　万事通

源于百科提炼的语首含数语毫无疑问属于俗语，是“通俗并广泛流行的定性的语句，简练而形象化，大多数是劳动人民创造出来的，反映人民的生活经验和愿望”。[9]1240 薛丽华、郭贵荣也认为，“俗语不仅具有形象生动、语言精练、哲理深刻等特点，而且它本身就是群众生活经验的概括、思想智慧的结晶”。[10]这类语在《词典》中占绝大多数，反映了语言使用者的语言创新能力。

三、语首含数语的特色

语首含数语的一个典型特征就是语内含有不同的数量成分。这是含数语的共性，也是其区别其他类型语的形式标准。此外，从语首含数语内部看，还可以从结构和表达两个角度关照此类语。

（一）语首含数语的构式性

语首含数语从结构上看，整体呈现灵活多变的特征。但作为特定的类型，它也呈现出固定或半固定性的特点。从形体和固定性的角度看，语的形体越小，固定性越强。抛开成语的固定性不论，四字以下的语固定性相对较强。如：

一巴掌　一锅粥　一根筋　二把刀　二锅头　三脚猫

四不像　五道庙　六十五　七大八　八斗才　九斤黄

十八公　百家饭　千里烛　万金油　半边人　两层皮

当然，这里的三字格语也不是一字不易的，如在语汇意义相同或相近的前提下，“一根筋”还可以说“一根轴”，“百事通”也说“万事通”。语首含数语汇的这种结构特点可以归纳为具有构式性。从语义和构式的关系角度看，一个相同的语汇意义往往可以对应一个图形构式、多个具体构式。如：

一尺水翻腾做百丈波　一尺水翻腾做一丈波　一尺水十丈波

一朝被蛇咬，十年怕井绳　一朝被蛇咬，三年怕井绳

三伏天戴手套　六月里戴手套

三斤鸭子两斤嘴　四两鸭子半斤嘴

一锥子扎不出血　三锥子扎不出血来

三两棉花四张弓　四两棉花八张弓　百斤棉花一张弓

三毛加一毛　九毛加一毛

语首含数语的图形构式性体现了语言使用者的创造性，这与周荐(2008)的语模造语思想是相通的。此外，具体构式的多样性也反映了"语模在构造上尽量向所从出的语基的结构靠拢，因之造出的新短语的结构也显现出源流的一致性"[8]。

(二) 语首含数语的曲言特性

总体看，我们所讨论的语首含数语基本属于俗语范畴。王勤(1998)认为，"每条俗语都有一定的意义。俗语的交际职能的特殊性决定了它的外在语言形态与其实际意义之间不是一种简单现象。有两种情况：一是从俗语的字面上(即外部语言形态)可以直接理解到意义……这类俗语的表义方式是实际意义与字面意义相一致的直叙式。用直叙式表义的俗语在汉语俗语群体里数量甚少，绝大多数的表义方式是第二种情况，即描绘式。其特点是俗语的字面不直接表达俗语的实际意义。俗语的实际意义是俗语字面内的更深一层意义。换言之，俗语的实际意义不能简单地从构成它的字面材料(词)和结构关系推导出来"[11]。语首含数语的表意基本都属于第二种情况。我们把语义表达的这种特点概括为"曲言"，即语首含数语汇往往不是使用语的字面意义，而是通过特定的方式曲折地表达相应的含义。语首含数语的曲言分为不同的情形，主要包括如下几种类型。

1. 隐语式曲言

隐语是典型的非直言方式，多是通过特定的语言操作表达相应的描述意义。如：

四马　七大八　八面威八木子　十八公十一号

"四马"即"骂",是依"骂"的异体拆分出来的表述。"七大八"是指小老婆,因有"七大八小"一说,"七大八"藏去"小"字,用以指小老婆。"八面威"系"八面威风"藏去"风",并用于指"风"。倒"八"与"木"组成"米"字,因而用"八木子"来指"米"。"十一号"用以指普通百姓,"十"和"一"合起来是个"土"字,意谓普通百姓是"老土"。这些表达方式都没有直接表意,而是通过特定的隐语操作来实现曲折表意。

2. 歇后式曲言

歇后语由类似谜面和谜底的两部分组成。表达中如果仅出现类似谜面的部分,其曲言特征就非常明显了。即使两个部分都出现,也同样显现曲言性。如:

——你的情绪不好,碰到什么麻烦了?——四两棉花,别谈了!

哎呀,哎呀,娘娘要问这玉蜻蜓的来历,那可真是四两棉花八张弓——要细细地谈啊!

咋?你还不知道他们两家的关系是四月里的梅子——多少带点儿亲?

歇后语前一部分起"引子"作用,类似谜面,更能引起听话人的交际兴趣或有意注意。后一部分起"后衬"作用,类似谜底。正如刘莹(2008)所言,"歇后语两层联想使得它的字面意义与所表达的深层意义相差较远,所以给人以幽默、诙谐的感觉,并可以达到一语双关的效果"[12]。

3. 转义式曲言

语首含数语中的体词性语汇基本都采用转义式曲言的表达方式。如:

二手货　三五牌　三只手　四不像　五台山

七斤半　八卦阵　九尾狐　十品官　万花筒

转义式曲言的前提是一个成分一定有其本身的意义，当把它作为语处理时，必然是在另外的意义上使用。如“二手货”本指间接的、辗转得来的货品。在某些方言中用于指再嫁的妇女。“三五牌”本是一种进口香烟的名称。在语的意义上使用时借指腐化堕落的干部。我们也可以这样认为，体词性成分如果成语，其基本条件就是必须在本意或基本义以外的另一种叙述意义上使用，否则不能成为语。

4. 隐喻式曲言

隐喻式曲言就是语言使用者不直言某个想表达的意思，而是借用另一种表述方式将这个意思表达出来。如：

> 一号藤子结一号瓜　一节灯草也怕压死　一棵树上吊死
>
> 十八亩地里一苗谷　十个明星当不的月　两股道上跑的车

隐喻式曲言可以看作有两个域：一个是目的域，即说话人最终想表达的那个意思；一个是载体域，载体域内出现的就是隐喻式的表达形式。如“一号藤子结一号瓜”是载体域内出现的表达形式，但说话人实际想表达的意思是“什么样的人家培养出什么样的人”，这是说话人表达的目的所在。

曲言既是语首含数语的表达特点，同时也是说话人的一种言语策略。通过这种曲言的表达方式，说话人用以实现其特定的交际目的。

四、语首含数语的文化解读

《词典》中所收的戏谑语均为熟语。“由于中国历史的古老、漫长和悠久，汉语熟语这类特殊的文化词汇的民族文化性显得尤为浓厚。每个熟语本身就直接反映了丰富多彩的中国文化，有时一个熟语就是一个历史文化故事，有时一个熟语就反映一种民俗，有时一个熟语就体现一种传统思想认识。”[13]因此，对《词典》中戏谑语的解读最终是一种文化解读。具体来讲，可以从三个方面进行，即谐音解读、喻义解读和俗成解读。这些解读方式均建立在文化解读的基础上，而且往往是不同解读方式的综合运用。

（一）语首含数语的谐音解读

《词典》中收了一定比例的含数谐音语。对这些语的解读首先需要做的工作就是对所谐音在语境中进行语义完形构拟，进而生成特定的语。如：

一辈子守寡→（没夫）→没福

一层布做夹袄→（反正全是里）→反正全是理

一斤面粉摊张饼→（烙厚了）→落后了

三尺长的梯子→（搭不上檐）→答不上言/答不上话

四月里的梅子→（多少带点儿青）→多少带点儿亲

谐音是利用汉字同音或近音的条件，用同音或近音字来代替本字。含数语的谐音解读往往不需要严格遵守谐音条件。如“一斤面粉摊张饼→（烙厚了）→落后了”中“厚”谐“后”是同音相谐，而“烙”谐“落”则连严格意义上的近音都算不上。“四月里的梅子→（多少带点儿青）→多少带点儿亲”中“青”谐“亲”也是如此。

（二）语首含数语的喻义解读

《词典》中收录了大量隐喻式的语。这些语表达的都不是字面意义，而是特定的隐喻意义或转喻意义。对这些语进行解读时，需要透过字面意义去理解其特定的含义。如：

一个包子吃了十八里地，还吃不着馅儿

一个跳蚤顶不起被窝　一根绳上拴俩蚂蚱

一斤谷糠也要炸出四两油　一块木板钻俩眼

一只碗不响，两只碗叮当　三杠子打不出一个屁来

上例中出现的语都使用了隐喻义。如"一根绳上拴俩蚂蚱"也说"一条线上拴着的两个蚂蚱"。从表面上看，前者是陈述一个事件，后者是指称一种对象。但在语的意义上，使用的都不是表层的意义，而是指双方命运联系在一起，谁也离不开谁。

再如：

一个公章抵不上一个老乡　二饼　二尺半　二斤半

二十响　三棱子扁担尖底子桶　万事通　半边天　半吨半罐水

上例中出现的语使用了转喻义。如"一个公章抵不上一个老乡"中的"公章"是指原则，"老乡"是指人情，整体上是嘲谑人情大于原则的不正之风。"三棱子扁担尖底子桶"表面上是指称两种事物：三棱的扁担搁在肩上使人疼痛，尖底的桶在地上难以放稳。实际用以指那些难以相处的人。

含数语汇的喻义解读随着语结构的凝固化和语义的稳定化，理解难度应该会越来越小。

（三）语首含数语的俗成解读

有些语的解读很难找到理据，或者理据性很弱，对这样的语的解读我们称之为俗成解读。如：

一百零一　一号　一头撞在南墙上　七十三八十四

十全大补丸

上例中"一百零一"指唯一的一个。"一号"指厕所。"一头撞在南墙上"是歇后语的引子，意即人见到了墙，不知拐弯或回头，就一头撞上去，用于指人非常固执，不知道变通。"七十三八十四"是

指杂七杂八，拉杂闲扯。“十全大补丸”在专名意义上是指一种能强身益气的中药，在语的意义上用作男性怕老婆的谑语。这些语现在看已经不好找到解读的理据，可以看作一种俗成性的解读。

整体上看，语首含数语的生成以及对含数语的解读都是基于特定文化的，也只有在特定的文化语境中才能正确解读语的含义。这值得继续深入研究。

参考文献：

[1] 温端政.也谈“语汇重要，语汇难”[J].语文研究，2006(3)：38—43.

[2] 温端政，沈慧云.“龙虫并雕”和“语”的研究[J].语文研究，2000(1)：1—12.

[3] 温端政.也谈“语汇重要，语汇难”[J].语文研究，2006(3)：38—43.

[4] 吴建生.惯用语的界定及惯用语词典的收目[J].语文研究，2007(4)：10—17.

[5] 温端政.“中国俗语大全”前言[J].语文研究，2007(4)：10—17.

[6] 乔永.成语鉴别与成语词典收词标准的量化定性研究[J].语文研究，2006(4)：30—34.

[7] 陈建文，王聚元.汉语戏谑语词典[M].上海：上海人民出版社，2001.

[8] 周荐.“语模”造语浅说[J].语文研究，2008(1)：5—8.

[9] 中国社科院语言所词典编辑室.现代汉语词典(第6版)[Z].北京：商务印书馆，2012.

[10] 薛丽华，郭贵荣.俗语说略[J].学术交流，2002(4)：129—131.

[11] 王勤.俗语的构成和意义[J].湘潭大学学报，1998(1)：24—28.

[12] 刘莹.歇后语的联想层次[J].陕西师范大学学报，2008(9月专)：292—294.

[13] 王岩.汉语熟语的民族文化特征[J].河南大学学报，2009(1)：112—115.

（作者单位：天津师范大学文学院，天津，300387）

浅析俗语塑造人物性格的语言学理据

——以《红楼梦》第四十六回王熙凤所用俗语为例

俗语对人物性格的刻画受到研究者的普遍关注，并且在分析俗语对人物性格的刻画功能时，学者们经常用到的一个词是“形象生动”，其言外之意是，用其他表达形式则显得抽象呆板。换言之，即使存在着其他的表达形式，该形式和俗语具有相同的概念意义，但相较于该形式，俗语具有更好的表达效果。但俗语为什么具有这种效果，或者说俗语的这种表达效果的语言学理据是什么，却较少讨论。

《红楼梦》是中国文学的巅峰之作，俗语的使用也是其一大特色。吴建生(2008)对《红楼梦》(1985 年人民文学出版社)所用俗语进行统计，不计重复出现的条目，共使用俗语 588 条，其中前 80 回 458 条，平均每回使用 5.7 条；而在《红楼梦》中出现的 700 多个人物中，王熙凤无疑是塑造最成功的一个，并且王熙凤所使用俗语占比较高，仅前 80 回使用俗语 45 条。就第四十六回“尴尬人难免尴尬事　鸳鸯女誓绝鸳鸯偶”来看，共出现俗语 16 条，其中王熙凤使用 5 条。换言之，无论是从单章来看还是从个人来看，第四十六回都具有典型性。

王熙凤使用的 5 条俗语[①]分别是“碰钉子”“拿草棍儿戳老虎的鼻子眼儿”“走了风声”“连一个影子也摸不着”和“烧糊了的卷子”，它们均为惯用语。从它们出现的语境来看，其中 4 条出现在对话中，1 条出现在心理活动中，基本上可以代表惯用语的使用语域。从其结构来看，其中 4 条为动宾结构，1 条“烧糊了的卷子”为定中结构。而定中结构本身具有述谓性，下面会详谈。

动词是句子的中心、重心和核心（吕叔湘 1987）。汉语的词组和句子具有同构性，完全有理由认为动词也是这些俗语的中心、重心和核心，它的语义属性在很大程度上影响着俗语的性质。

鉴于此，本文以动词为切入点，运用对比的方法，通过对王熙凤所使用的 5 条俗语进行逐条的分析，探讨俗语塑造人物形象的底层逻辑。

1. 拿草棍儿戳老虎的鼻子眼儿

语言是形式和意义的结合体，但形式和意义之间并不存在简单的一一对应关系。俗语也存在着与它拥有相同概念意义或语义意义的表达式。因此，要想说明俗语在人物塑造中的特殊价值，我们必须找到与它具有相同意义的其他表达形式并对其加以比较。维特根斯坦认为，“意义即用法”。我们还是返回到俗语出现的语言环境。

(1) ……况且平日说起闲话来，老太太常说，老爷如今上了年纪，作什么左一个小老婆右一个小老婆放在屋里，没的耽误了人家。……太太听这话，很喜欢老爷呢？这会子回避还恐回避不及，倒拿草棍儿戳老虎的鼻子眼儿去了！太太别恼，我是不敢去的。明放着不中用，而且反招出没意思来。……

“拿草棍儿戳老虎的鼻子眼儿”表示“比喻撩拨有权势的人，自惹灾祸。”（新华语典，2014：671）换言之，那个或那些不如俗语形象生动的表达式即是“撩拨”和“惹”。为什么它们不够形象生动呢？

线型性是语言的一大特性，其重要性可与“任意性”相媲美。从例(1)可以看出，在线性序列中，惯用语“拿草棍儿戳老虎的鼻子眼儿”出现在一个流水句中，在线性序列上，它位于“回避还恐回避不及”之后、“明放着不中用”和“而且反招出没意思来”之前。

语言的线条性是受时间的一维性制约的结果。语言的线条性是时间一维性在语言中的映射，而时间性是事件的最本质特征，用于指称事件的语言符号在线性序列上的先后位置，所映射的是事件沿时轴展开的顺序及由此隐喻的逻辑上的因果关系。例(1)中的“回避”“拿草棍儿”“戳老虎的鼻子眼儿”和“招出没意思来”分别代表在时间轴上顺序发生的四个事件，从逻辑上看，“拿草棍儿”“戳老虎鼻子眼儿”构成方式和动作的关系，二者可合并为“拿草棍儿戳老虎鼻子眼儿”，进而与“回避不及”构成相反关系，但与“招出没意思来”构成因果关系。“回避”是一种行为，“拿草棍儿戳老虎鼻子眼儿”也是一种行为，“招出没意思来”是“拿草棍儿戳老虎鼻子眼儿”这一行为导致的结果。换言之，“拿草棍儿戳老虎鼻子眼儿”本身并不表示后果，但受人类认知转喻性的影响，行为可以转喻该行为导致的后果。

可以看出，“撩拨”和“惹”是一个“信息包”式的表达，它将用什么方式达到“撩拨”“惹”及“撩拨”“惹”可能导致的后果都隐藏了起来，类似于综合性表达，不与具体事件相结合；而俗语则正相反，它虽然也具有“信息包”的性质，但它同时还具有分析性表达的特点，即通过一个更加具象(image)的表达式对抽象的概念进行描写，不仅将动作的前因而且将动作的后果都可以表达出来。

那么，除了形象生动外，还有没有语言学方面的其他原因呢？

从释义来看，它是由两个动宾结构即“撩拨有权势的人”和“自惹其祸”组成的，其结构核心仍是动词即“撩拨”和“惹”。那么，它们与“戳”在语义属性上有什么区别呢？

动词是指称动作行为状态的词，换言之，动词的及物性(Hopper & Thompson 1980)程度并不完全相等。而所谓“及物性”并不仅仅指动词是否带宾语，还指它所指称的是动作还是行为、状态，它是瞬间完成的还是持续的，它所带宾语是受事宾语还是结果、工具、方式等宾语，其中及物性程度最高的是瞬间完成的、带受事宾语的动作动词。而从形式上看，单音节动词是更加典型的动词，其及物性程度更高，即“戳”的及物性程度高于“撩拨”，不再讨论。那么，同为单音节动词的“戳”和“惹”，那个的及物性程度更高呢？

“戳”所指称的是一个动作，并且是一个瞬间完成的动作，而“惹”则是一个非瞬间完成的行为或活动，如：

(2) 戳了一下——戳戳他——戳了他好几下——?经常戳他

(3) *惹了一下——*惹惹他——*惹了他好几下/惹了他好几次——经常/老惹他

“戳”是一个手部动作，是力图式的例示，“作用点”是力的三大要素之一，即“戳”的主体与它所关涉的客体是有直接性的接触的，“惹”虽然也可以看成是力图式的例示，但“惹”的主体与它所关涉的客体并没有直接的接触。表现在语言上就是，“戳”的主体与客体的每次接触都可看成是该动作的完成，它后面可以接表示动量的“一下”；同时，这种动作也可以反复进行的，因此，其后也可以接表示动作重复数量的“好几下”，或“戳”在形式上的重叠表示动作的反复，换个角度看，单个动作的反复造成了动作的持续，因而可以受“经常”的修饰。但受“戳”词汇意义的影响，它所指称的行为与我们的期待不相符合,故其前打了个? 号。“惹”正好相反,它后面不能接表示动量的“一下”或表示数量的“好几下”,但可以接表示行为重复的数量“好几次”,也可以受表示行为持续的“经常”。

由于“戳”的行为主体与客体之间有直接的接触,因此该动作具有自主性如“戳”可以构成祈使句,并且由于“戳”与受事接触,该动作具有结果性,如可以与“痛”“着”等构成述补结构,而这恰恰是“惹”和“撩拨”所不具备的,“不知道怎么着就又惹了他了”就是最好的说明。

简言之,“戳”是手部动词,是一种力的传递,与它同义的表达式“撩拨”和“惹”相比,它不仅具有自主性、瞬间完成性等,其及物性程度更高。更为重要的是,“戳”具有较强的致果性,即甲动作可导致乙结果,而“撩拨”则不一定必然产生乙结果,“惹”虽然有乙结果,但并一定是由甲行为所导致。换言之,俗语“拿草棍戳老虎鼻子眼儿”,不仅仅形象生动,更突显了说话人对事件因果关系的通盘考虑和通透的把握。

2. 连一个影子也摸不着

这则俗语的出现语境是这样的。如:

(4) 凤姐儿忙道:“你不该拿嘴巴子打他回来? 我一出了门,他就逛去了,回家来连一个影儿也摸不着! 他必定也帮着说什么呢!”

俗语是一个复杂结构,既可以从内部结构进行观察,也可以从外部功能观察。从俗语出现的语境来看,它的功能是要表达“平儿根本不在家”,即进行全称否定。但进行全称否定的方式并不是唯一的,即除了俗语中的“连一个影子也摸不着”以外,还可以说“根本看不见他”“根本没看见他”，或者即使仍使用“连……也……”结构，也可以说“连一个影子也看不见”，或者如《新华语典》(2014)所收条目“连一个影子也没有”，但作者为什么偏偏只选用这个俗语呢？

从结构上看，“连……也……”是一个周遍句，它所构成的否定是一个语用否定，其中“连”引进语用量级中的最小量，通过否定最小量以否定全量。但这种否定是通过周遍结构背后所隐藏着的比较“连……也……，更不说……”实现的，即“连一个影子也摸不着，更不要说他的人了”。

从结构上看，“连个影子也没有”与“连个影子也摸不着”拥有相同的结构，表达相同的功能，即都表示全称否定。但“摸”是一个自主动词，“没有”是一个属性动词，是非自主的。另外，“摸”与行为主体与说话人是统一的，都是“凤姐”。但如果是“没有”的话，其行为主体与说话人是分离的，其中说话人是“凤姐”，而行为主体是“平儿”。这样一来，行文就不再连贯。那么是否可以用“连影子也没看见”或“连影子也看不见”呢？

“看不见”和“没看见”都是对“看见”的否定，其结构中心都是“看”，如果有区别的话，主要是前者表示没有能力看见，后者表示没有看见这一已然的结果。这不是讨论的重点，这里重点来谈的是“看不见”和“摸不着”的差别。“看不见”和“摸不着”分别是动补结构“看见”和“摸着”的否定式，其中动词“看”和“摸”是结构中心。Halliday 在建构他的系统功能语法体系时，将动词分为六类时，专门将感官动词从动作动词中独立出来，说明二者之间的区别。延俊荣(2016)论证，“摸”“打”等是力图式的例示。根据经典力学，“力”的三大要素之一是“作用点”，因为“无接触不成力”。根据经验，“摸”的主体与客体具有物理上的接触，而“看”虽然可以解释为“使视线接触人或物”，但视线本身是抽象的，语言中“进入我们的视野”“他的视线接触到……”，仅仅是一种隐喻性用法，前者是将所看到的范围看成一个容器，后者是将手部动作的感觉映射到视觉动词之上。其次，“摸”是一种力，力的来源是动作的主体，力的运动方向是从主体对客体，即主体直接将力传递给客体，而“看”虽然也是一种“力”，但这种“力”是抽象的，其中“看”的主体与客体没有肉眼可见的、物理上的接触。再次，“摸”是受主体控制的一种动作，可具有主观意图性，或者说有“致果性”，而“看”虽然可以具有主观意图性，但并不一定具有结果性，“视而不见”就是最好的说明。一言以蔽之，“摸”比“看”的及物性程度更高，比“看”具有更强的动作性及主观意图性。

简言之，凤姐想要表达的意思是“平儿根本不在家”。通常情况下，“不在家”一般可以用“不在”来表示，因为“不在家”是一种状态。但凤姐不仅使用了手部动作动词“摸”，而且还转换了动作或行为的主体。此话怎讲呢？例(4)中的“我一出了门”“他就逛去了”“回家”“摸不着”等分别表示四个时间上先后发生的四个事件，而这四个事件的主体，其中三个是“我”，而只有“逛去了”的主体是“他”即“平儿”。试想一下，“我一出了门，他就逛去了，根本不在家”是不是也能说通？并且按照就近原则，这样表达是不是更加合理，因为“根本不在家”与“逛去了”指同一个人的行为。但凤姐恰恰没这么说，她不仅用“逛去了”这一动作代替了“不在家”这一状态，而且用“摸不着”这一手部动作代替了“看不见”或“没看见”这一感官行为。与“连影子也看不见”相比，“连影子也摸不着”所隐藏的比较更为合理，也更为实在。这不仅加大了凤姐说话的力度，而且可以大大地突出凤姐的行动派作风。

3. 走了风声

“走了风声”也可以说成“露了风声”，甚至可以说成“走露了风声”，都是指“泄露秘密”（新华语典 2014：1409）。在《红楼梦》的第四十六回中，既出现了“走了风声”，也出现了“露了风声”，但它们的说话人不同。我们先来看例子：

(5)（邢夫人）“……别说鸳鸯，就是那些执事的大丫头，谁不愿意这样呢。你先过去，别露一点风声，我吃了饭就过来。”

(6) 凤姐暗想，“……我先过去，太太后过去，若他依了便没话说；倘或不依，太太是多疑的人，只怕就疑我走了风声，使他拿腔作势的。……”

从配价角度看，“走”和“露”都是一价动词，即通常情况下，它们只与一个必有参与者共现就可以表达一个相对完整的意思，如“他走了”“油露了”，并且在线性序列上，其参与者位于动词的左侧，与动词在语义上形成主体与动作的关系。但例(5)和(6)与这一默认配置有出入的地方，即参与者均位于动词的右侧，是一个有标记的结构，它所表达的意义是“使秘密或消息透露出去”，也就是说，它们是使动结构“使风声走”和“使风声露”。

从所表命题来看，“露风声”构成一个否定表达“别露一点风声”，其中的“点儿”是一个不定量词，前加“一”形成“一点儿”，而“一”是语用中的最小量，“别露一点风声”所否定的是最小量，根据语用量原则，它也就否定了全量。从句类上看，“别露一点儿风声”是一个否定祈使句，其中的“别”表示说话人主观上不愿意对方做某事，即邢夫人主观上希望凤姐不要“露一点风声”，换言之，这不是一个典型的祈使句，只是说话人对听话人的一种建议或者嘱托。

我们再来看“走了风声”，它出现在一个流水句中，既是前面“疑”的宾语，又是后面“使他拿腔作势”的原因。但它除了描写行为的有意性、可控性之外，更加强调了其致果性，即“不仅是把消息泄露出去”，而且还会使鸳鸯“拿腔作势”。现在要问的是，这一结论的得出是否能够得到语言学上的支持。

“走风声”和“露风声”意义相当，结构相同，形式上只是一字之差，大致相当于音位归纳时所使用的“最小对”(minimal pairs)，也就是说，如果二者拥有什么差别的话，与“走”和“露”的差别是脱不了干系的。

现代汉语有“来、去、进、出、上、下、回、过、起、开”等单纯趋向动词和复合趋向动词“进来、进去、出来、出去、上来、上去、下来、下去、回来、回去、过来、过去、起来、开来”等。它们既可以单独充当谓语中心语，也可以位于其他动词之后充当该动词的趋向补语。

“走”与趋向动词的结合面很广，除“起”和“开来”外，所有的趋向动词都可以充当“走”的补语，与“走”相对，“露”与趋向动词的结合面则很窄，只能与“出来”同现，构成述补结构“露出来”。从这一点来看，“走”是一个典型的运动动词，而“露”即使可以算作运动动词，也只能是其边缘成员。

作为运动动词，位移性是其必备要素，由此蕴涵着它们具有速度性。就速度而言，“走”的速度较大，“露”的速度则要小得多，这估计就是“慢走”“走慢些儿”成为送别用语的原因，因为“慢”是有标记的。而速度的快慢所带来的后果就是位移的距离和占据的空间范围的大小，即在相同的时间内，速度快的“走”，其位移的距离或占据的空间范围远大于速度慢的“露”，甚至可以说，前者的距离或空间范围是很容易用肉眼监察到的，后者则不一定。

之所以说“走”导致的后果很容易用肉眼监察到而“露”则不一定，还与它们的默认主体有关。“走”的默认主体是有生命的人，而“露”的默认主体是无生命的物，甚至是气体。对于有自由意志的“人”来说，“走”是可控的，也是可以自主发生的，是人的一种行为，而对于无生命的物来说，其默认状态是静止的，发生在物上的任何改变都是在外力作用下产生的。这也就是说，在更大程度上，“走”表示行为，而“露”表示状态，语言中最直接的体现是，“露”可以充当“走”的补语“走露”而不是相反。

正是“走”和“露”的不同，显示了凤姐的出众之处。虽然只是凤姐的心理活动，是一个虚拟的场景，但其前因后果已然在凤姐的心中顺序地展现开来，形成一个完整的因果链条。而凤姐之所以有如此担心，正来源于她对事情的全盘了解，即既有对邢夫人可能会怀疑自己的了解，更有对其后果的强烈预见。从线性序列上看，“走了风声”出现在流水句的中段，承前启后，承前即是提供“只怕疑我走了风声”的依据：对鸳鸯的不完全了解和对邢夫人为人处事的全面了解；启后则是指出“走了风声”会引起的连锁性后果：自己走了风声——使鸳鸯拿腔作势——（鸳鸯拿腔作势邢夫人没面子）——（邢夫人）恼羞成怒——（邢夫人）拿自己出气——（自己给自己招来没面子）——甚至马上便有了下一步的规划，即“一同去”，不留任何口实。

语言是现实的编码体系（徐通锵 1997），应该也是人类心理活动的编码体系。括号中的事件是事件链条中的一个个环节，虽然凤姐并未一一道来，却直击要害，充分显然了凤姐的思维缜密和毫不拖泥带水的行动力！

4. “碰这个钉子”

惯用语是俗语的一种，是“定型”的。晁继周先生说，“定型，不是说一字不可移易。俗语构成的固定性，远不如成语。有时为了韵律的需要，有时为了表述的需要，作者可以改换俗语中的某些字词，或者可以改换语句的顺序。”对此作者举例“付东流”改为“付东风”“付东洋”、“安分守己”改为“安分守理”和“女子无才便是德”改为“女子无才便有德”等加以说明。由此推知，所谓的定型是指字数的多少、内部结构的类型。这样来看，四十六回将“碰钉子”改为“碰这个钉子”略有不同，即结构类型没变，但字数发生了改变。

何以如此？其中最重要的一种观点是词汇化，即：从相对松散的短语到凝固成定型的惯用语是一个发展过程的，而《红楼梦》时代正是其过渡期。我们并不否认这一观点，但这并不足以回答为什么凤姐用“碰这个钉子”而不用“碰钉子”，或者退一步讲，她就是标新立异想要改变俗语，那她为什么非要用“碰这个钉子”而不用“碰那个钉子”或其他呢？

“碰钉子”是一个动宾结构，从信息结构的角度来看，信息的流动是从旧到新，宾语位于动词的右侧，往往引进新信息，因此，绝大多数的宾语由数量名结构充当，如“给我一本书”而不是 * “给我他的书”。因此，就宾语所承载的信息来看，“碰一个钉子”是无标记的，而“碰这个钉子”却是有标记的。而“碰一个钉子”听起来不顺耳，这不是结构本身的问题，也不是信息结构的问题，如我们完全可以说“碰了一个钉子”，甚至还可以说“碰了个大钉子”，“碰了个不软不硬的钉子”，而是认知上的问题，作为一个整体，“碰钉子”是指“遭到拒绝或受到批评、斥责”，而“遭拒”或“受批评”等是我们主观上不愿意发生的，也是不能完全控制的。也就是说，“碰一个钉子”完全合法。

但从形式和它所代表的语义来看，“碰钉子”是个歧义结构，一种表达字面意思即“碰到钉子上”，其二是比喻义即“遭拒或受批”，其中后者是前者映射的结果。二者差异的主要成因是“钉子”，“钉子”是个事物的名词，当它受“一个”修饰时，他便与语境中的某个事物发生一定的联系，更倾向于作为事物名词来理解；但当“钉子”光杆出现时，它是无指的或通指的，不与具体语境中的某个事物发生任何联系，更倾向于表达后一种意思，即“遭到拒绝或受到批评、斥责”。

“一个”是使语言符号与语境中的事物发生联系的方式，但相对于所有格结构、指示结构等，“一个”的确定性要低得多，也就是说，它虽然能让语言符号与具体事物发生联系，但却不能将语境中的事物直接挑出来，即它不具有“定指”(陈平 1987)的功能。

但“这个”“那个”都可以将名词“定指”，均可以让听话人将说话人所指的事物从众多事物中挑选出来，但二者的定指能力并不相当，“那个”的定指程度略低于“这个”。这与“这”“那”的指示性(Levinson 1983)是密切相关的，即“这”“那”的准确所指须以参照点的确定为前提，这是其共性的一面，但“这”无论是用于指示空间“这里”还是指示时间“这时”“这会儿”，都用于近指，即用来指称说话人所在的空间或说话的时间，而“那”用于远指，即指称与说话人所在地具有一定距离的空间或与说话之时具有一定间隔的时间。一般来说，近处的事物比远处的事物更容易识别。简言之，无指或通指的“钉子”换成了“泛指”的“一个钉子”，“碰钉子”由一种泛化的活动变成了一个事件，而“碰这个钉子”则使事件具有了空间上的现场性和时间上的“当下性”，从而具有了视觉上的可见性和心理上的可感性。

从另一个角度看，所谓“事件”是从连续的时间流中切分出来的一个样本，而该样本往往以事情的变化与人的主观愿望的实现为界限。从日常经验体系来看，现实中的事件是连续发生的，也即有前因后果。具体到这个例子来看，“向贾母提出要求”“遭贾母拒绝”在时间上顺序发生，提要求为前因，遭拒绝为后果。如果说“碰钉子”即“遭拒绝”是果，那前因即是行为即“碰这个钉子”。更直白地说，如果说“碰钉子”不一定具有可控性的话，而“碰这个钉子”则是主动地去找不自在。而将“碰钉子”改为“碰这个钉子”，作者就将不可控的结果改变为主动的行为，得到什么样的结果也只能是自找，因为不招惹别人，哪来别人的拒绝！

5. 烧糊了的卷子

“烧糊了的卷子”是一个定中结构式的名词性表达，其中“卷子”是中心语，“烧糊了”是定语。但定中结构具有较强的述谓性（吕叔湘 1979），在语言上的表现就是定中结构一般均可转换为主谓结构，如：

(7) 好天气——天气好

(8) 烧糊了的卷子——卷子烧糊了

换言之，定语是对中心语的一种陈述，“烧糊了”是对“卷子”的一种陈述，二者具有陈述与被陈述的关系，换言之，“烧糊了的卷子”也具有一定的述谓性或者说动作性。

“烧糊了”是一个述补结构，但其语义中心是“糊”，因此，为了更好地说明这一点，我们可以拿“烧糊了的卷子”与“糊卷子”作个对比。从语义上来看，“烧糊了的卷子”和“糊卷子”的真值条件相同，“烧糊了”蕴涵着“糊了”，但“糊了”却并不一定蕴涵着“烧糊了”，它还可以是“烤糊了”“烫糊了”“烙糊了”“煮糊了”等。

“烧糊”是一个述补结构，而“糊”是一个形容词。从情状结构来看，“烧糊”是一种复变情状（陈平 1988），即“烧糊”所指称的是动作及由其引起的结果，根据经验，从“烧”到“糊”是有过程的，“烧糊”是由动作的延续性而引起的变化性，语言上的表现就是“卷子烧糊”不成立，但加“了”之后就能成立，因为“了”可以表示从无到有的变化，“烧糊了”既可用来指“性质发生变化”的那一刻，也可用来指性质发生变化之后形成的状态，即“卷子糊了”或“卷子是糊的”。

但“糊”是形容词，它所描写的是一种属性，而属性一般是恒定不变的，因此，只可以说“糊卷子”或“卷子是糊的”，却不能说“卷子糊”。

简言之，“烧糊”具有过程性、动态性和变化性，而“糊”具有静态性、恒定不变性。由此再向前推一步，即“烧糊了的卷子”含有这样的预设，即“卷子的起先状态并不是糊的”，是经过一定的时间或生活的炙烤之后才成为这样子的，此其一。其二，“卷子烧糊了”是一个受事主语结构，也就是说，卷子的变化是被动发生的，是被烧糊的。换言之，“我和平儿”虽然是一对“烧糊了的卷子”，但这并不是“我和平儿”本初的样子，而是被时间和生活塑造成了这样。但这种考察在更大程度上是静态的，如果置于语篇中，我们还可以看到另一幅图景。先看原文：

(9) 贾母笑道：“你带了去，给琏儿放在屋里，看你那没脸的公公还要不要了！”凤姐儿道：“琏儿不配，就只配我和平儿这一对烧糊了的卷子和他混罢。"说的众人都笑起来了。

这与《金瓶梅》中的"烧糊了的卷子"出现的语言环境形成了鲜明的对照。如：

(10) 俺们一个一个只像烧糊了卷子一般。

例(10)的"烧糊了的卷子"出现在宾语位置，是一种比拟，是一种被动的存在。而例(9)的"烧糊了的卷子"处于它所在小句的主语位置，并且它所在小句的主要动词是一个协同动词"混"。所谓协同动词是指该动词所指动作或行为是由双方共同完成的(袁毓林 1998)。由于"混"是一个协同动词，它的主语便是协同主语，在线性序列上最突出的表现即是指称协同双方的名词性成分都位于动词的左侧，该名词性成分或者有复数标记"们"如"他们一起混"，或者两个名词性通过"和""跟""同"等连接起来。通常情况下，协同主语的地位是无主次之分的，如"他俩打了一架"，但它们的地位并不是完全平等的，如"我和他说"还是"他和我说"是不一样的。通常情况下，协同双方的主次通过他们在线性序列上的顺序来体现，一般来说，主要的一方出现在首位，相对次要的一方则由"和""跟""同"等引进。

来看例(9)，"我和平儿这对烧糊了的卷子"不是由"和"引进，而是位于"和"的左侧，换言之，尽管"我和平儿"是"烧糊了的卷子"，但却是协同双方占主导地位的那一方，在"混"这一行为中，自主权掌控在自己的手里。

正因如此，所谓的"烧糊了的卷子"具有了自嘲的功能，而唯有自信的人才敢自嘲，"烧糊了的卷子"从宾语位置提到主语位置，映射着受人支配的次要角色转变为一个拥有自主权的主要角色，张扬着自己的独立人格。

结语

一千个人心中有一千个哈姆莱特，同样，一万个人心中有一万个凤姐。曾记得，在《百家讲坛》上，刘心武先生重新解读《红楼梦》时，经常用到一句话“苔花如米小，也学牡丹开”，今天，我们从语言学的角度来看凤姐，正是在这一俗语鼓励下的一种尝试。

当然这也是用小本钱做大买卖。凤姐是红楼梦中的主要人物，与她有关的俗语何止这些！从她与俗语的关系来看，有的是别人对她描述时使用的，如吴建生先生和晁继周先生所分析的，有的是从她自己口中说出的，从俗语的种类来看，有惯用语，也有谚语、歇后语，还有更多的四字格。而四十六回中凤姐所用俗语均为惯用语，这无异于管中窥豹。

但以偏概全正是人类认知的一大特点。就凤姐所使用的5条惯用语来看，其内部结构以动宾结构为主，动词为其核心；其中三个其核心动词“戳”“摸”“走”等的语义属性来看，均具有较高的自主性、动作性及致果性。“碰”虽然是一个非自主动词，但通过凤姐对它所支配宾语的改动，即将无指或通指的事物名词“钉子”改为定指程度极高的“这个钉子”，使表示结果的“碰钉子”转变成了表示事件的“碰这个钉子”，并使该事件具有了空间上的现场性和时间上的当下性。而“烧糊了的卷子”虽然是个定中结构，但一方面定语拥有述谓性，另一方面凤姐将它放在协同动词的主语位置，使其指称性逆转，进而拥有了自主性。一言以蔽之，从语言学的角度观察，这些俗语的核心具有较高的动作性和自主性，从它们所处的上下文来看，这些俗语位于事件链条的中部，反映着事件发展的时间顺序和逻辑上的因果关系。

语言是通往人类思维或心灵的窗口，这些俗语也可以看作通往凤姐思维深入的一扇窗户。透过这扇窗户，我们可以窥测到，凤姐是一个拥有勇于付诸实践的行动能力、掌控全局的思考能力和变被动为主动的心理素质的女性，是一个人格独立、行动力强、勇于担当、活力四射的鲜活生命。当然凤姐贪婪、虚荣、势利，但如果一味地把她说成"骄蛮与霸气""虚伪和奸诈""投机取巧""口是心非、笑里藏刀，心狠手毒，不择手段"，确实有点辜负作者把凤姐置于金陵十二钗之列的苦心。况且据作者所言，《红楼梦》的众多女子，"其行止见识，皆出于我之上"，而凤姐更是其中的佼佼者。但不可否认的是，作为封建时代的女性，王熙凤有她的原罪，也影响着她的格局，使"聪明反被聪明误"成为她的宿命。这也正是凤姐给我们每一个现代人的警醒，是《红楼梦》可跨越时代成为永恒经典的原因！

附注：

① 这 5 条俗语的判定：其中前 4 条源于吴建生先生的《〈红楼梦〉俗语运用简论》，第 5 条基于晁继周先生《论〈红楼梦〉中的俗语》。

参考文献：

[1] 陈平.释汉语中与名词性成分相关的四组概念[J].中国语文，1987(2).
[2] 陈平.论现代汉语时间系统的三元结构[J].中国语文，1988(6).
[3] 吕叔湘.汉语语法分析问题[A]//汉语语法论文集[C]，北京：商务印书馆，1984.
[4] 吕叔湘."句型和动词学术讨论会"开幕词[A]//句型和动词[C]，北京：语文出版社，1987.
[5] 徐通锵.语言论——语义型语言的结构原理和研究方法[M].长春：东北师范大学出版社，1997.

[6] 吴建生.古今俗语专书研究[C].山西省社会科学院重点课题结项成果,2008.

[7] 延俊荣.现代汉语手部动作动词的理想认知模型研究[M].国家社会科学基金结项成果,2016.

[8] 袁毓林.汉语动词的配价研究[M].南昌:江西教育出版社,1998.

[9] Hopper & Thompson. Transitivity in Grammar and Discourse[J]. *Language*, 1980(56):251—299.

[10] Levinson, Stephen. *Pragmatics*[M]. Cambridge: Cambridge University Press, 1983.

《红楼梦》歇后语体式的篇章功能解析*

马 春 华

一、引言

《红楼梦》雅俗共赏的个性化语言风格，融汇了具有丰富民族特色的诗句、成语、谚语、歇后语等，其中歇后语的灵活运用是其语言鲜活、耐人咀嚼的重要因素之一。清代诸联在《红楼评梦》中称其"所引俗语，一经运用，罔不入妙，胸中自有炉锤[①]"。这里的"俗语"是统称，包括歇后语，经作者妙手化用，适切话语语境、言谈主旨和人物身份，巧妙融入对白语言中，最能体现《红楼梦》语言艺术个性化的精妙。

《红楼梦》中的歇后语是经过艺术加工和提炼的民间口语，具有普世性，超越区域和方言限制。主要有两种类型：一是在《红楼梦》成书年代已经形成并广为流传的歇后语，二是因为《红楼梦》的故事、情节和人物等而衍生出来的歇后语[②]，我们仅以前者为研究对象。据统计，《红楼梦》里明确可辨的歇后语有51例，本文以其体式类型为单位择要分析。

---

* 晁继周先生曾对本文提出宝贵修改意见，谨致谢忱。文中错谬，概由作者本人负责。

二、《红楼梦》歇后语体式的篇章功能分析

“体式”这个术语是张宗伦于1980年首次使用的，但并未明确界定。他把歇后语体式分为两种类型，一类是只保留歇后语的前段，另一类是前后两段齐全[③]。这是从静态的、孤立的角度进行的分类。此后学界未有相关论述。我们着眼于歇后语在篇章中的动态功能，考虑其分布的语篇环境，把“歇后语体式”界定为：歇后语在语篇中的呈现情况，包括是否与提示语同现，前后两段的隐现情况、出现顺序等变异形式，基于原型的拓展，以及多个歇后语并置等。歇后语的这些变体情况在《红楼梦》中都出现过，我们将其分别命名为标记体式、变异体式、化用体式、联用体式。本文立足篇章功能，以《红楼梦》歇后语的这四种体式为对象，揭示其不同体式类型在篇章推进功能上的共性特征，及其对《红楼梦》个性化语言艺术的贡献。

(一) 歇后语标记体式的篇章功能

标记体式是指歇后语在文中出现时有明确的提示标记，其前面往往出现“俗语”“俗话”等字样。《红楼梦》里有“俗语说的”“俗话说的”“俗语说的好”“岂不知俗语说的”“你如何连两句俗语也不晓得”“应了那句……的俗语”等。《红楼梦》里标记体式的俗语共有52例，其中歇后语占7例。

歇后语标记体式的篇章功能在于强调其意义蕴涵是社会公认的，显得堂而皇之，以明确的引述标记表明说话人赞成歇后语的意义蕴涵，却淡化了个人主观性。从社会语言学角度看，《红楼梦》歇后语标记体式适用于人际交往中不对等的话语权势关系。话语权势关系是指言语交际中某一方具有话语权，处于优势地位，引导言

谈走势并制约另一方的言行。话语权势关系可以是固定的，与社会权势关系一致；也可以是在言谈事件中临时形成，并随着话轮交替而发生改变。言语交际中，歇后语是否运用标记体式，取决于交际双方的话语权势关系以及言谈主旨。推而广之，标记体式的这些语篇功能不仅仅限于歇后语，对谚语等也同样适用。例如：

(1) 那刘姥姥先听见告艰难，只当是没有，心里便突突的，后来听见给他二十两，喜的又浑身发痒起来，说道："嗳，我也是知道艰难的。但俗语说的：瘦死的骆驼比马大，凭他怎样，你老拔根寒毛比我们的腰还粗呢！"[④]

(2) 原来这贾芸最伶俐乖觉，听宝玉这样说，便笑道："俗语说的：摇车里的爷爷，拄拐的孙孙。虽然岁数大，山高高不过太阳。只从我父亲没了，这几年也无人照管教导。如若宝叔不嫌侄儿蠢笨，认作儿子，就是我的造化了。"[⑤]

(3) 红玉道："也不犯着气他们。俗语说的好：千里搭长棚，没有个不散的筵席，谁守谁一辈子呢？不过三年五载，各人干各人的去了。那时谁还管谁呢？"[⑥]

例(1)中是谚语，(2)(3)中是歇后语，它们作为标记体式，其功能是一致的。例(1)是"刘姥姥一进荣国府"攀亲，想讨要些过年的钱，本来心里忐忑，先听王熙凤"告艰难"，"心里便突突的"，后又听说"给他二十两"，喜从悲来，用"瘦死的骆驼比马大"，既不违背王熙凤"告艰难"的意思，又恭维贾府家大业大，同时也为自己求打赏找个合理说法。这一谚语前面加上"俗语说的"，表明这是社会共识，形象表达了刘姥姥刻意顺应对方，怯于表达自己的看法，语言极其传神和个性化。例(2)中"伶俐乖觉"的贾芸为了攀附宝玉，引用歇后语"摇车里的爷爷，拄拐的孙孙——辈分在那儿"的前段来凸显自己年龄虽大，却自认辈分和地位比宝玉低。加上“俗语说的”，弱化了巴结之意。例(3)中，红玉颇有心计，善于筹划，她心系贾芸，想私下问贾芸手帕的事却又不敢问，犹豫不决、心烦意乱之际，适逢佳蕙为红玉没有领到赏钱而打抱不平，“像你怎么也不算在里头?”这正点出了红玉的心病：身在怡红院，爱情、生活都不能遂志。红玉引用这句谚语劝解佳蕙并自我劝慰，前面冠以“俗语说的好”，更加彰显“盛宴必散”这个不可逆转的客观规律，因而不必生气是否赏钱。这也含蓄地表达“浮生着甚苦奔忙，盛席华筵终散场”的意蕴。

以上例子虽然都是标记体式，但情况有所不同。例(1)例(2)中选择标记体式是由话语权势关系决定的，即话语权势低的一方刘姥姥、贾芸向权势高的另一方王熙凤、宝玉求告或示好时，显得合乎社会常理。例(3)中标记体式的运用是由言谈主旨决定的，佳蕙和红玉同为丫鬟，话语权势关系对等，采用标记体式，强调其社会公理属性，表明红玉的言谈主旨是听天由命式的心灰意冷。

可见，歇后语标记体式的篇章功能是表达社会共识，弱化个人主观见解。

（二）歇后语变异体式的篇章功能

变异体式是指歇后语在使用中发生格式改变，产生多种变体形式。《红楼梦》歇后语的变异体式往往根据表达需要，对原有歇后语的形式及字句做一些改动，主要有：嵌入句中、截用半段、倒置语序等，把歇后语化为语流里不可或缺的成分。也就是说，歇后语的变异体式是直接引证以支持说话人的见解，在篇章上具有代入感强、观点鲜明、言简义丰的表达效果。

1. 嵌入式的篇章功能

嵌入式是指把歇后语镶嵌在语流中，化为话语的一部分。往往使用富有感情色彩的副词、语气词或者特定句式，以凸显说话人的观点，个人情感色彩浓烈。例如：

(4) 薛姨妈料他知道，红着脸说道："这如今我们家里闹得也不象个过日子的人家了，叫你们那边听见笑话。"丫头道："姨太太说那里的话，谁家没个碟大碗小磕着碰着的呢。那是姨太太多心罢咧。"[⑦]

(5) 灯姑娘笑道："我早进来了，却叫婆子去园门等着呢。我等什么似的，今儿等着了你。虽然闻名，不如见面，空长了一个好模样儿，竟是没药性的炮仗，只好装幌子罢了，倒比我还发讪怕羞。可知人的嘴一概听不得的。……"[⑧]

例(4)中歇后语"碟大碗小——磕着碰着"，意思是碟碗放在一起，难免磕碰，比喻人与人相处也难免发生摩擦。嵌入"谁家没个……着呢"，用疑问代词"谁"表示任指，配合否定副词"没"，强化句子的周遍性意义，说明"磕着碰着"是很常见的，劝解薛姨妈不要多心。例(5)的场景是：晴雯被王夫人赶走，在其嫂灯姑娘家居住。宝玉前去探望晴雯时，生性轻浮的灯姑娘调戏宝玉。她把歇后语"没药性的炮仗——装幌子"的前后两段拆解开来，与"空长了一个好模样儿"衔接，前段加上"竟是"，表达出乎意料；后段嵌入"只好……罢了"，强化失望，同时也是用激将法挑逗宝玉。灯姑娘采用嵌入式歇后语，表达个人强烈的主观愿望，以语言诠释了她水性杨花、极不成器的形象。

从篇章看，嵌入式歇后语引证更有力量，具有强烈的主观感情色彩。

2. 截用式的篇章功能

截用式是指根据行文需要，截取歇后语的前段或者后段。截用式歇后语常常是社会认知度高，流通面广的歇后语，言谈双方对其含义不言自明。分为截用前段和截用后段，前者委婉含蓄，后者撮要断言。《红楼梦》里截用前段式的使用频率比较高。例如：

(6) 袭人道："当时找不着你的爹娘，一定和你嫂子说了。"鸳鸯道："这个娼妇专管是个'九国贩骆驼的'，听了这话，他有个不奉承去的！"⑨

(7) 众人道："大凡做个人，原要厚道些。看凤姑娘仗着老太太这样的利害，如今焦了尾巴梢子了，只剩了一个姐儿，只怕也要现世现报呢。"贾芸想着凤姐待他不好，又想起巧姐儿见他就哭，也信着嘴儿混说。⑩

(8) 那两个婆子见没人了，一行走，一行谈论。这一个笑道："怪道有人说他家宝玉是外像好里头糊涂，中看不中吃的，果然有些呆气。他自己烫了手，倒问人疼不疼，这可不是个呆子？"⑪

(9) 王善保家的道："……想来谁有这个，断不单只有这个，自然还有别的东西。那时翻出别的来，自然这个也是他的。"王夫人道："这话倒是。若不如此，断不能清的清白的白。"因问凤姐如何。⑫

以上前两例是截用前段式，后两例是截用后段式。例(6)"九国贩骆驼的"据考证"比喻巧言善变、钻营图利的人"⑬。截用前段，说明歇后语"九国贩骆驼的——到处兜揽生意"在《红楼梦》成书年代是广为人知的，只是后来在演变和传承中被弃用了。这一言谈背景是贾赦欲收贾母的贴身侍女鸳鸯为妾，被鸳鸯拒绝后，贾赦责成鸳鸯的嫂子来说和。其嫂尚未开始游说，鸳鸯已是表达不满，因而使用截用前段式歇后语，语气比较委婉。例(7)“焦了尾巴梢子——绝后”，属于隐喻式歇后语。封建社会“不孝有三，无后为大”，“绝后”属于语言禁忌，在言语交际中，需要对触犯禁忌的事物用相对得体的委婉语替代避讳。除非是在激烈的言语冲突中，人们一般都会遵守这一社会规约，因而采用截用前段式的歇后语，其义自明，却又委婉含蓄。例(8)是下人婆子背后对主子的私论，言多必失，草草截取歇后语“墙上画大饼(年画上的鱼)——中看不中吃”的后段进行断言。例(9)是王善保家的跟王夫人预先合谋抄检大观园，语言私密，直击要害，忌拖泥带水，因而截取“小葱拌豆腐——清的清白的白(一清二白)”的后段。

可见，歇后语截用前段，篇章功能委婉含蓄；截用后段，言语切中要义。

3. 倒置式的篇章功能

倒置式是指先说出歇后语中表示注释的后段，然后再追补表示引子的前段。现代汉语里，语序是表达强调效果的重要方式，句子成分前置具有前移并凸显话语焦点的作用。《红楼梦》里倒置式歇后语的语义重心前移，表达说话人急不择言以及强烈的情感。例如：

(10) 口里说着，瞅他不防，便抢了过来，笑道：“你拿着终是祸患，不如我烧了他完事了。”一面说着，一面便塞于靴掖内。平儿咬牙道：“没良心的东西，过了河就拆桥，明儿还想我替你撒谎！”[14]

(11) 凤姐儿听说，哭着两手扳着尤氏的脸紧对相问道：“你发昏了？你的嘴里难道有茄子塞着？不然他们给你嚼子衔上了？为什么你不告诉我去？……你但凡是个好的，他们怎得闹出这些事来！你又没才干，又没口齿，锯了嘴子的葫芦，就只会一味瞎小心图贤良的名儿。总是他们也不怕你，也不听你。”[15]

例(10)巧姐出天花，贾琏趁着与王熙凤隔房，跟多浑虫的媳妇偷情，留了一缕青丝，被平儿发现，帮着藏掖了。平儿真心帮贾琏，略带爱意，假意威胁、试探，贾琏却不解平儿心思，趁她不防备抢走了。平儿气恼贾琏的不懂和不信任。从言语双方的话语权势关系看，贾琏处于权势高的一方，但在这一言语事件中，贾琏理亏嘴短，平儿恼羞成怒，急不择言，脱口而出，在话语权势关系中临时占了上风，用倒置式形象地凸显了平儿的气恼。例(11)事件背景是贾珍、贾蓉父子暗中撮合贾琏偷娶了尤氏的妹妹尤二姐，王熙凤知道后，背后唆使尤二姐的未婚夫张华去状告贾蓉，最后借助官府威势，前去宁国府指责、大闹、敲诈尤氏，话语的狠、急、准可想而知，因而采用歇后语“锯了嘴子的葫芦——没口齿”的倒置式。

可以看出，倒置式歇后语的篇章功能是凸显话语焦点，使情感色彩更为饱满。

(三) 歇后语化用体式的篇章功能

化用体式是指把歇后语的整体意义以语段形式表达出来。化用时，交际双方需要对歇后语形成共知，如果其中一方不明其意，则会使歇后语的意义传递发生中断。比如，《红楼梦》中王熙凤深得贾母和王夫人的信任，是贾府的实际施政者。她文化水平不高，深谙世道人情，伶牙俐齿、机敏善辩，是言谈交际的中心人物，因而常常借助歇后语哗众取宠，化用体式的运用也别具一格。例如：

(12) 凤姐于这些上虽不通达，但见他三人形景，便知其意，便也笑着问人道："你们大暑天，谁还吃生姜呢？"众人不解其意，便说道："没有吃生姜。"凤姐故意用手摸着腮，诧异道："既没人吃姜，怎么这么辣辣的？"宝玉黛玉二人听见这话，越发不好过了。[16]

例(12)中，王熙凤看到宝、钗、黛三人相互奚落、斗嘴，为了打破尴尬，活跃场面，化用歇后语"暑天吃生姜——辣辣的"来劝解。由于她"包袱"抖得突兀，众人最初不解其意，按照字面意义作答："没有吃生姜。"王熙凤假意诧异："既没人吃姜，怎么这么辣辣的？"以巧妙的方式把歇后语的后段抖出来时，宝、黛才明白过来，"越发不好过了"。王熙凤考虑到了歇后语化用的语境，却没有顾及化用结构的明晰性，稍显突兀，造成交际的临时中断。因而，歇后语的化用体式，适切语境为第一要义，同时还应注意化用的语言结构具有暗示功能，语义指向应尽可能做到相对明晰。

可见，歇后语化用体式的篇章功能是制造悬念，产生幽默效果。

(四) 歇后语联用体式的篇章功能

联用体式是指多个歇后语顺次层出，珠联璧合，以产生"整体大于局部之和"的语言效力。歇后语联用体式一气呵成，多出现在长篇大论、滔滔不绝的言谈场合，能够强化语势，增强语言表达效果。联用的歇后语可以是原型，也可以是以上各种体式的融合。例如：

(13) 贾琏遂问别后家中的诸事，又谢凤姐的操持劳碌。凤姐道："……你是知道的，咱们家所有的这些管家奶奶们，那一位是好缠的？错一点儿他们就笑话打趣，偏一点儿他们就指桑说槐的报怨……'坐山观虎斗'，'借剑杀人'，'引风吹火’,‘站干岸儿’,‘推倒油瓶不扶’,都是全挂子的武艺。况且我年纪轻,头等不压众,怨不得不放我在眼里。……”[17]

(14) 鸳鸯听说,立起身来,照他嫂子脸上下死劲啐了一口,指着他骂道:“你快夹着嘴离了这里,好多着呢!什么‘好话’?宋徽宗的鹰,赵子昂的马,都是好画儿。什么‘喜事’?状元痘儿灌的浆儿又满是喜事。怪道成日家羡慕人家女儿做了小老婆,一家子都仗着他横行霸道的,一家子都成了小老婆了!看的眼热了,也把我送在火坑里去。我若得脸呢,你们在外头横行霸道,自己就封自己是舅爷了。我若不得脸败了时,你们把忘八脖子一缩,生死由我。”[18]

例(13)贾琏和黛玉外出奔丧几日回来,王熙凤大权独揽,“无片刻闲暇之工”,私下难免抱怨,因而联用系列歇后语,“坐山观虎斗——坐收其利”“借剑杀人——不露痕迹”“引风吹火——费力不多”“站干岸——不沾事(湿)”“推倒油瓶不扶——懒到家了”,倾泻而出,语势强劲,尖利刻薄,形神毕现,描绘出贾府人难缠、事难办的众生群态,借以反衬并暗暗炫耀她的治家才干,也让读者领略到王熙凤一贯泼辣、毒辣的语言风格。例(14)鸳鸯被其嫂强劝做贾赦之妾,激起鸳鸯极度不满,遂以三个歇后语联用进行反击,一针见血,不留情面。前两个是完整式,连贯而出,语力强劲,酣畅淋漓;第三个歇后语是把“忘八的脖子——能伸能缩”稍做变异,重在强调她若“不得脸”时其嫂的“缩”,把鸳鸯性情的刚烈刻画得入木三分。歇后语的联用体式在《红楼梦》中不多见,典型的还有第65回尤三姐在激烈反抗贾珍、贾琏的调戏玩弄时[19],联用“清水下杂面——你吃我看见”“见提着影戏人子上场——好歹别戳破这层纸”“被糊涂油蒙了心——一点不清醒”“偷的锣儿——敲不得”,刻画了尤三姐怒骂叱咤的恣意情状和刚烈自恃的豪侠性格。

可以看出，歇后语联用体式大多在情感激荡之时，给人酣畅淋漓之感。

结语

《红楼梦》作为古典小说的巅峰之作，语言个性鲜明，炉火纯青。灵活运用体式各异的歇后语是成就其语言艺术至高境界的重要因素之一。从体式类型角度分析《红楼梦》歇后语的篇章功能，有助于把握其出神入化的语言艺术特色。

附注：

① 转引自周中明《红楼梦的语言艺术》，广西人民出版社 2007 年版，第 56 页。

② 冀文秀《石韫玉而山晖 水怀珠而川媚——〈红楼梦〉歇后语运用的特点和效用》，《阴山学刊》，1995 年第 4 期，第 32—38 页。

③ 张宗伦《歇后语体式小议》，《南充师院学报》（哲学社会科学版），1980 年第 1 期，第 13 页。

④⑤⑥⑦⑧⑨⑩⑪⑫⑬⑭⑮⑯⑰⑱⑲ 曹雪芹、高鹗《红楼梦》，人民文学出版社 2005 年版，第 101、320、349、1179、1087、620、1562、470、1028、620、288、946、411、205、621、908 页。

（作者单位：洛阳师范学院新闻与传播学院，河南洛阳，471000）

试论源于《诗经》成语的特点及文化意蕴

赵树婷

《诗经》是我国最早的一部诗歌总集，同时也是一座博大精深的语言宝库。源出《诗经》流行至今的成语相当可观，参考刘洁修主编的《汉语成语源流大辞典》，有学者专门做过考证其中出自《诗经》的成语有343个[①]，包括直接取自《诗经》原句的成语，和后人经过增删或者改换字符形成的成语。

"成语"一词，最早在《文心雕龙》中被称为"成辞"，是针对骈文用典而言的。唐·姚思廉《陈书·陈綽传》："言为心使，心受言铨；和合根尘，鼓动风气，故成语也。"这里，"成语"形成话语或构成固定语词，是一个动宾结构的词组。元·刘祁在《归潜志》中用"成语"指称"习用的古语"："古文不宜蹈袭前人成语，当以奇异自强；四六宜用前人成语，复不宜生涩求异。"这里，"成语"多指前人诗文中的现成语句。明清时"成语"出现的频率增加，这一说法一直沿用下来。[②]进入20世纪以后，人们对成语的研究越来越重视。刘洁修定义成语为"人们长期以来习用的、形式简洁而意思精辟的、定型的词组或短句。"但他划定的成语不受字数限制，有二字、三字、四字成语、短句或复句成语，里面难免包含了不少的惯用语和谚语，甚至还有歇后语。后来著名语言学家吕叔湘进一步划清成语与谚语、惯用语等其他语类的界限，认为"成语的主要特点是形式短小，整齐，甚至可以说是以四字语，尤其是二二相承的四字语为主”，温端政先生根据前人特别是吕叔湘先生的论述，把成语定义为“二二相承的表述语和描述语”。本文考察《诗经》中的成语依据的是温先生这一标准。

一、源于《诗经》中成语的分类

关于《诗经》中的成语，依据不同的标准，分类不同。

1. 依据取词形式，《诗经》中的成语大致可分为两类

一类直接取自《诗经》诗句，形式和意义基本没有发生变化。

如：“不稼不穑”，出自《魏风·伐檀》：“不稼不穑，胡取禾三百廛兮?”此类成语还有爰而不见、北门之叹、遇人不淑，等等。

再如“不可救药”，出自《大雅·板》：“多将熇熇，不可救药。”这个成语在后来的演变中又产生许多变体：“不可救疗”“何可救药”“莫可救药”“无可救药”“鲜可救药”，甚至还演变而成了反其意而用的“尚可救药”。

这类成语还有黾勉从事、靡不有初、二三其德，等等。

还有一类间接取自《诗经》诗句，一些是将《诗经》中的几个诗句进行合用，或者凝聚诗句的意思，如：“明哲保身”，出自《大雅·烝民》：“既明且哲，以保其身。”或者将《诗经》诗句中某些词语稍加改变转化，如“梦寐以求”，出自《周南·关雎》曰：“窈窕淑女，寤寐求之；求之不得，寤寐思服。”再如“爱莫能助”，出自《大雅·烝民》：“维中山甫举之，爱莫助之。”或者将诗句合用后并有所改动，如“鹊巢鸠占”，《召南·鹊巢》言：“维鹊有巢，维鸠居之。”或者干脆由《诗经》篇目中某个词语延伸补充而来，如“参差不齐”出自《周南·关雎》：“参差荇菜，左右流之。”“不齐”就是“参差”意义的延伸。

间接取自《诗经》的成语还有空谷白驹、投桃报李、耳提面命、忧心如焚、衣冠楚楚、绰绰有余、甘棠遗爱、柏舟之痛、泾渭分明、哀鸿遍野、人才济济，等等。

2. 按照实际使用中成语的意义来划分，《诗经》中成语又可分为使用本义的成语、使用引申义的成语、使用描述义的成语，和使用比喻义的成语

本义就是《诗经》中原本的字面上的意义。

如《周南·关雎》中"窈窕淑女，君子好逑"，指女子从内心到外貌都纯洁美丽，后来成为男子追求佳偶的固定套语。

再如《郑风·野有蔓草》首章有："有美一人，清扬婉兮。邂逅相遇，适我愿兮。"其中的"邂逅相遇"指偶然在途中遇见，不期而遇。

同样的还有出自《召南·草虫》的"忧心忡忡"，出自《邶风·柏舟》的"耿耿于怀"，《郑风·将仲子》的"人言可畏"，《卫风·氓》的"信誓旦旦"，《小雅·小旻》的"战战兢兢"，《小雅·采菽》的"悠哉游哉"，等等。

引申义是指在原义的基础上加以扩展延伸而产生出的新意义。

这类成语有"主文谲谏"，《周南·关雎序》："故诗有六义焉：一曰风，二曰赋，三曰比，四曰兴，五曰雅，六曰颂。上以风化下，下以风刺上，主文而谲谏，言之者无罪，闻之者足以戒，故曰风。"《郑笺》："主文，主与乐之宫商相应也。谲谏，咏歌依违，不直谏。"《孔疏》："其作诗也，本心主意，使合于宫商相应之文；播之于乐，而依违谲谏，不直言君之过失。"就是指通过合乐的诗歌委婉含蓄地劝谏。后来泛指婉言规谏。

再如“甘棠遗爱”,“甘棠”为《召南》中的篇名。《史记·燕召公世家》:召公之治西方,甚得兆民和。召公巡行乡邑,有棠树,决狱政事其下,自侯伯至庶人各得其所,无失职者。召公卒,而民人思召公之政,怀棠树不敢伐,哥(歌)咏之,作《甘棠》之诗。[3]召公,是周宣王时的召虎,辅助宣王征伐南方的淮夷,颇有功劳。《史记》中记述了他南巡乡村时曾在一棵棠树下听取诉讼,使当地上至侯伯下至百姓都各得其所。他死后,人们作《甘棠》一诗纪念他。后来用“甘棠遗爱”或者“甘棠之爱”,泛指对离去或故去的廉明官吏的深切怀恋。多用作称颂官吏政绩。明·李东阳《哭叶吏部》诗:“绿竹清风东署远,甘棠遗爱北州存。”

这类成语还有很多,如出自《召南·行露》的“雀角鼠牙”,原指因婚姻之事而引起诉讼。后来用“鼠牙雀角”泛指诉讼。《邶风·柏舟》的“日居月诸”,本指太阳和月亮,后用来指岁月流逝。《卫风·氓》的“抱布贸丝”,原指带着货币来买丝,后泛指进行商品贸易。

描述义是由字面义所指事物的性状、特征来描绘、形容类似事物时所产生意义。

此类成语如“梦寐以求”形容迫切地追求,期待某种愿望的实现。“辗转反侧”,翻来覆去,不能入睡。形容心事重重,思念不置。两个成语均出自《周南·关雎》:“窈窕淑女,寤寐求之;求之不得,寤寐思服。悠哉游哉,辗转反侧。”

《王风·采葛》:“彼采萧兮,一日不见,如隔三秋兮。”指一日不见,就像过了三年。后形容思念殷切。再如“手舞足蹈”出自《诗大序》:“诗者,志之所之,在心为志,发言为诗。……不知手之舞之,足之蹈之也。”“手舞足蹈”指双手舞动,双足跳跃,原指歌诗时,感情激动，不知不觉地手舞足蹈了。后用以形容高兴到了极点。

比喻义是指以字面义为喻体，用比喻手法而产生的抽象、概括的意义。

如“空谷白驹”，出自《小雅・白驹》：“皎皎白驹，在彼空谷。”意为一匹非常好的白马，却被抛弃于山谷中不用。后用以比喻贤才不被任用。

如“风雨如晦”，出自《郑风・风雨》：“风雨如晦，鸡鸣不已。”本义指因风雨而天气昏暗。后也比喻险恶的环境、黑暗的社会。

“一苇航之”出自《卫风・河广》：“谁谓河广？一苇杭之。”杭：通“航”。一只小船就可通行过去。比喻事情只须微薄的力量就可以解决。

使用比喻义的成语在《诗经》中出现最多，如出自《小雅・棠棣》的“琴瑟相调”，比喻夫妻感情和美融洽。《大雅・卷阿》的“如圭如璋”，比喻品德高洁如圭璋美玉。《邶风・柏舟》的“泾渭分明”，比喻界限清楚，是非分明。《郑风・风雨》的“风雨如晦”，《豳风・鸱鸮》的“未雨绸缪”“风雨漂摇”等等。

当然，实际使用中，大部分《诗经》中的成语是本义和转义，甚至几种转义并存。

比如“无声无臭”，《大雅・文王》：“上天之载，无声无臭。”指没有声音和气味。形容天道或事物，幽微玄妙，不易被人直觉感知或认识。亦用以比喻默无声息或事情对外界不发生影响。

《诗经》中还有一些成语经过辗转流传，含意有了很大变化。比如在《周南・桃夭》中有这样的诗句：“桃之夭夭，灼灼其华。之子于归。宜其室家。”“于归”是出嫁的意思，原来是以春天桃花盛开时浓艳的气氛，比喻姑娘出嫁时的喜悦之情。后来因“桃”与

"逃"谐音,"桃之夭夭"遂演变为形容逃走的成语"逃之夭夭"了。《醒世恒言》卷三:"两个商量出一条计策来,俟夜静更深,将店中资本席卷,双双逃之夭夭,不知去向。"

更有一些成语在演变过程中,褒贬义发生了转换。

《大雅·烝民》中有"既明且哲,以保其身"之句,原来是尹吉甫赞美樊侯仲山甫既明白又智慧,以保全他的美名,后世形成"明哲保身"的成语,意思转为贬义,指某些人为了保全自己而苟且生活的现象。

再如"斤斤计较",出自《周颂·执竞》"自彼成康,奄有四方,斤斤其明。"原指明察的样子,是褒义,后引申为烦琐,形容在琐屑的、无关紧要的事物上过分计较,转为贬义。

《秦风·黄鸟》:"彼苍者天,歼我良人。如可赎兮,人百其身。"原指即使生命有百次,用这百次生命的身体也是无法抵换回来的。表示对死者的哀悼。后亦用以形容人的罪恶深重,让他死去百次也无法抵偿他自己的罪孽。褒义转为贬义。

而《邶风·谷风》中"宴尔新昏,如兄如弟。""宴尔新婚"原是弃妇诉说前夫与另娶的新人十分恩爱。本指夫君失道,弃旧再娶,含有贬义。后世多用来形容新婚快乐。多用作庆贺语。贬义转为褒义。

《邶风·旄丘》:"叔兮伯兮,褎如充耳。"《郑笺》:"充耳,塞耳也。言卫之诸臣,颜色褎然,如见塞耳,无闻知也。"原指塞住耳朵不听。形容不愿听取别人的劝告或意见。后亦用以形容专心一致,什么声音也听不见。贬义转为褒义。

二、源自《诗经》的成语蕴含的文化特点

《诗经》是有文字记载的最早的文学著作之一,收录的是西周

初期至春秋中叶(大约公元前11世纪到公元前6世纪)500余年间的诗歌,共计305篇。秦始皇时的“焚书坑儒”政策,曾经焚毁了包括《诗经》在内的所有儒家典籍。但因为《诗经》是西周至春秋时代贵族教育中普遍使用的文化教材,加之《诗经》基本为四言成句,易于背诵,士人大多熟读成诵,因此虽遭焚毁,但仅凭士人的记诵,到汉代时即得以流传。1936年版的《辞海》对成语下的定义为:“古语常为今人所引用者曰成语,或出自经传,或从谣谚,大抵为社会口习耳闻,为众所熟知者。”加之《诗经》在中华历史上又作为“五经”之一而存在的,后人写诗作赋尤喜依《诗经》用典,故而源于《诗经》的成语数量很多。曾经有人对先秦诸子著作中的成语做过统计,《论语》中有178个,《孟子》159个,《荀子》49个,《老子》32个,《庄子》180个。足见《诗经》是成语最早最主要的来源之一。纵观《诗经》中的成语,从文化方面来考察,我们发现,它呈现以下几个特点:

1.《诗经》中有许多成语是与恋爱和婚姻生活有关的

《诗经》分十五《国风》160篇,《大雅》31篇,《小雅》74篇和《周颂》31篇、《鲁颂》4篇、《商颂》5篇,共计篇目305篇。《国风》是十五国的土风民谣,《雅》《颂》基本上是为特定目的而写作的在特定场合中使用的乐歌。在《国风》中最为集中的则是关于恋爱和婚姻生活的诗歌,因此源自《诗经》的成语有许多表现恋爱和婚姻内容的,不足为奇。

在周代,恋爱是自由开放的,《周礼·地官·媒氏》中记述,“令男三十而娶,女二十而嫁。仲春之月,令会男女,于是时也,奔者不禁。”不仅规定了男女适婚年龄,而且“仲春之月”,男女相会,自由恋爱,这个时候即使私奔也不会受到处罚。因此,反映男女求爱的成语在《诗经》中时有出现。如“投木报琼”“采兰赠芍”“桑中之约”等。

《卫风·木瓜》:“投我以木瓜,报之以琼琚。匪报也,永以为好也。”这是一首描写男女定情的诗歌,仲春之会上,女子采下瓜果向心仪的男子掷去,被掷中的男子如果解下身上的玉佩回赠,就表明两人恋爱关系确立。

《郑风·溱洧》:“溱与洧,方涣涣兮,士与女,方秉蕑兮……维士与女,伊其相谑。赠之以勺药。”这是男女青年在仲春之月,在溱、洧河边,嬉戏打闹,情投意合的恋人,相互赠以香草表达自己的爱意。蕑,兰草。兰草、芍药在古代常常代表着情操的高洁,男女恋人用香草相赠,既表达了对对方的爱慕,也寓意他们高洁的爱情。“采兰赠芍”表达了青年男女两情相悦、互赠礼物以示心意的意蕴。

《鄘风·桑中》:“云谁之思,美孟姜矣。期我乎桑中,要我乎上宫,送我乎淇之上矣。”后世用“桑中之约”指相爱中的男女秘密约会。

表现男子向女子求爱的成语还有出自《周南·关雎》的“参差之采”“君子好逑”。还有表现男女相见、朦胧情愫的成语,如《郑风·野有蔓草》的“邂逅相遇”,《邶风·静女》的“搔首踟蹰”。

周代男女虽然恋爱自由,但婚嫁遵循的是聘婚制,讲究的是父母之命,媒妁之言。表现此义的成语在《诗经》中也有,如《诗经·豳风·伐柯》:“伐柯如何,匪斧不克;取妻如何,匪媒不得。”后来用“执柯作伐”比喻给人介绍婚姻,做媒。

《大雅·大明》:“大邦有子,伣天之妹。文定厥祥,亲迎于渭。造舟为梁,不显其光。”“文定厥祥”指通过占卜确定吉日,行纳币之礼，定下来结婚的日子。因此后来用“文定之喜”指订婚。这是周文王时代“纳吉、纳征、亲迎”婚礼的礼仪。

《周南·桃夭》：“桃之夭夭，灼灼其华，之子于归，宜室宜家。”古代称女子出嫁为“归”，古代男尊女卑，认为夫家才是一个女人的真正归宿。后来，人们用“于归之喜”祝贺女子出嫁，祝福她能给夫家带来人丁兴旺和家庭的兴盛，反映的是周代婚礼上对新人祝福的习俗。

再如成语“百两烂盈”出自《大雅·韩奕》，上百辆车装着满满当当的光彩耀眼的妆奁。形容婚娶的礼仪极其隆重盛大。

“天作之合”出自《大雅·大明》：“文王初载，天作之合。”《毛传》曰：“合，配也。”本指文王娶大姒为上天所赐。后多用作称颂婚姻美满之词。

《诗经》中还有一些反映夫妻恩爱和睦的成语，如出自《小雅·棠棣》“妻子好合，如鼓琴瑟”的“琴瑟之好”，反映夫妻和谐、爱情甜蜜温馨，出自《邶风·击鼓》“执子之手，与之偕老”的“白头偕老”，这些成语直至今天使用频率依然很高。再如出自《卫风·氓》的“信誓旦旦”“载笑载言”，反映的是夫妻恩爱和谐美好的场景，“二三其德”则从反面倡导忠贞的爱情观。

2.《诗经》中成语与礼仪文化关系十分密切

《诗经》中的诗歌，大部分反映的是周代的诗歌。宋人郑樵曾解释《诗经》说：“风土之音曰风，朝廷之音曰雅，宗庙之音曰颂。”《雅》和《颂》中有许多反映祭神祭祖内容的，这类诗歌有很多是作为各种典礼仪式而存在的，它是西周礼乐文明的载体和工具，包含着丰富的礼治思想内容。因此反映礼仪内容的成语，《诗经》中也有不少。

《大雅·下武》“昭兹来许，绳其祖武。于万斯年，受天之祐。”成语“绳其祖武”源自此，歌颂的是周武王遵循先祖之德，以成孝道，从而得到上天的保佑、贤臣辅佐、子民敬仰，故可享万年之福。

《小雅·楚茨》：“济济跄跄，絜尔牛羊，经往烝尝。”这是周王祭祀乐歌。成语“济济跄跄”指祭祀时庄严恭敬，走路还很有节奏，这是歌唱周礼活动。

“优哉游哉”出自《小雅·采菽》“采菽采菽，筐之筥之。君子来朝，何锡予之？……优哉游哉，亦是戾矣。”这首诗描绘的是诸侯行朝礼后国王要赐给他们车马服饰，车马服饰是贵族身份地位的象征，以此区分贵贱尊卑，这是周代的宾礼。诸侯来朝，根据自己的官位高低准备好相应的车马服饰。国君以礼待臣，臣下必忠诚事君。通过一定的仪式和典礼巩固周王室的地位，使诸侯国明确自己的权利和义务。

再如《大雅·烝民》：“令仪令色，小心翼翼，”赞美周宣王贤臣仲山甫性格温和善良，仪态端庄和颜悦色，做事谨慎很有原则，合乎周代礼仪。“既明且哲，以保其身”，称赞仲山甫既明事理又聪慧，对工作尽职尽责，同时又能保全自己的名节操守。“夙夜匪解，以事一人”，则称扬他操持国家事务不舍昼夜，废寝忘食不敢懈怠，同时对国君忠心耿耿。“吉甫作诵，穆如清风”，吉甫作诗赠穆仲，赞美仲山甫的美德犹如清风一样。几句诗中接连出现几个成语“小心翼翼”“明哲保身”“夙夜不懈”“穆如清风”，表现了当时受人称赞的君子品德，首先是合乎周代礼仪标准的。

《诗经》中还有一些反映婚俗礼仪的成语，如上文提到的“百两烂盈”。还有反映伦理文化的。如《小雅·蓼莪》：“蓼蓼者莪，匪莪依蒿。哀哀父母，生我劬劳……父兮生我，母兮鞠我，拊我畜我，长我育我，顾我复我，出入腹我。欲报之德，昊天罔极。”其中的成语“哀哀父母”“生我劬劳”“昊天罔极”，反映父母对于孩子无私的爱，和子女对父母报恩的拳拳之心。

《邶风·凯风》：“爰有寒泉，在浚之下。有子七人，母氏劳苦。”《诗经》中诗句多用比兴，先从浚县郊外流出的清凌凌寒泉起兴，表达子女对母亲深深的遗憾和愧疚。后以“寒泉之思”表达子女对母亲的孝恩和思念母亲的心情。

《邶风·击鼓》的“执子之手，与之偕老”，《卫风·氓》“及尔偕老，老使我怨。”表达的是“白头偕老”的夫妇伦理。

3.《诗经》中许多成语关乎个人修养道德，是当时社会公认的政治道德准则

在周代，《诗经》是当时贵族教育普遍使用的文化教材，学习《诗经》是贵族人士必修的文化素养。孔子有云：“不学《诗》，无以言。”《论语》记载孔子曰：学《诗》可以“远之事君，迩之事父”，“诵《诗》三百，授之以政，不达；使于四方，不能专对，虽多亦奚以为？”这里《诗》即指《诗经》。春秋时代，诸侯间交际比较频繁，一般外交家为了锻炼自己的口才，加强外交辞令，常常摘引《诗经》中的诗句，来表达自己国家的主张或自己的态度和希望，使其语言含蓄婉转而又不失生动，这已然成为当时上层人士的一种风气。

“不愧屋漏”出自《大雅·抑》：“相在尔室，尚不愧于屋漏。”原指虽在宗庙里，但无愧畏之心。后用来比喻即使身处暗中也不做坏事、不起坏念头。此谓慎独。

“不忮不求”出自《邶风·雄雉》“百尔君子，不知德行。不忮不求，何用不臧。”意为不妒忌，不要贪得无厌。

“不吐不茹”出自《大雅·烝民》：“亦有言，柔则茹之，刚则吐

之。维仲山甫，柔亦不茹，刚亦不吐，不侮矜寡，不畏强御。”形容人正直不阿，不欺软怕硬。

“风雨如晦”出自《郑风·风雨》：“风雨如晦，鸡鸣不已。”其中有一个义项比喻身处恶劣环境中而不改变气节操守。与此意义相同的成语有“风雨不改”，出自《郑风·风雨序》：“《风雨》，思君子也。乱世则思君子不改其度焉。”这些成语都是对个人品格的要求。

表示个人崇高品行的成语“高山仰止”“高山景行”，语出《小雅·车辖》：“高山仰止，景行行止。”高山，喻高尚的德行。景行，大路，比喻行为正大光明。用以比喻崇高的德行。再如“淑人君子”，出自《曹风·鸤鸠》：“淑人君子，其仪一兮。”指贤良有才德的人。

“退食从容”“逶迤退食”出自《召南·羔羊》：“退食自公，委蛇委蛇。”《郑笺》：“退食，谓减膳也。自，从也。从于公，谓正直顺于事也。委蛇，委曲自得之貌。节俭而顺心志定，故可自得也。”朱熹《集传》：“南国化文王之政，在位皆节俭正直，故诗人美其衣服有常，而从容自得如此也。”指官吏品行节俭正直，仪容从容自得，可为人楷模。还有出自《召南·羔羊》：“羔羊之皮，素丝五紽。”朱熹《集传》曰：“南国化文王之政，在位皆节俭正直，故诗人美其衣服有常，而从容自得如此也。”后来因以称誉正直廉洁的官吏。这是对官吏品质的要求。

总之，作为我国第一部诗歌总集的《诗经》，是滋生成语的巨大宝库之一。通过对这些言简意赅、高度凝炼的语言文字符号的考察，我们可以见出先秦时代的许多文化信息，诸如礼俗文化、婚姻观念、做人道德准则等，是中华文化的血统和原始基因。这对于我们更好地学习经典，传承优秀中华文化，增强我们的文化自信，具有十分重要的现实意义。

附注：

① 赵会莉《〈诗经〉成语中的礼俗文化》，《江西教育学院学报》（社会科学版）2014 年 2 月。

② 温端政《汉语语汇学》第 284 页，商务印书馆 2006 年版。

③ 刘洁修《汉语成语源流大辞典》第 391 页，开明出版社 2009 年版。

参考文献：

[1] 温端政.汉语语汇学[M].北京：商务印书馆，2006.

[2] 刘洁修.汉语成语源流大辞典[Z].北京：开明出版社 2009.

[3] 程俊英.诗经译注[M].上海：上海古籍出版社，1985.

[4] 赵会莉.《诗经》成语中的礼俗文化[J].江西教育学院学报（社会科学版），2014(2).

[5] 瞿继勇.《诗经》成语的文化阐释[J].社科纵横，2011(12).

[6] 何慎怡.源自《诗经》的成语的意义[A]//《诗经研究丛刊（第 21 辑）》——第九届诗经国际学术研讨会论文集之三[C]，2010.

（作者单位：山西省社会科学院文学研究所，山西太原，030032）

《韩非子》成语研究

刘 冬 青

韩非子是战国时期一位伟大的思想家、文学家，其著作《韩非子》一书，语言风格质朴缜密，明晰晓畅，而又醇正浑厚。可以说，《韩非子》是研究上古汉语的重要语料，特别是《韩非子》的成语对后代汉语词汇的丰富和发展有着重大而深远的影响。《韩非子》成语的数量很大，结构形式多样，语法功能丰富，在先秦古籍中颇为少见。我们在《韩非子》全书中，梳理出成语 80 条。本文拟就源流、结构、语法功能、修辞功能等诸方面对《韩非子》成语进行探析。

一、《韩非子》成语的源流

（一）源于四书五经、诸子百家的成语：

《韩非子》源于四书五经、诸子百家的成语只有 3 条，如：

根深蒂固　《老子》："有国之母，可以长久，是谓深根固柢，长生久视之道。"《韩非子·解老》："柢固则生长，根深则视久。"

寡不敌众　《孟子·梁惠王上》："寡固不可以敌众。"《韩非子·难三》："夫物众而智穷，寡不胜众。"

去泰去甚　《老子》："是以圣人去甚、去奢、去泰。"《韩非子·扬权》："故去甚去泰，身乃无害。"

（二）《韩非子》首创的成语

《韩非子》首创的成语，指后世沿用原书文字，保留原有语法结构而形成的成语，也叫原型成语。[1]这类成语在《韩非子》中占大多数，大大丰富了汉语的词汇量。如：

坐不重席　《韩非子·外储说左下》："食不二味，坐不重席。"

右手画圆，左手画方　《韩非子·功名》："右手画圆，左手画方，不能两成。"

一颦一笑　《韩非子·内储说左上》："吾闻明主之爱，一颦一笑，颦有为颦，而笑有为笑。"

以文乱法　《韩非子·五蠹》："儒以文乱法，侠以武犯禁。"

彼众我寡　《韩非子·难一》："晋文公将与楚人战，召舅犯问之曰：'吾将与楚人战，彼众我寡，为之奈何？'"

事以密成　《韩非子·说难》："事以密成，语以泄败。"

手足胼胝　《韩非子·外储说左上》："手足胼胝，面目黧黑，劳有功者也。"

这类成语还有很多，如信赏必罚、先意承旨、为虎傅翼、如出一口、色衰爱弛等，对后世产生了极其深远的影响。

（三）出自《韩非子》的成语

指来源于《韩非子》，但又经后人加工、提炼而形成的成语。根据考察分析，后人主要采用了以下几种方式形成这类成语。

1. 概括法：指后人概括原文故事大意而形成的成语。如：

自相矛盾　比喻自己说话做事前后抵触。《韩非子·难一》："楚人有鬻盾与矛者，誉之曰：'吾盾之坚，莫之能陷也。'又誉其矛曰：'吾矛之利，于物无不陷也。'或曰：'以子之矛陷子之盾，何如？'其人弗能应也。"

郑人买履　履：鞋子。用来讽刺只信教条，不顾实际的人。《韩非子·外储说左上》："郑人有欲买履者，先自度其足，而置之其坐，至之市，而忘操之，已得履，乃曰：'吾忘持度'。反归取之，及反，市罢，遂不得履。"

2. 减字法：后人将原句中的虚字和不影响意义的实字删减后而形成的成语。如：

吹毛求疵　《韩非子·大体》："不吹毛而求小疵，不洗垢而察之难。"

断手续玉　《韩非子·用人》："不察私门之内，轻虑重事，厚德迫祸，是断手而续以玉也，故世有易身之祸。"

计功行赏　《韩非子·八说》："计功而行赏，程能而授事。"

3. 增字法：后人在原句词语的基础上增加适当的字而构成成语。如：

蚕食鲸吞　《韩非子·存韩》："诸侯可蚕食而尽，赵氏可得与敌矣。"

故弄玄虚　《韩非子·解老》："圣人观其玄虚，用其周行，强字之曰道。"

口中蚤虱　《韩非子·七术》："（王）以临东阳，则邯郸口中虱也。"

4. 换字法：后人将原型成语中的某个字更换后形成另一成语。如：

多财善贾　《韩非子·五蠹》："长袖善舞，多钱善贾。"

犯言直谏　《韩非子·外储说左下》："犯颜相谏，臣不如东郭牙，请立以为谏臣。"

汗马功劳　《韩非子·五蠹》："弃私家之事，而必汗马之劳。"

5. 合并法：后人选取原句中最能概括全句或全段意义的成分组成成语。如：

生杀予夺 《韩非子·三守》："使杀生之机，予夺之要在大臣，如是者侵。"

唯唯诺诺 《韩非子·八奸》："未命而唯唯，未使而诺诺，先意承旨，观貌察色，以先主心者也。"

变古易常 《韩非子·南面》："不知治者，必曰：'无变古，毋易常。'"

6. 其他：指运用两种或两种以上方式形成的成语。如：

见微知著 《韩非子·说林上》："圣人见微以知萌，见端以知末，故见象箸而怖，知天下不足也。"宋·苏洵《辨奸论》："惟天下之静者乃能见微而知著。"

名存实亡 《韩非子·南面》："惑主不然，计其入不计其出，出虽倍其入，不知其害，则是名得而实亡。"

这类成语由后人加工提炼后多为"四字格"，我们称它为非原型成语。[2]它们极大增强了汉语成语的特色。

《韩非子》上述方法形成的成语，构成了《韩非子》成语语库。

二、《韩非子》成语的结构

《韩非子》成语的结构，可以从以下两个角度进行分析。

（一）从音节的数目分析

从音节的数目分析，《韩非子》成语有四音节和非四音节两类。其中四音节 75 条，非四音节 5 条。四音节是《韩非子》成语的基本形式，约占《荀子》成语的 93.7%。

（二）从语法结构分析

从语法结构分析，首先可以把《韩非子》成语分为两大类：第一类是两截的成语；第二类是一体的成语，下面分别而论。

1. 两截成语

两截的成语，指可以从结构上将成语分为两截，其中两截之间的关系有如下几类：

（1）并列关系：

① 主谓并列：彼众我寡、名存实亡

② 动宾并列：右手画圆，左手画方、抱法处势、吹毛求疵

③ 定中并列：百岁千秋、郢书燕说

④ 状中并列：信赏必罚、优柔寡断

（2）承接关系：因任授官、循名责实

（3）目的关系：守株待兔、杀彘教子

（4）对举关系：生杀予夺、上不着天，下不着地

（5）因果关系：色衰爱弛、千里之堤，毁于蚁穴

2. 一体成语

一体成语，指整个成语不能分为两截，依词语之间的关系有以下几种情况：

（1）主谓关系：玉卮无当、郑人争年

（2）谓宾关系：莫辨楮叶、目不见睫

（3）谓补关系：坐不重席、食不重味

（4）偏正关系：韦弦之佩、靡靡之音

（5）并列关系：唯唯诺诺

（6）兼语关系：以文乱法

但是无论是两截成语还是一体成语，在韵律上一律为“二二相承”的双音步结构，即使在语义上是“非二二相承”结构的成语，也会以“二二相承”的双音步形式出现，如：韦弦之佩、靡靡之音（二一

一结构),坐不重席、食不重味(一一二结构)。这是句法服从韵律,“韵律征服句法”[3]的原因。

三、《韩非子》成语的语法功能

《韩非子》成语,在《韩非子》文章中可以充当以下几种句子成分。

(一)充当主语,如:

尘饭涂羹　《韩非子·外储说左上》:“尘饭涂羹,可以戏而不可食也。”

抱法处势　《韩非子·难势》:“抱法处势则治,背法去势则乱。”

(二)充当谓语,如:

以文乱法　《韩非子·五蠹》:“儒以文乱法,侠以武犯禁。”

不法常可　《韩非子·五蠹》:“是以圣人不期修古,不法常可。”

(三)充当宾语,如:

口中蚤虱　《韩非子·七术》:“(王)以临东阳,则邯郸口中虱也。”

负薪救火　《韩非子·有度》:“其国乱弱矣,又皆释国法而私其外,则是负薪而救火也,乱弱甚矣。”

(四)充当定语,如:

短褐不完　《韩非子·五蠹》:“故糟糠不饱者不务梁肉,短褐不完者不待文绣。”

轻举妄动　《韩非子·解老》:“众人之轻弃道理而易忘(妄)举动者,不知其祸福之深大而道阔远若是也。”

（五）充当状语，如：

蚕食鲸吞　《韩非子·存韩》："诸侯可蚕食而尽，赵氏可得与敌矣。"

犯言直谏　《韩非子·外储说左下》："犯颜相谏，臣不如东郭牙，请立以为谏臣。"

除充当句子成分外，《韩非子》成语还有的可以独立成句，如：

长袖善舞　《韩非子·五蠹》："长袖善舞，多钱善贾。"

坐不重席　《韩非子·外储说左下》："食不二味，坐不重席。"

四、《韩非子》成语的修辞功能

（一）比喻

玉卮无当：《韩非子·外储说右上》："为人主而漏其君臣之语，譬犹玉卮之无当。"

如出一口：《韩非子·内储说下》："问左右，左右言无有，如出一口。"

（二）借代

一颦一笑：《韩非子·内储说左上》："吾闻明主之爱，一颦一笑，颦有为颦，而笑有为笑。"颦和笑分别代指忧和喜的表情。

（三）夸张

赤地千里：《韩非子·十过》："晋国大旱，赤地千里。"

（四）对仗

上不着天，下不着地：《韩非子·解老》："上不属天，下不着地，以肠胃为根本，不食则不能活。"

右手画圆，左手画方：《韩非子·功名》："右手画圆，左手画方，不能两成。"

（五）对比

千里之堤，毁于蚁穴：《韩非子·喻老》："知丈之堤，以蝼蚁之穴溃；百尺之室，以突隙之炽焚。"

彼众我寡：《韩非子·难一》："晋文公将与楚人战，召舅犯问之曰：'吾将与楚人战，彼众我寡，为之奈何？'"

（六）摹声

唯唯诺诺：《韩非子·八奸》："未命而唯唯，未使而诺诺，先意承旨，观貌察色，以先主心者也。"

《韩非子》是先人留给我们的宝贵精神财富，通过对其中成语的结构特点、语法功能以及修辞效果的研究，可以发现结构是相对稳定的，意义则处在不断变化之中，这就从一个侧面反映了汉语随着社会的发展变化而变化的轨迹，并说明语言的发展变化是渐变的，并非巨变，从而揭示出语言发展的一般规律：语言是社会生活的外在反映，是一种特殊的社会现象，语言的发展变化除了受自身因素的影响之外，在一定程度上受社会因素的影响。[4]

参考文献：

[1] 曹瑞芳.《论语》成语研究[J].山西大学学报（哲学社会科学版），1996(03)：68—72.

[2] 韩娟.《荀子》成语研究[J].山东教育学院学报，2005(5)：44—46.

[3] 冯胜利.《汉语的韵律、词法和句法》[M].北京：北京大学出版社，1997.

[4] 张泰.《景德传灯录》成语研究[J].西南农业大学学报（社会科学版），2009，7(02)：112—116.

（作者单位：中国矿业大学[北京]党政办公室，北京，10083）

晚清报刊新质成语的生成与演变*

周 国 祥

成语历史悠久，应用广泛，是汉语语汇体系中重要的组成部分，但是人们对成语的认识不完全相同，如何有效区分成语与非成语，还是一个不小的问题。我们将意义和结构完整的四字格作为基本特征，对晚清报刊里新质成语进行考察。

晚清汉语里的成语由既有成语和新质成语构成：前者是指在晚清之前已经产生的成语；后者是指在晚清新产生的成语。与新词新义一样，新质成语包括在晚清才出现的新成语和既有成语在晚清产生的新意义。不论新语形，还是新语义，只要是在晚清新生成的，就认定为晚清新质成语。

成语来源多样，但语源探索是一个复杂而无止境的艰巨工作。从语源与前代文献是否有关联看，晚清新质成语可以分为两类：新质成语产生于晚清，但语形或语义与前代文献有直接关联；新质成语产生于晚清，但语形或语义与前代文献没有明显关联。晚清新质成语数量不多，但来源复杂，对探究成语的生成与演变具有一定的价值。下面兹举数例，以供参考。

---

* 本文系山西省高等学校人文社会科学重点研究基地项目“基于近现代报刊的景梅九论著系年研究”(2022J028)；运城学院博士科研启动项目“近现代报刊与汉语辞书修订研究”(YQ-2023015)成果。

一、与前代文献有直接关联的新质成语

新质成语虽然在晚清才出现，但并不表示它们的语源与前代文献没有关联。事实上，部分新质成语在语形或语义上与前代文献存在明显的习用性与继承性。也就是说，某些成语或许来源于上古、中古、近代的文献，但新的完整的语形或语义却是在晚清才产生的。此类新质成语具体又分为六种情形。

（一）既有成语在晚清产生新的义项，新质语义与既有语义形成多义关系。例如：

久假不归：长期请假不回。奉差不销久假不归潜行离省私自回籍（《申报》1899 年 4 月 26 日）；通咨札各学堂学生如有久假不归半途退学应照章严罚文（《学部官报》1907 年 16 期）；学部札各学堂学生有久假不归半途退学者应照章严加惩罚文（《浙江教育官报》1908 年 3 期）。“久假不归”语本《孟子·尽心上》：“久假而不归，恶知其非有也。”固定语形不晚于宋代产生，例如宋王明清《挥麈后录》：“煨烬之余，所存不多，诸侄辈不能谨守，又为亲戚盗去，或他人久假不归。”释义为“长期借用不还”。当前表“长期请假不回”义的用例也不少，但招致广泛批评，包括高考、公务员考试都将此列为反面例证，认为“久假不归”是误用，与请假无关。有人指出把“久假不归”理解为“长期请假不回”是以今释古，望文生义。

“久假不归”是否与请假无关？这可以商榷：一是表“长期请假不回”义的用例有很多，从晚清、民国到当代，且有的出现在正式公文里。再如“奉差不销久假不归潜行离省私自回籍（《申报》1899 年 4 月 26 日）；通咨札各学堂学生如有久假不归半途退学应照章严罚文（《学部官报》1907 年 16 期）；学部札各学堂学生有久假不

归半途退学者应照章严加惩罚文(《浙江教育官报》1908 年 3 期);军学司三等科员袁如骏久假不归应即免去本职遗缺以彭绍龄补充此令(《政府公报》1921 年 1840 期);安福县政府户干刘录久假不归经予撤职并停止任用一年令仰知照(《江西省政府公报》1947 年 1514 期);有些地方党政工作人员对逃跑或久假不归的战士、干部采取放任、包庇或升级留用,以充实自己工作部门(《人民日报》1948 年 8 月 14 日)"等。二是《汉语大词典》将"比喻迷途不返"列为"久假不归"第二个义项,单一书证引自清文康《儿女英雄传》:"你我若不早为之计,及至他久假不归,有个一差二错,那时就难保不被公婆道出个不字来,责备你我几句。"释义不太准确,结合上下文语境,此处不是比喻义,就是"长期请假不回"。

我们认为可以将"久假不归"在晚清产生的新义项"长期请假不回"列为第二个义项或单列(也要区分 jià 与 jiǎ)。事实上《汉语大词典》已经收录了,只是释义有些不妥。

(二) 既有成语改换部分语素或颠倒语序,在晚清形成新的语形,与既有成语形成同义关系。例如:

胆小如鼠、胆小如鼷:形容胆量极小。张氏性既和易而胆小如鼠(《申报》1909 年 7 月 6 日);詹姆贾克奈胆小如鼠(《电声》1940 年 23 期);刘胆小如鼷避不敢出(《申报》1896 年 5 月 11 日);乡民胆小如鼷相率不敢承认(《申报》1901 年 2 月 12 日);袁项城胆小如鼷(《天文台》1937 年 38 期)。"胆小如鼠""胆小如鼷"产生于晚清,而与之同义的"胆若鼷鼠""胆小如芥"不晚于北齐、清代产生,例如《魏书·汝阴王天赐传》:"言同百舌,胆若鼷鼠。"清李海观《歧路灯》:"这孝移本是个胆小如芥,心细如发之人,不敢多听,却又不能令其少说。"既有成语"胆若鼷鼠"变换部分语素或语序,形成"胆小如鼠""胆小如鼷"。晚清其他文献还出现同义的"胆小如豆",例如唐芸洲《七剑十三侠》:"稚子毫无知识而又胆小如豆。"《汉语大词典》未收"胆若鼷鼠""胆小如芥";收"胆小如鼠",首例书证引自吴玉章《从甲午战争前后到辛亥革命前后的回忆》,晚于 1909 年;收"胆小如鼷",单一书证引自鲁迅《书信集·致赵家璧》,晚于 1896 年;收"胆小如豆",单一书证引自《黑籍冤魂》,可以补充唐芸洲《七剑十三侠》书证。

(三)既有成语改换部分语素,在晚清形成新的成语,与既有成语形成类推关系。例如:

寓兵于商:将军事融于商业中。以战为市寓兵于商(《申报》1873 年 7 月 17 日);寓兵于商(《万国公报》1898 年 108 期);寓兵于商之计画(《四川官报》1910 年 32 期);航空署将利用此机举办商业航空其意寓兵于商(《申报》1922 年 1 月 14 日)。"寓兵于商"产生于晚清,仿造既有成语"寓兵于农"而成。"寓兵于农"不晚于明代产生,例如明余继登《典故纪闻》:"则民无坐食之弊,国无不练之兵,庶几寓兵于农之意也。"《汉语大词典》收"寓兵于农",未收"寓兵于商"。

(四)语义来源于前代文献,在晚清才产生固定语形,形成新的成语。例如:

形而上学:与辩证法相对立的世界观和方法论。形而上学(《新民丛报》1904 年 2 期);道德形而上学基义(《学艺》1920 年 4 期)。"形而上学"语本《易经·系辞》:"形而上者谓之道,形而下者谓之器。"经语义改造后到晚清才出现完整语形。《汉语大词典》收"形而上学"此义项,没有书证。

(五)两个既有双音节词语组合,在晚清形成新的成语。

例如：

救亡图存：拯救国家危亡，谋求民族生存。此次仰赖朝廷独断实有救亡图存之思想(《申报》1906 年 9 月 17 日)；论今日吾国宜亟筹救亡图存之大计(《申报》1911 年 4 月 14 日)；救亡图存的国策(《上海周报》1933 年 2 期)。“救亡”“图存”为既有词语，在晚清组合成“救亡图存”。《汉语大词典》收“救亡”“图存”“救亡图存”，“救亡图存”首例书证引自王无生《论小说与改良社会之关系》，晚于 1906 年。

(六) 改造既有俗语，在晚清形成新的成语。例如：

马牛相及：比喻将不相关的事物拉扯到一起。马牛相及(《鹭江报》1902 年 13 期)。“马牛相及”在晚清产生，由与之反义的既有俗语“风马牛不相及”改造而成。“风马牛不相及”不晚于先秦产生，例如《左传・僖公四年》：“君处北海，寡人处南海，唯是风马牛不相及也。”

“风马牛不相及”衍生出几十种不同的组合形式，例如“风马”见唐刘知几《史通・断限》；“风马不及”见明梅之焕《梅中丞遗稿》；“风马不交”见明王肯堂《郁冈斋笔麈》；“风马不接”见梁沈约《宋书・隐逸传・王弘之》；“风马不涉”见清毛奇龄《经问》；“风马不相及”见清全祖望《汉书地理志稽疑》；“风马及”见清李玉《一捧雪传奇》；“风马牛”见唐段成式《酉阳杂俎・盗侠》；“风马牛本不相及”见清魏源《海国图志》；“风马牛不及”见明毕自严《度支奏议》；“风马牛不能相及”见明俞大猷《正气堂集》；“风马牛不相入”见清陈澧《香山县志》；“风马牛不相涉”见清张璐《张氏医通》；“风马牛各不相及”见清丁曰健《治台必告录》；“风马牛绝不相及”见明胡应麟《少室山房笔丛》；“风马牛邈不相及”见宋崔敦礼《宫教集》；“风马牛莫及清”清吴铭道《古雪山民诗后》;“风马牛其不相及”见明汪道昆《太函集》;“风马牛前后不相涉”见明毕自严《度支奏议》;“风马牛所不相及”见明青山高士《盐梅记》;“风马牛无及”见明徐弘祖《徐霞客游记》;“风马牛无涉明”见明徐石麒《可经堂》;“风马牛相及”见明刘伯燮《鹤鸣集》;“风马牛幸相及”见宋李新撰《跨鳌集》;“风马牛亦不相及”见清江永《群经补义》;“风马牛远不相及”见清何秋涛《朔方备乘》;“风马牛之不及”见宋晁公遡《嵩山集》;“风马牛之不相及”见宋胡寅《致堂读史管见》;“风马牛之不相涉”见清朱轼《驳吕留良四书讲义》;“风马牛之不相与”见清曾国藩《曾文正公书札》;“风马牛之不相追”见宋文天祥《文山集》;“风马牛之弗及”见明商辂《通鉴纲目续编》;“风马牛之相及”见宋王十朋《梅溪集》;“风马之不及”见明梅之焕《梅中丞遗稿》;“风马之不相及”见明胡应麟《少室山房笔丛》;“风牛”见明张煌言《答赵安抚书》;“风牛不相及”见唐释法琳《辩正论》;“风牛马不相及”见明陈霆《两山墨谈》;“风牛马之不相及”见明毕自严《度支奏议》;“马牛风”见宋杨万里《谢张子仪尚书寄天雄附子百果十包》;“马牛风之不及”见宋李曾伯《可斋续稿》;“马牛风之及”见宋李曾伯《可斋续稿》;“马牛之不及”见宋黄公度《知稼翁集》;“马牛之相及”见宋王钦若《册府元龟》;“牛马风”见宋杨万里《和张寺丞功父八绝句》。

《汉语大词典》收“风马牛不相及”“风马牛”“风马”“风马及”“风马不接”“风牛”“马牛风”“牛马风”,未收“马牛相及”等。

二、与前代文献没有明显关联的新质成语

成语来源多样,一般出自神话寓言、历史故事、诗文语句、口头俗语等。然而,还有部分新质成语产生于晚清,没有深厚的历

史积淀，在语义或语形上与前代文献没有明显关联，暂时看不出整个成语或部分组合成分的更早出处。它们的意义大多可以从字面义中得到解释，即使具有深层义，也不像典故成语那样深奥。例如：

尽释前嫌、前嫌尽释：完全消除以往的嫌隙。我将尽释前嫌(《申报》1881 年 1 月 21 日)；法德尽释前嫌(《大同报》1908 年 15 期)；劳资双方哈哈一笑尽释前嫌(《戏世界》1947 年 334 期)；摩与法德之前嫌尽释(《大同报》1909 年 18 期)；南保邦交融洽前嫌尽释(《中央周报》1934 年 331 期)；两春前嫌尽释(《晶报》1939 年 7 月 24 日)。《汉语大词典》未收“尽释前嫌”“前嫌尽释”；《汉语大词典订补》补收“尽释前嫌”，首例书证引自殷健灵《米米公寓》，晚于 1881 年。

损公肥私、侵公肥己：损害公家的利益而使私人获利。张学勤历充优差损公肥私(《申报》1906 年 7 月 18 日)；拒绝一切损公肥私之国宪(《申报》1923 年 2 月 9 日)；罔上行私侵公肥己(《申报》1904 年 5 月 31)；奏参健锐营翼长海昌侵公肥己各节当经谕令(《四川官报》1904 年 9 期)；呈一件为霸县知事唐肯破坏币政侵公肥己请严查惩办由(《政府公报》1917 年 562 期)。《汉语大词典》收“损公肥私”，单一书证引自《新华月报》1979 年 1 期，晚于 1906 年；未收“侵公肥己”。

优胜劣败、劣败优胜：竞争力强者取胜，竞争力弱者失败。优胜劣败之局(《申报》1902 年 9 月 29 日)；就优胜劣败之理以证新民之结果而论及取法之所宜(《新民丛报》1902 年 2 期)；列子之优胜劣败论(《俭德储蓄会会刊》1923 年 2 期)；劣败优胜难逃天演(《申报》1906 年 11 月 6 日)；劣败优胜由天演(《申报》1910 年 1 月

21 日);当今经济战争激烈之际弱肉强食劣败优胜盖理所必然(《申报》1934 年 3 月 8 日)。《汉语大词典》收“优胜劣败”,未收“劣败优胜”。此外,《汉语大词典》未收“优胜劣汰”,《汉语大词典订补》补收,单一书证引自《中国青年报》2006 年 8 月 5 日,晚于 1928 年,可补《申报》1928 年 8 月 14 日:“届期依法开标以投标人中出价最高优胜劣汰。”

当然,上述分类十分粗疏,单个成语可能分属不同的类型。晚清报刊新质成语总量不多,但构成复杂,特点鲜明。它们有的传承于前代文献,有的出自大众口语;有的在既有成语上翻新仿造,有的运用造词规律全新创造;有的高频出现沿用至今,有的昙花一现已经衰亡。“汉语的成语词典,现在越编越厚,有一个认识是不符合实际的,需要纠正。过去我们主观地认为,汉语的成语,就是古代文献中的一些固定词语,长期沿用的结果。事实上,成语多数是后人根据古代典籍创造性使用的结果。看现在的成语词典中的成语,在语源材料之后出现的第一个书证,一般就是这个成语的始见书证,大多离源材料很远,比如一些来自《诗经》的成语,初始例往往是六朝,甚至唐宋,或者明清。成语是后人用典的结果,不是实际用语延续、凝固的结果。如果用调查的方法,找一种注重初始书证的成语词典,统计其中的成语形成时代,看到底有多少成语是通过用典重新启用的,有多少是出现后就延用的,很有意思。另外,如果从成语的始用例来调查统计,我们现有的成语它们形成的时代都在什么时候?这也可以反映汉语成语的形成历史。”(俞理明教授词汇学课程授课内容节选)这段话具有很强的启发意义,上述现象也应该进一步探讨。

参考文献：

[1] 温端政.汉语语汇学[M].北京：商务印书馆，2006：142.

[2] 赵丕杰.“久假不归”与请假无关[J].青年记者，2014(33).

[3] 黄伯荣，廖序东.现代汉语[M].北京：高等教育出版社，2017：250.

（作者单位：运城学院中文系，山西运城，044000）

论面向汉语国际教育的成语分级

李治平　吕　滇

一、引言

1. 研究背景

成语作为汉语语汇的重要组成部分，理所当然应该是汉语教学的内容。将一些使用频率高、学习难度符合学生水平发展需要的成语安排到教学中，有助于培养学生的高水平汉语表达能力。早在1992年，国家对外汉语教学领导小组办公室就组织制定了《汉语水平词汇和汉字等级大纲》（2001年作了修订，下称《等级大纲》）作为对外汉语教学总体设计、教材编写、课堂教学以及成绩测试的主要依据。《等级大纲》对词汇进行了多方面、多层级的考察、统计、比较、筛选，而且从对外汉语角度，收录了129个成语（词条见文末附录）[①]，分散在乙、丙、丁三级，见表1：

表1 《等级大纲》成语等级分布表

等级	成语数	词语数	比例
甲级	0	1033	0‰
乙级	1	2018	0.49‰
丙级	17	2202	7.7‰
丁级	111	3569	31‰
总数	129	8822	14.7‰

考虑到成语使用频率、学习难度和汉语作为第二语言学习者的规模等因素，应该说《等级大纲》这一安排是适应当时的情况的。但是，随着学习汉语的人数逐年增加，中、高阶段汉语学习者越来越多，如何把汉语说得更好、说出个性、说出语体风格、说出文化内涵成了他们新的追求。例如下面这篇留学生作文(括号内为教师修改内容)：

> 小卓的朋友很少，几乎没有。原因很简单：是近墨必黑的道理。他视同学的幼稚如洪水猛兽，怕若融入到他们圈子中去，会耳濡目染、潜移默化，渐渐地、悄悄地失去自我。他十分珍惜自己的"奇才"身份，喜欢给人一个讳莫如深的印象，因此若有人想亲近(他)，小卓(必)拒之门外。他以一个很理智的态度决定(认为)跟同学一起玩儿是得不偿失(的)。[②]

如果将上面这段话中的成语全部替换成下面的表达，虽然也能表达基本相同的意思，但除了还算流利之外，典雅程度、个性特征及整体水平都相形逊色。

> 小卓的朋友很少，几乎没有。原因很简单：怕被别人带坏。他视同学的幼稚如吃人的野兽，怕若融入到他们圈子中去，会逐渐向(像)他们一样，渐渐地、悄悄地失去自我。他十分珍惜自己的"奇才"身份，喜欢给人一个很神秘很高深的印象，因此若有人想亲近(他)，小卓(必)拒之门外。他以一个很理智的态度决定(认为)跟同学一起玩儿是不划算的。

可见，恰当使用成语，能增加言语表达的文采，扩大言语表达的语域。在教学总体设计和部分教材中科学合理安排成语教学很有必要。

陆俭明先生(2004)曾指出，要开展一些基础性研究工作以服务于对外汉语教学，要“制定出不同的汉语教学用的字表、词表、成语表、语法要点表。”陆先生提到的这些“表”多已制定，唯缺成语表。解决上述问题，须将调查范围扩大到所有成语，研究分级依据，制定成语分级方案和分级表。本文旨在为制定面向国际汉语教育的成语分级表提供工作思路和操作办法。

2. 研究现状

杨晓黎(1996)提出了“由表及里”的教学方法，重视成语汉字教学，认为应先从成语的字面分析开始，从成语的外在形式逐步过渡到成语的实际内容。张永芳(1999)、洪波(2003)、石琳(2008a，2008b)都将成语的语义教学视为成语教学的难点，重视通过偏误分析寻找教学对策，但未研究分级问题。潘先军(2006)认为成语的分层至少要考虑出现频率和难易程度，按梯级层次安排成语教学，但没提供具体方案。魏庭新(2007)的调查表明，留学生对成语意义的理解把握不准确是最大的问题，但未讨论成语意义类型及如何分级。冯艳艳(2008)从成语使用频率、留学生需求、成语的难易度三个角度探索了如何确定成语的教学内容，但讨论的成语对象来自《汉语水平词汇等级大纲》《基于中国主流报纸动态流通语料库(DCC)的成语使用情况调查》，范围有限，也未研究分级。曹素冉(2008)建议将意义作为成语分类的一级标准，并将成语意义界定为字面意义和深层意义之间的关系，遵循意义为先的标准；她将成语分为组合型、综合型、融合型三种类型，具有较大参考价值。张露(2014)根据《汉语水平词汇和汉字等级大纲》《高等学校外国留学生汉语教学大纲》和若干种对外汉语教材，讨论进入教学的成语范围，并试图解决成语的分层问题。

十余年来，随着汉语国际教育的影响逐步扩大，成语教学研究已成为学界关注的重点和热点。据中国知网,2005 年研究对外汉语成语教学的论文共计 105 篇,到 2019 年 7 月为止,以“对外汉语成语”和“汉语国际教育成语”为主题的文献总量达到了 800 多篇,这说明虽然一些学者将成语教学视为畏途,甚至认为在汉语国际教育中教成语是自讨苦吃,没事找事,但作为汉语语汇的重要部分,成语是汉语教学,尤其是中高级汉语教学的教学内容,不能回避。

3. 存在的问题

总的看来,上述部分研究从汉字、语义、使用频率角度探索成语分级,但存在四个主要问题:

一是涉及成语范围较窄,基本上局限于从各种大纲收录的成语或已经出版的教材中选用的成语,而不是基于汉语成语总集做的分级。

二是分级方法不明,虽然部分研究有的论及成语使用频率高低、有的涉及意义类型差异,有的言及成语中的汉字等级,但如何从分级角度描写某一成语的综合面貌未得到解决。

三是现有《等级大纲》和《国际汉语教学通用课程大纲》(下称《课程大纲》)收录的词条很少,《等级大纲》收录的 8822 个词语中,成语只有 129 条,约占 1.47%,《课程大纲》收录的 9750 个词语中,成语只有 106 条,仅占 1.12%。虽然这些成语数量只是反映最低教学要求,但作为“依据”,由于不能反映成语全貌,也就不能提供词表之外的成语等级情况,而且各种大纲只是将成语作为词汇大纲的补充,不能满足汉语成语教学的差异化需求。

四是《等级大纲》和《课程大纲》选收标准差异过大。《等级大纲》和《课程大纲》各自收录了百余条成语,假如二者贯彻了大致相同的标准，那么多数成语应为两个词表的交集，可实际上仅 37 条成语为两个词表共有（见附 2），各自约占两表总量的 31.9％和 34％。如按其在 BCC 语料库中的使用频次（F）分四段，这 37 条成语各段频次（F）如表 2：

表 2　两表共有成语频次段分布表

频次段	F＞10000	10000＞F＞5000	5000＞F＞3000	F＜3000
共有数量	5	8	9	15
在 37 条中的比例	13.5％	21.6％	24.4％	40.5％

就这共有的 37 条成语来看，既有频次非常高（“最常见”“最常用”）、使用量超过 10000 次的成语，如“实事求是”“莫名其妙”，也有频次比较低，使用量在 3000 次以下的成语，如“半途而废”“川流不息”“岂有此理”。如以 5000 次以上为高频段，两表共同认定的成语也只有 13 条，约占三分之一，这说明两表对“常用”“常见”的认定差异非常大。所以我们认为应该统一标准，且以大规模语料库中成语的使用频次作为标准，更能体现《课程大纲》“最常用”“最常见”的要求。

二、分级依据

给成语分级，必须有分级依据。我们认为成语使用常见度、成语意义透明度和汉字等级区分度是成语分级三依据。

1. 成语使用常见度

成语使用常见度指成语在目的语（汉语）中的常用（常见）程度，这是基于《课程大纲》的要求得出的最基本依据。《课程大纲》

二级到六级的“文化能力”部分都要求学生不同程度地掌握成语知识，具体要求如下：

二级：了解汉语最常见的简单成语故事、某些典故的文化内涵。

三级：基本了解汉语中最常用的成语故事和典故的文化内涵。

四级：进一步了解汉语中常用成语、俗语和某些典故的文化内涵。

五级：了解汉语中常用成语、俗语和某些典故的文化内涵。

六级：进一步了解汉语中常用成语、俗语和典型历史人物、事件的文化内涵。

五个等级对成语范围的描述强调“最常见成语”“最常用成语”“常用成语”，“最常见”“最常用”“常用”，其实就是对成语在目的语中使用频次的要求。[④] 如“精挑细选”和“爬罗剔抉”，二者理性意义基本相同，但对一般文化程度的人来说，很难用到。再如“三心二意”和“朝秦暮楚”，二者理性意义也基本相同，但由于后者蕴含了历史文化信息，对使用主体文化水平有较高要求，常用度比前者也要低很多。此外，虽然汉语成语数以万计，但实际使用中有的成语使用量比较大，比如“七上八下”“家家户户”“五颜六色”“口是心非”等，而有的使用量比较小，比如“佶屈聱牙”“目无全牛”“蚍蜉撼树”“察见渊鱼”“哀感顽艳”等，有的成语使用量可能介于二者之间，比如“食不果腹”“深谋远虑”“一曝十寒”“纲举目张”等，但究竟哪个更常见，哪个更常用，需要以使用频次的统计为依据。

2. 成语意义透明度

从《成语大词典》收录的成语看，部分成语意义透明度较高，例如“天高云淡”“十全十美”，理解起来比较容易，但多数成语意义透明度不高，原因有二：一方面是因为有的成语来自历史文献、历史故事，意义上有丰富的文化内涵，理解难度较大，例如“朝秦暮楚”“祸起萧墙”之类；另一方面，成语包括形式和意义两个方面：形式上，成语结构多固定，语素组合不自由；意义上，“表意双层性是汉语成语的区别性特征”(既具有字面的表层意义，又蕴藏着含而不露的深层意义)[⑤] 大量成语意义具有“双层性”，例如“拔苗助长”“甜酸苦辣”之类，在字面意义之外有隐喻或转喻意义，意义透明度较弱，这就增加了理解和学习的难度。所以成语意义透明强弱也应作为分级依据。

3. 汉字等级区分度

虽然汉字常常是非汉字文化圈汉语学习者学习汉字的原始动机，但汉字难读、难写、难认是公认的事实，原因包括汉字笔形丰富、笔顺复杂、部件搭配规则多、现行汉字的形音义匹配度不高、同音字太多等诸多因素。多数成语是四字格，很多成语中的汉字作为语素并不自由，独立使用机会很少，不掌握单个汉字(语素)的形义，理解起来就很困难。例如“摇尾乞怜”，除“摇”以外，其他几个字在现代汉语中得说成双音节的“尾巴”“乞求”“怜悯”，而不学习汉字的“尾”“乞”“怜”和对应的意义，就不能很好地识解该成语的字面意义，更难掌握比喻意义。如果说绕开汉字学不好汉语，那么可以说，绕开汉字更学不好成语。所以在给成语分级时，汉字因素也应考虑在内。

三、分级方法

根据上述依据，下面按成语常见度、成语意义类型和汉字等级讨论具体分级方法。

1. 常见度等级

下面以 100 条成语为例，讨论成语常见度分级办法。这 100 条成语从《汉语大词典》(商务印书馆 2019 年最新修订版，下称《大词典》)中等距抽取，然后计算其在 BCC 语料库“多领域”子库(共 10 亿字)中的使用频次。[⑤]如表 3：

表 3　100 条等距抽样成语频次表

序号	成语	频次	序号	成语	频次	序号	成语	频次
1	有条不紊	2805	**18**	良家妇女	659	**35**	前事不忘，后事之师	308
2	惊慌失措	2679	**19**	雍容华贵	649	**36**	坚贞不屈	302
3	大有可为	2046	**20**	达官贵人	626	**37**	仙风道骨	302
4	燃眉之急	1656	**21**	成家立业	616	**38**	树大招风	297
5	德高望重	1578	**22**	改朝换代	577	**39**	枉费心机	297
6	心服口服	1419	**23**	穷途末路	538	**40**	孔武有力	293
7	金碧辉煌	1372	**24**	装疯卖傻	417	**41**	因时制宜	284
8	死里逃生	1256	**25**	气壮山河	410	**42**	甜酸苦辣	269
9	勾心斗角	1250	**26**	换汤不换药	403	**43**	摇尾乞怜	257
10	呼之欲出	1150	**27**	逆水行舟	399	**44**	污泥浊水	256
11	如痴如醉	1146	**28**	仗势欺人	393	**45**	绣花枕头	229
12	自作自受	1087	**29**	未老先衰	389	**46**	收回成命	222
13	兴风作浪	1014	**30**	发愤图强	382	**47**	何足挂齿	208
14	百年不遇	960	**31**	重整旗鼓	365	**48**	烽火连天	179
15	人心惶惶	740	**32**	青天白日	351	**49**	另眼相待	162
16	深谋远虑	693	**33**	拉帮结派	332	**50**	垂帘听政	157
17	不惑之年	667	**34**	忠贞不渝	317	**51**	食不果腹	154

续表

序号	成语	频次	序号	成语	频次	序号	成语	频次
52	闭口不言	153	**68**	直言无隐	33	**84**	麻痹不仁	9
53	八拜之交	128	**69**	蚍蜉撼大树	32	**85**	鲁莽灭裂	5
54	山河破碎	128	**70**	以柔制刚	29	**86**	七病八痛	5
55	一张一弛	117	**71**	撒娇撒痴	28	**87**	整顿乾坤	5
56	不识大体	116	**72**	娇娇滴滴	24	**88**	阿其所好	4
57	嫉贤妒能	98	**73**	梅妻鹤子	23	**89**	海北天南	3
58	雷声大，雨点小	91	**74**	一点灵犀	22	**90**	击楫中流	3
59	东征西讨	82	**75**	胜负乃兵家常事	21	**91**	向风慕义	3
60	关门闭户	79	**76**	妙语惊人	20	**92**	掩目捕雀	3
61	飞针走线	78	**77**	无所忌讳	20	**93**	拿粗挟细	1
62	偷鸡不着蚀把米	69	**78**	抱恨终天	17	**94**	兵无常胜	0
63	涕泪交流	67	**79**	擦脂抹粉	16	**95**	高义薄云	0
64	开场锣鼓	58	**80**	爬罗剔抉	15	**96**	他山攻错	0
65	谬种流传	57	**81**	咎有应得	14	**97**	挖耳当招	0
66	哀兵必胜	55	**82**	夕惕若厉	11	**98**	压倒元白	0
67	一曝十寒	50	**83**	察见渊鱼	9	**99**	玉碎珠沉	0
						100	咂嘴弄舌	0

如将范围扩大到所有成语，就可以得到《汉语成语词频降序表》。假定按词频高低将成语分为六级，则这 100 条成语对应的频次范围如表 4：

表 4　100 条等距抽样成语频次分段表

频次	2805-2336	2335-1869	1868-1402	1401-835	834-468	467-0
等级	一级	二级	三级	四级	五级	六级

按照这一方法，可以统计出所有成语在语料库中的使用频次，按需要给成语词频排序分级，制定《汉语成语常用度等级表》。

2. 意义透明度等级

人的认知发展顺序是先易后难，在认知上，当事物比较容易和认知心理建立起联系的时候，代表该事物的符号也就更容易为认知主体所理解。成语的意义越透明，认知主体就越容易建立起主客体之间的关系，理解起来就相对容易。相反，词语意义越晦涩，建立认知联系越困难，理解起来也就越困难。

王德春(1983)从语义上将成语分为"组合型""综合型""融合型"三类。潘先军(2006)认为成语字面意义与实际意义关系有三种：相同、引申、比喻。当下还很难做到对意义进行精确计算，所以要分级存在一定困难。但我们认为可以按成语意义的构成方式将成语分为三类并分为三级：一级(A 型)是语素意义加合型，二级(B 型)是思维方式引申型，三级(C 型)是文化信息还原型(当文化信息还原型里含有思维方式引申表义时，以文化信息还原型确定类型，因为此类成语理解难度最大)。下面分别予以说明。

一级(A 型)：语素意义加合型。有的文献也称为"组合型"。我们不用"组合"，因为语言学中的"组合"常有特定内涵，实际上所有成语都是符号序列的组合，而且所有成语无一不需要语素组合作为表义基础。用"加合"更能说明意义构成有直观性，就像是几个语素意义加在一起一样。[5]例如：

“家家户户”：有一定汉语语法知识，知道准量词重叠可以表示遍指，就不难理解“家家户户”的意思就是每家每户。

“五颜六色”：只要知道“颜”“色”两个字（语素）都有颜色义，且“颜色”在这里被拆分了，数字表示“多”，就不难理解“五颜六色”表示各种颜色。

“争先恐后”：“争”表示“争取”“争抢”，“先”表示“向前”或“在前面”，“恐”表示“唯恐”“生怕”，“后”表示“落后”“在后面”，那么“争先恐后”放在一起也就不难理解了。

再如“良师益友”“不甘寂寞”“粗制滥造”“称心如意”“不约而同”“精益求精”“何去何从”“以柔克刚”，只要理解这些成语包含的汉字在成语中的语素义，就能理解成语的意思。这类成语数量不少，可以在成语词典里逐一甄别。

二级（B 型）：思维方式引申型。这类成语通过词语引申方式也就是人们认识世界的思维方式加工而成。这类成语表义没有语素意义加合型那么直接。但我们知道，词语的意义引申途径主要有隐喻和转喻两种，成语作为一类特殊的词语，表义方式也主要有这两种：隐喻是基于对象之间的相似性建立起来的认知方式，换喻是基于邻接关系或同一认知域内部结构的映射，学习汉语时遇到这两种思维方式形成的成语需要更多的认知加工处理努力。词语语义关系类型不同，学生识解难度存在梯级差异，难度序列为“加合型＜概括型＜选择型＜偏义型＜引申型”，“＜”表示“易于”，（刘玉倩、孟凯，2019）。虽然该研究针对的是反义复合词的词义识解，但同样适用于成语的意义类型，这种类型比“加合型”理解难度等级更高。

B1 型：隐喻引申表义型。如：

“吞吞吐吐”：字面上表示嘴部动作“吞”和“吐”的重复，如果按加合型理解，可能是表示吃东西的时候一会儿吞进去，一会儿吐出来，但实际上指的是说话的时候不敢直说，说说停停。字面意义是吃东西，实际意义是说话，中间存在较大距离，但是吃东西和说话都得用嘴，而且欲言又止的样子和吃东西吞进去又吐出来有相似性，这就是用隐喻的思维方式表达实际意义。

“别有洞天”：“洞天”并不指洞窟上面的天空，而是指一种境界。“别有洞天”指另有一种境界。

“夫唱妇随”：字面意思是丈夫唱歌，妻子跟着唱，但实际意思是夫妻互相配合，行动一致，比喻夫妻和睦。

“盲人摸象”：字面意思就是眼睛失明的人摸大象，但实际意义是比喻对事物了解不全面，以偏概全，乱加猜测。

B2 型：转喻引申表义型。如：

“酸甜苦辣”：这就是用部分味道（酸、甜、苦、辣）表示各种味道，属于转喻表义。[6]

“何足挂齿”：字面意义是“哪里值得挂在嘴上？”实际意思是“不值一提，不值得说”。“提”和“说”都有言说义，而“何足挂齿”并无言说词语，只有“齿”和“说话”相关，所以这里用说话器官替代说话，也是转喻用法。

“纨绔子弟”：“纨绔”本指细娟做的裤子，因为富家子弟才穿得起，所以用来指代富家子弟，这也是转喻思维方式表义。

类似的成语如“大动干戈”“大兴土木”“背井离乡”“气冲霄汉”“梨园弟子”“书香门第”“二八佳人”等等。

三级（C 型）：文化信息还原型。这一类型成语指的是那些离开文献或者历史故事就很难理解其真实意思的成语。这些成语的意义无法通过字面意义得知，虽然有的成语意义也有隐喻转喻引申过程，但识解时，首先还得知道成语形成的历史文化信息才能达成。例如：

梁上君子：字面意义可以理解为屋梁上的君子，可是其实际意义指的是“窃贼”，意义是经转喻而来。但为何“梁上君子”表示窃贼呢？不说清楚故事背景就很难理解（汉代陈寔家里夜里来了窃贼，躲在屋梁上，陈寔把他叫作梁上君子。见《后汉书·陈寔传》）。

画蛇添足：字面意义是画了蛇之后，再添上脚。但真实的意思是什么不明确，是表示自作聪明，实际上不聪明吗？是画蛇的人希望蛇有脚吗？意义有很多可能性。只有回到《战国策》里头，才知道表示的意思是“做多余的事，反而不恰当。”

孔武有力：形容勇猛有力量。“孔”是“很”的意思，“武”是“勇猛”的意思，可是“孔”“武”的意思在都不是现代汉语的基本义，理解起来需要古代汉语知识。

汉语文献丰富，因汉字的跨时空能力，汉语里这类成语特别丰富，学习难度相当高。但一般大型成语词典都会对这类成语的来源予以解释，所以要找到这类成语并制作词表，难度不太大。类似成语如“刻舟求剑”“南辕北辙”“卧薪尝胆”“指鹿为马”“负荆请罪”“毛遂自荐”“讳疾忌医”“退避三舍”“一鼓作气”等等。

按照这个方法可以给上面提到的100条成语的意义分级。见表5：

表5　100条等距抽样成语分级表

序号	成语	类型	等级	序号	成语	类型	等级	序号	成语	类型	等级
1	有条不紊	A	一级	3	大有可为	A	一级	5	德高望重	A	一级
2	惊慌失措	A	一级	4	燃眉之急	B	二级	6	心服口服	A	一级

续表

序号	成语	类型	等级	序号	成语	类型	等级	序号	成语	类型	等级
7	金碧辉煌	B	二级	**28**	仗势欺人	A	一级	**49**	另眼相待	B	二级
8	死里逃生	A	一级	**29**	未老先衰	A	一级	**50**	垂帘听政	C	三级
9	勾心斗角	B	二级	**30**	发愤图强	A	一级	**51**	食不果腹	C	三级
10	呼之欲出	B	二级	**31**	重整旗鼓	B	二级	**52**	闭口不言	A	一级
11	如痴如醉	B	二级	**32**	青天白日	A	一级	**53**	八拜之交	C	三级
12	自作自受	A	一级	**33**	拉帮结派	A	一级	**54**	山河破碎	B	二级
13	兴风作浪	B	二级	**34**	忠贞不渝	A	一级	**55**	一张一弛	B	二级
14	百年不遇	A	一级	**35**	前事不忘，后事之师	A	一级	**56**	不识大体	A	一级
15	人心惶惶	A	一级	**36**	坚贞不屈	A	一级	**57**	嫉贤妒能	A	一级
16	深谋远虑	A	一级	**37**	仙风道骨	B	二级	**58**	雷声大，雨点小	B	二级
17	不惑之年	C	三级	**38**	树大招风	B	二级	**59**	东征西讨	C	三级
18	良家妇女	A	一级	**39**	枉费心机	A	一级	**60**	关门闭户	A	一级
19	雍容华贵	C	三级	**40**	孔武有力	C	三级	**61**	飞针走线	B	二级
20	达官贵人	A	一级	**41**	因时制宜	C	三级	**62**	偷鸡不着蚀把米	B	二级
21	成家立业	A	一级	**42**	甜酸苦辣	A	二级	**63**	涕泪交流	B	二级
22	改朝换代	A	一级	**43**	摇尾乞怜	B	二级	**64**	开场锣鼓	C	三级
23	穷途末路	A	一级	**44**	污泥浊水	B	二级	**65**	谬种流传	B	二级
24	装疯卖傻	A	一级	**45**	绣花枕头	B	二级	**66**	哀兵必胜	C	三级
25	气壮山河	B	二级	**46**	收回成命	A	一级	**67**	一曝十寒	B	二级
26	换汤不换药	B	二级	**47**	何足挂齿	B	二级	**68**	直言无隐	A	一级
27	逆水行舟	B	二级	**48**	烽火连天	B	二级	**69**	蚍蜉撼大树	B	二级

续表

序号	成语	类型	等级	序号	成语	类型	等级	序号	成语	类型	等级
70	以柔制刚	B	二级	**80**	爬罗剔抉	C	三级	**90**	击楫中流	B	二级
71	撒娇撒痴	A	一级	**81**	咎有应得	A	一级	**91**	向风慕义	C	三级
72	娇娇滴滴	A	一级	**82**	夕惕若厉	C	三级	**92**	掩目捕雀	B	二级
73	梅妻鹤子	C	三级	**83**	察见渊鱼	C	三级	**93**	拿粗挟细	B	二级
74	一点灵犀	C	三级	**84**	麻痹不仁	B	二级	**94**	兵无常胜	A	一级
75	胜负乃兵家常事	A	一级	**85**	卤莽灭裂	C	三级	**95**	高义薄云	B	二级
76	妙语惊人	A	一级	**86**	七病八痛	A	一级	**96**	他山攻错	B	二级
77	无所忌讳	A	一级	**87**	整顿乾坤	B	二级	**97**	挖耳当招	B	二级
78	抱恨终天	A	一级	**88**	阿其所好	C	三级	**98**	压倒元白	C	三级
79	擦脂抹粉	B	二级	**89**	海北天南	B	二级	**99**	玉碎珠沉	B	二级
								100	咂嘴弄舌	B	二级

按照上述方案划分意义等级的话，100 条成语中，一级（语素意义加合型）和二级（思维方式引申型）成语比例不相上下，各占约 40％，文化信息还原型只占 19％。比例分布见表 6：

表 6　100 条等距抽样成语意义级别占比表

一级	二级	三级
41％	40％	19％

采用这个方法，穷尽调查所有成语，可以制定《汉语成语意义透明度等级表》。

3. 用字区分度等级

虽然成语学习主要安排在中高阶段。但是《课程大纲》在二级的“文化能力”里就对成语学习提出了要求，所以，选用成语时也应该将汉字因素作为参考标准，教学时尽量先安排等级低的，再安排等级高的。成语用字多在四个字以上，以任何一个字的难度作为成语用字难度都不能反映该成语的综合用字难度。分级时，应将多个字放到一起计算。方法是：先将成语用字与《课程大纲》中的《常用汉字表》中的一到六级汉字进行比对，看该成语包含的汉字等级情况（超纲按六级计算），统计某成语汉字数（n），再将其所包含的汉字等级的平均数 w 作为该成语的汉字难度等级，最后四舍五入取整。w 计算公式为：

$$w=\sum_{i=1}^{n} Ri/n$$

例如成语“大有可为”的四个字在《课程大纲》的《常用汉字表》中等级分别是一级、一级、二级、二级，那么这个成语所用汉字的综合等级平均数是 1.5，按四舍五入取整，定为二级。再如“何足挂齿”四个字的综合等级平均数是 4.25，则将“何足挂齿”汉字等级为四级。采用这个方法，可以制定《汉语成语用字等级表》。

四、成语综合等级表

有了上述三个方面的标准和分级为基础，就可以描写每一个成语的综合的等级情况，制定《成语综合等级表》。

下面以上述抽样得到的前 100 条成语为例描写等级。成语频次按 17 条为一级计算，前五级各 17 条，六级剩 15 条。为节约篇幅，每级仅选前 3 条为例，共计选得 18 条。见表 7：

表 7　成语综合等级示例表

序号	成语	频次等级	意义等级	用字等级
1	有条不紊	一级	一级	三级
2	惊慌失措	一级	一级	一级
3	大有可为	二级	一级	一级
4	良家妇女	五级	一级	三级
5	雍容华贵	五级	三级	五级
6	达官贵人	五级	一级	三级
7	前事不忘，后事之师	六级	一级	二级
8	坚贞不屈	六级	一级	四级
9	仙风道骨	六级	二级	四级
10	闭口不言	六级	一级	三级
11	八拜之交	六级	三级	四级
12	山河破碎	六级	二级	四级
13	蚍蜉撼大树	六级	二级	六级
14	以柔克刚	六级	二级	四级
15	撒娇撒痴	六级	一级	六级
16	七病八痛	六级	一级	二级
17	整顿乾坤	六级	二级	六级
18	阿其所好	六级	三级	二级

这样，就可以全面描述某一个成语常用度等级、成语意义等级和成语所用汉字的综合等级，教学中尽量优先安排使用频次高、意义透明度低、汉字等级也比较低的成语。如“有条不紊”和“良家妇女”比较起来，似乎“良家妇女”比“有条不紊”更简单易学，但是“良

家妇女”使用频次很低，一般情况下人们不会用到这个成语，那么教学中优先考虑“有条不紊”更合理。

但是，虽然上述三个方面都是分级的依据，但在分级时其重要性并不等同。就教学来说，最重要的前两个方面（成语常见度和意义透明度）。虽然成语所用汉字情况也重要，但毕竟是第二性的，作为分级参考依据即可。

五、余论

上文就面向汉语国际教育需要研究了从三个方面给的成语分级的可行性，目的在为成语教学提供选词依据。根据这个方案，可以就汉语成语进行一次规模较大的“成语普查”，弄清常用程度、意义类型和使用汉字情况，制定《汉语成语常用度等级表》《汉语成语意义透明度等级表》《汉语成语用字等级表》《汉语成语综合等级表》，这对进一步研究汉语成语、开发成语文化资源，为语言教学和其他工作提供数据支撑有重要意义。

当然，本文的设想并非十全十美。比如本研究只关注了成语的词汇意义，如何使用成语还涉及语法功能方面的问题，需要另行专门研究。

另外，教学和编写教材时并非要严格按照这个等级操作，有时候可以根据教学需要灵活掌握。比如“废寝忘食”这个成语综合难度等级偏高，但常用来表扬学生学习很勤奋，那也可以将“废寝忘食”教学时间前移。再如，为了文化分享的需要，有的成语虽然意义并不透明，但是也可以单独安排教学，在故事讲解中促进学生习得。但无论如何，安排应该有据可循。

注释：

① 成语的范围大小一直存在争议，本文根据商务印书馆《成语大词典》(最新修订版)收录的成语来确定《汉语水平词汇和汉字等级大纲》里的固定语的成语范围，共确认116条。

② 引自曹素冉《对外汉语成语教学研究》，北京师范大学硕士论文，2008。

③ 问题是哪些“最常见”，哪些“最常用”，哪些“常用”，未见言明。常用与非常用之间并无明晰的界限，只有相对常用和相对不常用。

④ 如果按照刘叔新《汉语描写词汇学》的观点看，这一类算不上严格意义上的成语，多是固定语的一类。但是翻开成语词典，此类不在少数，无法回避，所以必须包括在内。

⑤《大词典》共收录成语条目18000余条，本文参考主条和副条(主条如“夸大其词”，副条如“夸大其辞”，其中主条解释下的同义成语、反义成语、近义成语都未计算在内，以避免重复)，统计出《大词典》共收录主条、副条成语11328条。按《大词典》中词条的音序统计A-Z开头的成语数量，计算某一字母开头的成语在11328条成语中的占比，再按音序从A-Z中作等距抽样。按照这个方法，从22个字母(其中“O”开头的字母共计只有四个成语，忽略不计，I与Y归并，U与W归并，无V)中抽取100条成语。

⑥ 如只是表示各种味道，是转喻。按如果比喻幸福、痛苦等各种感受，就是隐喻。不论是隐喻还是转喻，都是双层表意，不影响分级。

参考文献：

[1] 曹素冉.对外汉语成语教学研究[D].北京：北京师范大学硕士学位论文，2008.

[2] 冯艳艳.对外汉语成语教学初探[D].上海外国语大学硕士学位论文，2008.

[3] 国家汉语水平考试委员会办公室考试中心.汉语水平词汇与汉字等级大纲(修订版)，北京：经济科学出版社，2001.

[4] 洪波.对外汉语成语教学探论[J].中山大学学报论丛，2003(2).

[5] 孔子学院总部/国家汉办.国际汉语教学通用课程大纲[M].北京：北京语言大学出版社，2014.

[6] 刘玉倩，孟凯.二语学习者反义复合词词义识解的影响因素[J].汉语学习，2019(3).

[7] 陆俭明.汉语走向世界的一些思考[J].上海财经大学学报,2004(1).
[8] 潘先军.简论对外汉语教学中的成语问题[J].汉字文化,2006(1).
[9] 石琳.留学生使用汉语成语的偏误分析及教学策略[J].西南民族大学学报(人文社科版),2008(6).
[10] 石琳.基于中介语语料库的成语使用偏误分析[J].社会科学家,2008(2).
[11] 王德春.词汇学研究[M].济南:山东教育出版社,1983.
[12] 魏庭新.外国人学习汉语成语的难点及对策[J].云南师范大学学报(对外汉语教学与研究版),2007(2).
[13] 杨晓黎.由表及里,形具神生——对外汉语成语教学探论[J].安徽大学学报,1996(1).
[14] 张永芳.外国留学生使用汉语成语的偏误分析[J].语言文字应用,1999(3).
[15] 张露.对外汉语成语分级教学研究[D].扬州大学硕士学位论文,2014.

附1:《汉语水平词汇和汉字等级大纲》中的129个成语

百花齐放	百家争鸣	半途而废	半真半假	暴风骤雨	不辞而别
不卑不亢	不正之风	不相上下	不知不觉	层出不穷	诚心诚意
成千上万	粗心大意	川流不息	从容不迫	大公无私	大同小异
大有可为	得不偿失	东奔西走	独立自主	发奋图强	发扬光大
改邪归正	格格不入	各奔前程	各式各样	根深蒂固	供不应求
归根到底	浩浩荡荡	轰轰烈烈	合情合理	画蛇添足	家喻户晓
坚贞不屈	接二连三	津津有味	兢兢业业	精打细算	精益求精
敬而远之	举世瞩目	举世闻名	聚精会神	开天辟地	可歌可泣
可想而知	理直气壮	理所当然	乱七八糟	美中不足	门当户对
面面俱到	名副其实	莫名其妙	目中无人	弄虚作假	萍水相逢
奇花异草	七嘴八舌	岂有此理	恰到好处	恰如其分	千方百计
千军万马	前所未有	全力以赴	全心全意	热泪盈眶	如醉如痴
三番五次	十全十美	实事求是	思前想后	似是而非	四面八方
随时随地	损人利己	探头探脑	滔滔不绝	讨价还价	天长地久

投机倒把	万古长青	万水千山	微不足道	无可奉告	无可奈何
无论如何	无能为力	无情无义	无微不至	无所作为	显而易见
想方设法	小心翼翼	新陈代谢	欣欣向荣	兴高采烈	循序渐进
一路平安	一毛不拔	一技之长	一哄而散	一概而论	一帆风顺
一干二净	饮水思源	引人注目	永垂不朽	有声有色	斩钉截铁
斩草除根	朝气蓬勃	朝三暮四	争先恐后	指手画脚	众所周知
诸如此类	自负盈亏	自力更生	自始至终	自私自利	自相矛盾
自言自语	总而言之	总的来说			

附 2:《等级大纲》和《课程大纲》共有的 37 条成语

实事求是	莫名其妙	千方百计	小心翼翼	理所当然	众所周知
自力更生	无能为力	全力以赴	想方设法	供不应求	名副其实
理直气壮	新陈代谢	总而言之	恰到好处	热泪盈眶	聚精会神
滔滔不绝	归根结底	家喻户晓	津津有味	一帆风顺	斩钉截铁
根深蒂固	争先恐后	兢兢业业	朝气蓬勃	精益求精	无微不至
欣欣向荣	精打细算	得不偿失	不相上下	半途而废	川流不息
岂有此理					

（作者单位：湖北师范大学文学院，湖北黄石，435109）

成语的文化特征与对外汉语成语教学

曾　柱

一、绪论

语言是文化的一个重要部分，对文化起着重要作用，同时，语言又是文化的载体，一个民族的价值观念、是非标准、社会习俗、心理状态、思维方式、审美情趣等文化因素都能从语言中得以体现。可以这样说，不同民族的语言即是不同文化的特异性表征。正因为语言和文化之间的密切联系，在对外汉语教学中导入文化因素已经成为学者们达成的共识，正如张德鑫先生提出的，“对外汉语教学的最佳模式就是语言文化一体化教学，将文化教学渗透、融化在语言教学之中。”（张德鑫，1996）在语言的诸多要素中，语汇是社会文化最直接的投射，而成语又是语汇中不可或缺的部分。从形式上来看，成语的结构和组成成分比较固定，语义内涵丰富，在语法功能上，相当于一个定型的词组甚至短句，与一条普通的词语相比，成语所包含的信息量无疑更大，成语也就比一般的语汇更能突出地表现出汉民族的文化内涵。因为语汇的信息量越大，其文化的负载量也就越大。（李大农，1996）此外，与一般的词语相比，成语大多来源于古代，由古代的神话传说、寓言故事、历史故事或名家名篇凝练而来，经几百年甚至上千年语言发展的不断筛选与锤炼，是传统文化精品的沉淀与传承。至今仍存活在现代语汇中的成语，无疑是语言文化中的“活化石”。不论是在形式上，还是在内容上，成语都充分展现了汉语言的文化内涵，因此，在对外汉语的成语教学中，我们可以以成语的形式与内容两方面所展现出来的文化特征为着眼点，留学生在习得成语这两个方面文化特征的同时，也能更深入地了解汉民族的文化，另外，还能提高他们学习成语、学习汉语的兴趣，以及更好、更快、更准确地习得成语，从而更好地实现我们的教学目标。

二、成语的形式特征与对外汉语成语教学

（一）成语的四字格形式

从以往的研究成果来看，大多数学者的意见都倾向于将四字格视为成语的基本形式。（周荐，1997）通过查阅检索国家汉语水平考试委员会考试中心编写的《汉语水平词汇与汉字等级大纲（修订本）》（以下简称《词汇大纲》），结果发现，在《词汇大纲》所列出的8822个词语中，成语也多为“四字格”，有140条，而且多属于丁级词。（甲级：0条；乙级：2条；丙级：19条；丁级：119条）比如，乙级词成语：“实事求是”“力所能及”；丙级词成语：“成千上万”“粗心大意”“一路顺风”“聚精会神”“能歌善舞”等；丁级词：“百花齐放”“暴风骤雨”“不言而喻”“川流不息”“从容不迫”等。所以在留学生的成语教学中，我们基本上可以将“四字格”作为成语的一个重要特点传授给学生。[①] 当学生对成语有一定程度的了解之后，我们就可以通过总结归纳的方式告诉他们成语这一重要的形式特征，而且成语的四字格形式相对固定，字的顺序也不能随意改变，某一个字也不能随意替换或者删减，学生对成语的这些形式特征应该有充

分的了解。[②]从北京语言大学 HSK 中介语语料库中所收集的考生作文答卷中的例子来看，学生在使用成语时会出现一些形式上的偏误，例如，“对于一些不治症的病人，可能‘安乐死’。”中“不治症”一词少了一个“之”。又如，“但是我觉得孩子仍然是父母的一部分，父母的一举手一动都影响到孩子，我希望家长们千万别忘这一点。”中“一举手一动”又多了“手”。“我听过、看过他们的背后，蕴含着苦酸甜辣。”中本应是“酸甜苦辣”，却变成了“苦酸甜辣”，顺序发生了改变，这都是对成语多为“相对稳定的四字格”这一形式特征理解不透彻造成的。

（二）成语文雅、古朴的特点

周荐（1997）从四字格成因的角度切入，详谈了雅言对四字格形成的影响。四字格最初确立是以《诗经》（也包括其他一些经书）的某些原句作为基础的。“四字格语式确立之后，《诗经》和其他一些经书中既有的语句就为后人仿拟创造四字语提供了范式和可供借鉴、袭用的语言材料。”所以，四字格的成语往往融入了许多典雅、古朴的语素成分。为了让学生对成语的“四字格”形式有更深层次的理解，更好地运用它们，我们可以给他们介绍成语的来源以及形成过程，让他们知道成语为什么会是这种四字格的形式。具体做法如下：首先，我们可以给出一些相对简单的例子，比如，“窈窕淑女”“投桃报李”“目中无人”“以卵击石”“有的放矢”等等，让学生从语言的角度找出这些成语中文雅的成分，进一步总结归纳出大多成语比较文雅这一特点，有的是整个成语比较文雅、古朴，如“窈窕淑女”，有的是成语中的个别语素比较古朴、典雅，如“目中无人”中的“目”“无”，“有的放矢”中的“矢”“的”，从中可以看出成语多用于书面语，是一种雅言。以此为基础，再给学生介绍成语四字格形成的原因——最初确立多以《诗经》(也包括其他一些经书)的某些原句作为基础的。至于其形成的方式,我们也可以给学生简单地介绍。受《诗经》以及一些经书的影响,有的成语因其本身为四字格而被直接援用,如“如释重负”援用于《穀梁传·昭公二九年》;有的把较长句子精简压缩,变成四音节成语,如“胸有成竹”出自苏轼《文与可画筼筜谷偃竹记》:“故画竹,必先得成竹于胸中。”又如“患得患失”,出自《论语·阳货》:“其未得之也,患得之;既得之,患失之。”还有的是把出处不同,而意思相关的两音节词合在一起,构成四音节成语。如“屏气凝神”则出自《论语·乡党》中“屏气似不息者”与《庄子·达生》“用志不分,乃凝于神”。另外,也有成语是从寓言故事归纳成四字格形式,如,成语“拔苗助长”出自《孟子·公孙丑上》:“宋人有闽其苗之不长而揠之者,茫茫然归,谓其人曰:‘今病矣,予助苗长矣!’其子趋而往视之,苗则槁矣。”学生对于成语语言形式上这种“古朴、文雅”特点的掌握,也有助于减少成语使用的偏误。比如,“王族从来没有打过工,没有职业、钱,他们美其名叫‘王族’”。句子中“美其名叫”应为“美其名曰”,因为“曰”比“叫”更为典雅、古朴。

(三)成语的“对称机制”

大家知道,对称机制是语言机制之一,在汉语中有相当突出的表现,正如伍铁平教授所指出的:“在语言中更是充满了对称。在汉语中,众所周知,对联都是对称的。诗词格律,包括对仗、节奏、平仄、头韵、尾韵等,也都有对称的机制在起作用。”(伍铁平,1993)古诗词中对称机制的运用自不必说,如“明月松间照,清泉石上流。”(王维《山居秋暝》)、“落霞与孤鹜齐飞,秋水共长天一色。”(王勃《滕王阁序》)等,这样的名篇名句之所谓能够千古吟诵,让人记忆深刻，不能不说对称机制在其中起了不小的作用，而语言中的这种对称机制在成语里表现得尤为突出。从内部结构来看，汉语成语以单音词为主，各成分之间特别讲究对称。[3]在留学生的教学中，我们同样也应该将汉语成语中所蕴含的汉民族历史文化积淀——对称机制传达给学生，让学生了解对称性在构成成语（特别是四字格成语）时所起的作用。比如，兴高——采烈、四面——八方、自言——自语、万水——千山、多劳——多得、有口——无心、指手——画脚，等。再以"天"为首的成语为例，有"天长地久""天长日久""天翻地覆""天高地厚""天荒地老""天罗地网""天南地北""天涯海角""天灾人祸"等等。通过学习成语的对称机制，让学生感受到汉语里的对称文化，同时也能让学生对这些有对称机制的成语记忆得更牢，在言语交际的时候，避免一些错误。比如，"原因很简单，年轻男女在少年成长过程中，必会经历一些酸甜苦与辣。"句子中的成语"酸甜苦与辣"应为"酸甜苦辣"。

（四）成语的韵律文化

从成语的语音上看，我们可以通过成语的抑扬顿挫、讲究平仄、重叠、叠用等让外国留学生感受汉语的韵律文化。如"重言（叠音）"类成语，这类成语读起来朗朗上口，有很强的节奏感，给留学生介绍成语的重言音节时，可以让学生来读一读，在读的过程中让学生说说这些成语音节上的特点，从而让大家感受这种音节构成的成语所具有韵律美。我们还可以给学生介绍"重言（叠音）"类成语的两种类型。一种为"重言＋重言"，如，唯唯诺诺、兢兢业业、浩浩荡荡；另一种为一二音节或三四音节为重言的，如，沾沾自喜、娓娓动听、逃之夭夭、小心翼翼、兴致勃勃，等等；另外，双声类的成语如，雄心壮志、琳琅满目、淋漓尽致；叠韵类成语如，道貌岸然、欢天喜地、招摇撞骗。不管是重言，双声还是叠韵，学生都能从中体验成语所蕴含的韵律文化。当然，成语韵律美还体现在平仄的运用丰富，如，平平仄仄类，如同床异梦、同舟共济，仄仄平平类，如海誓山盟、望子成龙，等等，另外还有“平仄平仄”“仄平仄平”，等等。成语这种平仄的运用所体现的韵律文化相对来说比较抽象，对于学习中文专业的留学生可以作详细介绍，但对于其他的留学生来说，平仄会比较难于理解，我们根据学情作选择性地讲解。

三、成语的文化内涵与对外汉语成语教学

上文我们简要地探讨了成语外部形式所体现出来的文化特征与对外汉语成语教学，留学生在学习的过程中可以了解汉语成语所体现的文化特征，而对这些文化特征的熟练掌握也能帮助他们更准确地使用成语，当然也能够更深入地了解中国文化。成语的文化性更主要地体现在其内容上，接下来，我们来看看成语的文化内涵与留学生的成语教学。成语作为汉语词汇宝库的精华，作为民族文化的载体，形象、生动地反映着丰富的语言内容和深邃哲理，表现了汉民族文化的基本内容，汉民族独特的心理结构、思维方式、审美情趣和价值体系。对于成语意义内容展现出来的文化特征，以往很多学者有过阐述。如，李大农(1994)从精神文化与物质文化这两个层次出发，探讨成语中的文化内涵；封小雅(2002)分析中国古代社会物质文化、行为文化和观念文化在汉语成语中的体现。在留学生的成语教学中，我们不仅可以给学生展示汉语成语中所蕴含的文化内涵，让他们对中国的文化有更深刻的理解，更重要的是我们可以利用汉语成语的文化内涵，来指导留学生的成语教学。

（一）从成语的文化内涵去了解丰富的中国文化

通过成语教学，我们可以让留学生了解汉语成语中蕴含的文化内涵，了解更多的中国文化，而这种文化知识的渗透也能提高他们学习汉语的兴趣。比如，与“日”有关的成语，中国古代，“日”是被神化了的对象，“后羿射日”“夸父逐日”等神话故事，都说明那个时代人们对太阳的认识还不够全面，因而赋予了太阳神话般的色彩，带有超自然的力量。另外，因为太阳是人类较早认识的一种重要自然现象，所以很多带“日”的成语与古代的天文历法文化有关。如“日上三竿”“日长一线”反映了当时人们对天文历法的粗浅认识，“日上三竿”是太阳升起看起来有三根竹竿那样高，形容太阳升得很高，时间不早了，多用来说人起床太晚，而“日长一线”指冬至以后白昼渐长。学生通过这些成语意义的学习，既能了解中国古人对太阳的认识，同时对中国古代的天文历法文化会有一定的了解。又如，在介绍“粗茶淡饭”“茶饭不思”两个成语的时候，可以给学生解释为什么“茶”常常会在成语中出现，这与中国的茶文化有很大关系。我国自古盛产茶叶，是茶的故乡，茶的历史也十分悠久，而茶与饺子、豆腐更是被并称为中国三大国粹食品。古往今来，文人与品茶结下了不解之缘，“琴棋书画诗酒茶”乃古代文人的七件雅事，就像百姓生活“柴米油盐酱醋茶”那样重要。“粗茶淡饭”“茶饭不思”将“茶”与“饭”并称，可见“茶”的重要地位。

留学生从成语里可以了解丰富的中国文化知识，老师还教学的过程中还应启发学生进一步思考，让他们去体会成语里展示出来的中国文化与自己国家的文化有哪些不同。如中西方对于一些关于动物的看法、褒贬不一在成语中的体现，以“狗”为例，英国人一般都对狗有好感，人的生活和美好的事物也常常和狗有关，含褒义，如用“lucky dog”来形容幸运儿，用“a top dog”来比喻出色的、重要的人，用“Love me, love my dog”来指“爱屋及乌”，用“Every dog has his day”来说明风水轮流转，凡人皆有得意时。而汉语中许多关于狗的成语多带贬义，都给人们不好的联想，如“狗血淋头、狗仗人势、狗眼看人、狼心狗肺”等。又如，英语中的“mouse”却可喻指姑娘、女人，“mouse and man”可指众生，“as quiet as a mouse”喻文静如鼠，而“rat”在美国俚语中可指大学新生。但是，汉语中关于“鼠”的成语大都带有明显的贬义色彩，如“贼眉鼠眼、鼠目寸光、胆小如鼠、抱头鼠窜”等，甚至还有“狗盗鼠窃”这样的成语。通过将汉语成语中的文化知识与自己国家中文化进行比较，学生的学习兴趣会得到提高，对于成语的记忆会更牢，理解也会更深。

（二）成语的文化内涵在成语教学中的运用

成语本身所蕴含的文化内涵不仅可以帮助留学生更好地了解中国文化，另外，我们还可以将其运用到教学，帮助留学生更好地理解和运用成语。留学生在课堂上习得成语主要有两种情形，一是从开设的成语专题中习得；二是从一些其他的汉语课，比如从综合课，听说读写等技能课中去学习成语。对于第二种情况，根据《词汇大纲》中所列的成语等级我们可以知道，绝大多数成语出现在中高级阶段，教材中的成语往往都是逐个出现，不成系统，潘先军(2006)认为，“《词汇大纲》收入百余条成语，数量不多，但它是按序排列的，收入的成语大多为丁级词，而我们的中高级阶段对外汉语教材里，出现了大量成语，这些成语是依照什么顺序出现的，甚至该不该出现就无据可依了。”另外，《词汇大纲》以及教材中出现的成语数量也十分少，如《词汇大纲》所列出的 8822 个词语中，成语有 140 条，约占 1.6%。基于此，我们可以采用第一种方式，在中高级阶段给留学生开设成语专题。④

汉语成语在现实生活交际十分重要，对于中高级阶段的留学生，特别是高级阶段的留学生，掌握一定数量的成语是非常有必要的，但是成语的熟练掌握并非一件容易的事，那么如何能够让那个留学生更快更准确地掌握它们，是我们需要思考的问题。我们可以从成语的文化内涵着眼，选取不同文化主题的成语，给留学生开设专门的成语课程，从大的角度来看，比如行为文化、观念文化、宗教信仰、衣食住行等在成语中的体现，从小的角度来看，比如“龙”“竹”“茶”“狗”“鼎”“日”“月”等不同的小主题的成语教学。通过相同文化主题成语的学习，学生既能对同一文化主题成语的共性有深刻的了解，也能了解以这一文化主题为中心的各成语所反映出来的不同文化侧面。以“竹”文化的成语教学为例，我们首先可以以竹子的特点来导入，让学生来讨论一下竹子的特点，在生活中的用途，等等。然后总结归纳竹子在人们生活中的地位和作用。作为生长于中国境内最古老的一种花木，竹子四季常青，生命极强，在汉民族的生活中，一直占据着十分重要的地位。汉语中与“竹”相关的成语与汉民族自然生活的环境，早期人们的物质生活以及精神生活都有着千丝万缕的联系。在纸发明并普及以前，人们一直都以竹简书写材料，比如成语“残编断简”“罄竹难书”“著于竹帛”这几条成语中的“简”“竹”都指竹简。当学生了解到竹简曾经是一种书写材料的时候，再来了解这几个成语也不是问题，特别应该给学生详细讲解的是“罄竹难书”，“罄”是“尽、完”的意思，形容罪行多得写不完。另外，在导入中讨论竹子的用途时，学生容易联想到竹子可以用来做乐器，的确，很多民族乐器也都是用竹制成，由此汉语里也产生了很多相关的成语，如“哀丝豪竹”“吹竹弹丝”“金石丝竹”“滥竽充数”“击节称叹”中的“竹”“竿”“节”都是古时用竹制成的乐器。而生活中的竹如“雨后春笋”“日上三竿”“青梅竹马”等。竹笋的生长极为旺盛，人们就用“雨后春笋”来比喻新生事物蓬勃涌现，古人还利用竹竿影子的长短来测定时间和节气，“日上三竿”就与此相关。“青梅竹马”，语出李白《长干行》之一：“郎骑竹马来，绕床弄青梅。”后以“青梅竹马”形容男女儿童之间两小无猜的情状。另外，竹子柔中带刚、枝弯不折、生而有节，所以是中国美德和君子的象征，古今文人墨客对竹充满了赞美，中国人大多有这种竹情节，竹也从一种文化意义演变到了一种民俗的意象，“竹报平安”常用来祝福平安吉祥。国画中的竹常以水墨表现竹的形象与气韵，墨竹画在写意花鸟画中占有重要位置，其笔墨特征是以书入画、骨法用笔，“胸有成竹”就是苏轼提出的画竹理论之一，画竹要“成竹在胸”。通过“竹”为文化主题的成语的学习，学生会对汉民族心目中的“竹”文化有着更深刻的理解，同时，“竹”本身具有不同的文化意义，这些都能在与“竹”有关的成语得到反映，将这些成语放在一起学习，更能提高学习效率，利于学生掌握。

四、小结

成语的文化特征表现在形式和内容两个方面。形式上如四字格特征、对称机制、韵律等方面都是中国文化的体现，同时，成语作为汉语词汇宝库的精华与民族文化的载体，语言形象、生动，是语言文化的“活化石”，同一般的汉语词汇相比，其文化蕴含更加典型、丰富。在留学生的成语教学中，我们应该紧紧抓住成语的形式和内容两方面表现出来的文化特征，将它们运用到教学中去，让他们对中国文化有更深刻的理解，也让他们更好地去掌握、理解和运用这些成语，从而更好地实现我们的教学目标。

附注：

① 学界对于成语的界定有不同的看法，但从形式上来看，四字格是成语的主要格式，这是大家公认的，将四字格定为成语的基本格式贯穿于留学生的成语教学，也利于学生更好地掌握。

② 当然，有的成语会存在不同的形式，比如“千疮百孔”——“百孔千疮”，“离乡背井”——“背井离乡”，“半夜三更”——“三更半夜”。

③ 温端政先生将成语归结为“二二相承”，其中很重要的原因就是由于这种对称机制在起作用。

④ 对于第二种方式，在其他汉语课上的成语教学，也可以从成语的文化性着眼，让学生在了解成语文化背景的基础上，去理解成语的本义以及比喻义等。比如，成语“画蛇添足”出自寓言故事，我们可以通过讲故事的方式让学生了解成语的来源，本义，然后在说它的比喻义“后比喻做了多余的事，不但没有好处，反而不合适。也比喻虚构事实。”

参考文献：

[1] 封小雅.成语中的文化因素[J].语言研究，2002 年特刊.

[2] 李大农.成语与中国文化[J].南开学报，1994(6).

[3] 潘先军.简论对外汉语教学中的成语问题[J].汉字文化，2006：54—57.

[4] 王化鹏.汉语成语中的历史文化积淀[J].烟台师范学院学报(哲社版)，2001(4)：82—85.

[5] 伍铁平.普通语言学概要[M].北京：高等教育出版社，1993.60—61.

[6] 张德鑫.中外文化漫议[M].华语教育出版社，1996：89.

[7] 张永芳.外国留学生使用汉语成语的偏误分析[J].语言文字应用，1999(3)：25—30.

[8] 周荐.论成语的经典性[J].南开学报，1997(2)：29—35.

(作者单位：陕西师范大学国际汉学院，陕西西安，710062)

HSK大纲及对外汉语教材中汉语语汇的收语问题
——基于现代汉语惯用语的收语情况的研究

刘　嵚

一、研究背景

汉语水平考试(简称HSK)是为测试母语非汉语者的汉语水平而设立的一项国际汉语能力标准化考试。为该考试而设计的汉语水平考试大纲在对外汉语教学中具有重大的指导意义,是教学总体设计、教材编写、课堂教学和成绩测试的重要依据。大纲分新旧两版,《汉语水平词汇与汉字等级大纲》(以下简称旧大纲)于1992年推出,共收词语8822条,按难度由低到高分为甲、乙、丙、丁四个等级。在吸收旧大纲优点并考虑海内外教学实际的基础上,国家汉办孔子学院总部于2009年正式推出《新汉语水平考试大纲》(以下简称新大纲)。新大纲包括《汉语水平词汇等级表》,其所收的5000条词语按难度被分为1-6级。这一词汇表是在原有的《汉语水平词汇和汉字等级大纲》基础上经过科学论证和反复修改发展而来,是对外汉语教学的重要依据。新HSK在1-6级这种不同等级考试的难度控制上，主要以词汇题型为重要控制因素，所以新 HSK 首先是“词本位”的，同时也兼顾“字本位”。这就对大纲和各种教材中词汇的选择提出了重要的任务——要充分考虑选词的范围、频度、等级和规范。

综观 HSK 大纲和对外汉语教材，其中都活跃着一定数量的汉语语汇，而语汇在汉语人群中的日常交际，尤其是口语交际中占有相当大的比例，因此在对外汉语教学中进行语汇的教学是十分重要且必要的。

对这一问题的研究从旧大纲问世以来就一直受到学者们的关注，不断有研究对大纲中的选词频度、词语切分、词性标注、词汇量、词语分级、词义及体例规范等方面进行论述。但大多数论文主要集中在对旧大纲中问题的分析上，如指出：大纲选词频度应借鉴大型的语料库和采用更科学的统计方法，存在因兼类问题错收和漏收的问题，词汇量偏低，对词汇频度统计的错误造成分级体例不利于认知规律的发展，以及词义标注不明等问题。以上的研究基本都是围绕旧大纲的整体设计进行的，部分论文关注到其中某类词性词语的体系问题。而针对与“词”并立的语汇问题进行论述有李红印(2005)《〈汉语水平词汇与汉字等级大纲〉收“语”分析》一文，该文中作为研究对象的“语”包括了固定格式、惯用语、成语以及一部分成分性质较复杂的语言单位，文章指出，对外汉语教学中应明确建立“语素(汉字)”“词”和“语”三级语言教学单位，还应当根据语言教学的实际需要增加对谚语和歇后语的收录。李明(2013)《近 20 年来对外汉语词汇教学研究》明确指出，现有研究中存在的不足之处，第一点就是“熟语”教学研究的空缺。文章认为“汉语词汇系统由词和熟语两大部分构成，熟语包括成语、惯用语、谚语、歇后语等。熟语结构特殊且蕴含一定的文化因素，一直是词汇教学中的重点和难点之一。然而，目前有关这方面的研究，诸如熟语怎样诠释、教学大纲对熟语的选择和确定、学生熟语习得调查及留学生专用熟语词典的编制等，都比较欠缺。尽管语块研究受到了人们的重视，但是由于语块的构成范围还并不明确，因此，当人们研究语块时，更多地关注惯用搭配，对具有汉民俗文化特征的熟语的研究反而有所忽视”。

二、HSK 新旧大纲及对外汉语教材中收语情况的分析

2.1 HSK 新旧大纲中收语情况的比较及其存在的问题

2.1.1 HSK 新旧大纲中收语情况的比较

就现行 HSK 大纲和对外汉语教材中收词的情况来看，并未对词和语进行有效的区分，而是将词汇和语汇归入一个整体的词汇观中进行设计。这是因为，长期以来学界对“词”和“语”一直混同，没有进行区分，“词汇”和“语汇”的概念也没有清晰的界限，“语汇”这一语言单位常常被包括在“词汇”中，作为词汇的一个特殊组成部分。而随着汉语语汇学的建立和语词分立概念的提出，“语”作为一种与“词”相区别又相联系的独立的语言单位，和“词”一样，同属于语言的建筑材料；在结构上，语是大于词的语言单位。对“语”的掌握和使用是对“词”的掌握和使用的扩展，因此，我们在这一基础上对 HSK 大纲和教材的选语情况进行考察，将其纳入大纲选语体系，提出相应的理论设想和具体的实践指导。

汉语教学，包括汉语母语教学、对外汉语教学及中国少数民族汉语教学，从广义上看，是建立在汉语语言要素和汉语文化要素的教学上的；从狭义上看，汉语教学就是对汉语语言要素的教学。语

言是一个符号系统，这个符号系统是由语音、语义、语法和词汇四大要素构成的，即使在强调功能教学的今天，仍受到重视，因为它们是表达功能的手段。在这四要素中，语义通过词汇形式表现出来，教学上贯穿在词汇教学当中。这里所说的词汇是广义上的词汇，是传统语言学认为的词以及固定短语的总和。而我们要明确的是，词和语是不同的语言单位，词属于词汇系统，语属于语汇系统，语汇是比词汇高一级的语言单位。在这一思路的指导下，语汇教学也应该是与语音教学、词汇教学、语法教学并驾齐驱的语言教学要素。

下面，我们对现代汉语语汇在新、旧 HSK 大纲中的收语情况进行比较。

从内容来看，旧大纲一共收词语 8822 个，分甲、乙、丙、丁四个等级。其中，甲级收词语 1033 个，乙级收词语 2018 个，丙级收词语 2202 个，丁级收词语 3569 个。从对外汉语教学实际出发，旧大纲“同时选进了一部分常用的大于词的短语、结构及成语和习用语”（引自旧大纲第 16 页），这些成分没有标注语法属性。

根据“语”的性质和特点及其分类，我们检索了旧大纲中的 8822 个词语，将固定格式（如“不是……而是……”“一方面……另一方面”“越……越……”）、某些大于词却无法归入“语”的惯用法（如“总而言之”“进一步”“由此可见”）等排除在外，统计旧大纲 8822 个词语中属于语汇单位的情况如下：

1. 甲级实际收语 4 个，都为惯用语 4 个，成语、谚语、歇后语未收。如：

惯用语：开玩笑、没关系、没意思、有意思。

2. 乙级实际收语 5，其中惯用语 3 个，成语 2 个，谚语、歇后语未收。如：

惯用语：不好意思、不要紧、看样子；

成语：力所能及、实事求是。

3. 丙级实际收语 29 个，其中惯用语 13 个，成语 16 个，谚语、歇后语未收。如：

惯用语：不像话、出难题、出洋相、打交道、打招呼、开夜车、闹笑话、闹着玩儿、伤脑筋、无所谓、有两下子、走后门儿、走弯路；

成语：成千上万、粗心大意、各式各样、画蛇添足、聚精会神、能歌善舞、千方百计、四面八方、万古长青、无可奈何、兴高采烈、一路平安、一路顺风、自始至终、自相矛盾、自言自语。

4. 丁级实际收语 127 个，其中惯用语 5 个，成语 122 个，谚语、歇后语未收。如：

惯用语：爱面子、半边天、大锅饭、发脾气、铁饭碗；

成语：按劳分配、百花齐放、百家争鸣、半途而废、半真半假、暴风骤雨、不卑不亢、不辞而别、不相上下、不言而喻、不正之风、不知不觉、层出不穷、诚心诚意、川流不息、从容不迫，等等。

从以上的数据可以看到，在旧大纲中对汉语语汇中各语类的收录呈现出不均衡的面貌，惯用语的数量从甲级到丁级基本形成抛物线状，由甲到丙基本呈上升趋势，在丙级达到波峰，之后有所下降；成语的收录情况则不同，从甲级到丁级形成持续的上升趋势；而谚语和歇后语这两个语类则完全没有收录。从大纲中整体收语的情况来看，从甲级到丁级的收语呈递增趋势，“语”所占比例的多少是编写者着意体现词汇等级难度的一个标准。

与之相对比，新大纲一共收词语 5000 个，一级 150 个，二级 300 个，三级 600 个，四级 1200 个，五级 2500 个，六级 5000 个，每一级都包括了上一级的词汇内容。以新词汇大纲一、二、三级词汇与旧词汇大纲比较为例：

新大纲一级词汇 150 个中属于甲级词的有 136 个；属于乙级词的有 4 个；属于丙级词的有 2 个；没有属于丁级的词语；旧大纲里没有的词语有 8 个，无汉语语汇成员，其中“不客气”应为惯用法。二级词汇 300 个中，除了包括一级的 150 个词外，另新增了 150 个词。将新增的这 150 个词与旧大纲相比较，其中属于甲级词的有 131 个；属于乙级词的有 12 个；属于丙级词的有 2 个；没有属于丁级的词语。旧大纲里没有的词语有 9 个，无汉语语汇成员。三级词汇 600 个，除了包括二级的 300 个词外，另新增了 300 个词。将新增的这 300 个词与旧大纲相比较，其中属于甲级词的有 208 个；属于乙级词的有 68 个；属于丙级词的有 9 个；属于丁级词的有 4 个。旧大纲里没有的词语有 11 个，无汉语语汇成员。

新大纲一至五级的词汇总和为 2500 个，与旧大纲丙级 2202 个的词汇数量基本持平，属于汉语初中级水平的词汇量。新大纲四级、五级分别增加了旧大纲里没有的 32 个和 104 个词语，其中只有五级中增加的“名胜古迹”一个是成语，属于汉语语汇成员。

旧大纲甲乙丙三级共 5253 个词语在新大纲中删除的情况为：甲级中去掉的词语有 262 个，其中惯用语 2 个：“没意思、有意思”。乙级中去掉的词语有 748 个，其中惯用语 1 个：“看样子”。丙级中去掉的词语有 1114 个，其中惯用语 9 个：“出难题、开夜车、闹笑话、闹着玩儿、碰钉子、无所谓、有两下子、走后门儿、走弯路”；成语 11 个：“成千上万、粗心大意、各式各样、能歌善舞、四面八方、万古长青、一路平安、一路顺风、自始至终、自相矛盾、自言自语”。

2.1.2 HSK 新旧大纲中收语存在的问题

根据新旧大纲中收语情况，可以看到，其收语依然存在如下问题：

第一，新旧大纲收语都存在不平衡的现象。旧大纲中成语(140 个)占到所有“语”类成员总量(165 个)的 85%，惯用语(25 个)占总量的 15%，而谚语和歇后语完全没有收入大纲。新大纲中这一问题不仅没有得到改善，反而在整体词汇量减少 3000 多个的情况下，语汇成员也有相应的缩减，体现最为明显的是在惯用语的收语上，新大纲删除了旧大纲中的惯用语 17 个，仅剩 8 个，占词汇总量(5000)的 0.16%，而新旧大纲惯用语的删除率高达 68%，成语中删掉一些具有某个特定时代特征的成员，如“按劳分配，百花齐放，百家争鸣，不正之风”等，剩 113 个，占词汇总量(5000)的 2.26%。谚语和歇后语依旧没有收录。整体上，汉语语汇在整个新大纲词汇总的占比仅为 2.42%，其总占比极小，但在新 HSK6 级考试中，却不是无足轻重的。

第二，新旧大纲都存在收语标准不明确的问题，带有某种程度的主观性和随意性。这种随意性首先表现在对语的界定模糊不清，由于没有富有指导性的理论为依据，造成了语和非语成分的混淆，四字格词语或词组与成语纠缠不清，三字格词组或惯用法与惯用语纠缠不清等。其次，大纲对“语”只是收录，并未标注语类，模糊了不同语类的区别性特征和语用功能，造上了教学上的困难。

2.2 HSK 教材中收语的情况及存在的问题

汉语语汇在新大纲中出现的等级相对较高，通常集中在 5-6 级，即中高级水平的考试中，这也符合对外汉语教学和留学生习得汉语的规律。根据这一特点，我们以惯用语为研究对象，重点考察了目前使用范围较广、使用率较高、影响较大、知名出版社出版的中高级对外汉语教材(包括口语、精读、读写等系列教材)，共计 50

部教材及1部HSK习题集(见附录)中的收语情况。

据统计，以上50部中高级对外汉语教材和1部HSK习题集中，符合我们判定标准的惯用语共132条(按音序排列)，见下表1：

表1 50部本教材及1部HSK习题集中收录惯用语统计表

字母	惯用语	数量
B	不像话、抱粗腿、抱佛脚、背黑锅、绊脚石、做表面文章、做白日梦、不管三七二十一、八九不离十、搬起石头砸自己的脚、耍笔杆子	11
C	出难题、出洋相、穿小鞋、撑门面、吃大锅饭、吃定心丸、吃后悔药、吃闭门羹、吃不了兜着走、吃鸭蛋、炒鱿鱼、吹牛皮、唱高调、吃了豹子胆、唱反调、炒冷饭、炒夹生饭、吃错药、翅膀硬了	19
D	打光棍儿、打马虎眼、打小算盘、打退堂鼓、打交道、戴高帽、打掩护、丢饭碗、丢面子、打肿脸充胖子、刀子嘴豆腐心	11
E	吹耳边风	1
F	放在眼里	1
G	给颜色看、滚雪球、赶鸭子上架、胳膊肘往外拐、给面子	5
H	和稀泥、喝凉水也塞牙、回老家、喝西北风	4
J	嚼舌头、见阎王、卷铺盖、鸡蛋里挑骨头、脚踩两只船	5
K	开绿灯、开夜车、扣帽子、开倒车、开后门、看脸色、哭鼻子	7
L	凉半截、露两手、勒紧裤腰带、露马脚、乱弹琴、老掉牙、雷声大雨点小	7
M	摸不着头脑、磨嘴皮子、蒙在鼓里、放马后炮	4
N	捏把汗、拿手戏	2
P	泼冷水、碰钉子、拍胸脯、拍马屁、跑龙套、跑断腿、碰一鼻子灰、爬格子	8
Q	翘尾巴、敲边鼓、求爷爷告奶奶	3
R	绕圈子	1

续表

字母	惯用语	数量
S	伤脑筋、死脑筋、煞风景、耍笔杆子、耍嘴皮子、耍小聪明、说梦话、杀鸡给猴看、生米煮成熟饭	9
T	捅窗户纸、拖后腿、掏腰包、天上掉馅饼、铁了心、跳进黄河也洗不清	6
W	挖墙脚	1
X	笑掉牙、瞎猫碰上死耗子、给下马威、下不来台、笑破肚皮、鲜花插在牛粪上	6
Y	有两下子、一锤子买卖、乱成一锅粥、硬着头皮、一口吃成胖子、在眼皮子底下、有戏看、要面子、咬耳朵、有鼻子有眼	10
Z	走后门、钻空子、走弯路、走过场、走下坡路、钻死胡同、走老路、栽跟头、睁只眼，闭只眼、站不住脚	11
总计		132

由表 1 可以看出，在对外汉语中高级教材中出现的惯用语数量(132)远大于新大纲中收录的惯用语(8)数量，这导致了大量超纲的语汇单位出现在对外汉语教材中，仔细观察，可以发现如下问题：首先，这些教材中的惯用语的常用程度也没有规律可循。我们将以上 132 个惯用语与国家语言文字应用“十一五”科研项目成果(国家语委科研项目)，山西省社会科学院语言所研制的《现代汉语常用语表(草案)》(2014)(以下简称“常用语表”)中惯用语部分相比对，以验证其通用性和常用度。该常用语表基础语目的选取是在由该所自建的《成语、惯用语、谚语、歇后语辞书语目语料数据库》和《现代汉语俗语语料数据库》的基础上提取有效语目，又在北京大学现代汉语语料库及国家语委的现代汉语通用平衡语料库中逐一进行频次检查，以通用度统计法的方式，以加权平均值提取阈值，制定出成语、惯用语、谚语、歇后语四个语类的常用语表。该表

收入现代汉语常用惯用语 2410 条，其中一级常用惯用语 751 条，二级常用惯用语 1659 条。我们将教材中整理出的 132 条惯用语与常用语表中的一级常用惯用语交叉比对，共计 20 个惯用语“绊脚石、不像话、炒夹生饭、吃鸭蛋、吹耳边风、刀子嘴豆腐心、赶鸭子上架、喝凉水也塞牙、回老家、露两手、拿手戏、耍小聪明、说梦话、死脑筋、铁了心、瞎猫碰上死耗子、鲜花插在牛粪上、笑破肚皮、一口吃成胖子、有戏看”不属于一级常用惯用语，即六分之一的惯用语并不是常用度最高的。此外，和新大纲中的惯用语相比，教材中惯用语的数量过多过杂，选语随意性较大。

第二，教材中惯用语的编排顺序杂乱无章，不利于学生从整体上把握。我们着意考察了整套编写的教材，如《发展汉语》(共十本)、《新编中级汉语口语教程》(上、下)等，发现在这些教材中，惯用语完全是根据课文需要随机出现的，没有一定规律。《新编中级汉语口语教程》是惯用语出现得比较多的一套教材，其中出现的惯用语统计如下：

> 摸不着头脑、磨嘴皮子、睁只眼，闭只眼、打交道、出洋相、丢面子、赶鸭子上架、出难题、伤脑筋、哭鼻子、铁了心、要面子、鸡蛋里挑骨头、走后门、站不住脚、放在眼里、不管三七二十一、凉半截、开绿灯、八九不离十、有两下子、走后门儿、炒鱿鱼、不像话、钻空子

观察这些惯用语，既不是按照大纲规定编排的，也找不到自己的规律，没有系统性。

第三，对于惯用语的重视程度不够，没有系统的讲解和练习，更没有总结，不能引起学习者足够的重视。在考察的这些教材中，我们注意到有些教材涉及的惯用语非常少，而且涉及惯用语的教材对

于惯用语的讲解和练习也是杂乱无章的、零星的。而且对于本册教材或本套教材中出现的惯用语没有一个系统的总结和归纳，复现率也不高，甚至基本没有复现。这些都会导致学习者对于惯用语的忽视，不利于其理解、掌握惯用语，并进一步运用到日常交际当中去。

三、现代汉语语汇在对外汉语教学中的收语原则

HSK 大纲和对外汉语教材中对现代汉语语汇语如何进行收录，对哪些条目进行收录，需要制定一个科学的标准，不仅要遵循语言实际，符合语汇学的基本原理，还应该考虑对外汉语教学的特殊要求。科学的标准，体现在如下几个方面：

第一，收语的准确性。大纲和教材中收录的汉语语汇首先应该是语形完整、语汇意义表达明确的语言单位，即，各个语类的语汇应符合该语类的形式特征，反映该语类的语义表达特点，如成语应该是四字格、音步划分为二二结构的描述语和表述语；歇后语应该是具有引注结构的描述语等。

第二，收语的系统性。语汇是一个历时、共时的连续统。汉语语汇从上古时期就存在于言语交际和文献资料中，起着重要的表情达意、传承文化的作用。有些语汇具有历史渊源，并依旧活跃在现代汉语中，还有一些语汇已经在语言使用的漫长历史过程中逐渐隐匿；有些语汇具有浓郁的地方特色，属于方言俗语，也有一些语汇具有全民常用性，反映现代社会生活的方方面面。HSK 大纲和教材中收录的汉语语汇应当区分历时和共时，全民和方言，因为其具有各自不同的系统。现代汉语层面的全民常用语汇是对外汉语大纲和教材应该收录的对象。

第三，收语的规范性。汉语语汇是一种具有结构相对固定性

的语言单位，"固定"是与自由词组比较而言，汉语语汇不是构成成分临时组配的产物，而是结构较为固定的单位，尤其是大部分成语，其中的构成成分及其位置不能随意更换；"相对固定"是与语汇中的成语和固定结构比较而言，惯用语和歇后语的变体形式较多，结构较为灵活。对于固定性相对最弱的歇后语，规范就更显得重要。

第四，收语的常用性。HSK 大纲和对外汉语教材中收录的语首先应当是具有全民常用性的语汇单位。语的常用与否应该是从语使用的频率上来界定的。也就是说，语常用与否，是从人们运用语的角度，按语的使用频率给语汇划分的类别，主要是依据较高的使用频率而定，不论其历史的久暂或使用是否广泛。常用性是必然密切结合着在社会上使用的普遍性的。如果一个语只在个别的或少数社会集团、交际场合或地域里常被使用，而在其余众多社会集团、交际场合或同一国家的广大疆域的话语文字中很少出现，就不能算作常用。因此，进入 HSK 大纲和教材的语汇单位最基本的条件就是全民常用。

汉语语汇反映中华民族的文明和文化，生动、传神地表达社会生活的方方面面，是现代汉语大词汇观中不可或缺的组成部分，而 HSK 大纲及对外汉语教材中的选语就是要结合语言实际和教学实际收录汉语语汇中最基本最活跃于语言生活中的语目，将之并立于已有的"汉字等级大纲""词汇等级大纲"，形成"语汇等级大纲"，教材中设立与词汇表照应的专门的语汇表，按照其常用程度选取编写教材及相关知识点和练习。这样，既可以避开词和非词问题的纠缠，又有利于内容和体例的完备，使"汉字等级大纲""词汇等级大纲"和"语汇大纲"三位一体，相互照应，充分体现"语素(汉字)""词"和"语"三级词语教学单位的关系及构成，同时还有利于教学上教师教授和学生掌握阅读、写作、口语中常用的汉语语汇单位，促进汉语语言学习的效果和对其反映的汉民族文化内容。

参考文献：

[1] 樊海亮.HSK中高级惯用语分析及其对对外汉语教学的启示[D].西安外国语大学硕士学位论文，2012.

[2] 姜德梧.关于《汉语水平词汇与汉字等级大纲》的思考[J].世界汉语教学，2004，(1).

[3] 李红印.《汉语水平词汇与汉字等级大纲》收“语”分析[J].语言文字应用，2005(11).

[4] 李明.近20年来对外汉语词汇教学研究[J].天津师范大学学报(社会科学版)，2013(11).

[5] 李清华.《汉语水平词汇与汉字等级大纲》的词汇量问题[J].语言教学与研究，1999(1).

[6] 李英.关于《汉语水平词汇与汉字等级大纲》的几个问题[J].中山大学学报论丛，1997(8).

[7] 刘艳艳.汉语水平词汇与汉字等级大纲中的惯用语及其教学策略研究[D].湖南师范大学硕士学位论文，2014.

[8] 吕禾.新旧HSK词汇大纲比较研究[J].黑龙江社会科学，2012(8).

[9] 聂志军.汉语常用词研究方法浅论[J].河池学院学报，2007(2).

[10] 苏瑞霞.对中高级对外汉语教材中惯用语的考察与思考[D].北京语言大学硕士学位论文，2007.

[11] 温端政.汉语语汇学[M].北京：商务印书馆，2005.

[12] 杨世铁.汉语常用词研究说略[J].新乡学院学报(社会科学版)，2010(8).

[13] 尹春梅.《汉语水平词汇与汉字等级大纲》问题研究综述[J].乌鲁木齐成人教育学院学报，2008(8).

[14] 赵金铭，张博，程娟.关于修订《(汉语水平)词汇等级大纲》的若干意见[J].世界汉语教学，2003(3).

(作者单位：山西省社会科学院，山西太原，030032)

第六届全国汉语语汇学暨中华谚语研究学术研讨会纪要

2017 年 8 月 18 日至 20 日，第六届全国汉语语汇学暨中华谚语研究学术研讨会在甘肃天水召开。会议由山西省社会科学院、商务印书馆、上海辞书出版社、人民教育出版社、内蒙古大学和天水师范学院主办，天水师范学院文学与文化传播学院承办。来自全国各地的高校、科研机构和出版社的近 120 名代表参加了会议。

19 日上午的开幕式由上海辞书出版社语词编辑室副主任汪惠民主持，天水师范学院校长蔡文浩致欢迎辞，天水师范学院文学与文化传播学院院长郭昭第、商务印书馆汉语编辑中心主任余桂林、山西省社会科学院党组成员、副院长宋建平先后致辞。20 日下午由山西省社会科学院语言研究所所长安志伟主持闭幕式，四个小组的主持人分别汇报了各组讨论的具体情况，上海辞书出版社副总编辑陈崎讲话，山西省社会科学院终身研究员温端政作大会总结，天水师范学院党委书记马建东致闭幕辞。

研讨会采取大会主题发言和专题分组讨论相结合的形式进行。温端政、晁继周、林涛、李树新、孙银新、王吉辉等 14 位专家在大会上作了专题报告，67 名代表在分组会上进行了论文交流。会议的研究主题集中在语汇学理论与语汇的具体研究、方言语汇研究、语典编纂研究等方面，还有其他方面的研究。

一、语汇学理论与语汇的具体研究

温端政认为近年来关于语汇学的讨论焦点集中在“语词分立”的主张是否成立，语的定义是否准确，语汇学的建立是否有学理支撑等方面。为了确保学术讨论能健康进行，他呼吁树立良好的学风。王吉辉认为固定语的固定性通过固定程度具体表现出来，固定语固定性的实质在于其结构而不是意义，与结构直接相关的标准在固定程度鉴别的权重上应该高于意义。马志伟认为汉语语汇学只研究成语、惯用语、谚语、歇后语四类，未能真实、全面地反映出汉语中丰富多彩、各具特色的语汇的实际存在，在新编的语典中应增添新的类型。谢仁友指出须进一步完善各类语汇的区别特征研究，加强语汇的形音义源流研究和语汇文化的研究，要争取研究成果为重要辞书和教材的赞同和吸收。方寅、周春丽认为当前的汉语语汇研究应该注重沟通古今、沟通中外、沟通人机。这三者能相互促进，共同构成语汇研究的三大任务、三大功能以及本体与应用研究的良性互动。

郭小武认为语汇外部与普通的字词句子界限分明，内部则彼此之间个性突出，一般不相杂厕。相比于汉语语法词类划分的纷纭来说，语汇更具可感受度和可辨识度。马志伟研究了语的活用问题。王世凯统计了《汉语戏谑语词典》中的含数语，并对这些包含数字的语从类型、来源、特色与识解等方面进行了研究。

在成语研究方面，金梦鸽认为汉语四音字格成语就其成分和系统而言，并非源于构词法，非共时能解释，而是源于古汉语，内部结构非常复杂。刘鸿雁认为在成语使用过程中存在俗化演变现象，根据演变途径可以把汉语成语俗化演变分为语音俗化、形式俗化、意义俗化、音义俗化、形义俗化等五类，还总结了俗化的规律和原因。王海静从历时和共时两个角度，对网络仿成语与典型成语进行了对比，归纳了网络仿成语的主要特点，探讨其传播和存在的状态。曾柱认为应紧紧抓住成语的形式和内容两方面表现出来的文化特征，将它们运用到留学生的成语教学中去，来提高留学生的学习兴趣。赵贤德从语表形式、语里意义和语用价值等三方面对《道德经》成语进行了分析。赵树婷认为《诗经》中的成语蕴涵着丰富的文化信息，对于传承和发扬我国优秀的传统文化、增强文化自信，具有十分重要的现实意义。周文芳从教育理念、教育对象、教育方法、教学态度等方面探究孔子的教育思想以及对现今教育的指导意义。

马建东从自然谚和社会谚两大谚语入手，分析了谚语的科学性和局限性。邓红华、邓慧爱认为谚语在“立教”“明伦”“敬身”等方面的具体旨趣对当今民众和社会有重要意义。杜翔认为当今时政谚语的鲜明特点就是善于运用民间俗语、巧用比喻，把抽象的道理形象化、具体化、生动化。付建荣提出了构建中华谚语史研究的课题，认为中华谚语形成与发展历史的整体研究是中国谚学发展在当前提出的新要求，也是当代谚学研究的新课题。李倩认为俗谚具有传承性，俗谚流变研究可以从俗谚源流的个案考察、俗谚语言和结构形式变化的研究以及俗谚的文化来源分析等三方面入手。黄冬丽分析了“桃李不言，下自成蹊”在古籍中的使用情况并指出这条谚语中蕴含着深刻的哲理，能给人以多方面的启示。姜德军认为中华多民族谚语中的比喻形式多样，喻体丰富寓意深刻，富于民族文化特性，体现了各民族人民对生活细致入微的观察和不同寻常的想象力。安志伟认为古代俗语辞书的义类编排方式对于今天谚语义类体系构建、谚语义类语典编纂有重要的启示作用。张艺在概念整合理论的视角下，将字面意义和实际意义一致的谚语可分为单域网络型谚语、镜像网络型谚语、单纯网络型谚语和双域网络型谚语四种类型，并研究了汉语国际教育中谚语教学的具体策略。王建莉辑录了《古谣谚》中含有二十四节气名的谚语 34 条，并分析了这些谚语所体现的科学性、时代性和民族性以及社会世情和民众价值观。夏凤梅分析了《老乞大》《朴通事》中谚语的内容，并比较了两部教科书中谚语的异同和修辞效果。刘钦荣研究了《官场现形记》中的谚语特色。

孙银新探讨了现代汉语惯用语的表现形式、构造特点、语义关系，并分析了惯用语的语义类型，阐述比喻、借代等修辞格对于惯用语语义构成的作用，最后从深层意义上揭示了惯用语的构成理据。姜德军认为动宾结构合成词、动宾结构惯用语、动宾结构的一般短语，看似并无关联，其实有着需要细分的“交集”。应该从构成成分的结合关系出发，找出动宾结构的各个成分是借助一定的语法手段、词汇手段拆分后扩展使用，还是借助一定的语法手段、词汇手段组合后聚合使用。刘嵚认为从新旧 HSK 大纲收词变化的情况来看，都存在收语不平衡、不明确的问题，建议 HSK 大纲在收语方面应遵循准确性、系统性、规范性、常用性等原则。王烨、李震认为列举式并列组合结构在本质上并不是词、不属于词汇范畴，而是比词更大的一级语法单位——语，是一种描述语，列举式并列组合结构和成语、惯用语之间存在着一定的重叠交叉关系。马春华根据《红楼梦》歇后语文本呈现的形式特征把它们分为标记体式、变异体式、化用体式、联用体式，每一种体式的篇章功能具有共性特征。张丽娟研究了比喻类歇后语的生成机制。

二、语典编纂研究

温端政认为拟编写的《现代汉语语典》要展示汉语语汇精华，发掘汉语语汇的文化内涵，揭示汉语语汇对中华民族传统文化的传承作用，这些编纂目的要通过立目、释义、举例等环节予以体现。陈玉庆也对《现代汉语语典》的编纂提出了自己的意见。晁继周认为词典收“语”与语典收“语”在条目数量、释义和例句等方面的要求不同，而且语有思想性，在收录时必须考虑到所收语的思想内容。李树新、宗慧坚评析了《中国谚语集成》的特点，并指出了其编纂中存在的不足。范瑞婷以《语海·成语卷》的编纂为例，指出要想打造辞书精品，必须建立规模巨大、真实可靠、富有特色的语料库，力求在收条、立目、释义、体例等方面有所突破和创新。李淑珍紧扣汉语语汇学关于惯用语的性质和特点，分析了《语海》编纂过程中惯用语的立目问题。柳长江分析了汉语成语辞书编纂中的书证错误现象，并进一步指出错误形成的原因。王小郴建议《新华语典》修订时应全面考察每个条目释义情况，立体检验相关条目释义情况，尽量保持横向和纵向的平衡性。温朔彬认为《新华语典》不仅体现了语词分立、语的分类等理论，而且体现了编纂语典独特的立目、释义、用例规律，进一步促进了汉语语汇学的丰富和发展。王霞从成语意义的构成和认知入手，重新审视字面义在成语意义构成和理解的作用，为辞书中成语字面义的设置以及成语教学提供参考。于峻嵘研究了“期期艾艾”的释义问题。

三、方言语汇研究

林涛研究了东干语语汇中的短语和惯用的现成话（东干人称

之为"口歌儿"),指出东干语口歌儿对于近代汉语、跨境汉语方言在海外的传承以及国内外回族语言的历时和共时比较研究都具有重要意义。胡习之分析了皖北谚语、歇后语当中蕴含的衣食住行民俗、饮食民俗、节日民俗、行业习俗等民俗文化信息。张宝结合佛教在大同的传播,揭示了大同方言中的佛教语汇的类型与语言特色。

张景霓汇集了毛南语、仫佬语中的部分谚语并进行了详细解释。姚勤智从方言和民俗的角度对山西的面食文化进行了挖掘和阐释。李治平、郑小冉研究了湖北咸丰方言中的谚语,认为湖北咸丰方言谚语表达的内容丰富,类型较多,重视语言的均衡之美和对比喻手法的运用。王建弢探讨了陇南方言谚语在语音、词汇和语法上的特点,为进一步研究陇南方言谚语彰显的地域文化打下了基础。赵一芳对《中国谚语集成·山西卷·风土谚·方俗》中的谚语进行了描写与分析。支亦丹、崔山佳对浙江乐清方言谚语中"A""AA""ABB""AAB"和"AABB"等五种程度表达法进行详细的描写和分析。崔山佳、王丹丹分析了两+亲属名词、VVR、VV动、VV看、A打A、后缀"爿""生"、C打C、十C九C、好X勿X、A做A、做……着、动词拷贝句等浙江谚语中的特殊语法现象。

李学军以内黄方言歇后语为例,对歇后语的"引子"进行了研究。马启俊调查了安徽省金寨县莲花山民间歇后语。马红波研究了河南清丰方言中的惯用语。马启红以山西祁县婚俗用语为例研究了民俗用语体现的"语""词"分合问题。

还有部分会议代表研究了有关语言文字学中的其他问题,对语汇研究具有启发意义。

这次研讨会是集中展示语汇学研究成果的盛会。会议收到的论文选题广泛、研究深入，体现了语汇学学科的新发展。会上还向与会代表赠送了语汇学研讨会十周年纪念册、《温端政先生访谈》(打印稿)和上海辞书出版社新出版的《谚语语海》等，回顾了汉语语汇学十多年来的发展历程，展现了语典编纂的最新成果。

（安志伟）

附：论文目录

（前加＊的作者因故未到会）

安志伟　俗语辞书的义类编排对谚语义类构建的启示
卜祥忠　《字典集成》汉语外来词研究
晁继周　谈谈词典收"语"问题
车淑娅　《叻报》华语时间词研究
陈明娥　朝鲜时代汉学辞书的"实用主义"编纂意识
陈玉庆　《现代汉语语典》编纂若干问题的思考
崔山佳、王丹丹　浙江谚语中的特殊语法现象
邓红华、邓慧爱　汉语伦理型谚语的道德教化功能及其现代价值
丁彧藻　选择性注意对字形失匹配诱发的 P2 效应的调控作用——来自电生理的证据
杜　鹃　先秦炊器中的"鼎"与"镬"
杜　翔　当代时政类谚语初探
范瑞婷　刍议书证与辞书编纂
方　寅、周春丽　论语汇研究的三个沟通
付建荣　"多元一体"与中华谚语史构建
高　群　皖北酒俗语言研究
＊高婉瑜、林煌达　禅籍同义成语的类型与竞争

* 葛四嘉　基于文本计算的方言分区研究

——以“江苏语言与文化资源库”为例

郭小武　熟语妙法试析

何茂活　《汉语大字典》“音义未详”字考释八则

胡习之　皖北谚语、歇后语和皖北民俗语言文化

黄冬丽　古谚“桃李不言，下自成蹊”文化解读

姜德军　动宾结构惯用语的两端划界问题

——兼谈惯用语的性质和特点

姜德军　中华多民族谚语与比喻

金梦鸽　试论汉语四音格成语的构词特征

康国章　AABB 和 ABB 两种语汇结构及其交互构造问题

* 李　丽　评新版《中华大字典》

李　倩　汉语俗谚流变研究探论

* 李金梅　晋东南方言谚语语义的构成及其结构类型

李淑珍　《语海》惯用语立目问题琐议

李树新、宗慧坚　《中国谚语集成》评骘

李学军　浅谈歇后语中的“引子”

——以内黄话为例

李治平、郑小冉　咸丰方言谚语浅论

梁驰华　桂平罗秀话有音无字词研究

梁忠东　玉林白话的特殊隐语——反话

林　涛　中亚东干语语汇中的“口歌儿”探析

林　涛、崔凤英　东干语语义演变发展状况

刘　嵚　HSK 大纲及对外汉语教材中汉语语汇的收语问题

——基于现代汉语惯用语的收语情况的调查研究

刘菲露　“你看你”“我看我”的构式解析、话语功能及其成因
刘鸿雁　汉语成语俗化演变的规律和原因分析
* 刘静静　词典的收条与语典的编纂
刘钦荣　《官场现形记》中的谚语特色
柳长江　汉语成语辞书编纂中书证错误现象举例分析
鹿　荣　“超过”与“以上”全不兼容？
吕勇兵　于成龙政务文书用语的修辞学解读
马春华　《红楼梦》歇后语体式的篇章功能解析
马红波　河南清丰方言中的惯用语
马建东　谚语的科学性与局限性
* 马克文　浅析古白话语汇翻译问题
——以《朱子语类》中四字格语汇为例
马启红　山西祁县婚俗用语研究
——兼论民俗用语体现“语”“词”的分与合
马启俊　安徽省金寨县莲花山民间歇后语调查与研究
马志伟　关于语类细分和扩大名目的意见
马志伟　谈谈语的活用问题
孟建安　人名作为特殊词语
——用社会文化眼光透视人名
* 孟祥英　“有 A 有 B”类四字格的词汇化等级
* 莫彭龄　谈谈成语的文化研究
聂志平　现代汉语 AABB 式词语说略
——基于老舍小说语料库统计分析
* 牛巧红　第二语言教学视角下的名量词“节、段、截”的认知研究

* 潘牧天　试论佛教典籍与世俗文献的语汇通融
——以佛典“以假为真”等相关概念四字语汇为例
* 裴瑞玲　《元刊杂剧三十种》四字格同义词语研究
* 齐　琳、张　帅　清末民初白话语汇研究
* 秦　敏、张忠堂　北魏平城时期汉译佛经《贤愚经》的成语及其演变
* 史素芬　《新华语典》中的歇后语研究
孙银新　现代汉语惯用语的理据分析
唐子恒　漫谈现代汉语典故词语的文化义
* 王　利　《现代汉语词典》(第七版)相较(第六版)新增词语浅析
王　霞　成语字面义在辞书释义中的呈现与隐含
王　烨、李　震　浅析汉语列举式并列组合结构的界定及语法单位归属——兼谈与成语、惯用语之关系
* 王　勇　成语释义考释两例
王宝红　《清代民歌时调文献集》中的方言俗语
王海静　基于数理统计的网络仿成语特征分析
王吉辉　关于固定语固定性的实质问题
* 王建军　新文化传播背景下成语资源的开发与成语辞书的编纂
王建莉　《古谣谚》二十四节气谚语考
王建弢　陇南方言谚语语言特点探析
* 王丽滨　晋中方言俗语研究
王泉月　北京郊区方言词汇调查研究
王世凯　含数语的类型、来源、特色与识解
——以《汉语戏谑语词典》为例

王小郴　《新华语典》词语释义商榷

王长华　释“棺椁”

温端政　关于编写《现代汉语语典》的若干设想

温端政　在不同意见的讨论中发展语汇学

温朔彬　从《新华语典》看“语词分立”

*夏　历、王　爽　网络语境下现代汉语笑声拟声词研究

夏凤梅　《老乞大》《朴通事》里的谚语

*萧　旭　《越绝书》古吴越语举证

谢仁友　汉语语汇学研究的几点思考

*谢晓晖　新词新义所反映的时代色彩

忻丽丽　晋方言俗语词“烙毛”考源

*徐时仪　习语俗谚词汇化考探

姚勤智　山西方言谚语中的面食文化信息解读

尹洪波　《汉文经纬》所揭示的古汉语语法现象

于峻嵘　“期期艾艾”的释义问题

*俞允海　吴方言成语研究
——以桐乡方言为例

曾　柱　成语的文化特征与留学生的成语教学

张　宝　大同方言中的佛教熟语

张　艺　基于汉语国际教育的谚语研究
——以含有语素“春”的谚语为例

张景霓　毛南语、仫佬语谚语集汇

张丽娟　比喻类歇后语生成机制探析

*张文霞　《恒言录》谚语探析

张延俊　关于词义引申问题的几点看法

赵家栋　释“乒乓”

赵树婷　试论源于《诗经》成语的特点及文化意蕴

赵贤德　《道德经》成语的表里值研究

赵一芳　《中国谚语集成·山西卷·风土谚·方俗》描写与分析

支亦丹、崔山佳　乐清方言谚语的程度表达法

* 周国祥　晚清期刊语汇研究与辞书修订

周文芳　探究《论语》中成语所蕴含的教育思想

* 朱俊玄　论语汇学的研究对象

* 左林霞、方　艳　方言传播中的语言伦理研究

（安志伟）

第七届全国汉语语汇学暨《语海》编纂学术研讨会纪要

2019年8月16日至18日，第七届全国汉语语汇学暨《语海》编纂学术研讨会在山西忻州召开。会议由山西省社会科学院（山西省人民政府发展研究中心）、商务印书馆、上海辞书出版社、人民教育出版社和忻州师范学院主办，忻州师范学院中文系承办。来自各地高校、科研机构和出版社的近80名代表参加了会议。

17日开幕式由上海辞书出版社语词编辑室主任汪惠民主持，忻州师范学院副校长李丹致欢迎辞，忻州师范学院中文系主任姚勤智、山西省社会科学院（山西省人民政府发展研究中心）党组成员、副院长宋建平先后致辞。18日闭幕式由忻州师范学院中文系主任姚勤智主持，四个专题小组的主持人分别汇报了各组讨论的具体情况，山西省社会科学院（山西省人民政府发展研究中心）终身研究员温端政作大会总结，山西省社会科学院（山西省人民政府发展研究中心）语言研究所所长安志伟致闭幕辞。

研讨会采取大会主题发言和专题分组讨论相结合的形式进行。温端政、梁晓虹、王吉辉、安华林、延俊荣、姚勤智等11位专家在大会上作了专题报告，44名专家在分组会上进行了论文交流。会议的研究主题集中在语汇学理论、语汇的具体研究、语典编纂研究、方言语汇研究和温端政新著《语词学基础》《语汇答问》的评论等方面，还有其他方面的研究。

一、语汇学理论研究

温端政的《论加强语汇学研究的理论思维》论述坚持理论思维对于加强汉语语汇学学科建设的重要性，主张运用理论思维，加强学科的基本建设；运用理论思维鉴别各种不同意见，抵制似是而非的“理论”。他的另一文章《论语词学的建立及其意义》论述建立汉语语词学的必要性和可能性，探讨如何构建汉语语词学的理论体系，认为汉语语词学的建立有其重要的学术意义和应用价值。王吉辉《固定语的意义及意义解释问题》就什么样的内容才可以看作固定语的意义这一问题做出分析，尔后围绕着固定语意义解释中的两个主要方面，即解释的是不是固定语的“意义”、解释出的内容是不是属于固定语的“意义”等进行讨论分析。姚春林《重温“语词分立”说的创建》认为在当下树立文化自信和弘扬中华传统文化的大背景下，“语词分立”、创设独立于汉语“词汇学”的“语汇学”，是十分重要和必要的。

二、汉语语汇的具体研究

梁晓虹的《日本“禅林句集”与汉语熟语研究》以无著道忠的《禅林句集辨苗》为主要资料，更为具体地考察“禅林句集”这一日本中世禅林出现的特殊文献题材在汉语熟语研究中的资料价值。安华林、安妮《关于“四字并立语”的几个问题》认为“四字并立语”是指四字在同一层次上互相并列的词语。在研究了四字并立语的语音、结构特点之后，进一步指出语典收录四字并立语时，同一个“语位”只以典型变体立目，在条下注明其他变体即可，不必将各种变体都予以立目。延俊荣《浅析俗语底层的语言学理据》以动词为切入点，运用对比的方法，对王熙凤所使用的5条俗语进行逐条分析，旨在寻找这些俗语底层的语言学理据。马启红《宗教精神视野下的语汇意义类聚研究》以汉语语汇为载体，通过语汇的意义类聚研究，阐明宗教文化在人们思维、行为观念系统之中的特殊体现形式。王雪《"鱼化龙"语汇基本面貌及文化价值研究》认为"鱼化龙"叙述在汉代已有记载，其基本内容为鳣鲔等鲟类鱼飞跃龙门。"鱼化龙"语汇广泛发展，后世呈现出多样的"鱼化龙"面貌，产生了丰富的相关语汇并广泛流传。王倩《习近平讲话中熟语的运用及其话语风格》认为习近平总书记的讲话中既有对传统文化的引经据典，又能推陈出新、古为今用；这些熟语凸显了中国元素，形成了习总书记口语化、接地气的语言风格，同时具备极强的话语力量。

何小宛《隐喻视角下的成语"苦口婆心"》认为"苦口婆心"是典型的源于禅宗文献的成语，"婆心"即禅门所谓"老婆心"，在禅录中的用法与今截然不同。沈基松《"如X如Y"类成语试析》指出"如X如Y"类成语是使用比喻辞格创设而成的，这类结构中的"如"是比喻中的喻词，"X""Y"分别都是喻体，文章还进一步揭示这类成语的共性特征、语用功能以及"X""Y"的语义关系。王海静、范瑞婷《基于汉语语料库的缩略式成语研究》认为缩略式成语把言简意赅、言约旨宏发挥到了极致，最符合语言表达的经济性原则，而且形成了众多富有新意的表达，迎合了信息时代人们追求省时、省力、省空间的交际需要。谷俊敏《移就式语汇现象的认知研究》关注移就式成语，认为这些成语由外物触发和强化人的内心感受，从而将内在情感体验转化为外物特征，逐渐地凝固下来成为极具特色的一类成语。付建荣《"语义二分法"与语汇系统构建研究》在完成唐宋禅籍俗成语语义系统构建工作的基础上，讨论唐宋禅籍俗成语系统性的种种表现。希望能够呈现唐宋禅籍俗成语的系统面貌，深化对汉语语汇系统性的认识，并为语义系统的构建研究提供可行的研究范式。赵树婷《论源于〈诗经〉婚恋成语的文化意义》认为通过对《诗经》婚恋成语特点的考察，我们可以了解先秦时期人们的婚恋观念和婚姻礼俗。

姜德军《试论惯用语的描述性与情态性》认为有的惯用语描述性特征典型，有的是描述性与情态性的加合式。李淑珍《从反义惯用语看语和词的区别和联系》认为汉语中的反义惯用语有多种表现形式。语是由词构成的，因此反义惯用语跟反义词之间有密不可分的关系，它们之间既有区别，又有联系。这是语言丰富性的体现。

王海静《论汉语常用谚语的齐普夫分布特征》根据模型的齐普夫分布特征做出常用成语的数据模型，尝试将自然科学研究方法融入社会科学研究来探讨汉语常用谚语的分布特征和规律。刘嵚《元话语视阈下的汉语谚语功能研究》将谚语置于语篇的范域内，认为谚语也具有语篇功能和人际功能这两种元话语功能，谚语的语篇功能主要通过话题结构、衔接连贯和证据来源来表现。刘钦荣《论〈金瓶梅〉词话中的谚语运用》指出《金瓶梅》中共用谚语 336 条，大都是同该书的主题思想内容有着直接关系的，也能够结合其主题思想内容和情节发展的需要。史冬梅《饮食类谚语探微》分析了《古谣谚》中选取的 7 条与饮食相关的谚语进行研究，结合其他相关文献能够大致了解古人的饮食观、养生观。

李治平《面向对外汉语教学的成语分级的依据和方法》认为根据成语语义的组合型、综合型、融合型特点可以将成语语义分为容易、中等、困难三个等级。根据成语在现代汉语平衡语料库中的使用情况可以将成语词频分为高频、中频、低频三个等级。黄冬丽《语汇学理论在汉语国际教育中的指导作用》指出语汇学理论在汉语国际教育中运用广泛，不少面向汉语国际教育的惯用语、谚语、歇后语研究成果都是以汉语语汇学理论为指导的。梁驰华《中小学语文教材的成语问题》认为中小学语文教材中的成语应充分考虑学生的接受能力，高度重视成语的运用能力，合理设置成语的重复率。

三、语典编纂研究

温端政《关于〈语海〉编纂的几个问题》回顾了《语海》的策划和编纂过程，提出编纂《语海》要有理论支撑，并阐述了《语海》编纂的重要意义。李雪《说学习型成语词典的配例》在学习型成语词典中例证不仅可以补充说明词的意义，使其具体化，而且还能说明成语的用法，包括语法特点、搭配范围、修辞色彩等，需要对配例给予充分的重视。朱俊玄《论熟语类工具书的现状和发展》通过调查发现目前市场上出版的熟语类工具书基本满足了读者对熟语查阅、研究、学习的需求，但是其中也存在不少短板。需要从根本上廓清熟语的内涵和外延，适当扩大收录对象，收录多类习用语，增强该类工具书的丰富性和科学性。安志伟《浅说语典释义的文化性》认为语的文化性是客观存在的，语典编纂中应该从分释、揭示理据和认知基础三个方面体现语典释义的文化性。王小郴《由"说起关张生气，提起管鲍打罕"看语典收条原则》认为语汇类辞书收条前应充分考证并权衡短语的语汇特征，注意其使用频率，综合测评出各个语汇亚类范畴内部成员的不同等级水平。谢一帆《〈新华成语大词典〉参见条目编纂情况分析》认为《新华成语大词典》中并未对书中参见条目系连的原则作出详细说明，然而词典事实上存在着不同的系连情况，背后成语条目蕴含着实质性的区别。岳雯《〈语海〉并列式俗成语“喻＋”释义结构分析》参照《语海》对字面义、比喻义的释义情况，归纳了并列结构的俗成语的比喻义释义结构。孙玉梦《〈语海〉“一＋”惯用语释义研究》分析以“一”为首要语素构成的惯用语释义内容及特征、考察“一＋”惯用语语义特征，并据此阐述惯用语释义需要注意的某些问题与要素。赵一芳、于峻嵘《惯用语释义与隐喻》从认知语言学角度分析惯用语的隐喻蕴含，重点分析实体隐喻、结构隐喻、空间隐喻与惯用语的关系，阐述隐喻能够给予惯用语释义的启示。

四、方言语汇研究

姚勤智《山西方言谚语中的面食文化信息解读》针对谚语中留存的面食文化信息进行解读，认为山西方言谚语蕴含着丰富的区域文化，深刻反映着区域之内形成的文化。这些谚语积淀了山西人关于面食的思维、习惯和情感认知。孙立新《关中方言词汇研究的有关问题》特别指出关中方言调查应收录典型的关中方言中常用的惯用语、俗成语、谚语、歇后语等。李芮搜集整理了代县方言俗语三万余条，他的《雁门方言俗语的理论探讨》认为代县方言俗语不仅具有语言学价值，还有地方文化、民俗研究的价值，应该予以关注和保护。张津《晋语浑源方言谚语、俗语、惯用语汇编》介绍了即将出版的《浑源方言调查研究》一书，并对其中的谚语、俗语、惯用语部分进行了汇集和注释。武蕾旭《从修辞角度看山西静乐方言歇后语》认为山西静乐方言歇后语，是当地人民集体智慧的结晶，双关、比喻、夸张、反问、对比、对偶等多种修辞手法的运用，使静乐歇后语变得生动有趣，同时也具有浓郁的风土生活气息。

五、《语词学基础》《语汇答问》评论

卢润祥《喜见“语词学”的诞生》认为“汉语语词学”的设想不是汉语语汇学和词汇学之相加，而是把两者融合在一起建立起的新理论体系与框架。成立语词学学科的创意无疑是上佳且甚美妙的，但语词学的内容框架等仍有深化探讨空间。周文芳《读温端政〈语词学基础〉的几点体会》此书采用比较研究的方法，在比较研究中彰显的语词学魅力；在50多年不断研究中，推出的一部语汇学方面的力作；语词学理论意义及产生的深远影响。王海静《语词研究扛鼎力作，“语词合一”谱写新篇》认为《语词学基础》一书廓清了语言现成建筑材料内部的类型关系，构建了具有汉语特色的语词学理论框架，具有基础性、开创性，同时也期待更加系统的语词学著作诞生。温朔彬《基于理论思维的新学科创建》认为《语汇答问》一书学术价值厚重，其学术理论不仅能经得起语言事实的检验，而且为语言学理论创新、学科建设做出了积极贡献。

还有部分专家提交了词汇学、方言词语、辞书编纂、语言文字规范等领域的学术论文，对语汇研究具有启发意义。

这次研讨会语汇学研究成果交流和展示的又一次盛会。会议收到的论文涉及语汇学研究的多个方面，许多研究成果运用了新材料、新方法，具有很强的创新性，体现了语汇学学科的新发展。会议期间还召开了《语海》编纂工作会议和《语词学基础》出版座谈会。

（安志伟）

附：论文目录

（前加 * 的作者因故未到会）

安华林
安　妮　关于"四字并立语"的几个问题

安志伟　浅说语典释义的文化性

崔山佳　宁波方言字语汇解校注商榷

崔宇贺　汉语亲属称谓语在网络时代的变异研究
——以"爸、妈、哥、姐、弟、妹"为例

丁石林　蹿红的"咖"类词语
——兼论外来词音节语素化现象

*付建荣　"语义二分法"与语汇系统构建研究
——以唐宋禅籍俗成语为例

谷俊敏　移就式语汇现象的认知研究

何小宛　隐喻视角下的成语"苦口婆心"

侯瑞芬　汉语三字词和二字词的双向互动

胡超琴　语言资源保护背景下的安泽和川莱芜移民方言词汇研究

胡馨之　侯马老街移民儿话探析

黄冬丽　语汇学理论在汉语国际教育中的指导作用

姜德军　试论惯用语的描述性与情态性

李　芮　雁门方言俗语的理论探讨

李　雪　说学习型成语词典的配例

李淑珍　从反义惯用语看语词的区别和联系

李治平　面向对外汉语教学的成语分级的依据和方法

梁驰华　中小学语文教材的成语问题

梁晓虹　日本“禅林句集”与汉语熟语研究
——以无著道忠《禅林句集辨苗》为中心

梁忠东　汉语方言词语区域性例释

刘　嵚　元话语视阈下的汉语谚语功能研究

刘　荣　《现代汉语词典》所收录英源外来词使用状况考查

刘钦荣　论《金瓶梅词话》中的谚语运用

*卢润祥　喜见“语词学”的诞生
——读《语词学基础》感言

马启红　宗教精神视野下的语汇意义类聚研究

桑宇红　白洋淀水乡文化词汇

沈基松　“如X如Y”类成语试析

史冬梅　饮食类谚语探微
——以《古谣谚》中七条谚语为例

史皓元　编辑《沪英—英沪小词典》的经历与心得

史素芬　长治市城区指路标牌用语用字考察及对策与建议

孙立新　关中方言词汇研究的有关问题
——关中方言词汇研究的近期构想

孙玉梦　《语海》“一十”惯用语释义研究

王　倩　习近平讲话中熟语的运用及其话语风格

王　雪　“鱼化龙”语汇基本面貌及文化价值研究

王海静　论汉语常用谚语的齐普夫分布特征

王吉辉　固定语的意义及意义解释问题

王小郴　由"说起关张生气，提起管鲍打罕"看语典收条原则

温端政　论加强语汇学研究的理论思维

论语词学的建立及其意义

关于《语海》编纂的几个问题

温朔彬　基于理论思维的新学科创建

——《语汇答问》评介

温锁林　晋语寿阳话里的几种规约化构式

武蕾旭　从修辞角度看山西静乐方言歇后语

谢一帆　《新华成语大词典》参见条目编纂情况分析

——兼论同源成语相关性质

忻丽丽　呼和浩特方言俗语词"灰猴"词义考

延俊荣　浅析俗语底层的语言学理据

姚春林　重温"语词分立"说的创建

姚勤智　山西方言谚语中的面食文化信息解读

袁海林　方言固定格式的语言单位定位

——以山西大同话的"不 AA 儿"格为例

岳　雯　《语海》并列式俗成语"喻＋"释义的语法与语义分析

张　津　晋语浑源方言谚语、俗语、惯用语汇编

张军香　宁武方言词语与婚姻习俗

张永伟　正则表达式在辞书排版校对中的应用

赵树婷　论源于《诗经》婚恋成语的文化意义

赵一芳　隐喻与惯用语释义

于峻嵘　——以《新华语典》四字式惯用语为例

郑泽芝　基于语料库技术的对外汉语学习词典名词用法注释
王　艳　调查
周国祥　晚清过渡词语的特征与生成
周文芳　读温端政《语词学基础》的几点体会
朱俊玄　论熟语类工具书的现状和发展

后　　记

2017 年 8 月 18 日至 20 日，第六届全国汉语语汇学暨中华谚语研究学术研讨会在甘肃天水召开。会议由山西省社会科学院、商务印书馆、上海辞书出版社、人民教育出版社、内蒙古大学和天水师范学院主办，天水师范学院文学与文化传播学院承办。来自全国各地的高校、科研机构和出版社的近 120 名代表参加了会议。

2019 年 8 月 16 日至 18 日，第七届全国汉语语汇学暨《语海》编纂学术研讨会在山西忻州召开。会议由山西省社会科学院（山西省人民政府发展研究中心）、商务印书馆、上海辞书出版社、人民教育出版社和忻州师范学院主办，忻州师范学院中文系承办。来自全国各地的高校、科研机构和出版社的近 80 名代表参加了会议。

为了进一步巩固这两次研讨会的成果，进一步扩大交流的范围，我们选编了这本论文集，共收录 32 篇论文。另外，还有 10 篇研讨会上宣读的谚语研究方面的论文收入了另一本论文集《中华谚语研究》（内蒙古大学出版社 2018 年版）中，还有几篇收入了其他论文集。为了方便读者了解会议的具体情况，我们还附上了这两次研讨会的纪要和论文目录。

《汉语语汇学研究（五）》由上海辞书出版社出版。在编辑过程中，安志伟对论文进行了初选，上海辞书出版社副总编辑陈崎先生、语词编辑室主任汪惠民先生非常关心论文集的立项、选编和出版工作，责任编辑徐梅女士付出了大量的时间和精力，在此向他们表示深深的感谢。

汉语语汇学是一门新兴的学科，尽管在十多年的发展过程中取得了一定的成绩，但是也还存在着不少问题和需要完善的地方。我们希望这本论文集的出版，能够对汉语语汇学的发展起到良好的推动作用。

2023 年 9 月

图书在版编目(CIP)数据

汉语语汇学研究. 五 / 安志伟，马建东，姚勤智主编. —上海：上海辞书出版社，2023
ISBN 978-7-5326-6115-2

Ⅰ.①汉… Ⅱ.①安… ②马… ③姚… Ⅲ.①汉语—词汇学—研究 Ⅳ.①H13

中国国家版本馆 CIP 数据核字(2023)第 173243 号

汉语语汇学研究(五)

安志伟　马建东　姚勤智　主编
马启红　副主编

责任编辑　徐　梅
装帧设计　杨钟玮
责任印制　曹洪玲

出版发行　上海世纪出版集团
上海辞书出版社®(www.cishu.com.cn)
地　　址　上海市闵行区号景路 159 弄 B 座(邮政编码：201101)
印　　刷　上海展强印刷有限公司
开　　本　889 毫米×1194 毫米　1/32
印　　张　14.75
字　　数　330 000
版　　次　2023 年 12 月第 1 版　2023 年 12 月第 1 次印刷
书　　号　ISBN 978-7-5326-6115-2/H・771
定　　价　88.00 元

本书如有质量问题，请与承印厂联系。电话：021-66366565